本教材是国家社科基金重大项目"海外华人与人类命运共同体研究"（21 & ZD022）阶段性成果

中外文明互鉴与中国国情发展系列

暨南大学国情教育系列教材

丛书主编　林如鹏　宋献中

海外华人中国国情十讲

主　编　张振江

副主编　张小欣　李云飞

编　写　（按姓氏笔画排序）

文　峰　左　鹏　刘永连　刘金山

刘依平　孙明霞　李云飞　吴尔蓓密

吴　昱　何小勇　沈桂萍　赵思洋

黄　丁　谢长安

暨南大学出版社

JINAN UNIVERSITY PRESS

中国·广州

图书在版编目（CIP）数据

海外华人中国国情十讲 / 张振江主编；张小欣，李云飞副主编. —广州：暨南大学出版社，2023.1
（中外文明互鉴与中国国情发展系列 / 林如鹏，宋献中主编）
ISBN 978 - 7 - 5668 - 3621 - 2

Ⅰ．①海… Ⅱ．①张… ②张… ③李… Ⅲ．①中国—国情—现代 Ⅳ．① K92

中国版本图书馆 CIP 数据核字 （2022）第 257625 号

海外华人中国国情十讲
HAIWAI HUAREN ZHONGGUO GUOQING SHIJIANG
主　编：张振江　副主编：张小欣　李云飞

出 版 人：张晋升
项目统筹：张晋升
责任编辑：黄文科　高　婷　冯月盈
责任校对：苏　洁　陈皓琳
责任印制：周一丹　郑玉婷

出版发行：暨南大学出版社（511443）
电　　话：总编室 （8620）37332601
　　　　　营销部 （8620）37332680　37332681　37332682　37332683
传　　真：（8620）37332660（办公室）　37332684（营销部）
网　　址：http://www.jnupress.com
排　　版：广州尚文数码科技有限公司
印　　刷：深圳市新联美术印刷有限公司
开　　本：787 mm × 1092 mm　1 / 16
印　　张：26
字　　数：542 千
版　　次：2023 年 1 月第 1 版
印　　次：2023 年 1 月第 1 次
定　　价：110.00 元

总　序

　　文明是人类在漫长历史长河中的结晶。人类通过实践创造文明，通过交流互鉴不断传承、发展和创新文明。交流互鉴是推动人类文明进步和世界和平发展的重要动力。在全球化浪潮加速不同文明汇聚的今天，人类应对安全危机、环境危机等挑战，选择、认同、重塑新文明体系的过程，进一步加速了人类命运共同体的构建。文明交流互鉴与融合成为21世纪人类可持续发展的重要动力。中华文明源远流长、博大精深，世界其他文明也具有独特价值，中华文明自古就以开放包容闻名于世，在同其他文明的交流互鉴中不断焕发新的生命力，在与其他文明共生共长中促进世界文明不断前进。

　　习近平总书记在中共中央政治局第三十九次集体学习时强调：要坚持弘扬平等、互鉴、对话、包容的文明观，以宽广胸怀理解不同文明对价值内涵的认识，尊重不同国家人民对自身发展道路的探索，以文明交流超越文明隔阂，以文明互鉴超越文明冲突，以文明共存超越文明优越，弘扬中华文明蕴含的全人类共同价值，推动构建人类命运共同体。要立足中国大地，讲好中华文明故事，向世界展现可信、可爱、可敬的中国形象。要讲清楚中国是什么样的文明和什么样的国家，展现中华文明的悠久历史和人文底蕴，促使世界读懂中国、读懂中国人民、读懂中国共产党、读懂中华民族。

　　《中外文明互鉴与中国国情发展系列》立足世界百年未有之大变局、国际秩序深度调整的新形势，以习近平新时代中国特色社会主义思想及系列讲话精神为指导，以宽广的胸怀展开中外文明对比，从中外文明互鉴视角向港澳台侨青年学生及留学生讲清最真实的中国国情，助力青年学生构建正确文化观、国家观和世界观。丛书以青年学生类别为依据，个性化设计《"一国两制"与民族复兴》（面向港澳台学生）、《华侨华人与中国发展》（面向华侨华人学生）、《丝绸之路与中外文明交往》（面向留学生）、《海外华人中国国情十讲》（面向海外华人学生，特别是海外侨领）4本教材。

丛书自 2020 年 12 月启动编写，历时近两年辛勤耕耘，于 2021 年 10 月在暨南大学面向港澳台侨学生及留学生开展课堂试用，并根据学生的使用反馈进行修订完善。在此，特别感谢钱乘旦、张国刚、吴玉贵、张西平、李明欢、任贵祥、李道湘、沈桂萍、翁贺凯、张梧等专家对丛书编写的鼎力支持与指导。百尺竿头须进步，恳请广大读者在使用过程中提出宝贵意见，我们将积极吸纳并定期对丛书进行修订。

丛书编委会

2022 年 6 月

前　言

　　编写这本教材的主要目的，是给旅居海外的华侨华人介绍中国的基本国情。海外华人既具传统的"中华根性"，又了解居住国的"在地性"，还有连接中国和当地国的"跨国性"，是个重要而独特的群体。给他们这群熟悉中国也了解世界的"内外兼修"的优秀人士编写一本介绍当代中国的"教材"，基本上属于一项"不可能完成的任务"。我们各位编者，一边诚惶诚恐，一边也要迎难而上。

　　什么是中国？这个问题听似简单，但细究起来几乎无穷无尽。一方面，大家的祖籍都源自中国，对什么是中国，每个人自然都有着各自的体验、理解与故事，而且这些故事一定千差万别。另一方面，当今的中国，已经成为世界舞台聚光灯下的主角。海外华人遍布世界不同的地区和国家，相信那里的民众对中国也一定是赞誉者有之，爱之者有之，批评者有之，甚至恨之者也不乏其人。但共同的一点是，不管你愿不愿意或承不承认，当地民众大都会把海外华人看成是中国和中国人的代言人。就此而言，各位海外华人也有给自己周围的当地人讲述"什么是中国"的任务。那么，找到"什么是中国"的答案，就成了我们共同的任务。这些答案，一定与每位的认知和经历有关，但我们也需要超越个体经验，上升到一些基本的共识和理论。奔着这个使命，本教材的编者们在广泛结合和运用现有研究成果的基础上，充分发挥各自的专业特长，力图为大家描绘出"什么是中国"的基本图景。

　　首先，中国是历史的中国。历史的中国，既表明中国有着悠久的历史，是世界上四大文明古国之一，也显示当下中国是历史长期演进的结果，当今的各种形态都能在历史中找到它们的影子。第一章的仁心德政、多元一体、和而不同是中国和中国人自始至今一直坚持的思想理念与行动指南，构成了中华文明的核心要义。但中国并不是一个只固守自己根性的内卷式文明，而是一个与外部持续交流互鉴的动态发展的国家，这是第二章的主要内容。特别是近现代以来，西学东渐与中学西传交相辉映，在积极贡献世界和学习世界的过程中，中国文明变得更加开放包容，也逐步从一种"特殊"的地区性文明变成了一种具有"普遍"意义的全球性文明。

其次，当代中国是中国共产党领导的中国。在理解中华文明根性和中西交流互鉴的基础上，第三章"中国共产党与中华民族伟大复兴"分析了中国共产党是中华文明的传承者，是把马克思主义中国化的领导者。它代表整体利益、扎根人民群众和敢于自我革命的鲜明特性，其实很难用当代西方国家意义上的"政党"概念进行概括。在摆脱半殖民地半封建社会的历史进程中，中国共产党逐步成为中华民族复兴的领导核心，带领中国创造性地走出了一条不同于苏俄、不同于欧美的独特与成功道路。

第四章和第五章同样从中华根性与中西比较的视角，剖析中国在政治和经济两个基本领域的制度与道路。正是本着为人民服务的民本民生之根性，在学习外国特别是近现代西方经验和教训的基础上，中国在政治上探索出了一条包括人民代表大会制度、中国共产党领导的多党合作和政治协商、依法治国和统一战线等在内的极富中国特色的政体与政治制度，在经济上也找到了一条包容儒家传统和现代发展、均衡市场"看不见的手"与政府"看得见的手"、实现"国民共生共进共成长"的经济发展道路，从而创造了举世瞩目的"经济奇迹"。

第六章是政治和经济制度的具体落实与体现，那就是中国创造的脱贫攻坚的人类奇迹。摆脱贫困是所有人类社会的共同追求，"消除极端贫困和饥饿"是《联合国千年发展目标》的首要任务，所以扶贫工程不仅是中国对联合国的庄严承诺，更源自中国传统"大同""小康"理念和民本思想的内在要求。在党和政府的坚强领导下，通过精准识别、建档立卡搞清"扶持谁"，通过加强领导、建强队伍搞清"谁来扶"，通过区分类别、靶向施策解决"怎么扶"，通过严格标准、有序退出解决"如何退"，通过跟踪监测、防止返贫解决"如何稳"，可以毫不夸张地说，中国的扶贫努力为世界扶贫脱贫提供了重要的参考。从民本民生的中华根性以及中国共产党的初心来讲，脱贫不是终极目标，乡村振兴的伟大工程已在路上。

第七、八、九章是海外华人与西方社会交往过程中涉及较多，同时也多被西方误解和质疑的民族、宗教与涉侨事务。同样秉持中西对比的视角，大家可以看到像其他任何国家一样，在面对这些社会组织的难题时，中国的党和政府在这几个领域用心用力，在秉承独特历史传统和文明根性的同时，也积极吸收和学习其他国家的经验，逐步摸索出了一条独特且有效的路径，形成了多元一体的中华民族共同体格局，达成了宗教多元共存与平等和谐的局面。特别是在侨民治理方面，中国不但积极支持广大侨胞敬祖爱乡的中华民族传统美德，更是鼓励侨胞们入乡随俗，与当地民众和谐互融，积极贡献于居住国的稳定与发展，并努力发挥以侨为桥的中介作用，促进中国与侨胞所在国的友好关系，从而促进整个世界的和平与发展。

最后，当代中国也是面向未来的中国。第十章面向未来，总结全书，并阐释新时代全球治理的中国方案。处在百年未有之大变局的世界，人与自然、人与社会、国家与国家的矛盾凸显，各种关系处在新的调整中，各种思潮和多种实践相互竞争。中国根据自己的历史传统与现实经验，提出了"人类命运共同体"的方案。这一方案源自大同思想、多元包容、和平开放、人民至上、家国天下等中华根性，源自中国和世界多个文明与各个国家的交流互鉴。这种对内守根守正和对外开放学习的精神，塑造了中国不搞海外殖民、没有宗教战争、富强而不称霸、贫弱也不分裂的历史，也昭示着人类命运共同体这一新时代全球治理中国方案的合理、可能与可行。

如果说中国是一头大象，本教材的编者们就是"摸象"的"盲人"。一方面，我们希望每位海外华人整合各章的"写真"，编织出一幅中国"大象"的全景。另一方面，各位海外华人生活在世界不同的地区与国家，都可以站在外部看中国，站在世界看中国。各位"旁观者"的视角，加上本书编者"当局者"的研究，我们共同致力于"什么是中国"的探索，携手为世人提供一幅"真实、立体、全面"的中国图景，塑造"可信、可爱、可敬"的中国形象！

这本教材是一次跨单位、跨学科和跨领域的合作，主编把握全书主题、逻辑与行文，各章编写人员分别如下：

第一章　刘依平（暨南大学文学院哲学研究所）

第二章　刘永连（暨南大学文学院中外关系研究所）

　　　　李云飞（暨南大学文学院历史系）

　　　　吴尔蓓密（暨南大学文学院历史系）

第三章　何小勇（暨南大学马克思主义学院）

　　　　吴昱（暨南大学马克思主义学院）

第四章　赵思洋（暨南大学国际关系学院 / 华侨华人研究院）

第五章　刘金山（暨南大学经济学院）

第六章　左鹏（中央社会主义学院马克思主义理论教研部）

第七章　沈桂萍（浙江大学国家制度研究院）

第八章　沈桂萍（浙江大学国家制度研究院）

第九章　文峰（暨南大学国际关系学院 / 华侨华人研究院）

第十章　谢长安（暨南大学马克思主义学院）

　　　　黄丁（暨南大学文学院哲学研究所）

　　　　孙明霞（中央社会主义学院中华文化教研部）

编　者

2022 年 8 月

目 录

第一章
中华文明核心要义与世界意义

　　海外华侨华人与祖国之间，不仅有天然的血脉亲缘，还拥有共同的文明传统和发展愿景。正如习近平总书记在会见第七届世界华侨华人社团联谊大会代表时所强调的："团结统一的中华民族是海内外中华儿女共同的根，博大精深的中华文化是海内外中华儿女共同的魂，实现中华民族伟大复兴是海内外中华儿女共同的梦。共同的根让我们情深意长，共同的魂让我们心心相印，共同的梦让我们同心同德，我们一定能够共同书写中华民族发展的时代新篇章。"①

　　中华文明有着五千年的悠久历史，在历史发展过程中始终保持着自身的主体性。对于中华文明，世界有着无尽的想象，也有着诸多的误解。她只是农耕时代的产物和"博物馆中的陈列"，还是能在传统与现代的交融中体现出现代价值？她只是地域文明的代表和"古老东方的遗存"，还是能在中西文明交流过程中呈现出世界意义？要回答这些问题，就必须摆脱"现代性偏见"和"西方中心主义"两种思维，深入中华文明的发展历程，去探寻其核心要义、概括其显著特征，在古今对照和中西对比中发现中华文明的稳定性、连续性、超越性、普遍性。

---

① 习近平：《中华文化是海内外中华儿女共同的魂》，http://shanghai.xinmin.cn/xmsz/2014/06/06/24493447.html，2014 年 6 月 6 日。

第一节　仁心德政：中华文明的内在根脉

"文明特别是思想文化是一个国家、一个民族的灵魂。无论哪一个国家、哪一个民族，如果不珍惜自己的思想文化，丢掉了思想文化这个灵魂，这个国家、这个民族是立不起来的。"① 中华文明的内核就是中华优秀传统文化。在中华优秀传统文化这个大系统中，又一定有一些思想理念居于顶层地位，她派生了其他思想理念，是整个文化系统的内核。从思想文化发展的历史脉络来看，中华文明以"天人合一"为哲学出发点，以"仁义内在"的人文主义为精神内核，进一步发展出民本主义、民生优先的现实关怀，形成了一个"仁心德政"的文明系统。

一、天人合一：中华文明的哲学起点

在人类文明的早期形态中，人们往往将"天"理解为具有至高地位的人格神。如古希腊神话认为万物之母盖亚（Gaea）创造了天空女神乌拉诺斯（Uranus）。印度元典《梨俱吠陀》中，世界是由原人（The MAN, Purusha）创造出来的，天空则是他的头颅所化。埃及神话中，女神努特（Nut）是天空之神和星辰之母。在各种神话体系中，"天"或"天神"往往与创世、人类文明诞生等紧密联系在一起，因而具有起源、主宰等含义。和世界上其他文明一样，中华文明早期也将"天"理解为绝对超越并加以崇拜。但与其他文明不一样的是，中华文明从周代初年（约前1046）开始，就摆脱了对"天"的迷信，转而用一种人文主义的、道德理性主义的态度来理解"天"，由此形成了"天人合一"的观念，即在天、地、人、物、我的整体关联中理解宇宙的生成过程以及人在宇宙中的特殊地位。而在"天人合一"的观念之中，又包括了"天生万物""以人合天""天人和谐"三个维度的内涵。

（一）天生万物

殷商（前1600—前1046）时期，"天"是最高的人格神。譬如大禹（见图1-1）的父亲鲧治理洪

图1-1　明·仇英《帝王道统万年图·大禹》

---

① 习近平：《在纪念孔子诞辰2565周年国际学术研讨会暨国际儒学联合会第五届会员大会开幕会上的讲话》，《人民日报》，2014年9月25日，002版。

水失败，"帝乃震怒"（《尚书·洪范》）。武丁祭祀成汤，祖己向他进言，说天高高在上、监临下民，下民自然应当顺承天的旨意，"惟天监下民，典厥义"（《尚书·高宗肜日》）。这里的"天""帝"，以及其他文献中出现的"上帝"或"天帝"，都是指有意志、有喜怒的，决定着人间祸福灾祥的至高神。商人相信，正因为有至高神的眷顾，自己才可以统治天下千秋万代。甚至在殷商即将灭亡之际，纣王仍说他的命运是由天决定的，西周不能改变天命。

周人（前1046—前256）也在一定程度上保留了天的人格神意味，譬如认为"旻天"可以依据人间君王的德行，降下灾福，表现其威力。只不过周人对天的理解要比商人更为抽象化，"上天之载，无声无臭"（《诗经·大雅·文王》），即天是没有声音、气味和任何具体形象的，和有形的"帝"已经不太一样了。并且，周人也意识到天命并不会始终眷顾特定的部落、人群，而是会从失德之君身上转移到有德之君身上，故而"天"也就有了更多的道德内涵。

德国哲学家雅斯贝斯（Karl Theodor Jaspers，1883—1969）在综合研究了东西方各大文明的发展进程以后，提出了一个著名的观点：公元前500年左右，东西方各大文明不约而同地进入"轴心期"，在神话和原始宗教的基础上产生了终极关怀的觉醒和哲学、宗教的突破。[1] 这正是孔子（前551—前479，见图1-2）生活的时代，他在周人的基础上，进一步将人文精神灌注于"天"的概念之中，从而形成了对"天"的新理解。

图1-2　《至圣先贤半身像册·孔子》

在孔子及其以后的中华文化体系中，"天"至少具有四层含义：其一，作为万物根源的最终依据之"天"，即一切事物都是由天生成的，天是宇宙的根源；其二，作为整体之自然的"自然之天"，即四时运化不穷、万物生生不息的自然之总称；其三，作为至高主宰的宗教神圣之"天"，即天是超越世界万物的，决定了世间万物的生成与消亡；其四，作为终极规律和最高原则的道德义理之"天"，即宇宙的生成发展、世间万物的产生消亡，都必须完全遵循其规定。这四层含义交织在一起，构成了中国人对"天"的完整理解。譬如孔子说：

天何言哉？四时行焉，百物生焉。天何言哉？（《论语·阳货》）

天并不通过语言来发号施令，它只是自然如此：太阳日日东升西落；春、夏、秋、

―――――――――

[1]［德］卡尔·雅斯贝斯著，魏楚雄、俞新天译：《历史的起源与目标》，北京：华夏出版社1989年版，第7—13页。

冬四季周而复始地运行；稻、粟、麦、黍等农作物都是春种、夏长、秋收、冬藏。凡此种种，就叫作自然之天；自然之中，又显露出规律；自然规律是不可违背的，故而是至高的；万事万物皆受天之宰制，皆从天而衍生，故又是根源的——这正是"天"的四层含义。

> **"天"有四层含义。**

《周易》从天地开始，全景式地描述了自然、社会、文明的历史生成经过：

> 有天地，然后有万物；有万物，然后有男女；有男女，然后有夫妇；有夫妇，然后有父子；有父子，然后有君臣；有君臣，然后有上下；有上下，然后礼义有所措。（《周易·序卦》）

在《周易》哲学体系中，天为阳、地为阴。天地、阴阳之中，又以天和阳为主导，地是承载天的，阴是顺承阳的。天地阴阳的和合，产生了万事万物与男女。男女结合、繁衍后代，又形成了夫妇、父子的关系。以夫妇、父子等家庭关系为核心，进一步发展出部落、国家，又产生出君臣上下的等级关系，于是乎形成了人类社会。为了维系整个人类社会，制定出礼义等原则，人类文明得以发皇张大。正是在这个意义上，"天"成为自然与人类文明的总源头。

作为一切事物的总源头，天相对于万事万物而言，就有一种至高的生成化育之德，所以说"天地之大德曰生"（《周易·系辞下》）。同时也对它们作出了根本性的规定：

> 大哉乾元，万物资始，乃统天。云行雨施，品物流形。……乾道变化，各正性命。保合大和，乃利贞。（《周易·乾·彖》）

乾道也就是天道，其变化运动决定了万物的"性"与"命"。天道是不可违背的规律，这就是"命"；万物秉受天命因而具有了自己的本性，这就是"性"。故而《中庸》也说"天命之谓性"，表明"性"与"命"是同一事物的不同说法。人与万物分有天的至高德性，并以此为自身存在发展的本性和最终依据，故必须效仿天德、遵循天则，"与天地合其德，与日月合其明，与四时合其序"（《周易·乾·文言》），这就为"天人合一"奠定了理论基础。

（二）以人合天

中华文明中几乎所有思想流派，都从"天生万物"这一点出发探讨人在宇宙中的地位、衡定人的价值、规划良好的政治社会生活。如：

> **以人道上符天道，追求"天人合一"。**

人法地，地法天，天法道，道法自然。（《老子·第二十五章》）

天生神物，圣人则之；天地变化，圣人效之；天垂象，见吉凶，圣人象之。（《周易·系辞上》）

与天地相应，与四时相副，人参天地，故可为解。（《黄帝内经·灵枢经·刺节真邪》）

不难发现，这些典籍都表示出以人道上符天道，进而实现"天人合一"的观念。这种"以人合天"的观念反映在宗教、政治、礼法、服饰、音乐、法律、养生等方方面面。我们从几个维度略加讨论。

一是宗教祭祀维度。通过虔诚地祭祀，人可以与宗教神圣之天合而为一。中华文明向来被称为礼仪文明，而在吉、凶、宾、军、嘉五大类礼仪中，最重要的礼仪就是吉礼中的祭天（或天神）之礼，其礼又分为三等。头一等大祭是祭昊天上帝。其礼仪称"禋（yīn）祭"，古代只有天子才能举行，即在冬至日将玉、币帛、牺牲放在柴上，以燃烧的烟气祭祀上天。北京天坛就是明、清两代王朝祭天的场所。第二等中祭，祭祀日、月以及五纬①、十二辰②、二十八宿③等星辰。用"实柴"之祀，即将币帛、牺牲放在柴上烧烤，以为享祀。第三等小祭，祭祀司中司命、风师雨师等有司职、有功于人的列星。用"槱（yǒu）燎"之祀，即以牲体置于柴堆上焚之，扬其光炎上达于天。以上三等祭祀都是官方祭祀。民间也有对"天"的信仰与崇拜。如明清时期，很多家庭都在正堂中供奉着"天地君亲师"的牌位；君主制灭亡以后，这个牌位改为"天地国亲师"——老百姓也始终将"天"放在第一位加以虔诚祭祀。由于天意体现在祖宗之法中，体现在民生民意中，故而又形成了"敬天法祖""敬天保民"的种种思想与实践，对政治生活造成了巨大影响。

二是自然规律维度。天按照不同的时令、不同的地理环境来生成万物，人也应当按照时令、地理取用动植物，不能违背自然的节律和普遍的规律。《礼记·月令》（见图1-3）

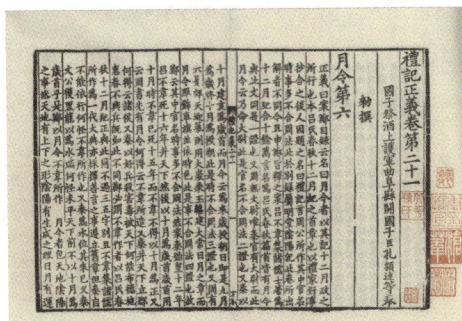

图1-3　宋刻本《礼记·月令》

---

① 五纬即金、木、水、火、土五星。

② 十二辰是将周天黄道按由西向东的方向分为十二个等分以后对应的星次，分别是星纪、玄枵、娵訾、降娄、大梁、实沈、鹑首、鹑火、鹑尾、寿星、大火、析木。

③ 二十八宿是将周天黄道的恒星分成四个方位、二十八个星座，东方青龙七宿为角、亢、氐、房、心、尾、箕；北方玄武七宿为斗、牛、女、虚、危、室、壁；西方白虎七宿为奎、娄、胃、昴、毕、觜、参；南方朱雀七宿为井、鬼、柳、星、张、翼、轸。

规定：仲春之月"安萌芽，养幼少"，"毋竭川泽，毋漉陂池，毋焚山林"；孟夏之月"继长增高"，"毋有坏堕，毋起土功，毋发大众，毋伐大树"。《礼记·王制》规定："草木零落，然后入山林。昆虫未蛰，不以火田。不麛，不卵，不杀胎，不殀夭，不覆巢。"要言之，就是站在天人合一的角度，强调人应当保护和合理利用动植物，不可以在动植物繁衍期、生长期滥杀滥砍，不可以人为地造成生物灭绝。由于天地好像人们的父母，故而违背天地自然节律，妨碍其他事物生机的行为，甚至被视为"不孝"。人与自然的节律保持同一，还可以养生。如果能够做到动静有常、起居有节、冬温夏清、饥餐渴饮，自然可以延年益寿。中国饮食文化特别强调"不时不食"，正是受此影响。"天人合一"的理念形塑了中国人的基本生活方式。

> "性"是以人合天的根本依据。

三是人性道德维度。《礼记·中庸》说："天命之谓性，率性之谓道，修道之谓教。"这句话的意思是：天赋予人善良的德性；如能自然地依循天性而行，这便是道，譬如面对父母便知道行孝；但人因为有气质的蔽障，往往不能依循天性而行，所以需要明道才能行道，而能使人明道的，便是教化的作用。世间的人可以分为三种：圣人、君子、小人。圣人能够极尽天赋的本性，兴养立教，进而同时极尽他人他物的本性，使万物各安其位，各遂其性。君子明了这一点，也能够通过艰苦卓绝的自我修养，克服私欲的蔽障，发现自己的本性，使自己回归天理天道。圣人和君子都会赢得天的福佑。而小人则完全不懂得这一点，任凭私欲的驱使而盲目行动，就必然违背天理，天也必将降下灾异以惩罚之。所以深受中华文明影响的人，都普遍相信"积善之家必有余庆，积不善之家必有余殃"（《周易·坤·文言》），懂得"应之以治则吉，应之以乱则凶"（《荀子·天论》）的道理，并以之为道德的基本准则。

要言之，由天而人、由人而天，"天道"与"人道"是相贯通的。在"以人合天"的过程中，"人"是关键。人能否体天心、法天则、合天道、致天和，决定了人的存在价值，也决定了"天人合一"的目标能否实现。

（三）天人和谐

中国当代哲学家汤一介（1927—2014）指出："'普遍和谐'的观念是'天人合一'的基本命题和'体用一源'的思维模式的产物，包括了自然的和谐、人与自然的和谐、人与人的和谐，以及人自身内外身心的和谐，是儒、释、道三家共同的思想旨趣。"[①]普遍和谐即是天人和谐，具体表现在三个方面：

在整体和谐中追求人的发展。中华文明有着对天、天地精神的信仰及对天命的敬

---

① 汤一介：《中国哲学中和谐观念的意义》，载汤一介：《新轴心时代与中国文化的建构》，南昌：江西人民出版社 2007 年版，第 91 页。

畏，主张提升自己的道德境界以"与天地精神往来"（《庄子·天下》）。这种精神上的契合与颖悟，足以使人产生对道德价值的崇敬。由此对天下万物、有情众生的内在价值产生博大的同情心，进而洞见天地同根、万物一体。儒家立己立人、成己成物、博施济众、仁民爱物之仁心，道家万物与我为一、天籁齐物之宽容，佛家普度众生、悲悯天下之情怀，都是这种精神的结晶。

在整体和谐中追求自然的可持续发展，体现出三条原则。一是人的生存固然要利用生态资源，但应当顺应生态系统的生养之道，遵循天时地利，有所节制，不能为了一己之私而日益竭尽天地之材。二是尽可能少地去干预生态系统的完善自足，人类保护生态最有效的策略是减少主动破坏，"天"自然会让万物生化不已、充满生机。三是将生态问题与政治问题联系起来，主张以人自身的和睦相处、共同协作为前提解决生态问题，人类社会如果战争四起、社会动荡，那么自然的可持续发展只能是一种奢望。

在整体和谐中追求人类文明的发展。中华文明既重视各民族、各族群及其文化、宗教的差异性、独特性，又重视和合性、统一性；强调人与人、民族与民族、国家与国家、文明与文明之间的和谐统一。与整体和谐的文明发展观念相联系的是，中华文明反对彼此攻击、互相毁灭，主张宽容、平和的文化心态，强调谋求有弹性的、动态统一式的中庸平衡。

以"天人合一"为哲学起点，中华文明在天、地、人、物、我的整体关联中，打破了人性与天道、人与超自然、人与自然、人与他人、人与内在自我的隔膜，肯定对话包容、相依相待、相成相济，呈现出"天人和谐"的整体特征。"天人合一"的人文主义宇宙观不讲创世神话，与西方基督教一神创世论有着显著的区别；不强调主体与客体、物质与精神的分辨和对立，与现代西方哲学中普遍流行的人类中心主义也有很大的差异。对于调整人与自然、社群、未来之间的关系，更具指导意义。

二、仁义内在：中华文明的核心理念

1996 年，在韩国汉城（今首尔）召开了一场主题为"东方思想与社会发展"的国际会议，东亚文化圈三个主要国家中、日、韩的学者汇聚一堂，探讨东亚文化传统与现代化建设之间的关系。会议开幕当天，韩国《东亚日报》赫然以通栏标

> "仁"是中华文明的核心理念。

题的形式打出十二个大字："中国重仁、韩国重孝、日本重忠。"这说明即使在同一个文化圈中，每个民族、每种文化都会将文化理念与自身的民族历史、特征相结合，形成一种核心价值理念，"仁"就是中华文明的核心理念。这种核心理念塑造了中华文明的民族性格、价值信念、生活准则与处世方略。

（一）仁者爱人

> "仁"是最高的道德范畴，是人文精神的集中表现。

孔子以前，古人已将"仁"视作一种美德。春秋时期，孔子将"仁"提到了最高美德的地位。《论语》中"仁"字共出现 109 次，孔子对"仁"的根本定义是：

樊迟问仁，子曰："爱人。"（《论语·颜渊》）

这个简洁而意蕴无穷的答案，奠定了儒家善待他人、关怀他人的基本立场。孔子的学说也被称为"仁学"。

"仁"成为最高的道德范畴，意味着古典人文精神的觉醒。其首要内涵就是以人为本，由衷地尊重与关爱人的生命：

厩焚。子退朝，曰："伤人乎?"不问马。（《论语·乡党》）

孔子家的马厩失火，孔子只关心养马者是否受伤，而不过问作为贵族地位和财富象征的马。"仁"是平等地朝向一切人。商代的礼制规定，贵族死后要以活人殉葬，殉葬人数的多寡标志着死者身份的高低。春秋时代虽然一般不用活人殉葬，但竞为奢靡的贵族又大肆制作人俑以陪葬：

仲尼曰：始作俑者，其无后乎。（《孟子·梁惠王上》）

孔子认为，用人俑陪葬和用活人殉葬，本质上都是在践踏人的生命尊严。那些享受了生前荣华犹不餍足，希望在地底还要获得无数供奉的贵族，一旦允许他们使用人俑，风气滋长之下，难保他们以后就不用活人殉葬啊！故而孔子义愤填膺，对反人道者发出了断子绝孙的强烈诅咒。

作为最高德、根本德，"仁"是克己、复礼、孝悌、忠恕等道德行为规范的依据，义、智、勇、恭、宽、信、敏、慧、温、良、敬、让、刚、毅、木、讷等德目都以"仁"为核心而连接成一个整体。在孔子的提倡下，人以"仁"为本性，成为具有独立精神和自由意志的道德主体。在孔子仁学的影响下，中华文明也走出蒙昧时代，摆脱了神权的束缚，从此走上了理性人文主义的发展道路。

图 1-4 《至圣先贤半身像册·孟子》

孟子（前 372—前 289，见图 1-4）接续孔子，用"孺子入井"的故事论证了"仁"的真实性和普遍性。他说：如果一个小孩子就要掉到井里了，看到这一幕的时候，任谁心里头都会"咯噔"一下："哎呀，完了，完了！这小家伙要是掉下去了，可如何是好？"见此情形，人们心中自然升起的惊骇、怜惜和痛心，就是"怵惕恻隐之心"，也就是同情心，即仁心。人人都有这种自然的反应，说明"仁"是普遍内在于人的，是人的根本属性。没有"仁心"的人，也就不能称其为人。义、礼、智也是如此。仁、义、礼、智合称"四端"，即人性在具体情境下生发的四种苗头（《孟子·告子上》）。但凡在追求仁、义、礼、智的道路上花过一番真切工夫的人，没有求不到的。这是因为仁、义、礼、智从人降生一刻起，就由天赋予人了，是内在于人而不是外在于人的。说自己没有仁、义、礼、智的，不过是自己从来没有以此为目标追求过罢了，于是乎后天的情欲、习气遮蔽了天生的仁、义、礼、智。孟子又将这种天赋的仁德称为良知良能，意思是不用经过后天学习就具有的认知与能力（《孟子·尽心上》）。后来南宋大儒朱熹（1130—1200）将这种天赋仁德称为"天理"，明代王守仁（1472—1529）将其称为"良知"，指的都是同一个东西。

中华文明以仁义为最高价值，崇尚君子人格，肯定"三军可夺帅也，匹夫不可夺志也"（《论语·子罕》）、"富贵不能淫，贫贱不能移，威武不能屈"（《孟子·滕文公下》）的大丈夫精神，弘扬至大至刚的浩然正气、舍我其谁的责任担当，乃至"若某不识一个字，亦须还我堂堂地做个人"（《陆九渊集》卷三十五），强调人人都有内在的价值与不随波逐流的独立意志，以"知其不可而为之"（《论语·宪问》）的气概，守正不阿、正气凛然，甚至舍生取义、杀身成仁。能够以仁爱为立身行事的准则，奉行不渝的人，谓之"仁人君子"，他们的生命被认为是仁德的具体显现。儒家倡导的"仁人君子"的人格理想，对后世影响深远，鞭策历代士大夫塑造才德兼备、温柔敦厚、心胸坦荡、自强守道的性格，鼓励他们以气节自重、不趋炎附势、不为名利所动，也勉励他们以仁人之心、行仁人之事，以天下苍生福祉和百姓生民忧乐为念。

天赋人性、仁义内在的观念通过传教士译介到西方。1776 年美国《独立宣言》（见图 1-5）中，被当作真理的第一条就是："人人生而平等，造物主赋予了他们某些不可剥夺的权利。"（原文为：All men are created equal, that they are endowed by their Creator with certain unalienable rights.）宣言起草人、美国第三任总统托马斯·杰斐逊（Thomas Jefferson，1743—1826）就表示："此段之精神得自孔子。"

图 1-5 美国《独立宣言》

（二）己所不欲，勿施于人

> "仁"是一种能够彼此感通、推己及人的道德情感。

南宋大儒陆九渊（1139—1193）继承孔孟以来的仁学观念，进一步指出，人不分种族，地不分南北，最根本的人性一定是相同的，东海、西海、南海、北海的圣人，千百世以上和千百世以下的圣人，一定是"心同理同"的（《陆九渊集》卷三十六）。这个人所共同的东西就是"仁"，也就是人的本质。以"仁"为依据，人心人情是可以互相感通的。

《说文解字》云："仁，亲也，从人二。古文仁，从千心作。"也就是说"仁"有两种写法。一种是我们熟悉的"仁"，意思是人与人之间相互亲近而形成的亲密感受与美好品德。另一种是"忎"，但对这个字没有确切的解释。20世纪90年代，湖北荆门郭店楚墓出土一批竹简，"仁"均被写作"𠤎"，"忎"正是从这个字演化而来的。因此，"仁"的另一层含义即"身心合一为仁"——有个成语也说明了这一点，如果心不能感觉身体的痛痒，就叫作"麻木不仁"。从"仁"字的两种构字方式来看，"仁"的最本质内涵就是"感通"，包括心对身的感知，也包括对他人的感通。正是以感通为基础，"仁"才能不断地推展、扩充。

图1-6　伏尔泰雕像

如何才能实现"仁"的推扩呢？子贡曾请教老师孔子：有没有一则可以终身奉行的格言？孔子的回答是"恕"，其具体含义是"己所不欲，勿施于人"（《论语·卫灵公》）——自己不想要的，绝不强加给别人。这句话还可以进一步引申：其他人与我一样都是人，应当把人当人看；谋求自我的存在与发展，也应当承认他人的存在与发展。朱熹将这句话总结为"将心比心"，直至今日，其仍是老百姓日常交往的准则之一。"己所不欲，勿施于人"的思想在整个世界伦理学史上有着非常重要的地位。这一观念通过传教士传播到欧洲，在18世纪末被写入法国的《人权宣言》。法国启蒙思想家伏尔泰（Voltaire，1694—1778，见图1-6）认为它是"最纯粹的道德准则"，应该成为"所有人的座右铭"。1993年在美国芝加哥召开了世界宗教大会，其主旨是协调全世界宗教文化，凝聚全球伦理。会议最终发表了由6 500多位宗教领袖、学者签署的《走向全球伦理宣言》，将"己所不欲，勿施于人"定为全球伦理的"黄金法则"。这一思想还被当作处理国家之间关系的基本准则，镌刻在联合国总部大楼大厅的墙上。可以说，"己所不欲，勿施于人"是中华文明的基本价值，同时也是全人类的共同价值。

"己所不欲，勿施于人"的本质就是推己及人，其前提是尽自己的本分。在中华文明体系中，"忠"与"恕"是一对概念，"尽己之谓忠，推己之谓恕"（《论语集注》）。"忠"就是彻底实现天所赋予的良知良能。譬如每个人都承担了家庭角色，那么就应当在家庭之中充分地实践自己的责任伦理，祭祀祖先、孝顺父母、友爱兄弟、爱护配偶、抚育子女，等等。能够做到这些事情，就意味着实践了仁德。家是最小的社会单位，人们通过遵循家庭伦理，进而懂得承担社会责任；夫妇、父子是最基本的人伦关系，人们通过关爱家人，进而懂得关爱他人。按照推己及人的方式，将仁德由亲人推及乡邻、友朋、君臣乃至陌生人，在万事万物上实现自己的仁德，这就叫"恕"。"忠"和"恕"构成了"忠恕之道"。

在"仁爱"观念以及"忠恕"思想的影响下，中国人普遍怀有"四海之内，皆兄弟也"（《论语·颜渊》）的博大情怀，并最终推导出"天地万物一体之仁"的博爱理念。

（三）天地万物一体之仁

中华文明的仁爱精神，普遍注重对亲人、他人，甚至是自然界动植物的尊重与关爱，这是一种崇高的、博大的道德境界。关于这种道德境界，北宋大儒张载（1020—1077）有一个著名的哲学观点，叫作"民吾同胞，物吾与也"（《西铭》），意思是在本源意义上，天下所有的人都是我的同胞兄弟，天底

> "仁"的最高境界是"天地万物一体之仁"。

下的万事万物都是我的朋友。同为北宋大儒的程颢（1032—1085）则将这种道德境界总结为：

仁者，以天地万物为一体，莫非己也。（《二程遗书》卷二上）

万物本来一体，并没有彼此之分。万事万物都与我们痛痒相关、气息相通、血脉相连。万物之于我们，就像自己的四肢、骨节、筋络一样，我们岂有不爱惜自己身体的道理呢？既然爱自己的身体，又岂能不爱护宇宙间的万事万物呢？中华民族常常对于自然界中的各种生命和事物怀着一种发自内心的喜爱与由衷的敬畏。看到庭院里、窗台上生出的杂草，心中有仁爱的人不但不嫌它们扰煞了景致，反倒认为它们生意盎然，自有一番韵味；看到一群小鸟喳喳觅食时，仁爱之人不但不嫌弃其聒噪绕耳，反而觉得它们生动活泼、可爱至极。这就是仁心推扩的表现。

"天地万物一体之仁"的观念落实到社会领域中，就是对弱势群体的普遍关爱。从20世纪90年代开始，中国以全面建成小康社会为目标，开展了大规模的扶贫工作，到2020年为止，累计7亿农村贫困人口成功脱贫。不仅如此，中国还长期关注全球减贫计划，与联合国等国际组织合作帮助发展中国家减贫，在"东亚减贫合作倡议""中非减贫惠民合作计划"框架下推进合作项目。中国扶贫专家深入东盟成员国和非洲马达加

图 1-7 明·周臣《流民图》(局部)

斯加、尼日利亚、莫桑比克等国家，兴建基础设施、传播科学技术、种植高效农作物，帮助当地农民实现粮食增产、收入增加的梦想。

"天地万物一体之仁"的观念落实在生态领域，就是生态保护和可持续发展的现代理念。近年来，中国树立起"绿水青山就是金山银山"的环境意识，将生态文明写入宪法；成立了生态环境部和自然资源部两个国家部委，监管污染排放，完善国土空间用途管制，加强生态保护修复；截至 2019 年底，单位 GDP 二氧化碳排放较 2005 年降低 47.9%。这些现象都表明，随着污染防治力度的加大和生态保护的稳步推进，生态环境得到了明显改善。

要而言之，中华文明以"仁"为核心理念，认为人皆有仁爱之心，这颗仁心源于天对人的本质规定，是纯善的，是人人本有、不假外求的；通过"己所不欲，勿施于人"的忠恕之道，每个人都可以将本有的仁心推扩出来，实现对他人和万物的关爱；以"仁"为纽带，维系世间一切人与物的关系，体现出宇宙的本然秩序——"保合太和"。

三、民本民生：中华文明的现实关切

作为中华文明的核心理念，仁爱思想必然对政治理念产生重大影响。政治合法性的来源是什么？政治正当性是如何体现的？何种政治措施才能为绝大多数人以及弱势群体提供保障？这些问题都将在仁爱的思想体系中得到解答。中国传统政治思想以"仁心"为出发点，以"天下归仁"为理想社会图景，以仁政德治为具体方略，形成了民本主义的思想，产生了民生主义的政治实践，为上述问题提供了具有中国特色的答案。

（一）天命民本

> 天命对应权力合法性；民本对应政治正当性。

对任何一个政权而言，统治的合法性和正当性是最关键的两个问题。明代皇帝圣旨第一句话是"奉天承运皇帝诏曰"，民间俗语也说"得民心者得天下，失民心者失天下"，这恰好反映了中国传统政治哲学的两个关键，即："天命"是权力合法性的根源，"民本"则是判断政治正当性的标尺。

中国政治哲学的天命观和民本思想，分别发轫于商、周时期。商人认为天是统率自然界各种现象、力量以及神灵的最高领袖，时时监管着世界的秩序；商王则是天的代表，拥有天命的眷顾，所以能替代天来统御天下。然而周武王伐纣成功以后，周代政治家必须思考一个问题：天命为什么会发生转移？

包括文王（见图 1-8）、武王、周公等在内的周初政治家意识到，天生育了万民，"王"在治理天下时，自然要体现天的意志，保民爱民，令天下得到和谐有序的治理，这就叫作"以德配天"。如果做不到这一点，上天的意志就会发生改变，任命新的"王"来代替天履行治理万民的职责，这就叫作"天命转移"。"天"固然是政治权力的合法性源泉，却并不直接发号施令，"天"的意志是通过"民"来表达的，这就叫"天视自我民视，天听自我民听"（《孟子·万章上》引《尚书·泰誓》）、

图 1-8 明·仇英《帝王道统万年图·周文王》

"民之所欲，天必从之"（《国语·周语》引《尚书·泰誓》）。只有勤勉治理，善待百姓，满足人民的需求，天命才会持存下去，国家才能长治久安。按照这一思路，周人以"德"为纽带，将"天"与"民"结合了起来，形成了"民本"的观念：

民惟邦本，本固邦宁。（《尚书·夏书·五子之歌》）

也就是说，周人不再将"民"视作政治统治的对象，而是赋予了他们"国本"的政治地位。

春秋战国时期的儒家学者进一步继承和发扬了民本学说，如：

孔子：为政以德，譬如北辰，居其所而众星共之。（《论语·为政》）
孟子：民为贵，社稷次之，君为轻。（《孟子·尽心下》）
荀子：天之生民，非为君也；天之立君，以为民也。（《荀子·大略》）

孔子明确提出了"为政以德"的命题，强调"政者正也"，从而为政治灌注了道德伦理的内涵。孟子不仅将"民"置于政治序列的顶端，而且强调要"以不忍人之心，行不忍人之政"（《孟子·公孙丑上》），也就是要从仁心推扩出德政；要"制民之产"（《孟子·梁惠王上》），从经济上满足民生的需要；任免人才、定罪量刑等国家事务都要听取民意。荀子（约前 316—约前 237 至前 235）则强调"民"是政治的目的而非政治的手段。这些理念构成了民本思想的主要内涵。

以仁政德治的民本思想为基础，先秦儒家学者还区分了"王道"与"霸道"两种政治模式。王道政治也就是仁政德治，这是一种以德主刑辅、礼法合治为治国方略的理想

的国家治理模式。这种模式强调用道德来引导老百姓，以礼仪来规范老百姓，反对用政令和严刑峻法来压迫、约束他们（《论语·为政》）；认为为政者如能充分发挥自己的德行，以仁德立身行事、广施仁爱于天下，就能如春风一般化育万物，老百姓也必然深受感化，民风自然淳朴和睦，国家必定繁荣昌盛（《论语·颜渊》《孟子·离娄上》）。反过来说，如果为政者自身不讲仁德、不行仁政，只知道用刑罚来压制老百姓、用利益来引诱老百姓，那么民风自然会暴戾市侩，国家必定多灾多难。因此，能否实行王道政治的关键在于统治者能否讲仁德、行仁政。

霸道政治与王道政治相反，主张以力服人。霸道的统治者将人民作为展示力量、迫使其他政治团体臣服的工具，向外通过强有力的政治权势和各种权谋使得诸侯臣服，向内则通过严苛的刑法和残酷的统治维系其政权。霸道政治的目标就是不择手段、无限度地扩大力量、谋取利益，所以"争地以战，杀人盈野；争城以战，杀人盈城"（《孟子·离娄上》）。在这样的政治环境中，不仅百姓的利益得不到保障，百姓还会因为统治者的攻伐兼并而随时丧命。

中国传统政治理论尊王道而贱霸道。如果君王丧失为君之德，不懂得保民爱民，甚至以百姓为鱼肉，那么就会丧失政治正当性和合法性，有道义的大臣和天底下的民众都可以起来推翻他。儒家认为商汤讨伐夏桀、周武征伐商纣是合乎"民本"的：

> 贼仁者谓之贼，贼义者谓之残，残贼之人谓之一夫。闻诛一夫纣矣，未闻弑君也。（《孟子·梁惠王下》）

中国历史上，每当统治者暴戾不仁、贪虐成性，中央政府丧失道义，政治秩序崩坏瓦解，地方豪强兼并土地、压榨百姓，百姓就会揭竿而起，效仿"汤武革命"，以"分田地，均贫富"为号召，爆发大规模的农民起义，推翻旧有的王朝，建立一个相对合理的新的政治秩序。

作为"天命"的具体呈现，作为政治正当性的标尺，"以民为本"的政治理念也深刻影响了现代政治。"汤武革命"和历代农民起义，为中国近现代革命提供了历史依据，也为民众支持革命奠定了社会心理基础。"尊王贱霸"的政治思想在中华人民共和国的政治实践中得到赓续和发展，从和平共处五项原则、"一带一路"倡议到人类命运共同体构想，提倡王道政治，强调政治的道德性，反对任何形式的霸权主义，始终是一脉相承的。

> 民生的三个层次：庶民、富民、教民。

（二）民生优先

"以民为本"的政治理念，必然推导出民生优先的命题。民生是最大的人权。民生优先就是在设计政治制度时，必须以老百姓的生存、发展、繁衍生息为首要着眼点，以保障民生的方式赢取民心民意、实现仁政德治：

> 子适卫，冉有仆。子曰："庶矣哉！"冉有曰："既庶矣。又何加焉？"
> 曰："富之。"曰："既富矣，又何加焉？"曰："教之。"（《论语·子路》）

"庶之"是增加民众数量，"富之"是保障人民的生活，"教之"则是启发民智、教化百姓。孔子提出的庶民、富民、教民，既是仁政德治的三个步骤，也是民生政治的主要内涵。

在农业社会中，庶民（劳动力多）、富民（收成好）是互为前提的。如何才能令老百姓繁衍生息、生活富足？必须"制民恒产"：

> 制：农田百亩。百亩之分：上农夫食九人，其次食八人，其次食七人，其
> 次食六人；下农夫食五人。（《礼记·王制》）

井田制是一种土地公有、按人配给土地使用权的授田制度，按照"一夫授田百亩"的原则分配土地使用权。老百姓有了恒产（田地），向上可以为父母养老，向下可以抚养妻子、儿女，丰年时每天都能吃饱，即便遇到饥馑也能免于死亡，这样才能安居乐业（《孟子·梁惠王上》）。秦代开启了土地私有化进程，豪强兼并土地的现象也随之产生。到汉武帝时期，"富者田连阡陌，贫者无立锥之地"。故汉以后，历史上各个朝代都制定各种政策以对抗土地兼并，如汉代的"假田制""屯田制"、西晋的"占田制""课田制"。田制关系到普通农民的利益，更关系到国家的稳定与长治久安。而遇到灾荒兵祸等事，能否鼓励农民迅速稳定生产，成为明智的统治者最关心的事。

对于社会弱势群体，还要制定特别的政策予以扶助。少而无父者叫作"孤"，老而无子者叫作"独"，老而无妻者叫作"鳏"，老而无夫者叫作"寡"，这些都是社会弱势群体，无法独立生存，政府要给他们长期发放口粮。对于身体残缺而不能从事农业生产者，政府要帮助他们学习百工技艺、从事手工业生产，使其得以养活自己（《礼记·王制》）。

为了防止遇到大灾荒而发生大饥馑，政府要做到国库中常年存有可食九年的粮食，即使遇到凶年也可以做到"民无菜色"（《礼记·王制》）。在特殊的灾荒时期，例如发生地震、旱灾、水灾、蝗灾、瘟疫等灾害时，国家还应当采取被称为"荒政"的救济措施。根据南宋董煟（？—1217）所编的《救荒活民书》（见图1-9），荒政措施包括五种：一是"常平"，即调节粮价；二是"义仓"，即储粮备荒；三是"劝分"，即劝导

15

富人施与受灾者；四是"禁遏籴"，即放开买入粮食的管制；五是"不抑价"，即不强制压低粮价。此外还有一些辅助的办法，如检旱、减租、贷种、遣使、弛禁、鬻爵、度僧、优农、治盗、捕蝗、和籴、存恤流民、劝种二麦、通融有无、借贷内库等。

庶民、富民以后，还要用礼乐教化百姓。儒家主导下的中国传统政治建立了一个从中央到地方一体化的教育体系。中央有太学、国子监，地方有县学、州学、府学。汉代董仲舒（前179—前104）指出设立学校的意义在于："立大学以教于国，设庠序以化于邑，渐民以仁，摩民以谊，节民以礼，故其刑罚甚轻而禁不犯者，教化行而习俗美也。"（《汉书·董仲舒传》）用仁、义（谊）、礼来教化民众，使之懂得父子有亲、君臣有义、长幼有序、朋友有信的人伦准则，既可以引导民众发展自我道德，又可以醇化社会风俗，维护公序良俗，同时也降低了整个社会治理的成本。

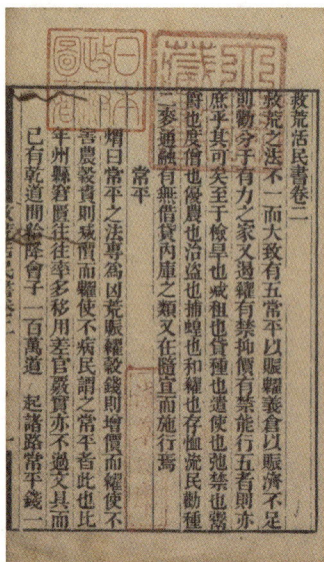

图 1-9 清嘉庆刻本《救荒活民书》

制民恒产、扶助弱势群体、预备荒政，从而庶民、富民，是王道政治的重中之重；用礼乐教化百姓，是王道政治的终极诉求。庶民指向人口问题，富民指向经济问题，教民指向教育问题，这正是民生最关切的三个问题。

在农耕经济时代，"以民为本""民生优先"实际上就是"以农为本"，由此便形成了"重农主义"。传统社会结构、赋税徭役制度和礼法制度都有浓厚的重农倾向。

> 重农主义的表征：以农为本、轻徭薄赋、天子亲耕。

第一，农民被视为社会的基石。传统中国是一个"士农工商"的四民社会，士大夫是政治精英和社会领导阶层，地位最高；农民则是"国本"，政治地位仅次于士大夫；百工技艺作为农的必要补充，也得到重视；而最具经济实力的商人，反而敬陪末座。伴随着教育下移和科举制实施，宋代以后士、农两个阶层发生了频繁的双向流动，并最终融合为耕读世家。这些家族以"耕读继世，诗书传家"为家风，既以务农为家庭主业，同时又重视子女教育和知识传承，于是成为在乡里具有极高地位与威望的地方士绅，成为民间社会的中坚力量。近代湘乡曾国藩家族、新会梁启超家族都是这样的耕读世家。

第二，影响了赋税徭役制度。重农主义反对苛政，提倡轻徭薄赋。徭役方面，规定使用民力要有节制，不能在农忙时征发民夫，不能长时间征发民夫，不能虐待民夫。赋税方面，则将重赋税与无道、轻赋税与仁政德治对应起来，认为能做到轻徭薄赋的王朝政治更为安定、统治更为长久，穷征暴敛的王朝则必然导致老百姓离心离德。故而历代王朝为了彰显自己统治的正当性，往往减免赋税徭役。从井田制时代的十税一（即10%的农产物用来缴税）到汉初的十五税一，再到汉代孝景二年（前156）的三十税一，名义上的赋税不断降低。

第三，体现为国家礼制。按照周代礼制，君王和王后每年都要举行亲耕礼与亲蚕礼，即君王定期到田间耕作，并将收获的粮食供奉上天，王后率领命妇采桑养蚕，将蚕茧缫出的丝织成祭服。天子亲耕，王后亲蚕，具有劝诱农桑的象征意义。这一礼制不仅在中国施行了2 000多年，而且还传到朝鲜、日本、安南等国。时至今日，日本皇室和越南政府首脑仍举行亲耕、亲蚕之礼，就是受到了中华文明的影响。

必须承认，受君主专制政体和生产力水平的限制，民本主义、重农主义不可能在古代真正地、彻底地、完全地实现。但作为一种政治理论，其对民众"国本"政治地位的肯认，对民生的高度关注，则闪现出道德人文主义的光辉，在一定程度上构成对统治者的限制，甚至超越历史的时空局限，展现出现代意义。当代中国经历了工业化、信息化的飞速发展以后，已然不再是一个单纯的农业型国家。但自2004年以来，中共中央颁布的第一号文件始终聚焦"三农"（农业、农村、农民）问题。2006年，延续了2 000多年的农业税被中国政府彻底取消，千年赋税，一朝蠲除！凡此种种，都可以说是对传统民本主义和重农主义的发展。

（三）文官政府

中国传统政治是君主专制，但天下之大、百姓之众，则不是君王一人可以治理的。民本主义主张以"道义"为原则，君王从士大夫之中选贤任能，与其结成君臣关系，大臣则辅佐君王，君臣齐心合力共治天下。在此过程中，士大夫分有了君王

> 君王与士大夫共治天下。

的权力。民本思想在明清之际大思想家黄宗羲（1610—1695）处发展到了极致，他主张：人民是天下的主人，君王只是天下的客人；君主的责任就是经营天下，为广大人民服务（《明夷待访录·原君》）；大臣在政府里工作，不是为了君王，而应该是为了天下万民（《明夷待访录·原臣》）。他还主张以学校为议会，即公共政策的是非不由天子决定，而由汇聚最优秀人才、处于庙堂之外、了解民情民意的太学决定（《明夷待访录·学校》）。传统民本主义发展到这个地步，就已经有了"government of the people, by the people, for the people"（美国第十六任总统亚伯拉罕·林肯语）的意味，即"民有、民治、民享"的意味。

在民本主义的影响下，中国在世界上率先建立了成熟的文官政府体系和考试、监察制度，为人才升迁、权力制衡提供了制度保障。具体包括：

一是人才遴选制度。君王最重要的职能就是发现人才、任命人才，知人善用、

用人不疑。两汉时期主要实行"察举制"，即由地方官员网罗各地被舆论盛赞的人才，将其推荐至更高一级政府；上级政府从政治、经济、军事、文化等方面对其进行"策问"，考察选荐人才的行政能力并据以为其分配岗位。魏晋南北朝时期（220—589）的"九品中正制"是对"察举制"的改良，中央选择擅长鉴别人才的官员出任其本籍"中正官"，负责察访本地士子。中正官根据士子的家世、德行和才能，按照九个品级对其作出评价，中央政府按照品级授予其官职。隋唐时期（581—907）建立了"科举制"，成为1 300多年人才遴选的主要方式，直到1905年才被废止。科举制摒除了贵贱、门第等先天因素，专从学识、能力上考量人才；院试、乡试、会试和殿试（见图1-10）的多级选拔制度，糊名、重誊、亲属回避等一系列考试规定，也在一定程度上防止了徇私舞弊。受科举制影响的

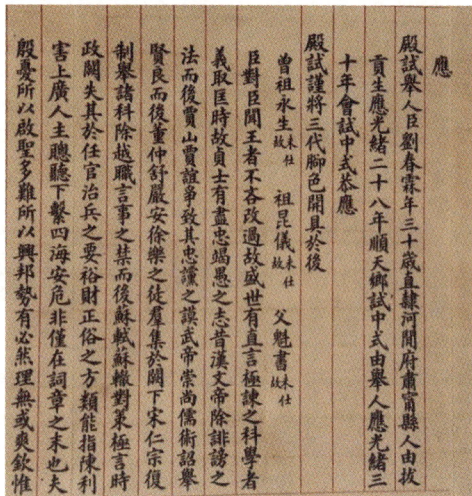

图1-10 清末状元刘春霖殿试卷子（局部）

不仅是东亚文化圈，19世纪中叶，英国政府在采纳借鉴科举制的基础上建立起现代文官制度，并推行到全世界。

二是考核、监察制度。考核是对官员行政能力、为政功绩、德行操守进行考察。秦汉时期已经建立了完备的官员考核制度。汉代由丞相主持官员考核，考核内容包括政绩、私德和行政能力，考核的结果直接关系到官员的任免、升迁。监察制度主要是针对君王、官员、豪绅的行为展开监督，大到违背道德、违法犯罪、渎职误国、收受贿赂、欺凌百姓，小到内闱不修、狎妓等，无所不包。以唐代为例，监察工作主要由"台谏"负责。台指台官，包括侍御史、殿中侍御史与监察御史等；谏指谏官，包括谏议大夫、拾遗、补阙、正言等。唐代名臣魏徵（580—643）就曾长期担任谏议大夫之职，经常向唐太宗提出劝诫，君臣共同缔造了"贞观之治"。考核和监察相辅相成，互为补充，从奖惩两个方面共同构成了文官政府监督网络，具有自我净化与自我纠偏的意义。

三是经筵制度与储君培养。汉唐以来形成了由文官在御前向君王讲论经史的传统。宋代（960—1279）将这一制度固定为经筵制度，设置讲官，以翰林学士或其他具有经史专长的官员充任、兼任，讲授讨论的内容主要有儒家的四书五经以及前代之史。这不仅是为了从经典和历史中汲取政治智慧，也有借助经典和传统的力量规范现实政治的意义。为防止王权继承人"生于深宫之中，长于妇人之手"（《荀子·哀公》），文官政府

还特别选用有德行、有学问的官员作为储君的师傅和陪读，用儒家的政治理论对其施加影响。

在绝大部分历史时期，中国政治是由政治文化精英来治理的。文官政府以民本主义为基本理念，营建了稳定的、具有连续性的政治秩序，令中国政治摆脱了武人执政、武力征服的混乱局面，这是中国政治智慧的集中体现。美国著名政治学家弗朗西斯·福山（Francis Fukuyama）指出，中国几乎从周代就"发明了现代官僚机构"，且在秦汉时期形成了"现代政治秩序"①，指的就是这套非血缘、依法理、科层明确、权责清晰的理性化官僚体系。尽管文官政府是协助王权来治理天下的，但是不断膨胀的王权与文官政府之间仍存在冲突，由此形成了中国历史上的"王权""相权"之争——宰相正是文官政府的首脑。随着王权专制的不断加强，明清两代相权被极大地削弱了。

---

① ［美］弗朗西斯·福山著，毛俊杰译：《政治秩序的起源：从前人类时代到法国大革命》，桂林：广西师范大学出版社 2014 年版，第 112、113 页。

第二节　多元一体：中华文明的基本格局

中国幅员辽阔，从东海到西陲，从北疆到南国，有着风格迥异的地理风貌和自然环境；多个民族世代居住于其中，又带来了丰富多样的民族文化。问题在于，各民族、各地域、各文化之间是一种怎样的关系？这些多元文化是如何统一在中国的？总体而言，中华文明以"大一统"为政治立足点，以中原汉民族为主体，各民族、各区域、各文化之间，以及中华文明与外来文明之间，形成了多而不乱、杂而不离、多元开放的格局；"家国天下"的整体意识进一步加强了公与私、家与国、个体与集体、区域与中央之间的沟通，由此形成了中华文明的基本格局——多元一体。

一、大一统：中华文明的政治立足点

"话说天下大势，分久必合，合久必分。"（《三国演义》）"合"就是大一统，"分"就是大一统体系的暂时崩溃；而中国历史发展就是从"分"走向"合"，从分离谋求统一的过程。中华文明的大一统，就是制度统一、政令统一、文化统一。大一统传统是中华文明的核心要义。

大一统传统是对"天人合一"哲学思维、"仁义内在"核心理念、"民本民生"现实关怀的整体回应。天人之间的完全合一，仁义的无尽推扩，为大一统提供了理论支持。而在农耕文明时代，要想对外消除外部威胁，对内谋求稳定的政治社会秩序，调动社会资源整体性地协调民生问题、救助弱势群体，就需要采取集约化的政治模式，这意味着民本民生为大一统提供了迫切的现实需要。政治模式上的"王道"与"霸道"之分也对大一统的实现路径提出了要求，即在实现大一统的过程中，绝不能纯任武力，武力征伐必须是讲道义的和有限度的；更值得赞赏的方式是通过政治、经济、文化方略回应人民需求、实现天下归心。

> 通过宗法制和分封制，实现最初的大一统。

（一）周王朝的历史原型

大一统的历史原形是周代政治制度。战国公羊高的《春秋公羊传》这样解释《春秋》第一句话：

经：元年，春，王，正月。

传：元年者何？君之始年也。春者何？岁之始也。王者孰谓？谓文王也。曷为先言王而后言正月？王正月也。何言乎王正月？大一统也。

所谓大一统，就是明确周文王对天下的统领。"元年"表示天下人都奉周文王的正朔，以文王统治为纪年的开始；"春"表示一年之开始；"王正月"表示这是周文王颁布历法以后的"正月"，与夏代以"寅月"为正月、商代以"丑月"为正月不同，周代是以"子月"为"正月"的，所以必须先说"王"再说"正月"。公羊高的诠释表现出对政治统一的强烈诉求，故后人总结为"春秋大一统"。

周代的政治空间，是以"宗法制"和"分封制"为基石，按照"家国同构"的方式建立起来的。宗法制大约在商代就已经开始形成，但其完成则是在西周。宗法制的核心内容就是区分"嫡"和"庶"，并明确嫡长子继承制。嫡长子也叫宗子，即正妻所生的第一个儿子，是宗族的主干；庶子即除嫡长子以外的其他儿子，是宗族的分支。天子、诸侯之位，都由嫡长子继承，庶子则担任下一级的诸侯、卿大夫之职，辅佐嫡长子。于是乎大宗享有继承权，小宗依附大宗，层层嵌套，代代相沿，依据宗族的亲缘关系，形成一个周密的宗法网络。嫡长子继承制的确立，减少了宗族内部的权力争夺，形成了一套稳定的宗族秩序。

图1-11　周宣王时期的青铜簋盖
（中国国家博物馆藏，刘兆明／人民视觉）

分封制是以周王或周天子为天下共主，按照血缘的亲疏关系、功劳的大小，为族人、功臣、盟友颁赐五等爵位，即公、侯、伯、子、男；又将王畿以外的疆域分为大大小小、有近有远的诸侯国，并按照等级将邦国分封给各位诸侯。天子王畿方圆千里，公爵、侯爵和天子之三公（辅佐天子的太师、太傅、太保）封地百里，伯爵和天子之卿（最高级的大臣）封地七十里，子爵、男爵和天子之大夫（次一级的大臣）封地五十里。不足五十里的小封国（如天子之元士，即再次一级的大臣），就不直接由王室管辖，而是就近作为大诸侯国的附庸（《孟子·万章下》《礼记·王制》）。在当时治理技术极其有限的情况下，分封制成为统治广袤土地的有效手段。以周王室为中心，层层外推，小大相附，形成了一个整体的天下。

宗法制和分封制结合在一起，构成了周代的政治格局。天子既是天下的大宗，也是天下的共主，宗统和君统都集中在天子身上。环绕在周王室四周的诸侯国，既是小宗，也是地方的领导者，他们占有封地的人口、产出，同时也承担定期朝见、纳贡、协助祭祀和拱卫周王室等主要义务，这些义务具有承认周王室权威、认同周代统治秩序的政治意义。如果不履行这些义务，也就是不承认大宗的地位、不承认周代的政治秩序，那么周王就要纠集天下诸侯（各小宗）来征伐不臣者。春秋时期，齐桓公以"尊王攘夷"为号召，成为天下霸主，他讨伐楚国的理由之一，就是楚国没有按时纳贡、参与祭祀：

> 尔贡包茅不入，王祭不共，无以缩酒，寡人是征。（《左传·僖公四年》）

包茅只不过是一种茅草，但酿酒时需要用到，而酒则是祭祀时不可或缺之物。于是齐桓公就以楚国不贡包茅为理由，统率诸侯组成的大军前来兴师问罪。直到楚国国君承认自己的错误，并重新纳贡，方才罢休。而参与这场征讨的诸侯，履行的就是拱卫周王室、维系周代政治秩序的义务。

以宗法制和分封制为基石，周代以血缘关系为纽带，团结起更多的力量以抵抗自然或社会原因带来的不虞灾祸，同时也极大地扩展了统治疆域。西周大概覆盖了 100 万平方公里以上的地区，其疆土范围西到渭水流域，东抵大海，北至今天北京以北的燕山山脉，南接长江流域。据推算，西周人口大约有 1 000 万，到春秋战国之际人口达 2 000 万左右，在当时的世界上遥遥领先。诗人盛赞这种大一统模式："溥天之下，莫非王土；率土之滨，莫非王臣。"（《诗经·小雅·北山》）

夏、商、周作为理想的政治模型，被统称为"三代"；三代之中，周代文明发展程度最高，文献保留最全，被孔子称为"郁郁乎文哉"（《论语·八佾》）。故而此后 2 000 多年里，中华文明不断回溯三代尤其是周代文明，继承其大一统、敬天、敬德、尊贤、保民、吊民伐罪等政治智慧与实践。正是在这个意义上，周代成为后世政治的理想蓝本。

（二）春秋战国的奠基作用

> 春秋战国为大一统奠定了思想、技术、军事基础。

春秋战国时期，周王室衰落、诸侯国实力增强，以周天子为天下共主的政治秩序濒临瓦解（见图 1-12）。诸侯国之间互相侵略、攻占，争夺人口、土地和财物，给百姓带来了严重的灾难。但从另一方面而言，常年不已的征伐战乱，也带来了思想理论、治理方式、军事实力等方面的重大飞跃，为秦汉大一统王朝的诞生做好了准备。

从思想理论方面来看，诸子百家对大一统展开了多维度的探求。面对春秋战国时期战乱频仍、大权旁落的景象，按照何种原则、何种路径形成新的稳定的政治秩序，成为当时思想家必须面对的现实命题。诸子百家围绕这一问题各自提出方案，形成了百家争鸣的景象。他们尽管思想分歧极大，但都不约而同地将治乱问题放在政治问题的首位，将统一的秩序放了政治价值的首位，着力探讨如何才能"定于一"。儒家以道德礼乐为纲要，从"天命"和"民本"的角度探求"定于一"的政治合法性与正当

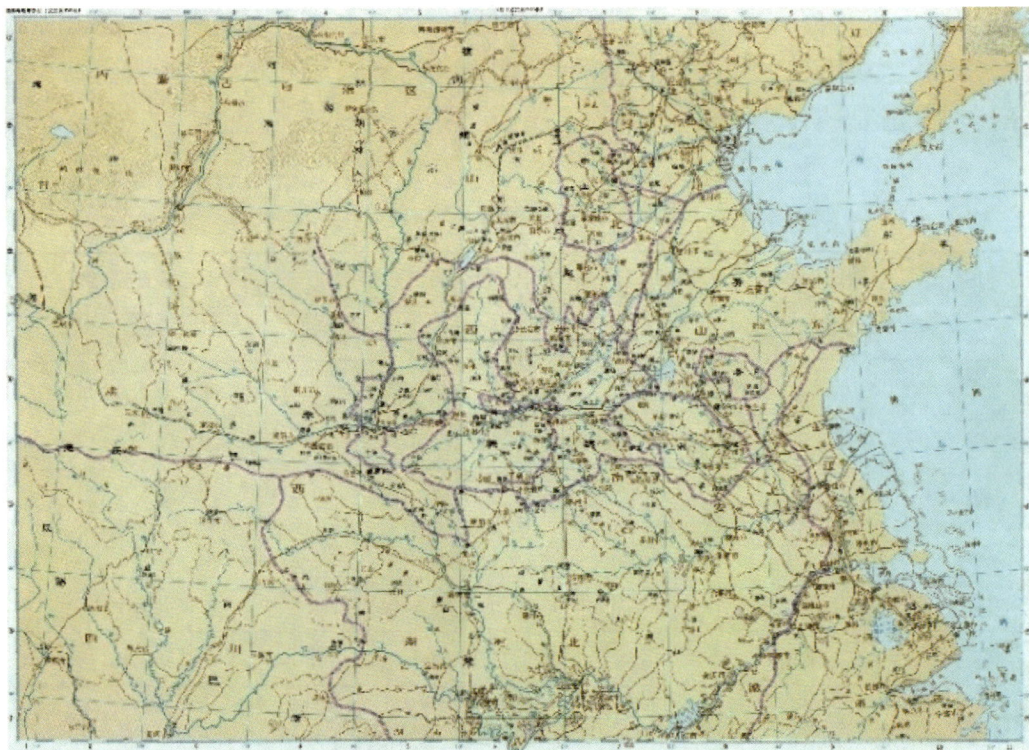

图 1-12　《中国历史地图集·诸侯称雄形势图（公元前 350 年）》

性。法家以律法为手段，强调"令出于上""一断于法"的权力法律秩序。墨家以"贤能""德义"为前提，强调"壹同天下之义"的社会行动秩序。即便是最为强调极端自由的道家，对统一秩序也有深刻的认同。在老子的思想体系中，"小国寡民"只是政治过渡的单元，分治主张之后还有"天下"这一最终秩序——"以国观国，以天下观天下"（《老子·第五十四章》）；他还反复探讨"取天下"和"天下王"的奥秘，认为只有掌握了"道"的圣人才能成为"天下王"，所谓"侯王得一以为天下贞"（《老子·第三十九章》），类似于柏拉图所说的"哲学王"。庄子说"闻在宥天下，不闻治天下也"（《庄子·在宥》），也不是简单的无政府主义，而是对当时统治者盲目的"有为而治"的反动，他推崇道家更为高明的"无为而治"，认为这种治理方法是最根本的、合理的，"万物虽多，其治一也"（《庄子·天地》）。以探讨"治道""治术"为共同基础，战国成了思想制度的熔炉。秦国的法家贡献了大一统的基层政权，鲁国的儒家贡献了大一统的道德秩序，楚国的道家贡献了自由精神，齐国将道家与法家结合产生了无为而治的"黄老之术"和以市场调节财富的"管子之学"，魏、韩两国贡献了纵横外交的战略学与刑名法术的治理学。因此，不是很多西方学者认为的那样，先有秦汉中央集权的政治制度，才基于现实政治需要产生了大一统的意识形态；而是大一统的思想共识为秦汉中央集权奠定了理论基础。

从国土面积和军事实力来看，春秋战国时期也为建立一个大一统的超大规模国家做好了准备。经过列国之间激烈的兼并战争，单个国家的国土面积和军事实力有了极大的增幅，《战国策》对此有记载：

表 1-1　春秋战国时期各国国土面积和军事实力对比

国家	国土面积	军队（人口）	粮食储备
秦	地方数千里	战车万乘，奋击百万	/
齐	地方二千里	带甲数十万	粟如丘山
楚	地方五千里	带甲百万	/
赵	地方二千里	带甲数十万，车千乘，骑万匹	粟支十年
魏	地方千里	人民之众，车马之多，日夜行不休已	/
燕	地方二千余里	带甲数十万，车七百乘，骑六千匹	粟支十年
韩	地方千里	带甲数十万，天下之强弓劲弩，皆自韩出	/

此外还有宋、卫、鲁、中山等中等国家，都是拥地数百里的"千乘之国"。战国列强所统治的疆域，远比西周及春秋早期的诸侯国面积要广大得多；各国的人口规模及军队兵员数量，也较前代有了长足的增长。以"战国七雄"为代表，其已逐渐演变为"跨区域"的地域性国家；列国疆域内的居民，也早已不再是早期的"小国寡民"状态，而表现出"跨地域、多族群"的特点。

诸侯国对周天下的分裂与冲击，以及地域性大国的兴起，要求在分封制之外寻找新的有效治理方式。于是分封制被逐渐弃用，郡县制得到推广。周代采取分封制，本质上是通过复制成熟的政治模式，实现对超大规模国家的管理。郡县制即由中央政府直接任命地方官员，是中央集权的政治制度。郡、县的设立，起源于春秋末年，兴盛于战国时期。魏、赵、燕等国为了加强军事上的防御，在一些边境设置"郡"，用以统辖"县"。秦国在秦惠文王时就曾设过汉中郡。相较于分封制，郡县制显然更有利于中央政府对地方实施完整统治，确保中央权力可以在基层运行，遏制中央、地方的分离倾向，于是施行范围不断扩大，逐渐由边陲向内地推行，为形成大一统的国家形态奠定了治理能力的基础。

差不多与战国同一时间，古希腊也迎来了相似的历史情景。古希腊城邦在伯罗奔尼撒战争后，同样陷入了长达 200 年的被称为"城邦危机"的内斗；涌现出以哲学家、雄辩家、戏剧家为代表的大批知识分子，他们提出了大量哲学、政治、道德命题，为统一运动上下奔走；出现了呼吁城邦停止内斗、团结一体对外扩张的"泛希腊主义运动"。

但战国和古希腊的统一运动却有着不同的结果：古希腊统一运动形成了亚历山大帝国，仅 7 年即分裂，其后的三大继承王国内斗 100 年，被古罗马逐一兼并，古希腊的政治制度也被抛弃；战国统一运动形成了大一统秦王朝，虽 14 年后崩溃，但很快就再次兴起了大一统汉王朝，秦制也被后来的历代王朝所继承，延续 2 000 余年。中国和西方为什么会走上不同的道路呢？

政治制度方面，古希腊城邦实行多元自治，既有雅典的民主制，又有斯巴达的双王制。中国先秦时期，则是由周代的分封制转为战国末期的中央集权郡县制。政治观念方面，古希腊视城邦的独立自由为最高价值，中国先秦时期视大一统为最高价值。共同体构建方面，古希腊没有一个超越各邦之上的共有核心，也从未建立超越各城邦的国家。而先秦时期先是建立起了以周天子为核心的统一秩序，后又建立起了统一国家。政治认同方面，古希腊城邦始终存在希腊人和蛮族的界限。先秦时期，华夏人和异族之间没有绝对的界限，夷夏转化交融，为后世多民族融合奠定了基础。正是以上四个方面的差异，决定了中国走向大一统道路，而欧洲则进入了诸国林立的封建时代。

而常年的残酷战争，也令古代中国人意识到，只有天下一统才能结束战争、迎来和平。从军事史来看，雅典在最鼎盛时期，即伯罗奔尼撒战争开始时，最多只能动员 1.3 万人参战。亚历山大大帝征服的欧亚部队只有 4 万人。古罗马史上伤亡最大的战争坎尼之战，死亡总数 5 万人。而和古希腊、古罗马同时的中国战国时期，一场大型战争死亡人数常达到几十万之众。战国时代较大规模战争共有 230 次，相当于 200 年内每年都发生一次古希腊、古罗马最大规模的战争。中国作为超大规模国家的战争烈度，远远超过西方；因政治分立造成的战争死亡和痛苦，也远远超过西方——正是这些巨大的代价，从历史源头塑造了中华文明的政治观。超大规模的政治体，如果没有大一统体系，将会产生更大规模的人道主义危机。稳定与秩序是中国人的第一政治，亦是中国人的集体经验，任何政治理论都无法动摇。因此，中华文明大一统体系也是多民族共同创造的。正因为大一统民族之道，中华文明不是西方意义上的现代民族国家，更不是西方意义上的帝国霸权，而是多元一体的中华民族共同体。

（三）秦汉一统及其历史影响

秦代与汉代紧密相连，都是超大规模的、大一统的、中央集权的政治实体。这两个王朝的建立，并不只依靠强力的军队，还依靠对地方的有效统治。

首先是建立和完善了全国性的户籍制度。以商鞅变法为蓝本，秦代建立了"四民有业"的经济制度，将老百姓分为士、农、工、商四大职业：让农民从事农业生产，让手工业者从事各种器物的生产，让商贾从事贸易活动，并向他们征收赋税，使之承担徭役或兵

> 秦汉建立了与大一统相适应的户籍制度、土地制度、官吏制度。

役；而官吏则行使对农、工、商和自身群体的管理职责，以确保各项制度及政策的实施和国家机器的运转（《汉书·食货志》）。而保障和实现四民分工的主要制度，就是基于身份的户籍管理制度。秦在统一前夕，就规定男性必须登记年龄；统一后，制定法律要求将每户户主和家庭成员的姓名、性别、年龄及其承担徭役与人口税的情形都登入籍簿。汉代户籍制度较秦代更为严密，登记的内容包括姓名、性别、年龄、籍贯、住址、身份、相貌、身高、残疾和财富情况等。这样一来，中央和各级地方政府可以实现对老百姓的全面管理。

秦代废弃了周代公田制度（井田制），转而采用私田制。一是对有爵者实行赐田，二是对无爵者实行授田。秦代允许跨乡垦田，存在土地买卖和流转现象。汉代民田占有同样实行土地私有制。百姓获得土地后，需要立户登记每户耕地面积和实际耕种面积，同时也要承担赋税和徭役。秦代农民要缴纳草料、粮食等实物税，田租税率为十二分之一至十分之一，还要按户缴纳赋税。汉代民田的赋税略轻，汉初农民按每户实际耕种的垦田数缴纳草料，文景时期又减免了大概一半；汉初赋税仅保留户赋和户刍，田租则由十税一降为十五税一，景帝时更降为三十税一。秦代已有人头税的雏形，汉代则正式创立了中国最早的人头税制度，包括算赋与口钱。

秦汉还前所未有地强化了基层政权组织。2002年发现的里耶秦简（见图1-13），记录了秦征服楚后设立的"迁陵县"的地方行政情况。全县人口不过三四千，县城大约只有今天足球场的大小，户均田地约35亩（秦制）。然而就是在这样一个小县，却设立了完整的一县三乡机构，在编官吏多达103人。这些秦吏组织人民开垦荒地，编户人民，画出地图交给上级的郡；郡再将下属各县的地图合并成"舆地图"，上报到朝廷归档阅存。秦吏们除了促进生产，还要处理纷繁复杂的民政司法事务。秦法是一

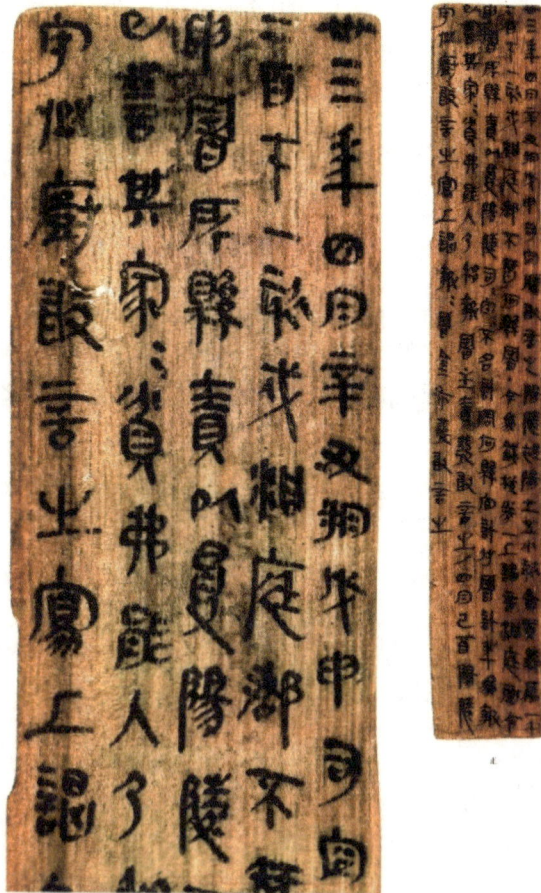

图1-13　里耶秦简（局部放大）

个包括了法条、判例和上诉制度的完备体系。小吏们必须严格依法工作，如每份文书都要同时抄送多部门留底查验；如轻事重判和重事轻判，都属于"不直"之罪；法条抵牾时，还要层层上报，等候仲裁。汉代刑罚稍微宽松一点，但对于地方的控制则更为严密。

在此之外，秦代还修建了全国范围内的"驰道"，制定了手工业的生产标准，统一了文字和度量衡，颁布了全国性的律法，从而实现了"车同轨，书同文，行同伦"（《礼记·中庸》）。汉代反思秦二世亡国的历史教训，进一步汲取列国的制度、文化优点，譬如其政权结构来自秦，意识形态来自鲁，经济政策来自齐，艺术文脉来自楚，北伐匈奴的军事力量来自赵燕旧部，等等。这些措施提升了汉朝的生产力水平，有利于农业、工业、商业的协调发展，为国家机器运转提供了庞大的人力、物力和财力支持。在为大一统国家的建立与发展提供了坚实基础的同时，自身也体现了国家对经济领域的管控和治理能力。

秦汉以后，中国历史的主流发展是大一统。历朝历代自其建立之初，都力图解决导致前代崩溃的政治、经济、军事问题，进一步强化大一统的政治格局。在"一治一乱"的历史周期律作用下，王朝统治或数十年，或三四百年，都不可避免地走向衰亡。但随之而来的分裂割据时代，暴虐的统治者、苛刻的赋税与徭役、毫无人性的战争机器、流离失所的人民……无一不在提醒人们，必须用大一统来谋求国家的长治久安、稳定有序。

隋、唐、宋、元、明、清各个朝代，以千里江山永固（见图1-14）为王朝政治的目标，赓续了秦、汉所开辟的大一统传统并不断发展：郡县制确保中央权力可以在基层运行，解决央地离心的倾向；科举制打破阶层固化，开放国家权力和治理体系；文官制保证王权与士大夫集团共治天下；乡绅制反映朝野协同共治基层。甚至当其他民族政权定鼎中原之日，都主动选择继承发展中华文明大一统体系。例如元代创造了中央集权制度中的"行省制"，清代创造了包括西藏、新疆在内的多民族边疆治理体系。

图1-14　北宋·王希孟《千里江山图》（局部）

历史上的王朝寿命，或数十年，或百余年，或三四百年，时间虽有久暂，但基本都顺应了大一统的历史潮流。正是经过这些王朝前后相继的历史演进，今日中国已经成为一个令人叹为观止的超大规模共同体。而从历史经验出发，这个共同体的维系也需要中央政府拥有足够的政治向心力，否则就会导致地方割据、国家分裂、社会动荡。正如习近平总书记指出的："历史多次证明，只要中国维持大一统的局面，国家就能够强盛、安宁、稳定，人民就会幸福安康。一旦国家混乱，就会陷入分裂。"①统一带来和平、稳定与持续发展；分裂带来战乱、衰退与社会动荡。个人、家庭与国家、民族的命运紧密相连。唯其如此，无论是中华人民共和国公民还是海外华侨华人，都应当反对各种分裂祖国的行为，致力于谋求一个统一的、和平的、稳定的、持续发展的中国，为个人的生存和发展、为中华民族的伟大复兴、为全人类的福祉提供坚实的保障。

二、多元开放：中华文明的多样性

中华文明是大一统的文明共同体，在这个共同体内部，地域、民族、文化却是多元的。如何将多元的地域、民族、文化协同到大一统的政治体制中，防止过度差异对文明主体造成冲击，是中华文明必须面对的一个难题。历史上，中华文明从未拒绝过任何一种外来文化，也从来不宣称自己已经进化到了历史的终点，始终坚持自己的又一核心价值——多元开放。

（一）汉代文明的一体与多元

> 汉代奠定了多元一体的思想文化格局。

汉代初年是用无为而治的"黄老之术"作为自己的意识形态的。但在休养生息、民力得到恢复以后，消极的"黄老之术"就不再适宜于超大规模国家的统治。以《春秋公羊传》为核心的儒家政治学说开始发挥作用。

董仲舒是春秋公羊学的大家，他向汉武帝上《天人三策》。春秋公羊学的核心是大一统：从哲学上说，是天人感应；从政治上说，是中央集权；从制度上说，是文官治国；从伦理上说，是三纲五常。这套制度为"起于布衣"的汉王朝提供了"君权天授"的合法性问题，也对社会价值和个人道德做出了规定，例如"正其谊不谋其利，明其道不计其功"的仁道、"躬自厚而薄责于人"的恕道、"父子兄弟之亲，君臣上下之谊，耆老长幼之施"的亲亲尊尊之道。这些思想对完善社会组织都具有积极作用。

董仲舒还建议汉武帝放弃汉初以来的"黄老之术"以及其他诸子百家之说，采用儒

---

① 张仕荣：《美国政要眼中习近平的执政风格》，http://theory.people.com.cn/n/2015/0928/c40531-27640249.html，2015 年 9 月 28 日。

家学说作为汉王朝的意识形态。汉武帝接受了这一点，以儒家学说为标准向天下征集人才。汉武一朝，有不少布衣名臣都是靠读透一本《春秋》而成为公卿。基层中一批最识大体、最有道德、最有知识、最有责任心的人，凝聚到中央政府周围，扩大了汉王朝的执政基础。儒生还与基层法吏并行，实现了"治理"与"教化"合而为一。从此，地方的郡守、县令不仅要负责治理，还要负责建学校以醇化社会风气。这就是历史上有名的"罢黜百家，独尊儒术"。

但是，在推崇儒术的过程中，百家之学却并未被真正罢黜。汉武帝在任用董仲舒的同时，还用了法家张汤、商人桑弘羊、牧业主卜式，乃至匈奴王子金日磾。这些人都不是全然的儒生文士。汉宣帝时，太子刘奭见父亲"持刑太深"，建议其多用儒生，汉宣帝勃然大怒：

> 汉家自有制度，本以霸王道杂之，奈何纯任德教，用周政乎！（《汉书·元帝纪》）

也就是说，儒学虽已成为汉代政治思想的主流，但汉代政治从思想到实践都是多元的，国家设立的太学有儒家经学的学官，民间则是法、墨、刑名、阴阳等学说四处开花。既然多元，为何又要用儒家思想来做底？因为没有一体，只靠多元互搏平衡，最终还会分裂。只有"大一统"才能将多元的思想汇聚在一个共同体内。

汉代的文化亦是如此。齐国早不存在，但齐国的"月令"成为汉的"政治时间"，中国两大神话系统之一"蓬莱"，正是出自齐地；楚国已经消亡，但屈原歌颂过的楚神"东皇太一"成为汉的至高神，伏羲、女娲、神农、颛顼、祝融，成为汉人共同的祖先神（见图1-15）；汉皇室是楚人血脉，刘邦的《大风歌》、刘彻的《秋风辞》都是楚歌，可定音协律的是赵人，汉乐府之祖李延年出身赵国中山。考古学家在北方长城，发现了楚地风格的铜器与漆器；在长江以南，发现了匈奴草原风格的动物牌饰；在从河北到广西的汉代铜镜上，发现蜀地首创的款式和铭文。大一统并没有造成地方文化的消

图1-15　马王堆汉墓帛画

亡，地方文化反而越过原生的界限，在更大范围内传播。只要永远保持开放，统一之上也能多元。汉文化之所以比秦文化更能代表中华文化，是因为汉将多元乃至矛盾的思想、制度、文化和人群最终融为一体。一体多元，是汉的精神。

两汉的独特价值，在于一体与多元并存。一体保证凝聚，多元保证活力。难在同时保持一体与多元。当一体完全压倒多元，就开始僵化；当多元完全压倒一体，就开始分裂。秦亡于"法家压倒一切"，西汉亡于"儒家压倒一切"，东汉亡于上下层同时分裂。如何同时驾驭"一体"与"多元"，是中国政治的永恒课题。

今天的中国，既需要在"一体"中谋求整体的发展，也需要在内部民族、地域、文化的"多元"中增进活力。不只如此，在一个联系日益紧密的"地球村"里，作为一个整体的中国，也需要处理好与其他民族、地域、文化的多元关系。中国不是唯一的例子。几乎每一个国家，无论其历史的长短，无论其在欧洲、非洲、美洲还是在亚洲，都面临着如何处理"一体"与"多元"关系的问题。而这一问题的妥善处理，则关系到国家的生存发展、地区乃至世界的繁荣稳定。如何才能坚持自身一体，协同内在多元，拥抱世界多元？古老中国为世界诸国提供了足资参考的历史经验。

（二）民族融合与三教合一

> 民族、文化融合，彰显了中华文明多元开放的精神。

作为农耕王国，中国从周代起就面临着四周游牧民族的威胁。周王室按照亲疏近远的原则分封诸侯，将周边游牧民族置于远离中原王朝的地方，所谓"内诸夏而外夷狄"（《春秋·成公十五年》）。这是一种保护中原文明的方略。战国时，北方诸国修建长城，很大程度上就是为了防御来自北方游牧民族的侵袭。秦始皇统一中国后，大发民夫，将六国长城连接起来，这就是举世闻名的"秦长城"。

但北方游牧民族问题并未因此得到一劳永逸的解决。汉王朝与匈奴的交战几乎伴随了整个西汉的历史。故汉代春秋公羊学特别强调"华夷之辨"。夷是东夷、西戎、南蛮、北狄等游牧民族的统称。班固就说：夷狄之人，贪婪而崇尚利益，与中国服装、习俗、饮食、言语不同，近似于禽兽（《汉书·匈奴传》）。通过连年征战，北方匈奴分裂为两个部分：南匈奴与北匈奴。直到东汉永元元年（89），名将窦宪率领汉人、南匈奴人、羌人组成的军队，在燕然山（今蒙古国杭爱山）大破北匈奴，逼迫其残余势力西迁欧洲，而亲汉的南匈奴则南下中原，开启了匈奴、鲜卑、羯、羌、氐五胡入华的先声。由于汉末中原人口剧减，魏晋不断"招抚五胡"，百年间，内迁的五胡约数百万人。至西晋"八王之乱"后，北方总人口1 500万，汉人只占三分之一。南北朝时期，以前秦和北魏为首的北方游牧民族政权开始了大规模的汉化运动，他们不仅学习中原先进文化，而且进行了大一统精神的政治体制改革，再造了秦汉儒法国家形态。

随着北方游牧民族迁入内地，中原文明和其他民族文明也发生了深层次的交融。到唐代，"华夷之辨"的内涵已发生了重大改变（见图1-16）：

诸侯用夷礼则夷之，夷而进于中国则中国之。（《原道》）

图1-16　唐·阎立本《步辇图》（局部）

不再以种族、地缘来刻意划分彼此，而是以文化和价值为核心，用文化认同塑造民族认同。即是说生在中华地域之族群，不认同中华文化，就非中华之人；不生在中华地域之族群，只要认同中华文化，就是中华之人。由此一来，也就奠定了中华文明多民族、多文化共存的局面。这一政治理念在清代达到了顶峰。作为北方游牧民族入主中原形成的政权，清代在中华文明共同体的最终形成过程中起到了关键作用。清王朝对待汉人群体，采取守护其文明与礼教的策略。设立理藩院，制定专门的法律，将蒙古、西藏、新疆、青海等民族地区当作内政来处理。对藏传佛教加以扶持与管理；大力支持藏传佛教在蒙古各部的传播，"兴黄教，即所以安众蒙古"；对待新疆，则"因俗而治"。对满族人而言，清代皇帝是族长；对汉族人而言，他是尊奉儒家之道的天子；对蒙古族人而言，他是满蒙联盟的大汗；对回族人而言，他是伊斯兰教的庇护者；对藏族人而言，他是文殊菩萨的化身和推动政教二道并行的转轮王。

与民族文化多元并存相应，中华文明中还包括了宗教文化的多元并存。最显著的例子就是佛教在"中国化"以后，与本土的儒学、道教并存。佛教大约在东汉明帝时期传入中国，最初在宫廷和上层人士中流传。但在很长一段时间里，佛教也被视为"夷狄之教"，遭到中央王朝和本土学者的猛烈批判。例如北魏太武帝、北周武帝、唐武帝就曾三次大规模禁佛，史称"三武灭佛"。而学者中，到唐代韩愈（768—824），仍主张"人其人，火其书，庐其居"（《原道》），也就是僧尼还俗、烧毁佛典、将佛寺改造为民居。这些主张都可以看出外来宗教与本土文明的剧烈冲突。

与此同时，佛教也仿照中原文明进行自我改造。如借助道家、道教的"本无"来讲"空"，用"无为"来讲"涅槃"，以此翻译自己的典籍、传播自己的思想。借用儒家的"孝"的思想，认为出家是"大孝"；借用儒家的政治架构，强调佛法与现实政治的结合。所以从传入中国开始，佛教就走上了中国化的道路。至唐代形成了禅宗这一完全意义上的中国化的佛教。儒、道二家也从佛教汲取营养。儒家主要借鉴了佛学的理论思维，在先秦儒家基础上发展出宋代理学；道教则主要借鉴了佛教的教仪教规和典籍系统，发展出更为体系化的宗教组织和道藏典籍。

到宋代，中华文明"以儒为主、三教合一"的和合演进趋势已基本成型。宋孝宗说："以佛治心，以道治身，以儒治世。"就是将儒、释、道三家视作中华的三大组成部分，各有职能，各有效验。曾出现在著名武侠小说《射雕英雄传》中，历史上实有其人的全真教道长谭处端（1123—1185）作《三教诗》：

> 三教由来总一家，道禅清静不相差。
> 仲尼百行通幽理，悟者人人跨彩霞。

到了明、清两代，三教合一更是成为朝野共识（见图1-17）。晚明时期的林兆恩，创立了以儒为主体的"三一教"，他设计出一种特别的庙，同时供奉释迦、老子和孔子的神像。到了清代，雍正皇帝也亲自颁布诏谕："朕惟三教之觉民于海内也，理同出一原，道并行不悖。……三教初无异旨，无非欲人同归于善。"认为三教以导人向善为共同的目标。

从三教合一的文化演进历史中，我们不难发现，所谓三教合一，并不是指儒、释、道三家取消其独立性，泯灭其差异性，变成一个难分彼此的统一的宗教或文化系统。相反，三教合一是在差异的基础

图1-17　明·丁云鹏《三教图》

上，谋求彼此间的对话、交流。通过互相采纳和采借，以及适当的博弈和冲突，儒、释、道三家得以始终保持着内在的活力，并融汇成良好的文化生态，由此形成了既多元开放，又一体无分的中华文明。正如习近平总书记所说："儒家思想和中国历史上存在的其他学说既对立又统一，既相互竞争又相互借鉴，虽然儒家思想长期居于主导地位，但始终和其他学说处于和而不同的局面之中。"[1] 今天，我们身处更大的文化交流时代，在民族文化觉醒、全球文明对话的大背景下，我们倡导多元开放的人文精神，就是希望促进东西方之间相互了解和尊重，创造和谐的多极化的世界。

三、家国天下：中华文明的贯通性

中华文明是多元一体的，这种一体性不仅指多元民族、文化汇聚在中华文明的母体之中，也指中华文明在一些关键问题上形成了强烈的同一性。如对自己的父母之邦，对整个天下，都具有一种强烈的关切，由此形成了"家国情怀"和"天下观念"。

（一）家国情怀

梁漱溟认为，中华文化的主要特征是"伦理本位"，也就是以家庭、家族为起点，涵化了整个社会人际关系，三纲五常成为国家政治和社会道德及社会秩序的根本原则，个人和集体之间、自我与他者之间是同然一体的，没有严格的边界（《中国文化要义》）。这意味着深受中华文化影响的中国人乃至一切华人，并不采取西方原子式的个人主义，而是从伦理本位出发，从身边亲近者出发，在各种人伦关系中尽自己的义务，从而实现个人在社会网络中的存在。这是"仁义内在""推己及人"观念在"家""国"范围内的具体实践。

基于强烈的家国情怀，中华儿女对家族常怀有深重的责任感。皇祐元年（1049），北宋名臣范仲淹用自己的官俸收入，在苏州长洲、吴县等地购买了十多顷优良田地，建筑专门的仓库来收贮和发放租米，将每年所得租米用来赡养宗族。他说：

> 吾吴中宗族甚众，于吾固有亲疏。然以吾祖宗视之，则均是子孙，固无亲疏也。苟祖宗之意无亲疏。则饥寒者，吾安得不恤也？自祖宗来，积德百余年而始发于吾，得至大官，若独享富贵而不恤宗族，异日何以见祖宗于地下，今何颜以入家庙乎？

（《告诸子书》）

---

[1] 习近平：《在纪念孔子诞辰 2565 周年国际学术研讨会暨国际儒学联合会第五届会员大会开幕会上的讲话》，《人民日报》，2014 年 9 月 25 日，002 版。

由此一来，族中之人日有食、岁有衣，嫁娶凶葬等重大礼仪皆能领取赡俸，即使是至为贫弱的族人，从此也没有冻饿之忧。以公田赡养宗族贫困成员的范氏义庄，一直延续了800余年，被称为人类慈善史上的奇迹（见图1-18）。

基于中华文明的家国情怀，中华儿女也关心自己国家的危亡。鲁僖公三十二年（前628）冬，帮助郑国守城的秦将杞子派人向秦穆公报告，说自己掌握了北门的钥匙，如果秦军潜伏而来，可以从北门攻占整个郑国。秦穆公不听百里奚和蹇叔的劝阻，以孟明为大将，西乞、白乙为副手，出师偷袭郑国。大兵到了滑国（今河南偃师）境内，郑人犹不知情。郑国商人弦高准备贩牛至周地，遇到了秦军。他

图1-18　清刻《圣谕像解·义田赡族》

判断秦军必以郑国为目标，于是一方面假装自己是郑国国君派来的使者，带着四张熟牛皮和十二头牛，以犒劳秦师为名，见到了秦军主帅。他对孟明说："敝国君主听说秦君派大军前来问罪，敝君知罪矣，特遣下臣远道相迎，并以肥牛十二头作犒师之资。现在敝国整治纲纪，以自检讨。"另一方面，他派人将秦军压境的消息告诉郑君，郑君也驱逐了秦国的奸细。秦军知道郑国早有准备，只好顺手灭掉了滑国，然后班师。秦军途经崤函古道时，遭到晋国军队的伏击，秦军大败，主将和副将都被俘了（《春秋·僖公三十三年》）。弦高以商人身份，凭借一己之力，挽救了郑国的命运。这并不是中华文明史上的特例，每当民族危亡之际，无数爱国人士毁家纾难，血荐轩辕，史不绝书。

为民族未来计，破家兴学，修桥铺路，也是中华儿女常有的义举。例如武汉大学的早期建筑，均是由宁波商人沈祝三倾囊建造的。沈祝三幼年丧父，木匠出身，虽然1918年双目失明，却凭借过人的能力，将自创的汉协盛营造厂经营得有声有色。1930年3月，他承接了建造武汉大学的工程。1931年，历史上罕见的长江大水席卷了武汉，工程遭到严重破坏，加上漏估了开山费用、原材料费用剧烈上涨，沈祝三面临全面亏

本的境遇。但他依然坚守合同，将自己的房产、砖瓦厂抵押给银行以换取资金，历时 8 年，最终完成了武汉大学校舍的建设。时至今日，美轮美奂、中西合璧的武汉大学早期建筑群仍然岿立在珞珈山下、东湖之畔。

华侨华人虽然身处海外，但对自己的父母之邦仍怀抱强烈的情感。老一辈的华侨华人有着非常浓重的乡梓情结，在离开故土时，常在井边取一包土，郑重地贴身收藏，好像始终未曾远离家乡。百年以后，也要将这包土置于自己的墓穴，与自己长生共眠。每当祖国有战乱灾荒，海外华侨华人积极踊跃地捐钱献物。如孙中山领导的反清革命，就得到了日本、南洋、美国诸地华侨华人的资助，离开海外华侨华人的支持，覆灭帝制之路恐怕更为坎坷。日本侵华期间，海外华侨华人捐资购买数架战机，甚至亲身回国参战，在中华民族危难关头贡献了力量（见图 1-19）。改革开放以后，华侨华人踊跃返乡，投资产业，兴办教育，极大地帮助了中华民族的再次腾飞。正是在这个意义上，"侨"从未离开自己的"家"。

图 1-19　爱国华侨领袖陈嘉庚先生（居中）

（二）天下观念

张载有一首被称为"横渠四句教"的诗，最能体现中华民族的天下观念：

为天地立心，为生民立命，为往圣继绝学，为万世开太平。

> 天下观念是仁义推扩到极致的产物。

天地、生民、圣学、万世，都是没有封畛的，均指向一个整体的天下。"天人合一"的哲学思维，决定了天地宇宙间的个体是独立的却非孤立的。个体立足于自我、家族、国家，却又可以超越自我、家族、国家，呈现出一种"天下无外"的整体关怀。正如"华夷之辨"观念变迁所昭示的，中华文明并非没有过"种族"观念，但另有一股更强大的"天下"精神将其超越。

隋朝大隐士王通，教出了几乎整个初唐将相集团。他身为汉人，却说中国之正统，不在汉人之南朝，而在鲜卑之北魏。因为北魏"居先王之国，受先王之道，予先王之民矣"（《中说》卷七），这是真正的天下精神。藏族与蒙古族信奉佛教，无论藏传汉传，都有"消除分别心"的教义。中国穆斯林"伊儒会通"传统中也有"西域圣人之道同于中国圣人之道。其立教本于正，知天地化生之理，通幽明死生之说，纲常伦理，食息起居，罔不有道，罔不畏天"(《清真指南》)之训导。这种打破族群壁垒的天下精神，是中华文明的底色。一部中华民族史，是一部"天下精神"超越"族性自限"的历史。天下观念深刻地影响了中国历代民族和亲与睦邻友好政策，赋予了中国泱泱气度。

进入近代以后，东西方文明交流日益密切，"天下"的范围进一步拓展，与世界文明展开和平对话的意愿也进一步扩大。哥伦比亚大学汉学系的创立就与一位普通华

图 1-20 丁龙及卡本蒂埃致哥伦比亚大学校长的信函

人劳工马万昌有关。马万昌是广东台山人，到美国后改名为马进隆，按照方言，英文名写作 Dean Lung (音译为丁龙，1857—1936，见图 1-20)。19 世纪 60 年代，美国巨富贺拉斯·沃波尔·卡本蒂埃曾聘请丁龙担任管家。卡本蒂埃脾气不好，有一天他无端指责丁龙，并要辞退他。第二天怒火消退后，卡

本蒂埃很后悔，却意外地发现丁龙像往常一样给他端来了早餐。卡本蒂埃问丁龙为什么没有离开，丁龙回答说："孔子说过，'受人之托，忠人之事'，我是按照这一教导行事的。"这一回答让卡本蒂埃深深感动，二人结成了朋友。大约在 1889 年，丁龙向卡本蒂埃请辞。卡本蒂埃很是不舍，希望能倾其所能，帮丁龙做点什么。丁龙则提出，愿意用自己的终身积蓄 1.2 万美元，在美国著名大学设立一个汉学系，以促进美国对中华传统文化的了解。卡本蒂埃信守了他的承诺，帮助丁龙将这笔款项捐给了自己担任校董的哥伦比亚大学，自己又先后捐款超过 20 万美元。而他唯一的要求，就是在汉学系中设立一个讲座，并且一定要用丁龙的名字命名。在写给哥伦比亚大学校长的信中，卡本蒂埃这样评价丁龙："这是一个罕有的表里一致、中庸有度、虑事周全、勇敢且仁慈的人，谨谨慎慎，克勤克俭。在天性和后天教育上，他是孔夫子的信徒……"于是乎，哥伦比亚大学建成了美国最早的汉学系。时至今日，该系以及"丁龙讲座教授"，仍是全美最知名的汉学研究重镇。①

作为一位普通的中国人，丁龙并不具备高深的学问，但他根据自己的生活经验，直观地感受到中华文明的宝贵价值。他超越了个体的利益，甚至也超越了民族的界限，为中华文明走向世界作出了巨大的贡献，表现出对民族文化的强烈认同，也表现出让民族

---

① 王海龙：《哥大与现代中国》，上海：上海文艺出版社 2000 年版，第 14—15 页。

文化与世界文明展开和平对话的积极愿景。这种认同和愿景，是既具家国情怀，又能胸怀天下的中华文明教化而成的。道德伦理和家国责任，让深受中华文明影响的人们能够较为妥善地处理个人和家族、个人和国家、自利和利他的关系。

从仁义的可推扩性和世界的一体性出发，中华文明发现和定义了"天下"。"他们常有一个'天下观念'超乎国家观念之上。他们常愿超越国家的疆界，来行道于天下，来求天下太平。"① 以"天下"而非"国"为出发点，这是先预设了政治权力与文化影响所能囊括的最大的地理空间，从一开始便不是分别的、扩张的世界观。因此中华文明的政治思想，一直抱有超越国界、地域、国家、民族（或族群）的理想。不以个人之乐利为中心，也不仅仅以本国之强盛为中心，而是强调地域、国家、民族之间的共生共荣、讲信修睦、协和万邦；更进一步视天下为一个整体，形成"天下一家"的文化观，致力于谋求天下百姓的整体福祉。

近百年来，传统中国融入世界文明发展格局，走上了一条现代化转型的艰辛探索道路。在此过程中，海外华侨华人与中华文明母体休戚相关、文化相承、民心相通。他们始终秉承着对大一统的政治认同、对多元开放的文化认同、对家国天下的心理认同，与国内同胞一道，始终谋求建设一个统一、富强、多元、开放的中国，始终将个人、家庭的生存发展与祖国、民族的前途命运密切联系在一起。正是在这个意义上，海外华侨华人成为探索中国式现代化新道路的重要力量，也必将成为建构人类命运共同体的重要力量。

---

① 钱穆：《中国文化史导论（修订本）》，北京：商务印书馆1994年版，第48页。

第三节　和而不同：中华文明与世界文明

中华文明不断夯实自身主体性，长期处于东亚文化圈中心地位，对周边国家和地区产生强大吸引力与影响力，但始终以"和平"为圭臬，主张不同文明可以通过自身发展实现"各美其美"，并通过和平对话与平等交流成为世界文明的有机组成部分，最终走向"天下大同"。

一、自本自根：中华文明的主体意识

中华文明富有主体性、独立性和连续性。

在与周边文明"他者"的交往中，中华文明形成了对"自我"的观照，产生出鲜明的主体意识，从而保证中华文明的独立性与连续性。宏观来看，中华文明包括六个大的特征：

第一，和而不同，厚德载物。中华文明重视人与自然之间，各族群、民族之间，人与人之间的和谐统一的关系。所谓"天人合一"，是经过区分天人、物我之后，重新肯定的人与自然的统一，强调的是顺应自然而不是片面征服自然。在观念上形成了"协合万邦""天下一家"的文化理想，既重视各民族及其文化、宗教的差异性、独特性，又重视和合性、统一性。在人与人的关系问题上，善于化解和超越分别与对立，主张仁爱、以和为贵与协调性，有民胞物与的理想，厚德载物，兼容并包，爱好和平，从不侵略别人，反对以力服人，主张"远人不服，则修文德以来之"。

第二，刚健自强，生生不息。中华文明凸现了积极有为、自强不息的精神，强调"苟日新，日日新，又日新"，革故鼎新，创造进取。所谓"发愤忘食，乐以忘忧""天行健，君子以自强不息"，就是指人要向天地学习，以刚毅的精神，生生不息，奋斗不止，绝不懈怠。中国人因此而创造了世界上独特的文明，而且保持着自身的主体性。无数的仁人志士奋发前行，不屈服于恶劣环境、外来势力与侵略者的凌辱压迫，刚健、坚毅的精神代代相传。

第三，仁义至上，人格独立。中华文明以仁义为最高价值，崇尚君子人格，肯定"三军可夺帅也，匹夫不可夺志也""富贵不能淫，贫贱不能移，威武不能屈"的大丈夫精神，弘扬至大至刚的正气、舍我其谁的抱负，乃至"不识一个字，亦须还我堂堂地做个人"，强调人人都有内在的价值与不随波逐流的独立意志，以"知其不可而为之"的气概，守正不阿、正气凛然，甚至杀身成仁、舍生取义。

第四，民惟邦本，本固邦宁。中华文明强调"天视自我民视，天听自我民听"，"民之所欲，天必从之"，"人无于水监，当于民监"，"民为贵，社稷次之，君为轻"。民本主义肯定人民是主体；人君之居位，必须得到人民的同意；保民、养民是人君的最大职务。

第五，整体把握，辩证思维。中国古代不缺乏抽象思维，有明确的概念、范畴。古代辩证思维发达，属于理论思维，包含了抽象过程。中国思维有两大特征，一是整体观，二是阴阳观。前者从整体上把握世界或对象的全体及内在诸因素的联系性、系统性，反对"头痛医头，脚痛医脚"；后者重视事物内在矛盾中阴阳、一两关系的对立与平衡。

第六，经世务实，戒奢以俭。中华文明有现世与实务精神，强调知行合一，践形尽性，经国济民，兼重文事武备，明理致用，反对空谈高调；又有尊重劳动的精神，倡导勤俭节约，力戒骄奢淫逸，鄙视不劳而获。

在中华文明主体意识影响之下，中华民族形成了自力更生、艰苦奋斗的文化心理。无论走到哪里，华侨华人的主流文明始终是积极向上、乾健有为的。他们甫到所在国时，筚路蓝缕，以启山林，在异国他乡创造出一个全新的天地；立定脚跟以后，鼓励子孙奋发读书、力争上游。无论遇到何种困难，华侨华人始终有一股"不靠天，不靠地，勤力靠自己"的信念。这些现象无不体现了中华文明自本自根的民族文化心理。

2014 年 2 月，在主持中共中央政治局第十三次集体学习时，习近平总书记指出："深入挖掘和阐发中华优秀传统文化讲仁爱、重民本、守诚信、崇正义、尚和合、求大同的时代价值，使中华优秀传统文化成为涵养社会主义核心价值观的重要源泉。"[1] "讲仁爱、重民本、守诚信、崇正义、尚和合、求大同"十八个字，就是习近平总书记对中国优秀传统文化核心思想、主要理念的精辟总结。作为中华民族的深层精神追求和独特精神标识，作为社会主义核心价值观的固有根本和精神命脉，中华文明的主体性、独立性和连续性在现代化语境下得到了再一次肯认。

二、各美其美：中华文明的包容精神

1990 年，在自己八十寿辰聚会上，著名社会学家费孝通（1910—2005）提出了著名的十六字箴言，以表达自己对人类文明发展路径的思考：

> 中华文明富有包容性，承认其他文明的独立性。

各美其美，美人之美；美美与共，天下大同。

---

[1] 习近平：《习近平谈中华优秀传统文化：善于继承才能善于创新》，http://jhsjk.people.cn/article/29075643，2017 年 2 月 13 日。

如果说"美美与共，天下大同"是对人类文明未来发展的期许，那么前两句"各美其美，美人之美"则是立足中华文明的发展历程而总结出来的历史经验。"各美其美，美人之美"的首要内涵就是意识到自身文明的独立性，并按照"推己及人"的恕道原则，进一步承认其他文明的独立性。

圖 極 太

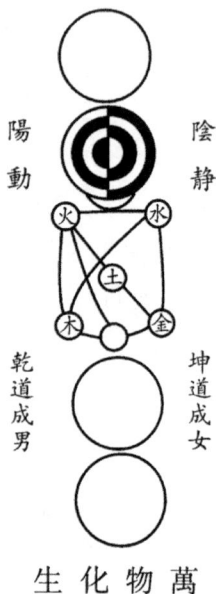

陽動

陰靜

乾道成男

坤道成女

生 化 物 萬

图 1-21 北宋·周敦颐
《太极图》

包容差异、和谐共生是中华文明的重要特质。《周易·系辞上》说"一阴一阳之谓道"（见图 1-21），《道德经》讲"有无相生，难易相成，长短相形，高下相倾"，《礼记·中庸》也讲"万物并育而不相害，道并行而不相悖"。无论是儒家还是道家，都深谙一个道理：差异性、矛盾性是事物的本性，也是事物发展的源泉。因此要善于协调差异，使矛盾的各方面在相互补益中形成统一整体，成就事物自身。差异事物的统一就是和谐。《左传》讲："先王之济五味，和五声也，以平其心，成其政也。"烹饪和音律都是不同因素的相得益彰，君臣之间更要有不同的意见互相启发。若"以水济水"，或"琴瑟专一"，结果就是"以同裨同，尽乃弃矣"。同质事物的无穷累加只能导致衰败灭亡，差异性的和谐远比同一性的一致更加重要，所以《国语》讲"和实生物"，孔子也强调"君子和而不同"。

西方哲学也注意到差异，但差异的结果不是和谐共生而是矛盾对立。古希腊哲学开始于对世界本原的追问。柏拉图区分了可感世界和理念世界，认为理念作为世界的根据，独立于可以感知的个别事物。自此之后，本原是否运动、它与现象如何关联，一直是西方哲学的棘手问题。性质单一的本原也决定了其肯定同一、否定矛盾的方法。在由亚里士多德所明确的形式逻辑中，矛盾根本就是无法容忍的错误，唯有同一律才能确保真理。直到 2 000 多年之后，黑格尔才以辩证逻辑说明矛盾是事物发展的动力。黑格尔所批判的旧形而上学的孤立、静止和封闭的性质，在一定程度上反映了西方文化传统。对比西方文化传统，季羡林先生认为"中华民族的最大的特点就是'和'"。和谐的理念是孔子送给全世界的最好礼物，这是非常深刻的。

同为差异和矛盾，为何其在中西的意义竟如此不同？这源于中西文化不同的立场和方法。对于中华文化而言，虽然事事皆含矛盾，但矛盾并非最终状态，它是达成统一的要素和环节；对于西方文化而言，矛盾具有终极性的意义：本体与现象、主体与客体、自我与他人，甚至人的理性与感性，都处于差异和二分的状态。停留于差异就会有分别，有争执，有高下，有对立。中华文化则超越了差异和矛盾，以统一性包容了差异性。王守仁《大学问》有言："大人者，以天地万物为一体者也，其视天下犹一家，中国犹一人焉。若夫间形骸而分尔我者，小人矣。"因为形体有别而间隔人我，这是小人立场。天地万物乃由君子一体之仁得以贯通，由此万物一体、天下一家、中国一人。

1946年12月，联合国委托联合国人权委员会主席、美国总统夫人艾琳娜·罗斯福（Eleanor Roosevelt，1884—1962）组织起草《世界人权宣言》。当时人权委员会成员包括18位代表，他们拥有不同的文化理念、意识形态、历史和宗教观念，也分别代表了18个国家和政府的利益。《世界人权宣言》的起草始终伴随着巨大的内部分歧，甚至一度濒临破产。担任人权委员会副主席的是中国的张彭春博士（1892—1957，见图1-22）。他提出，一个以保护和尊重全人类基本人权和自由为宗旨的宣言，所反映的观念不应过于狭窄，既应包括托马斯·阿奎那（Thomas Aquinas，约1225—1274，中世纪神学家）的思想，也应包括孔子的思想。在他的折冲樽俎下，宣言的起草成功地避免了神学和哲学的争论，

图1-22 张彭春（左前）与罗斯福夫人（右前）

引入了儒学"良心""天下大同""己所不欲，勿施于人"等观念，催生出自由、平等、博爱的人权价值。1948年12月，联合国大会通过了《世界人权宣言》。这是人类历史上首份由国际社会成员共同完成的、旨在保护全世界人民权利和自由的文献。

1953年，周恩来总理在接见印度政府代表团时，提出了和平共处五项原则，即：互相尊重主权和领土完整、互不侵犯、互不干涉内政、平等互利、和平共处。这五项原则中，就蕴藏着"推己及人""各美其美"的哲学思想，包含了互相尊重文明独立性的政治智慧。时至今日，和平共处五项原则仍是中国政府处理国际关系的基本方略。

以"各美其美，美人之美"为基础，中华文明主张人类文明还将走向"美美与共，世界大同"。另一位当代著名哲学家冯友兰先生（1895—1990）在其九十高龄撰写的《中国哲学史新编》最后一章中，指出中国古典哲学把统一放在第一位。他引用了张载的话作为对中国哲学传统的总结，以及对世界文明未来发展的期望：

　　有象斯有对，对必反其为；有反斯有仇，仇必和而解。

（《正蒙·太和篇》）

尽管存在矛盾、冲突，但人类终会以卓绝的智慧，引领文明进程走上"仇必和而解"的发展道路。这是哲人的期盼，闪耀着理性、平和的文明之光，充分体现了中华文化的包容与和平精神！

"泰山不让土壤，故能成其大；河海不择细流，故能就其深。"（秦·李斯《谏逐客书》）文明的发展从来都是在交流对话中进行的，封闭保守只能带来文明的衰落。在与周边文明以及世界文明的交往过程中，中华文明表现出极强的包容性，并通过汲取其他文明的优秀成分，实现了自身的推故出新、永继发展。包容差异、和谐共生不仅是一种胸怀，更是一种力量。这种力量对于促进我国与世界互通共荣、推动国际关系走向和谐共生至关重要。一个民族或国家的未来命运取决于能否在反思历史的基础上，进行合理的价值选择。中国的"和合"智慧，强调"和而不同"，强调不同文明间的共生共存、协同发展，是一种既允许差异，又互相包容、尊重的智慧。"和合"智慧有助于解决世界文明演进过程中的一系列重要问题。

三、天下大同：中华文明的世界理想

> 从和而不同到天下大同。

中华文明立足于天人合一、仁义内在、民本民生的内在根脉，立足于大一统的政治原点、多元开放的包容精神和家国天下的整体思维，展开对未来世界的想象：

图1-23 明·戴进《太平乐事册》之七

大道之行也，天下为公。选贤与能，讲信修睦，故人不独亲其亲，不独子其子，使老有所终，壮有所用，幼有所长，矜、寡、孤、独、废疾者皆有所养。男有分，女有归。货恶其弃于地也，不必藏于己；力恶其不出于身也，不必为己。是故谋闭而不兴，盗窃乱贼而不作，故外户而不闭。是谓大同。（《礼记·礼运》，见图1-23）

大同理想有经济和政治的诉求。这种诉求不限于物质文明的极大丰富，还包括了对机会正义与分配正义的要求；不限于对自我、家族的关怀，还包括了对天底下一切他者尤其是老、幼、鳏、寡、孤、独等"最不利者"的最大关切；不限于自我精神的安顿与道德修养的提升，还包括对整体的、稳定的秩序的不懈追求。然而，现实性目标与超越性目标之间，自我、家族、国家与天下之间，又是连续的而非断裂的。《大学》说："格物、致知、诚意、正心、修身、齐家、治国、平天下。"每一个条目都是后一个条目的前提与基础，离开了自我修养，家族不能齐谐；离开了家族，也就没有国家的治理；国家得不到治理，就没有天下均平。而自我的主体精神是否昌明，也就成为能否"平天下"的前提。天下大同的理想中，蕴藏着主体性与包容性的奥秘。

中国古代以"和"为最高价值。"和"是组织人类社会的根本原则。孔子弟子有若说："礼之用，和为贵。先王之道斯为美，小大由之。"（《论语·学而》）礼使社会秩序化，乐使社会和谐化，在儒家的政治思想中，是要以礼乐制度来节制人们的行为，调和各种冲突，协调人际关系，使人事处理恰到好处。孔子亦说："君子和而不同，小人同而不和。"（《论语·子路》）"和"与"同"是有区别的。"和"是人类文明生成发展的关键。周太史史伯对桓公说："夫和实生物，同则不继。以他平他谓之和，故能丰长而物归之。若以同裨同，尽乃弃矣。故先王以土与金木水火杂，以成百物。"（《国语·郑语》）"和"指的是多种多样的事物聚集在一起而达到平衡，这种有差异的、多样性的统一，是产生新事物、万物生长繁衍的条件。而"同"只是相同的事物相加，缺乏多元发展，是不能产生新事物的。"和"还是整个宇宙的本源秩序。《周易·乾·彖》云："乾道变化，各正性命。保合太和，乃利贞。"《礼记·中庸》云："万物并育而不相害，道并行而不相悖。"太和就是宇宙间万物并存共育的景况。

世界不可能单一化、同质化。就像人需要不同的声音、不同的颜色、不同的味道，需要丰富多彩的物质条件和精神生活，健康的社会也需要不同的意见、不同的力量、不同的文化。而在此之上的并存共处，以他平他，相互制约，相辅相成，相济相生，在差异中取得统一、在动态中寻求平衡，才能促使社会健康有活力。中华文明尊重民族、国家、文化之间的差异，提倡和而不同、和实生物。一方面，先进的中华文化经过传播，促进了周边国家的文明发展，唐代接踵摩肩的遣唐使和历史上绵延不绝的朝贡体系即对此予以了充分的事实说明。另一方面，中华文明也在文化交流中积极吸收异质文化的优长以补己短，如两宋时期，理学以儒学为主干，集儒、释、道三家之大成而成为中华文化发展的第二个高峰。中原与周边、农业民族与游牧民族，乃至国家之间、文化之间、观念之间有冲突、排斥与战乱，但总体趋势是不断整合与融汇，相互学习与补充，并不断扩大。中华历史、民族、文化的融合有一个漫长的过程，形成了族群间、文化间、语言间的沟通融合，形成了"协合万邦""天下一家""中国一人"的文化理想。中华文化也以"人文"为中心，消化、吸收不同的宗教、文化，形成新的文化。这一文化平和而有理性，没有走向偏激与迷狂。所以中华文明历史上没有因宗教思想原因而发生过类似"十字军东征"那样的惨剧。相对于西方民族而言，中华民族的性格比较看重和合性而不是差异性，比较强调和平而不是斗争。中国人喜欢讲"和""合""通""统""会"。古代中华各民族人民通过陆上与海上丝绸之路跟外域各国、各民族人民有广泛的交往，从来没有采用暴力侵略、强力占领、殖民的方式，而是采用和平友好的方式，这与中华文明的特质和民族性格有关。

"和而不同"既表现在海纳百川的多元文化共存上，也包含了不盲目附和，具有自己的独立见解，在异质文化的冲荡中始终不会丧失自我，而是能够坚守民族文化的本位。钱穆说："其实中国民族常在不断吸收、不断融合和不断扩大与更新中。但同时他的主干大流，永远存在，而且极明显的存在，并不为他继续不断地所容纳的新流所吞灭或冲散。我们可以说，中国民族是禀有坚强的持续性，而同时又具有伟大的同化力的，这大半要归功于其民族之德性与其文化之内涵。"[1] 在文化融合的历程中，"和"不是和稀泥，也不是不加分辨的全盘吸收，而是在"中正""中和""太和""保合"等理念的指导下，形成了中华民族的向心力、凝聚力以及共同的信仰信念，从而以蓬勃的气象去维系与协调不同族群、不同宗教文化。所以在历史发展的过程中，中华民族、中华文化才可形成多元的统一体。并且，也只有坚持以"和而不同"的态度对待自身的传统文化，对待其他民族、国家、地域的文化，对待现代社会多元的文化观念和价值取向，中华文化才能更好地展现出活力和创造力，更新自身，以创造适应现代社会生活的新文化，为人类文明的发展作出新的贡献。

要而言之，天下大同是以民族、国家、文明的主体独立性和多样性为前提，以民族、国家、文明之间的包容性和开放性为基础，展开平等交流与和平对话，从而形成的一种同中有异、异中求同、同异相即的文明景象。在这一文明理想中，所有的个体、民族、国家都实现了高度发达，宗教、文化之间互相尊重，东西方的紧张得到消弭，人类文明统一于"太和"之域——这是一种整体性的"同"，超越了"和而不同"的具体之"同"，最终走向了"天下和同为一家"。

海外华侨华人身处中外文明交流融合的最前沿，他们既承载着中华文明数千年传承不绝的优秀因子，也深受所在国家、地区的文化影响。他们将中华文明的内在精神化为日用常行，无论走到哪里，始终保持着华侨华人的根本特质，譬如仁爱他人、勤劳纯朴、重视教育等，并将这种特质带入所在地文化之中，成为令当地人尊重的公民。与此同时，他们也秉承中华文明的包容精神，和谐地融入当地生活，并将所在地文化与中华文化融会贯通，而不会引发文化、社会方面的紧张。正是在这个意义上，海外华侨华人化身为桥、以侨为桥，在日常生活中亲身实践了中外文明的交流，也在微观和具体的层面上验证了中华文明天下大同的世界理想。

---

① 钱穆：《民族与文化》，台北：东大图书股份有限公司 1989 年版，第 23 页。

小　结

　　中华文明既是民族的，也是世界的。中华文明以"天人合一"为自己的哲学出发点，主张天所赋予的"仁"是人的根本属性，并落实为民本主义、民生优先的现实政治关怀，由此以"仁心德政"为主线，形成了自己独特的文化根脉。中华文明以"大一统"为政治立足点，以中原汉民族为主体，各民族、各区域、各文化之间，以及中华文明与外来文明之间，构成"多元开放"的关系，"家国天下"的贯通意识将公与私、家与国、个体与集体、区域与中央纽合在一起，从而形成了"多元一体"的基本文明格局。中华文明不断夯实自身主体性，长期处于东亚文化圈中心地位，对周边国家和地区产生强大吸引力与影响力，但始终以"和平"为圭臬，主张不同文明可以发展自身以实现"各美其美"，在和平对话与平等交流中成为世界文明的有机组成部分，最终走向"天下大同"的世界理想，中华文明与世界文明由此形成了"和而不同"的关系。中华文明超越了地域文明和农耕文明的局限，在诸多领域都彰显出鲜明的当代价值和世界意义，展现出稳定性、连续性、超越性和普遍性。

　　中华文明既是传统的，也是现实的。正如习近平总书记所说："牢固的核心价值观，都有其固有的根本。抛弃传统、丢掉根本，就等于割断了自己的精神命脉。博大精深的中华优秀传统文化是我们在世界文化激荡中站稳脚跟的根基。中华文化源远流长，积淀着中华民族最深层的精神追求，代表着中华民族独特的精神标识，为中华民族生生不息、发展壮大提供了丰厚滋养。"[①] 从"为万世开太平"到"为中国人民谋幸福，为中华民族谋出路"，从"汤武革命"到"敢教日月换新天"，从"民惟邦本"到"全心全意为人民服务"，从"天下一家，中国一人"到"多元一体"，从"各美其美，美人之美"到"人类命运共同体"，中华优秀传统文化涵养促进了革命文化、社会主义先进文化的产生和发展，三者之间共同闪烁着中华民族一脉相承的精神追求、精神特质、精神脉络。正如《中共中央关于党的百年奋斗重大成就和历史经验的决议》所指出的："中华优秀传统文化是中华民族的突出优势，是我们在世界文化激荡中站稳脚跟的根基，必须结合新的时代条件传承和弘扬好。我们实施中华优秀传统文化传承发展工程，推动中华优秀传统文化创造性转化、创新性发展，增强全社会文物保护意识，加大文

---

① 习近平：《习近平谈中华优秀传统文化：善于继承才能善于创新》，http://jhsjk.people.cn/article/29075643，2017年2月13日。

化遗产保护力度。加快国际传播能力建设，向世界讲好中国故事、中国共产党故事，传播好中国声音，促进人类文明交流互鉴，国家文化软实力、中华文化影响力明显提升。"[①]

中华文明既是一个宏观整体，也属于每一位中华民族同胞、每一位华侨华人。不管行到哪里，不管身居何方，不管相隔几重山河，不管传承多少世代，中华文明始终为中华儿女营造出一个独特的精神世界，成为塑造其文化心理、决定其价值观念的重要因素。身居海外的华侨华人也始终秉承着这种独特的文化记忆，以"我之所在，即是中国"的信念彰显着中华文明，以"化侨为桥"的方式推动了中华文明与世界文明的融合，为世界了解中华文明、中华文明融入世界作出了卓越的贡献。

讨论题

1. 您觉得海外华侨华人身上体现了哪些中华文明的文化根性？

2. 您觉得文明冲突和文明对话两种理念，哪种更符合人类的整体福祉？

3. 为什么说"大一统"是中华文明的核心要义？

4. 身处中西文化交融交汇的最前沿，你如何看待文化多元性和一体性的关系？

推荐阅读

1. 习近平：《在纪念孔子诞辰 2565 周年国际学术研讨会暨国际儒学联合会第五届会员大会开幕会上的讲话》，《人民日报》，2014 年 9 月 25 日，002 版。

2. 潘岳：《战国与希腊》，《中央社会主义学院学报》2020 年第 4 期。

3. 潘岳：《秦汉与罗马》，《中央社会主义学院学报》2020 年第 6 期。

4. 潘岳：《中国五胡入华与欧洲蛮族入侵》，《中央社会主义学院学报》2021 年第 2 期。

5. 郭齐勇：《中国人的智慧》，北京：中华书局 2018 年版。

6. 郭齐勇：《中国文化精神的特质》，北京：生活·读书·新知三联书店 2018 年版。

7. Gu Hongming, *The Spirit of the Chinese People*: *With an Essay on Civilisation and Anarchy*，London: Forgotten Books, 2016.

[①]《中共中央关于党的百年奋斗重大成就和历史经验的决议（全文）》，http://www.gov.cn/zhengce/ 2021-11/16/content_5651269.htm，2021 年 11 月 16 日。

第二章
中外文化交流与文明互鉴

　　中华文化具有开放包容的特点，在发展过程中，曾广泛吸收外来文化，既包括古代来自印度的佛教文化，也包括近代来自欧洲的西洋文化。同样，中华文化为其他国家和地区，尤其是为东亚的汉字文化圈，提供了重要而有益的滋养，在古代曾经为世界的文明进程贡献"四大发明"，在近代曾经为欧洲的启蒙运动提供重要的助推，如今则以富有特色的政治经济体制为世界各国的现代化进程提供了不同于西方的道路选项。正是总结历史上中外文化源远流长的和平交流经验，吸取西方中心主义所带来的危害和教训，反对西方世界的自我优越论、文明冲突论等观点，中国才积极倡导并坚定践行文明互鉴观。以平等多元和互补互鉴为原则的文明互鉴，既是美好愿望，也切实可行；既是中国方案，也是世界共识。

第一节　古代中外文化交流：一个属于中华文明的时代

当前评论中西关系者多存在一个误区。由于不了解五千年中华文明发展史，同时缺乏整个对中西交往史的概念，其看待中西关系局限于最近二三百年，陷在近世特别是近代以来以西方列强为主导的殖民话语体系里，以欧洲、北美为中心，鄙视亚非拉等其他文明区域，对中华文明的历史地位和民族根性也认识不足。如此，我们有必要了解中华文明曾经是如何发展壮大的，了解中华民族在其辉煌的历史阶段保持着怎样的对外交往情态。

> 中华文明的
> 强大包容性。

可以说，在数千年的中外交往史上，中华文明以其博大精深曾在大多数时期领先于其他区域文明，在东方文明中成为核心部分和典型代表，对整个人类文明发展也作出过重大的贡献。不过，以多元文化发源为基础而形成的强大包容性，和以"仁"为核心而衍生的"以和为贵""和而不同"等思想，使中华民族向来善于包容、借鉴和吸收外来文化元素，同时注重和平交往、礼尚往来，从来都是强而不霸、弱而不分，也从不主动输出文化价值观，与近代西方殖民者文化具有本质区别。这使得古代中外文化交流成为文明互鉴的历史进程，其中多有双赢的重要案例。

古代最为引人注目的重大史事，在中国周边主要是汉字文化圈的形成，在中国与西域之间则是佛教东渐和四大发明西传。

一、立足中原，会通东亚：汉字文化圈的形成

在人类文明较早兴起的旧大陆上（包括亚、非、欧三大洲），存在着多个不同的文化区域，俗称文化圈，如印度次大陆上的印度文化圈，以欧洲为主要区域的基督教文化圈和以西亚、中亚为主要区域的伊斯兰教文化圈。而在亚洲大陆东部和临近海域，以中国黄河流域、长江流域为中心，包括中国本土与朝鲜半岛、日本群岛、中南半岛及中亚腹地、南洋群岛等部分地区，还存在着一个"汉字文化圈"。汉字文化圈的形成，即是中华文化立足中原，会通东亚，形成超过任何一个文明体量和水平的盛大气象的过程。

（一）汉字文化圈的概念和内涵

所谓汉字文化圈，实质上是以中国为核心的东亚文化圈。在这个区域，从语言文字，经物质文明、社会组织，到思想制度等不同层面，都存在着某种共通要素，是一个交流频繁、关系稳固的文化圈层。具体而言，在语言文字层面，皆长期使用汉字，这就

是其被称为汉字文化圈的来由。在物质文明层面，有着极其近似的算学、医学、天文、历法、阴阳等科学技术知识及管理、教育体系。在社会组织层面，都建立起以唐代律令为蓝本，或仿照宋、明等中国历代律令而构建的法律制度，不少区域在行政管理、官僚制度等方面也模仿中国。在思想制度层面，则以儒学为官方和主流思想文化，故而这个文化圈又称"儒学文化圈"；同时普遍流行中国化佛教。在此基础上形成的政治思想、世俗观念乃至神灵和信仰等颇为相似。这诸多层面的文化要素皆发源和成形于中国，因而也有人称这个文化圈为"中国文化圈"。

> 汉字文化圈及其共性要素。

（二）汉字文化圈的形成

东亚汉字文化圈的形成可谓历史悠久。它发端于中华文明对外传播早期阶段，可以上溯到秦汉乃至先秦时代，到隋唐时期臻于成熟。从文献到考古，都有丰富的资料来证明这一历史进程。首先看汉字传播。在朝鲜半岛，有中国战国时代的燕国明刀钱出土，还发现刻汉字铭文的秦戈，说明这一区域至迟在战国时期和秦代就有中华文明的传播。而《史记》记载，更早在商、周交替时期（前11世纪），就有箕子东迁朝鲜半岛之事，箕子在那里教人养蚕丝织，并制定"八条之教"管理和教化民众，显然已有汉字通行。在中南半岛，越南地区在秦朝隶属岭南三郡之一日南郡，秦王朝设官管理，同时有些郡守在当地大力倡办学校，推行教育，汉字肯定也早有传播。到两汉时期，汉武帝设立了乐浪等朝鲜四郡，从此到4世纪高句丽崛起，一直使用汉官治理，流行汉字公文，开办郡学，推行教育，汉字文化传播至于圆熟。在日本群岛，发现了王莽时期的不少货币，更重要者还出土了东汉光武帝所颁发的"汉委奴国王"金印（见图2-1）和曹魏齐王曹芳颁发的"亲魏倭王"印，可见这时期日本境内政权已经与中国建立了宗藩关系，流通了汉字文信。刻于414年的《好太王碑》（见图2-2）以规范而娴熟的隶书洋洋洒洒行文一千七百多字，显示出高句丽继承和发扬了两汉时期的汉字文化；而朝鲜半岛、日本

图2-1 "汉委奴国王"金印
（日本福冈市博物馆藏）

图2-2 《好太王碑》（李大龙《探秘历史兴衰的高句丽》
http://news.sina.com.cn/c/2004-07-02/12122971167s.shtml）

群岛和中南半岛在这两千年里绝大部分传世与出土的文献皆由汉字书写，更说明了汉字文化经久不衰的魅力。

其次看儒学文化。汉武帝时期越南、朝鲜之地属汉朝州郡，而朝廷正大力推行儒学教育，在各州郡建立官学，按当时官学设立经学博士的惯例看，越南、朝鲜也应有了儒学文化的传播。此后，在高句丽，小兽林王二年（372）仿照中原王朝设立了太学；百济在近肖古王时期（346—375）、新罗在神文王二年（682）均有学校设立；日本在404年至405年间曾有百济经学博士王仁携带《论语》《千字文》入境；而在交州之地，早在孙吴时期，就多有中原士人来此避难，至士燮主政时大力推行教化，更是文风大盛。到唐朝时期，高句丽已然"俗爱书籍……其书有五经及《史记》、《汉书》、范晔《后汉书》、《三国志》、孙盛《晋阳秋》、《玉篇》、《字统》、《字林》，又有《文选》，尤爱重之"（《旧唐书·高丽传》）；新罗则以《周易》《毛诗》《尚书》《礼记》《春秋左氏传》和《文选》等为教材，对学生分经授业。

再次看律令制度。高句丽曾在373年仿照中原王朝颁行律令，此后新罗、日本及独立后的安南之地也先后建立法律制度。根据朝鲜半岛王氏高丽时期的律令篇目和条文，可知其基本上仿照唐律。后来高丽又用元朝《至正条格》，李氏朝鲜时期则用明律。日本学习唐朝大化改新之后，曾于668年颁布《近江令》。就701年颁布、今仍存世的《大宝令》看，可以确知其是以唐代高宗《永徽令》和玄宗《开元令》为蓝本。此后至明治维新时期，其法令则多用明律并参照清律。独立后的安南在继承汉文化的同时，法律制度主要参照唐、明律令。

复次看宗教层面。自4世纪起佛教经过中国传入高句丽、百济等地，此后特别是在唐宋时期朝鲜半岛和日本群岛等地政权纷纷向中原派遣留学僧人，大力学习中国化佛教。朝鲜半岛自统一新罗时期广泛吸取了中国佛教文化营养后，发展起繁荣的半岛佛教文化，传刻了大量佛教典籍，至王氏高丽时代积累成《高丽大藏经》。日本在吸取唐代佛教主要宗派的基础上创立了奈良六宗，而其与高居浙江天台山的天台宗关系尤其紧密。这些地区的佛教奉诵汉译佛经，同样以大乘佛教为主流，而且主要传承了形成于唐代的天台宗、华严宗、净土宗和禅宗，其寺庙建筑和造像艺术等与中国基本一致，佛教在国家和社会上的地位及其发展进程也与中国相仿。

最后看科学技术层面。自唐朝时起，朝鲜半岛和日本群岛开始模仿中国设立官学，开设算学、历学、医学、天文、阴阳等门类，或以专门学校培养人才，同时也在科举中设立这些科目以选拔人才。如新罗在682年设立算学，692年设立医学，749年又设立教授天文和漏刻知识的博士。日本有阴阳寮，下设天文、历法、阴阳等科；有典药寮，设立医、针、按摩、禁咒等科；有大学寮，设算学等科。宋时分离出来的安南也同样继承这些文化和制度，如在科举中考书、算、刑、律和医学、天文、历法、阴阳等门类。

久而久之，这些地区形成与中国大体一致或属于同一体系的科学知识。

（三）汉字文化圈的历史基础

汉字文化圈的形成不是偶然的，而是有着深厚的历史基础。日本学者如菊池英夫等认为这个文化圈是在中国强大的政治推动下借助册封制度形成的，甚至是在军事强压下采用战争手段开展的。其实他们完全忽视了几点重要史实：一是汉字等文化元素在中国周边地区的传播多是在其国家尚未建立的史前时代，根本无所谓册封制度和战争征服；二是在文化传播顺畅和文学圈发展较快的不少时段，中国并无强大政权，如南北朝和两宋时期；三是儒学、佛教等文化传播活动多由周边国家主动发起或促动，其请经或派遣留学僧人等活动往往构成热潮。其实，作为东亚地区最为古老的文明繁荣区域的中国天然形成一座文化高地，其文化元素凭借这种优势自然而然地向周边辐射和流动，除此之外，在多元一体的状态下形成的中华文明萌生或融入了许多优异的文化元素，像汉字之美、儒学之精、佛学之润，无不是人类文明精华。而其博大的体系和包容精神，仁爱的根性和以和为贵、礼尚往来的文明特质，更是散发着强大的文化魅力。桃李不言，下自成蹊，这也是人类文明凝聚和发展进程中自然而然的向心力。

二、带动丝路，兼容西域：以融汇佛教文化为个案

在中国以西广大地区，陆称西域，海称西洋，丝绸之路向西贯穿亚欧大陆或亚非海域，佛教沿此东来，而四大发明经此传遍并影响了整个世界，为人类文明共同发展谱写了光辉的篇章。在这里，中华文明以仁爱的底色和宽容的本性，兼容并蓄大量异质文化，像佛教这样最富思想和各层文化内涵的文化，中华文明都能将其融汇到自己的文化体系里，中国由此成为在整个世界无与伦比的文明区域。

（一）丝绸之路与中西文化交流

所谓丝绸之路，是指联结中国与西域（洋），横贯亚欧大陆，或沟通太平洋、印度洋等海域的陆海交通网络。按其概念形成的历程，它以张骞西行所凿空，贯穿河西走廊、塔里木盆地、中亚河中地区（阿姆河以北、锡尔河以南）和西亚两河流域的绿洲丝路为雏形，自德国地质学家李希霍芬提出以来不断

> 丝绸之路是中外文化交流网络。

被加以丰富。其北有号称绿色长廊的草原丝路，南有穿越青藏高原到印度的唐蕃古道以及连接四川、云贵和缅甸、孟加拉湾的西南丝路，在海上则有从广州等中国南部沿海地区穿越南海，过马六甲入印度洋的海上丝绸之路，以及从我国东部沿海向东连接琉球、日本和朝鲜半岛等地区的海上丝路东支。这些交通路线连为一体，构成庞大的网络，统称丝绸之路。

这个庞大的陆海交通网络，是中国与西域（洋）交往的地理依托，承载着千百年来

纷繁复杂而又丰富多彩的中西文明交流活动。其发生发展的历史，也就是中西文明交往不断开拓和文化交流不断丰富发展的历史。

据考古资料可知，早在约一万年前，就有以欧洲裸体女性雕像为特征的奥瑞纳文化和包含东海贝壳等丰富物品的我国中原东部文化在草原丝路与绿洲丝路上流动。而我国东南海域，也至少自数千年前就有以石棚为特征的史前文化从山东半岛等向辽东半岛、朝鲜半岛等海域蔓延，以有段石锛为特征的石器农具则从山东、江苏、浙江、福建等沿海，连接台湾岛、南洋群岛，向大洋洲等地区传播。距今三四千年的时候，中国彩陶文化已踏出一条"彩陶之路"，从仰韶文化、半坡文化发育起来的河南西部和陕西南部之地，向西穿越河西走廊，辐射到天山南北。稍晚一点的商朝和西周早期，妇好墓里的和田玉及周穆王西行记述，则反映这"彩陶之路"也是一条玉石和丝绸传播之路。

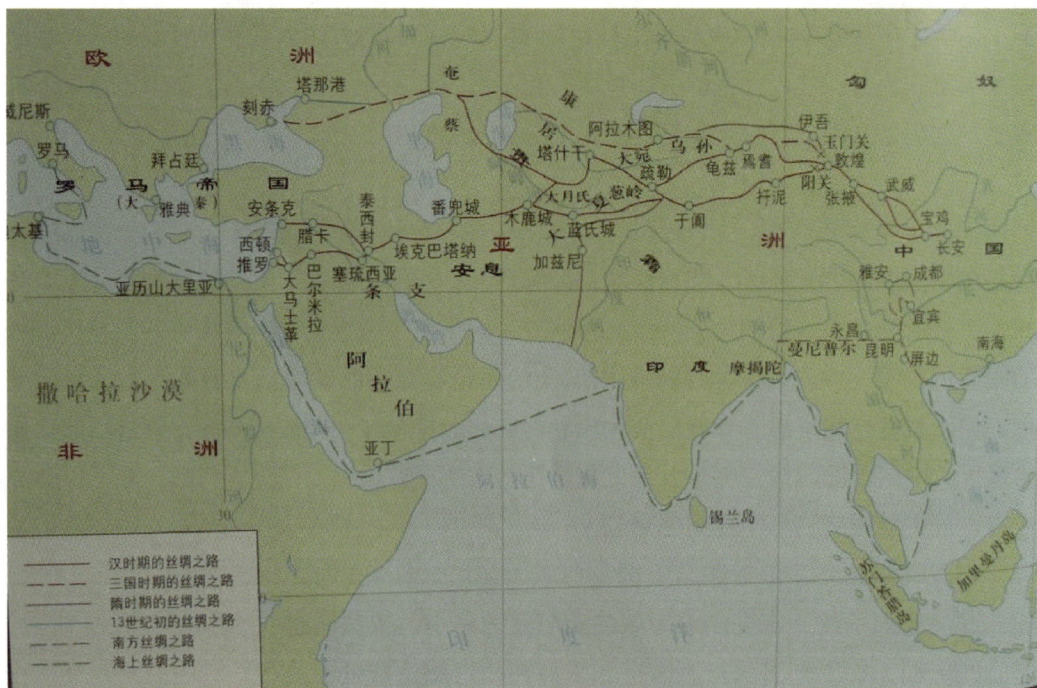

图 2-3　丝绸之路路线示意图（选自张芝联、刘学荣《世界历史地图集》）

> 张骞凿空西域开启大规模交流时代。

西汉时期，张骞凿空西域开启了丝绸之路上中西大规模使者往来和政府促动的文化交流时代。同时汉武帝也委派身边的黄门宦官带领船队从南海出行，穿越东南亚地区，到访了印度半岛和斯里兰卡等南亚许多国家、地区。此后，班超的副使甘英穿越中亚腹地和安息帝国到达了波斯湾，康泰、朱应、陈棱等人走遍了东南亚，王玄策则帮助中天竺幼王复国，为中印缔结深厚友谊立下汗马功劳。同时在朝贡贸易的名义之下，西域（洋）众多国家的使团更是纷纷来华，有些不惜梯山航海，重驿而至。据《通典》载，唐朝时期来华交流者，多至三百余国。也正是从汉至唐约一千年的时间里，陆上丝路逐步由循塔里木盆地两侧生成的南、北两道，开拓成连带草原和绿洲的南、中、北三道，9世纪时发展到鼎盛，主导了以陆路为主的中西文明交流时代。

唐代中期以后，海上丝绸之路超越陆路而发展起来，这使得中国所关注的西方世界从西域逐步转移到西洋。从此之后，中西海路从唐代可达波斯湾的"广州通海夷道"，到元代向西深入地中海的遥远海道，再发展为郑和七下西洋所构成的远至东非且四通八达的航线网络，传统的海上丝绸之路由此获得了长足的发展。与此同时，民间贸易也发展起来，中国的丝绸、陶瓷、茶叶等相继以大宗货物的形式流入丝路沿线国家，西洋的玻璃、香料等也在很大程度上丰富和改变了中国社会生活。中国与西方诸多国家，依托这古老的丝绸之路，创造了一个又一个灿烂辉煌的文化交流成就。

（二）佛教东传与佛教中国化

佛教东传是古代中西文化交流史上至为耀眼的盛事之一，而佛教中国化更是中国文化受容史中最为重要的一个部分。

佛教发源于前6世纪的古印度，到前3世纪兴起并开始对外传播。尽管中印直线距离不远，但是由于中间横亘着高大且漫长的喜马拉雅山脉，两国只能绕道从中亚和东南亚往来。大约在公元前后亦即两汉之间，佛教在中亚地区繁荣起来，并开

> 佛教在中国初步传播。

始向中国传播。东汉时期佛教信徒限于极少数贵族，尚未发展。黄巾大起义以后社会动荡，民不聊生，这成为佛教向下层百姓传播的契机。到南北朝时期，北魏新旧两个都城平城（今山西大同）和洛阳已有著名的云冈石窟与龙门石窟开凿，洛阳周边更有数以千百计的寺庙出现。而前凉时期鸠摩罗什在长安组织开展大规模的佛经翻译活动，将佛教文化在华传播推向第一个高潮。南方海路佛教传播也有起色，南朝早期广州已有光孝寺、华林寺等佛寺创建，梁武帝在位时期佞佛至深，更是将佛教传播推向一个"南朝四百八十寺"的盛况。

隋唐时期，佛教在中国达到鼎盛。这一时期佞佛的最高统治者如隋文帝、武则天、唐宪宗、唐宣宗等不断出现，对社会起到巨大的倡导和推动作用。至唐中期全国南北佛教泛滥，唐武宗采取限制措施时仅汰裁的非法僧尼就有25万人之多；同时拆毁的寺院有数千所，因为寺院经济严重影响了赋税财政。另外值得关注的是，唐朝前期曾形成一个规模惊人的"西天取经"热潮。除了众所周知的玄奘、义净、慧超、悟空等的西行活动外，仅义净在西行过程中所耳闻目睹的同时期中国取经僧人竟有60位之多，据其记载在印度一些地方还有专门的中国僧人村存在。当然更具有文化意义的是玄奘、义净西行所带来的大量佛经，以及由其毕生精力所推动的更大规模的译经事业。正是在此基

础上，中国饱饮佛教文化源泉，孕育出为东亚所特有的中国化佛教。

佛教中国化：适应中国社会的主要措施。

相对于佛教东传而言，佛教中国化是一个更为重要的问题。佛教东来之初，在中国是一个完全陌生的来客。如何让中国人认识佛教，如何在这里扎根，僧侣无疑面临着巨大挑战。为此，最初僧侣们曾用"老子化胡"的故事来解释佛教的来历。为了克服语言文字障碍，最初传教的西域僧人要学汉语，学问僧们更是热心于汉译佛经事业。如何吸引信众呢？讲坛法师自南北朝到隋唐先后采用了讲经、说唱、歌舞等群众喜闻乐见的一切布教手段，同时还学习并借用了道教的一些宗教仪式和道具，甚至还从西域幻人那里借魔术技巧来彰显法力。更为艰难之处是如何应对遁入空门与忠孝思想之间等诸多义理、礼俗上的矛盾。为此僧侣们主动将佛教置于世俗政权之下以求其庇护；同时折中报恩义理，通过强调侍奉父母和追祭先人的重要性来弥合与孝道之间的鸿沟。此后僧侣们还用佛门"五戒"比附儒家"五常"，用中国人熟悉的神灵来更新或充实净土世界，用吃斋念佛等便捷方式招纳普通信众，用完备的教义哲理吸引文人儒士。终于，以天台宗、华严宗、净土宗、禅宗等汉传佛教宗派的形成为标志，佛教在中国扎下根来。

反过来，对于中国社会而言，如何了解和接纳这位"客人"，也面临着诸多复杂问题。不过，儒学、道教等多元并存的中国文化结构似乎已给佛教预留了生存的空间。当时作为社会文化主流的儒学，实际上只是一种高高在上的政治意识形态，"明乎礼仪而陋于知人心"（《庄子·田子方》），在佛教面前不少儒学士人开始意识到"儒门淡泊"的危机，于是大力"援佛入儒"，学习借鉴佛教心性论来弥补儒学的身心修养。同时佛学丰富的哲学思想也吸引了不少儒士儒佛兼修。其实，自南北朝起儒学大师的讲坛就开始模仿佛教高僧的法座。到唐宋时期，儒学从寻章摘句的传统经学一变而为讲究心性和义理的理学，进入了一个崭新的发展阶段。在庶民阶层，六世轮回和因果报应的思想似乎更易使其看到来世希望，于是道教也在与佛教的较量中不断丰富自身，形成佛道杂糅、"内道外佛"等交融关系。更为重要的是，统治者很快意识到利用佛教安抚民众、整合人心，同时亦可平衡儒、道关系的重要价值。于是南北朝时期帝王们就开始倡导三教讲论，促进儒、道、佛三家在面对面的论争中互鉴互补。这些推动了儒、道、佛融合，构成中国社会三位一体的文化结构。

（三）佛教东传的影响和佛教中国化的意义

一方面，佛教东传大大丰富发展了中国文化，经过三教融合，佛教成为中国传统社会三大思想支柱之一，成为千百年来中华文明赖以持续发展的重要元素之一。考察中国传统文化，哲学、文学、语言、艺术、习俗乃至天文、历法、建筑、医学等许多领域无不带有佛教的影响。尤其在哲学领域，佛教以其丰富的内涵促动了中国古代哲学的发展。像天台宗、法相宗、华严宗和禅宗等，其教义都触及宇宙结构论、本体论、认识论等，心性论更是对中国哲学的最大触动。宋明儒士正是吸收了这些理论成果，特别是从心性讲儒学，才将儒学发展到理学的新高度。在文学领域，讲究韵律的近体诗、变文和传奇等文学体裁，以及因果报应等类故事内容，皆为佛教在中国传播的副产品。艺术领域，音乐舞蹈、话本戏剧、雕塑绘画等艺术形式也受其影响。此外，生活习俗里的浴佛节、建筑形式里的塔庙、唐代著名的《九执历》……佛教的产物和影响不胜枚举。

另一方面，佛教何以能够中国化？这里既有佛教传播者本身的积极努力，然更得益于中华文化的精神特质。在多元一体基础上发展起来的中华文化向来开放包容。不仅是佛教文化，历史上中华文化接纳了从生产生活到思想制度各个层面的无数异质文化。同时，中国社会也具有强大的融合改造能力。日本佛教学者认为："中国人巧妙地改编了佛教，重组了佛教的结构，将其纳入中国固有的文化传统之中，赋予合理的地位。佛教之东渐，无论在宗教思想和宗教文化的任一方面，都给中国带来了飞跃的发展和充实，其影响之巨，实在很难加以估量。"

三、领先国际，影响世界："四大发明"西传及其世界意义

一个文明怎样才算是强大的？或者说哪些历史事物能够体现中华文明的强大？最有说服力的恐怕非"四大发明"莫属了。所谓"四大发明"，是英国著名科技史学者李约瑟提出来的概念。它特指由中国发明，传播到西方，并对整个人类文明发展起到巨大推动作用的造纸术、罗盘针、印刷术和火药四种极其重要的科学技术。它们在整个人类文明发展史特别是在欧洲资本主义和世界近代发生发展史上的贡献至今仍是无与伦比的。

（一）"四大发明"西传的历程

"四大发明"很早就在中国孕育，发展成熟后逐步向其他文明区域传播。我们可以分别来说明。

首先看指南针。据文献记载，早在先秦时期我国就发现了磁针指南的特性并将其运用到社会实践当中。《韩非子·有度》说："先王立司南以端朝夕。"这里司南就是指南针的早期应用。后来又有指南车等出现，使指南针开始应用到交通旅行中。唐宋时期，人们又发现以磁石磨制磁针的人工方法，同时将磁针与罗盘结合起来，广泛应用到航海活动中。《梦溪笔谈》详

图 2-4　指南针早期样式：司南
（选自《文科爱好者》2016 年第 21 期）

细介绍了罗盘针的制作技术，而《萍洲可谈》明确指出其在海上用以辨别方位的应用方法。此时中国人已通过罗盘刻度上的四十八分向法将磁针指南功能大大精确化，使得中国船只准确把握海上方向，避开可知方位的暗礁，既提高了航行效率，也保障了海上安全。这种技术最早为搭乘中国船只（他们称之为"唐舶"）往来南海与波斯湾的阿拉伯商人所学习，10世纪应用到在红海航行的阿拉伯船只上。其指向术语也模仿中国，如表示罗盘指针的Khann，就是闽南话亦即唐宋汉语"针"的发音。12世纪，阿拉伯船只普遍应用了罗盘针技术。同世纪末，又将这项技术传播到欧洲。13世纪，西方航海也普遍应用了罗盘针技术。

其次看造纸术。据考古发现，世界上最早的纸张是我国西汉时期的灞桥纸。到东汉时期，经过蔡伦的改良达到了可以采用破废植物纤维廉价且批量造纸的技术水平。魏晋时期亦即3到4世纪，造纸术在我国广泛应用，并在书写材料上普遍以纸张代替了布帛和竹简。6到7世纪，造纸术辐射到朝鲜半岛、中南半岛、日本群岛及天山以南。

751年的怛罗斯之役，使阿拉伯人开始了解造纸术，不久利用唐军战俘在撒马尔罕创建了西方最早的造纸工场。793—794年，阿拔斯王朝又调动撒马尔罕的中国工匠到巴格达和大马士革设场造纸。同为穆斯林世界的埃及等地区，9世纪初开始使用纸张，11世纪在书写材料上纸普遍取代了原来的羊皮和苇纸。12世纪初，北非出现造纸工场，不久摩洛哥在入侵西班牙的时候也把纸张带入欧洲。该世纪中期，萨狄瓦建起欧洲第一座造纸工场。13至14世纪，法国、德国、意大利相继设厂造纸。16世纪，造纸术推广到整个欧洲。17世纪末造纸术传入新大陆，1690年英国殖民地费城出现美洲第一座造纸厂。

再次看与造纸术颇有文化关联的印刷术。隋文帝曾下令在全国雕版印刷佛经佛像。唐初发行的长孙皇后的《女则》，玄奘散发的普贤菩萨像等，都采用了印刷术。唐朝中后期，民间流行的历书、"飞钱"，寺观发行的佛经、道书等，基本都是印刷品。敦煌藏经洞就保存下来一部868年由王玠私人雕印的《金刚经》，其雕印的文字、图像等都非常精美。北宋时期，毕昇发明活字，将印刷术改良为活字印刷，使得大量典籍得以印刷，技术达到纯熟的水平。8到10世纪，雕版印刷术已在从中国到埃及的海上丝绸之路传播，使得阿拉伯世界开始有了《古兰经》的印刷品。不过更大影响产生于13世纪的蒙古西征，将印刷术从新疆一路带到波斯湾，阿拉伯纸钞、波斯人纸牌等中都可见到印刷品。14世纪，欧洲引进印刷术，开始雕印基督教圣像和拉丁文课本等。15世纪下半页，威尼斯成为印刷中心，圣经也可以批量印刷了。

最后看火药技术。这是我国古代方士在炼丹活动中的意外发现。6到7世纪，炼丹家们发现了硝、炭等物的爆炸性能，孙思邈（581—682）则记下由炭、硝、硫黄组成的火药配方。火药最初用于制作焰火，10 到 11 世纪开始用于军事，出现了用于焚烧建筑的火箭和初步带有爆炸功能的霹雳球等。宋代又流行管形的突火枪，可以用火药弹射伤敌人。在宋朝军队里，已配备了火箭、火球、突火枪等武器。很快，元朝大军学会了这种技术，并将突火枪改良为用铜铁铸造的大型管式武器——火铳，现代枪炮已具雏形。不久，元朝军队携此西征，所向披靡。由此火药武器技术也传播到中亚、西亚。1225—1248 年阿拉伯人已经从海路学会了制作"契丹花"，13 至 14 世纪的阿拉伯文献里又记载了"契丹火箭""契丹火枪"等武器。阿拉伯人用这些武器打败了阿卡城的十字军骑士团，而欧洲人也由此见识、学会并发展了火药武器。1346 年克莱西战役，英国用其改良的 24 尊火炮大显神威。

（二）"四大发明"的世界性意义

我们曾惊艳欧洲人发起的大航海运动，殊不知他们所凭借的科学技术中最为重要的就是罗盘针，其保障了漫长航行的准确方向，助他们到达遥远的东方。可以说，没有罗盘针技术，就没有大航海时代。在造纸术和印刷术西传之前，包括印度、埃及、两河流域和地中海区域在书写文献上都还使用不能折叠且难以久存的贝叶、莎纸、树皮和昂贵的羊皮等，这些都严重限制了文字的书写和传播。

> "四大发明"改变了世界面貌。

而便于书写且柔韧耐用的纸张可以大量生产，普遍应用，毫不费力地突破了这一局限。印刷术更是在文化生产和传播效率上大大超越了手写。自从印刷术推广之后，在中国，大规模私人藏书楼开始出现；在西方，《古兰经》和圣经大量印刷推动了伊斯兰教与基督教的广泛传播，像君士坦丁堡、巴格达等一个个文明之都因富藏文献而更加耀眼。火药技术使世界军事从冷兵器时代上升到热兵器时代，而欧洲市民正是用火药武器打败了代表封建制度的骑士阶层，开创了崭新的资本主义世界。英国哲学家培根说："我们若要观察新发明的力量、效能和结果，最显著的例子就是印刷术、火药和指南针了。"因为"这三种发明已经在世界范围内把事物的全部面貌和情况都改变了"。

对于"四大发明"的世界性意义，其实欧洲人应该感受最深，因为这些科学技术对欧洲历史的推进最为巨大。马克思说："火药、罗盘、印刷术——这是预告资产阶级社会到来的三项伟大发明。火药把骑士阶层炸得粉碎，罗盘打开了世界市场并建立了殖民地，而印刷术却变成了新教的工具。总的来说，变成了科学、复兴的手段，变成对精神发展创造必要前提的最强大的杠杆。"可以这样说，如果没有"四大发明"，就没有欧洲的资本主义，没有文明交往的全球化，也就没有当前这个现代化的世界。

第二节　明清以来的西学东渐与中学西传

15 世纪末期的地理大发现是世界进入近代的重要标志。此后，伴随西方资本主义的全球扩张，中西文化的相遇与冲突以多重形式展开。

人们通常认为，近代世界的文化冲突是西方文明作为强势文化不断破坏和建设落后地区文化的过程。事实并非如此。当欧洲人第一次来到东方，他们如饥似渴地汲取中华文化的养分，哺育欧洲，中华文化成为推动欧洲启蒙运动的重要因素，其影响甚至波及美国。与此同时，西学也以一种平和的态度在明清士大夫中扩展影响，中华文化开始了重要变迁。这段中西文化交流史被中外学者称为"两大文明之间文化联系的最高范例"，"中西关系史上一段最令人陶醉的时期"。

但到了 19 世纪，中国和西方的文化关系就发生了根本性扭转。鸦片战争后，中国知识界面对殖民主义和西方文化的强势冲击，表现出了前所未有的彷徨、分裂和矛盾，开始了百年以西方为师的痛苦求索与争论。而西方则近乎一笔抹去了启蒙时期崇敬中华文化的历史。

为何西学从和平东渐转变为一种强行冲击，为何西方对中华文化从崇拜走向了批评，如何看待西方中心主义，文明互鉴的真谛又是什么，这些都是近代中西文化交流留给我们的重要问题。

一、西学东渐：从和平传播到强行冲击

（一）明清之际西学的和平东渐

葡萄牙和西班牙用刀与火耕种了这个世界，大航海以来，既是地理大发现时期，也是西方殖民主义时期。东来的葡萄牙在经过与明军的屯门战役、西草湾战役失败后，终于以"晒货"的名义在澳门住了下来，明政府管辖下的澳门成为中西文化交流的和平桥梁，从此拉开了早期全球化历史中极其珍贵的三百年和平交往的历史。

从明代万历年间（1573—1620）到清代乾隆年间（1736—1795），由耶稣会士入华而开启了历史上的第一次西学东渐。由于欧洲宗教改革的发生，天主教不断在欧洲北部失去阵地，德意志、英国纷纷改宗新教，耶稣会士要把被新教徒夺去的领地在亚非拉弥补回来，中国及美洲是最主要的目的地。同时，耶稣会的创始人罗耀拉认为，传教不仅需要使命般的热情，更需要知识，因为良好的修养和学识能够使传教士接近社会上层人士，从而使上层社会接受天主教信仰。因此，耶稣会士大多是接受过高等教育的知识精

英。其中，沙勿略受罗耀拉的命令前往东方传教，并在果阿和日本积累了大量成功的传教经验，他在日本写给罗耀拉的信中，进一步强调了在东方传教尤其需要懂科学。于是，后来前往中国的耶稣会传教士，如利玛窦、南怀仁、艾儒略、汤若望、庞迪我、熊三拔、龙华民、邓玉函、罗明坚等，大多是熟悉近代人文科学运动成果的学者。

> 传教士带来西方科技知识，中华文化开始了重要变革。

这些耶稣会士入华后，即利用其所掌握的天文、数学、地理等科学技术知识与中国上层社会的官员和社会名流开展了广泛交往，在传播教义的同时，也促成了中西文化的和平交流。

南怀仁是清初最有影响力的来华耶稣会士之一。他精通天文历和火炮技术，这使他不仅成功结交中国士大夫，甚至成为康熙的老师，向康熙讲授自然科学知识。他最主要的贡献是受命设计和监造了赤道经纬仪、黄道经纬仪、地平经纬仪等6架新式天文仪。并写就《欧洲天文学》一书，在书中反复强调耶稣会传教团在中国赖以生存的基础，是在各个领域应用欧洲科学所取得的成就。此

图2-5　南怀仁（1623—1688）

外，由他所监制的火炮，还在清朝平定三藩中立功。他去世之时，康熙帝为他撰写祭文："尔南怀仁，秉心质朴，四野淹通。来华既协灵台之掌，复储武库之需……可谓莅来惟精，奉职费懈者矣。遽闻溘逝，深切悼伤。追念成劳，易名勤敏。"

明万历十年（1582），意大利传教士利玛窦被派往中国传教，并在士大夫中建立声誉。其中，万历进士李之藻与之交往甚深。李之藻热衷西学，尤其是欧洲最先进的地理学知识和地图制作技术，后协助利玛窦绘制了《坤舆万国全图》。这幅地图第一次让中国人知道了全世界有五大洲，中国和其他国家一样散落在一个圆球上，从而完全颠覆了当时中国人认为天圆地方的传统观念。李之藻受《坤舆万国全图》的冲击而痛心疾首道："地如此其大也，而在天中一粟耳，吾州吾乡，又一粟中之毫末。"另一位士大夫瞿式耜则感叹："中国居亚细亚十之一，亚细亚又居天下五之一，则自赤县神州而外，如赤县神州者且十其九，而戋戋持此一方，胥天下而尽斥为蛮貉，得无纷井底蛙之诮

乎。"中华文明的新"世界观"和新"天下观"由此开启。[①]

潜心学习西学的另一位晚明知识分子是利玛窦的重要弟子徐光启。他与利玛窦于 1607 年合译的《几何原本》前六卷，改变了中国数学发展的方向，是当之无愧的"数学革命"。梁启超称赞《几何原本》"字字精金美玉，为千古不朽之作"。徐光启还用西方科学方法，进行农学实践，比如他在上海试种甘薯，积极推广这种高产的美洲农作物，为明清两代的人口激增和社会繁荣立下功劳。直至今日，中国已经是世界最大甘薯生产国，产量占世界的百分之八十以上。

科学技术之外，在进入中国的传教士中，也不乏精通艺术之人。意大利的耶稣会士郎士宁是著名的宫廷画师，后来还成为皇帝的御用画家，他为乾隆平定准噶尔盆地创作了武功画，替乾隆和他的嫔妃画人物肖像，还留下大量山水动物画，甚至参与建设圆明园。他大胆探索西画中用的方法，容中西画技巧于一体。当时的中国画家年希尧、张照、于敏中、吴历等人经常与其来往，切磋艺术。通过与郎士宁的艺术交流，年希尧学会了西方绘画的"透视法"，并在 1729 年写出了《视学》一书，书中图释西洋透视法绘图基本原理，并希冀以此改变中国绘画的观念，达到最终追求"真""妙"之目的。

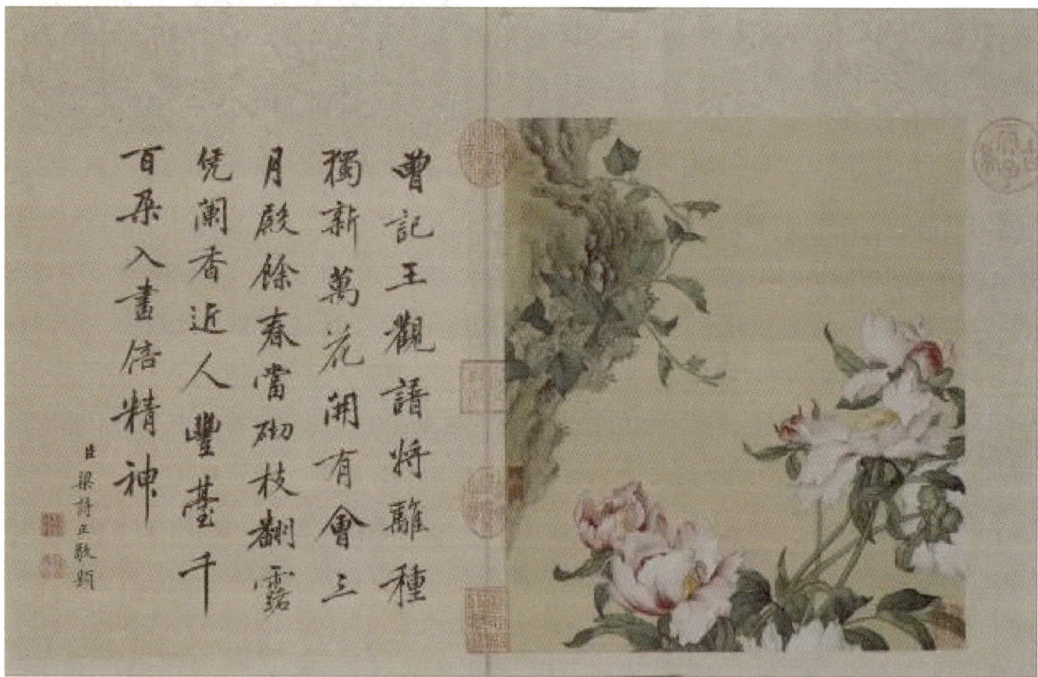

图 2-6　郎士宁《花鸟图册》(北京故宫博物院藏)

---

① 葛兆光：《天下、中国与四夷——作为思想史文献的古代中国的世界地图》，载《学术集林（卷十六）》，上海：上海远东出版社 1999 年版。

不过，中西文化的这次碰撞也不完全没有产生冲突。在思想观念和社会制度上，双方的关系就时常紧张。在社会制度方面，天主教独尊上帝，主张人人平等，明清社会讲究纲常关系，讲究等第；天主教主张一夫一妻制，反对妻妾制，而明清上层社会通常纳妾。诸如此类的矛盾经常引发激烈辩论和争执。在思想观念方面，耶稣会士在传教时，一方面很难突破中西文化的深层隔阂和最根本的思想差异，另一方面在思想的外化表现如礼仪习俗等方面，中西差异也难以调和。

为了克服思想差异，耶稣会士采取了文化"适应"政策"（policy of accommodation or adaptation），突出表现在两个方面：第一是用"神学汉化"的方法，从中国典籍和文化中寻找现成的名词来翻译基督教的术语。如利玛窦用中国古籍中的"上帝"或"天"来翻译基督教的最高神 Deus，他在 1603 年所著的基督教教理问答《天主实义》（*Solid Meaning of the Lord of Heaven*）里说："天地

图 2-7　乾隆皇帝坐画像（故宫博物院藏）

之主，或称谓天地焉，非其以天地为体也，有原主在也……而实谓之天主。吾天主，乃古经书所称上帝也。"并将中国诸多古典文献视为自然神学的源头之一。第二是对中国价值观抱持开放和包容的态度，将中国儒家关于理想社会的教条同基督教的启示观念相互融合。比如利玛窦指出："仁者爱天主，故因为天主爱己爱人，知为天主则知人人可爱，何特爱善者乎。爱人之善，缘在天主之善，非在人之善。"如此，儒家"仁者爱人"的思想与天主教的"爱上帝、爱邻人"思想建立起了联系。后来皈依天主教的明末官员杨廷筠，则通过辨析中国传统儒家"仁者爱人"观念和基督教"爱人如己"观念，指出基督教灵性之博爱与儒家伦常之爱的共通之处，并主张"援耶补儒"，以基督教之爱补充中国传统儒家之仁爱。由于耶稣会士对中华文化的积极适应和中国士大夫的开明态度，在礼仪之争之前，来华耶稣会士经历了同中华文明彼此默契融洽的岁月。①

不过由于对天主教在西方的地位和作用，以及对当时欧洲的宗教发展了解不多，对

---

① 钟鸣旦著，莫为译：《耶稣会进入中国的历史》，《上海文化》2019 年第 1 期。

于这些伴随着传教活动而来的西方文明，康、雍、乾三帝均采取了"用其技，禁其教"的应对政策，即将西方文明中的物质文明和精神文明加以区分，用实用主义的态度对待西方文明。康熙帝重视天文历法、医药学理和制造，雍正看重的是应用机械，乾隆帝喜欢机械玩意，三帝都从技术角度来接受和学习西方文明，对其哲学、思想和社会管理模式等并不感兴趣。

不可否认的是，这一时期的文化交流在平等下展开，西方文化的传播推动了中国文化自身的变革与发展。正是基于此，习近平总书记才在多次讲话中对来华的耶稣会传教士的功绩给予了肯定。

（二）西学和平东渐的式微

这次明清间的西学东渐后来逐渐式微，西学的传入最终并未引起中国裂变式的发展，从康乾盛世走向晚清，清朝的衰落有多重原因，对西学吸收的式微则是重要的文化因素。

式微的原因也是多重的，其中传统的中国文化中心论起到了不可忽视的作用。典型的如"西学中源说"。该学说依据孔子的话"天子失官，学在四夷"来论证晚明传入中国的西方科学技术，认为是中国古代学术流传到西方后，由西人发扬光大了。在这种学说下，甚至有人认为西洋医学是华佗之术西传的结果。"西学中源说"经一些文人举子的推波助澜，成为清代文化思想中对待西学的主流态度。

相比康熙，乾隆对西学的态度已经发生较大变化，越发显得只是一种个人的喜好，当时人思想的僵化开始呈现出来。直到1840年鸦片战争后，读书人才恍然大悟，许多人竟不知英国地处何地。而魏源在《海国图志》中重新把利玛窦介绍的西学刻印成书，刊出艾儒略的《职方外纪》，让国人了解世界。

从晚明到晚清一百多年，从学习西方到对外部世界竟全然不知，一个民族对外部世界知识遗忘速度之快令人惊愕。其原因之一，就是盲目放大自身文化的优越性，缺少了学习外部世界的动力，思想又回到自我封闭之中。晚清的闭关锁国，首先源于思想之封闭，"西学中源说"是自我封闭的第一步。

（三）西学的强行冲击和中国的痛苦学习

从晚清到中华人民共和国诞生，中国在西方的压迫蹂躏下，经历了痛苦地学习西方的过程。西方以殖民者的身份来到中国，使中国传统文化从制度上瓦解，中国人的思想和政治体制也由之发生了根本变化。

鸦片战争前后的经世派人士再次"睁眼看世界"，了解西方，接受西学，开始走向现代的新世界。1840年前后，出现了一批中国人编写的西学书籍，首先是介绍西方和世界地理、历史等情况的书。如林则徐在广东禁烟期间，组织编译了《四洲志》《华事夷言》，后来魏源编撰了《海国图志》，此外还有李兆济的《海国图记》、姚莹的《英吉利图志》、萧令裕的《英吉利记》、杨炳南的《海录》、徐继畲的《瀛环志略》、梁廷楠的《海国四说》等。据统计，这一时期出现的此类书籍至少有22部。经世派人士力图更多地了解西方的同时，西方使他们感触最直接、最深的，还是其靠坚船利炮取得战争胜利的事实。坚船利炮所代表的西方先进科学技术，吸引了经世派人士的注意。他们"师夷长技"，接受西方实学，经世致用，推动中国文化观念向现代化转变。

虽然西方的影响为中国现代化的发展提供了契机，但同样带来了近代中国的危机。领土的割让与通商口岸的开辟，严重损害了中国的领土主权；领事裁判权破坏了中国的司法主权；片面最惠国待遇又损害了中国的关税自主，为外国商品倾销中国提供了保障。不平等条约体系为中国人带来了极大耻辱，使中国人增加了对西方国家的仇恨，掀起了反洋教运动。此时，在中国人眼里，传教士从启蒙时代的文化使者转变为西方侵略队伍的一员。

19世纪60年代初，清朝统治集团改变了顽固保守的政策，以较现实的态度处理与外国的关系。地方上也出现了一批在与太平军作战中成长起来的汉族官僚，如曾国藩、左宗棠、李鸿章等。他们出身于士人阶层，曾经受到经世思潮的影响，在与西方人接触的过程中，率先将魏源提出的"师夷长技"付诸实践。他们购买洋枪洋炮，设厂仿造西洋船舰、武器，以"自强"为口号搞起洋务运动。

在19世纪60—90年代的30多年间，不仅洋务官吏、士人有更多与西方人直接接触或共事的机会，而且一些外交官员、留学生也开始迈出国门，走向西方国家实地考察，对西方社会有了更实际、更全面、更真切的感受和认识。特别是这一时期中外人士翻译介绍的西学书籍大量增加，总数已达上千种，内容十分广泛，为士人们提供了丰富的西学知识来源。因而，士人们谈西学、论洋务的内容日益丰富、复杂了。洋务官僚、新派人士的奏章、公文、函牍，以及政论时文中，充满了谈西学、论洋务的内容，"洋务""西学""自强"等更成了开明人士中流行的时髦词汇。

然而，在洋务知识分子那里，"尚富强"的世俗价值观和"礼仪至上"的传统伦理价值观同存并立，他们力图建构一种能同时包容两者的理论，"中体西用"就是这样一种理论模式。冯桂芬提出"以中国伦常名教为原本，辅以诸国富强之术"。这可说是"中学为体、西学为用"思想的最初框架。这种理论后来被洋务知识分子和洋务官僚所普遍接受，从洋务派领袖李鸿章到王韬、薛福成、郑观应等，都在其著述文字中阐述过相同观点。

洋务派在"自强"和"求富"的器物层面学习西方运动，却以甲午战争的失败告终。中国居然被"蕞尔小国""向以中国为师"的日本打败，这一事实深深地触动了全体国民。以光绪皇帝为代表的清政府内部的一部分改良派最终认识到，以"自强"和"求富"为目标学习西方军事技术的努力依然无法使中国富强起来。没有现代的制度作为支撑，中国的所谓富强终究是黄粱一梦。于是，清政府内部一部分人开始把改革的目标瞄准了制度层面，戊戌变法由此展开。其主要内容仍然是学习西方，提倡科学文化，改革政治、教育制度，发展农工商业等。

《辛丑条约》签订后，为示好西方，慈禧太后高调宣布新政改革。"废科举""编练新军""振兴商务，奖励实业""改革官制，整顿吏治"，调整政府机构和职能。1905年，在各方的强大压力下，清政府终于走上了宪政改革之路。

图2-8　1878年，李鸿章创办的开平矿务局，这是洋务派开办的重要民用企业之一（FOTOE/人民视觉）

在清末新政的立宪运动陷入失败之际，深受西学思潮影响的革命者发动辛亥革命，力求通过创建民主宪政制度来开启现代化的进程，改变中国积贫积弱的面貌。然而，这场学习西方的政治试验，未能让民主宪政制度成功地在中国社会扎根，反而在党争分裂中使中国陷入更深的危机。

> 马克思主义与中华文明的结合使中华文明呈现新的气象。

面对共和危机，中华民族选择了马克思主义。在马克思主义同中国工人运动的紧密结合中，中国共产党应运而生。经过北伐战争、土地革命战争、抗日战争、解放战争，中国共产党进一步致力于马克思主义中国化，实现了马克思主义与中华文明的初步融合。中国共产党通过组织建设和群众路线，深耕基层，联系群众，改造社会，团结人民，最终成为人民支持的领导力量。在中国共产党的领导下，中国人民取得了新民主主义革命的胜利，彻底结束了中国半殖民地半封建社会的历史，彻底结束了一盘散沙的局面，彻底废除了列强强加给中国的不平等条约和帝国主义在中国的一切特权，为实现中华民族伟大复兴创造了根本社会条件。

二、中学西传：中华文化和制度对西方启蒙运动的助推

（一）16—18世纪欧洲的"中国热"

明清之际，中国的士大夫们学习欧洲科学知识的同时，欧洲的知识分子也在读儒家的书，同样充满敬仰与好奇。而最早一批促使中华文化"走出去"的使者，即是前文所述的那些耶稣会传教士。他们既向西方一般性地介绍中华文化，又以中华文化的某些优良传统为镜鉴，呼吁欧洲自身的改良，从而在16—18世纪的欧洲掀起了一股"中国热"，间接地影响了欧洲文明的发展轨迹。

波兰传教士卜弥格，第一个将中国古代的科学和文化成果介绍给西方，其论著涉及中国动植物学、医药学、地理知识等多个方面。通过翻译《黄帝内经》《脉经》以及撰写《中国医药概说》和《中国诊脉秘法》等中医理论著作，他开启了西方对中医的研究，推动了中草药的西传。

法国传教士殷弘绪则推动了中国制瓷技术的西传。他在中国景德镇传教时，深入研究并详细记录了瓷器的制作方法，并向欧洲介绍。1768年，法国里摩日镇依照殷弘绪提供的方法生产出了有"法国白金"美誉的瓷器，里摩日镇也因此被称为法国的景德镇。19世纪初期，受殷弘绪启发，英国人韦奇伍德研制瓷器获得成功，后来韦奇伍德瓷器成为全世界餐具中的王者品牌。

更重要的是中华文化经典的西传。最早将中国儒家文献译为拉丁文，且刊行其中部分内容的是意大利耶稣会士罗明坚，他第一个把《三字经》和"四书"译成西方文字，《大学》的第一章曾刊印在1593年在罗马发行的《百科精选》中。他所翻译的《孟子》未能刊行，其稿本现存于意大利国家图书馆。不过，在罗明坚之前，利玛窦据说已经将"四书"译成拉丁文寄回意大利，可惜没有出版，原译本也没有流传下来，如今只能在艾儒略的《大西西泰利先生行迹》中找到对这本书的介绍。直至1662年，意大利耶稣会士殷铎泽和葡萄牙耶稣会士郭纳爵合作，出版了《中国的智慧》一书，内有《大学》以及《论语》前部的拉丁译文，"四书"才第一次得以正式以拉丁译本刊行。

1687年，《中国哲学家孔子》一书在巴黎出版，这本书由柏应理、殷铎泽等数位耶稣会士奉法国国王路易十四之命合编而成，内有《大学》《中庸》《论语》的拉丁文全译本。这本书的出版使孔子学说在欧洲如日中天，是儒家思想西传的奠基性著作。

到18世纪初，"四书"已被全部译成欧洲文字，"五经"也已经出现诸多版本的翻译和研究，其中第一个将《五经》译为拉丁语的是金尼阁，他在1626年于杭州刊印了拉丁文《中国五经》一册，并附注解，名为《中国第一部神圣之书》。1658年，意大利耶稣会士卫匡国在慕尼黑出版了拉丁文《中国历史初编十卷》，介绍了《易经》。葡萄牙耶稣会士曾德昭于1645年在巴黎出版的法文版《大中国志》里也介绍了《易经》，

还注意到中国的四书五经对中国科举考试的重要影响。[①] 至 18 世纪，共有大大小小数十种中国经典译本在欧洲流行。这些译本与注释，使欧洲人对中国经典与文化体系有了较为深入的了解。

> 儒家思想是推动欧洲启蒙运动发展的重要因素。

耶稣会士认为遥远的东方所介绍的孔子与儒家学说充满了一种理性的精神，同时，中国被描述为一个世俗理性的、无宗教的社会。中国的这一形象传到欧洲之后，被当时的人文主义和理性主义的启蒙思想家所注意，他们便利用中国为他们的理想社会或政治哲学进行辩护，以儒家为核心的中国文明成为推动欧洲启蒙运动重要的外部原因。

第一，中国的政治制度成为启蒙思想家推崇的理想制度。

1600—1789 年是欧洲资本主义大工业的准备时期，但政教合一的体制严重阻碍了资本主义的发展。当时，欧洲新君主主义者不满政教合一的体制，对议会和民主也不太信任，而希望出现一个开明的君主。在寻找自己改革的理论根据时，他们找到了中国的范例。理由是，"在远东有一个与罗马同样古老的帝国，现在依然存在，人口和整个欧洲一样，没有世袭贵族及教会特权，由天赐的皇权通过官僚机构来统治"。

尤其是中国的教育制度和官吏选拔制度，备受当时欧洲许多人欣赏，因为官吏没有世袭的特权，官吏的主要成员来源于通过考试从下层选拔出来的优秀读书人。这对于官位世袭、贵族拥有极大特权的欧洲来说完全是另一种局面。

启蒙思想家伏尔泰就是这方面的代表，他赞美中国的政治制度。在他看来，中国的行政组织各部分互相联系，官吏是经过名为"科举"的严格考试产生的，加上中国设有谏议制度，皇帝虽然高高在上，却并非擅自专制。所以，他说："中国是地球上人口最多，管理最好，而且最优秀、最古老，也是最广博的王国"，"他们的帝国（中国）组织的确是世界上最好的"。

托克维尔在《旧制度与大革命》中的看法也是如此："在中国，专制君主不持偏见，一年一度举行亲耕礼，以奖掖有用之术；一切官职均经科举考试获得；只把哲学作为宗教，把文人奉为贵族。"看到这样的国家，法国启蒙思想家们叹为观止、心驰神往。

第二，思想上，以儒家学说为代表的中国哲学风靡欧洲。

启蒙时代，理性觉醒成为主要的时代特征。崇尚理性必然引起对宗教的怀疑和动摇，自然神论成为一种时尚。而恰于此时，以《中国哲学家孔子》为代表的关于中国的各类翻译著作在欧洲出版，引起了轩然大波。

[①] 赵晓阳：《传教士与中国国学的翻译》，载《恒道（第二辑）》，长春：吉林文史出版社 2003 年版。

"孔子学说成为时髦的东西，引起了欧洲一般知识界人士对于孔子著书的兴趣，大大耸动了人心。"

伏尔泰出于反法国天主教教会的现实需要，将中国的历史和哲学树为榜样，对中国的伦理道德给予高度赞扬，认为中国"在伦理道德和治国理政方面，堪称首屈一指"，中国可以作为欧洲的榜样，孔子可以作为欧洲的思想导师。他大力颂扬孔子所说的"己所不欲，勿施于人"，甚至挂上孔子的画像，朝夕膜拜。后来，法国 1793 年宪法所附《人权和公民权宣言》以及法国 1795 年宪法所附《人和公民的权利和义务宣言》都写入了孔子的名言"己所不欲，勿施于人"。

魁奈汲取中国哲学和孔子学说，以中国为榜样，创立了西方经济学史上第一个经济学派：重农学派，从而成为西方经济学奠基人之一。中国学者李肇义这样评价："魁奈在他的《中国的专制制度》中浸透着中国文明，使人产生这样一个印象：重农学派的全部理论均是中国哲学的产物。"魁奈本人则由于对孔子的景仰，而素有"欧洲的孔子"之称。

莱布尼茨几乎阅读了当时欧洲出版的所有中华经典，予以中国传统文化以极高的评价，在《论中国人的自然神学》一书中，他写道："中国具有（在某些方面令人敬佩的）公共道德，并与哲学理论尤其自然神学相贯通，又因历史悠久而令人羡慕。它很早就成立，大约已有三千年之久，比希腊罗马的哲学都早。虽然希腊哲学是我们所拥有的在《圣经》外的最早著述，但与他们相比，我们只是后来者，方才脱离野蛮状态。"在为《中国近事》所写的导论中，他又说："我们从前谁也不信世界上还有比我们伦理更美满、立身处世之道更进步的民族存在，现在从东方的中国，给我们以一大觉醒！"他对中西文明的接触十分兴奋，认为："全人类最伟大的文化和文明，即大陆两极端的二国，欧洲及远东海岸的中国，现在是集合在一起了。"他还预言这两个最有教养的民族文化携起手来，将影响和促进其他民族的进步。[1]

这种思想上、政治上对中国文化的认同，逐渐在 18 世纪的欧洲形成了"中国热"。这股风潮在处于欧洲文化中心的法国最为猛烈，从思想家到平民，从宫廷到城市，中国因素成为法国社会的一种新时尚。

路易十五的国务秘书贝尔丹家中设有一间"中国室"，专门陈列中国的珍宝及样本，据说他曾取得两木箱运自中国的泥人和纸人；18 世纪第一个新年，法国宫廷甚至采用中国的节日庆祝形式。

巴黎市中心有许多被称为"中国"的社交场所，"有一家中国咖啡室，里边有两位穿中国衣服的女服务员，另有一个真正的中国仆人，负责接送顾客"。有中国服装的化

---

[1]　冯天瑜：《古代中国"软实力"的世界贡献》，《文化软实力研究》2018 年第 5 期。

装舞会、中国舞场、中国娱乐剧院，还有各种中国题材的笑剧、闹剧，例如《中国人》《小丑、水狗、医士与塔》《中国公主》等。

（二）中华文化在美国早期的传播与影响

> 美国开国元勋们汲取中华文明的养分以创立一个美好的社会。

长期以来，在大多数人的认知中，欧洲的思想和文化对美国具有重要影响。鲜为人知的是，在美国创立和发展的过程中，美国开国元勋们以开放包容的态度努力学习中国文化，以中华文明的积极因素推动北美社会和经济发展。

在他们当中，最著名的当属富兰克林。

在富兰克林还居住在伦敦时，他很可能就已经读过了《孔子的道德》这本书。从他的自传来看，可能是部分地受到孔子"修身、齐家、治国、平天下"的理念影响，富兰克林早在 1726 年就致力于培养个人美德（修身）。

1737 年，富兰克林在他主编的《宾夕法尼亚周报》上刊登《孔子的道德》这本书的部分章节，并以"儒家的道德"为题发表了论文，介绍有关儒家道德哲学的内容，将孔子这一培养公民个人美德的思想传播给了当时殖民地居民。他告诉读者，孔子的道德哲学是"通往伟大的智慧和极致完美的必经之门"，反映了他运用孔子的教导以净化北美地区人民及他自己的道德所作出的努力。1749 年，在一封写给殖民地最有影响力的主教乔治·怀特菲尔德的信中，富兰克林强调孔子的思想能够促进社会的和谐。他还庄严声明，儒家道德哲学对全人类大有价值。

在《独立宣言》正式发布前三年，富兰克林表达了他对英国管理殖民地的不满，并开始致力于创建一个完善且更有效的管理体制。1773 年，富兰克林表达了他对中华帝国朝廷统治制度所具有的效力的深刻印象。他详细记录了中国地方官员如何收集财政信息并将其上报给朝廷的经过。

他反对欧洲统治权力基于贵族的传统。而中国通过科举实现社会阶层晋升的方法吸引了他，他认为应该以提升自身才能与增强教育基础的制度，去替代欧洲这种基于封建主义者与生俱来的权力与神授权力不平等的体制。1774 年，富兰克林提出美国人应当接受中国的社会阶层晋升方式与精英政治。

17 年后，杰斐逊响应富兰克林的观点，决定控制欧洲以出身决定升迁的传统体制。在就任第三届美国总统的就职典礼演讲上，杰斐逊大力倡导儒家道德原则，号召美国人民因自身成就而荣耀，而不考虑出身。

《常识》作者托马斯·潘恩认为，孔子是与耶稣和苏格拉底齐名的中国圣人；他还告诉美国人，中国人"温和礼貌""品德高尚"。1775 年 8 月，潘恩向美国人民介绍了三本关于中国的书——《中国和东印度群岛旅行记》《苏拉特之旅》《中国畜牧业》，并在介绍中引用了《中国和东印度群岛旅行记》的话："他们对天地的观察和历史都是超凡卓绝的，因为两者都很古老……他们的道德被视为杰作，他们的法律被视作美好的生活标准，他们的药物和自然史都是建立在悠久的经验上，他们的农牧业也因为完美而受到称赞。"

约翰·亚当斯和本杰明·拉什在他们致力于创建新的国家的蓝图中，也同样高度赞扬了孔子。

美国宪法和权利法案之父詹姆斯·麦迪逊的家里挂着一幅孔子画像。

这些美国初创期伟大的开国元勋们为何对孔子的道德教化思想这样重视呢？

第一，独立战争是美国的一场政治革命，标志着美国作为一个新兴国家的诞生，但它同时也是一场道德革命。由于见证了旧世界道德腐败所带来的糟糕结果，为了与"18世纪英国上流社会的腐败"作斗争，这些开国元勋们下定决心构建一套与新的国家需求相适应的新美德。于是，他们努力采用儒家道德哲学的部分原则，使其成为新的美德，培养有良好道德的公民为新生的国家服务，以确保民主制度能正确地发挥作用。通过这些开国元勋们的努力，儒家道德哲学对美国社会美德的形成作出了巨大贡献。

第二，受到18世纪欧洲"中国热"的影响。在中美建立直接联系之前，有关中国的信息和知识是通过欧洲到达北美的。努力从中华文明中汲取养分的殖民地著名人物，包括开国元勋在内，大都在欧洲待过一段时间，并与那些学习中国文化和掌握中国信息的欧洲人保持紧密联系。富兰克林在欧洲工作了很长一段时间。他年轻的时候在世界上学习中国文化的一大中心伦敦居住多年；1776—1785年他又去巴黎当大使，这是学习中国文化的另一个中心。杰斐逊从1785—1789年也居住在欧洲。富兰克林和杰斐逊都在欧洲接触了一些中国文化的主要元素，他们自发地学习中国文化，精心挑选和吸取那些他们认为有助于北美强大繁盛的元素，这就是他们与那些只继承欧洲文化而排斥其他文化的人的不同之处。通过吸收欧洲文明中的中国文化元素，殖民地的居民们为创造美国自己的文明奠定了重要的基础。

第三，中国是当时世界上最发达的国家，可以为他们在北美建立强国提供借鉴之处。耶鲁大学校长埃兹拉·斯泰尔斯认为，中国是"世界上现知的最伟大、最富有、人口最多的王国"。富兰克林将中国视为美国的榜样，他对美国同胞说："中国人是很有智慧的开化民族，中华文明是现存的最古老的文明。""如果我们有幸能引进中国的工业、生活艺术、畜牧业和植物种植，有朝一日美国就能像中国一样人口众多，成为世界上移民最多的国家。"一位新英格兰的作家认为，新成立的美国在农业、政府和个人自由方面应该越过欧洲，向中国看齐。

美国开国元勋们对孔子思想的吸收和创造性解释，表明了美国在建国初期思想的多元与活力。同时，也说明经过欧洲而到达美国的儒家思想，虽然有了很大的变异，但其思想特征仍受到美国开国元勋们的重视，充分说明了文明因互鉴而多彩、文明因互鉴而发展。

美国前总统奥巴马 2009 年 7 月 27 日在首轮中美战略与经济对话会议上的讲话指出："美国人了解中国丰厚的历史底蕴，因为它帮助塑造世界，也帮助塑造美国。我们了解中国人民的才能，因为他们帮助创建了美国这个伟大的国家。"

三、历史启示：西方中心主义的教训与和平互鉴的经验

从明清以来的西学东渐和东学西传中，我们可以看到西方中心主义的逐渐滋长及其历史教训。

中国到乾隆晚年已露出败象，当乾隆二十四年（1759）颁布《防范外夷规条》并关上中国大门时，西方发生了科技革命，法国开始了轰轰烈烈的大革命，新的时代又要来临。当 1793 年马戛尔尼使团访华以后，西方对中国的认识就开始发生了转变。1798 年以后，欧洲对中国的崇拜几乎完全消失了。

19 世纪成为西方文化主导的世纪，欧洲人开始关注中华文明的消极方面。随着欧洲现代科技的发展，欧洲人开始蔑视中国文化。18 世纪，在伏尔泰等人那里，中国文化是启蒙思想家理想的材料，把中国作为模范来批判欧洲中世纪的文化与思想；19 世纪，在黑格尔那里，中国文化成为负面的材料，以此来证明欧洲的辉煌和日耳曼精神的伟大。欧洲思想家失去了启蒙思想家那种宽容广博的精神，变得狭隘起来。亚当·斯密认定了中国在经济上的败落，黑格尔则完全把孔子抛到一边，中国成为一个没有哲学的国度。大多数欧洲的历史学家一笔勾销了 18 世纪他们对中国崇拜的历史，这种态度的改变也对美国产生了影响，美国的开国元勋们引领的从中华文明中汲取营养的趋势逐渐消退。

> "欧洲文明优越论"有悖历史真实。

19 世纪确实是欧洲的世纪，但是，"欧洲文明优越论"既不符合 19 世纪前中学西传的历史，也很快在 20 世纪初因"一战"的爆发而再次受到质疑。"一战"是对西方文明一次血与火的残酷考验。"一战"后全球的仁人志士、学者与政客都在思考"一战"究竟会给人类带来什么影响，并讨论其是否意味着西方之衰落、科学之破产，抑或为人类带来新的契机。

德国人斯本格勒宣称"一战"标志着西方的没落。梁启超则在其于 1918 年底到欧洲游历及考察所撰的《欧游心影录》中声称"一战"的结果显示东方精神文明仍然有一定的优势。梁启超写道："欧洲人做了一场科学万能的大梦，到如今却叫起科学破产来。"梁启超甚至用其饱含深情的笔调告诫中国人："我可爱的青年啊，立正，开步走！大海对岸那边有好几万万人，愁着物质文明破产，哀哀欲绝的喊救命，等着你来超拔他哩。我们在天的祖宗三大圣（孔子、老子、墨子）和许多前辈，眼巴巴盼望你完成他的事业，正在拿他的精神来加佑你哩。""一战"几乎将人类文明消灭殆尽，而西方一直推

崇的社会达尔文主义则难辞其咎。除梁启超外，梁漱溟、辜鸿铭等均属强调东方文明优越阵营的大将。美国哲学家杜威在 1923 年为英国哲学家罗素所撰《中国问题》一书所写的书评中提到，在大战后，中国似乎成为光明天使，映照出西方文明的黑暗。中国之道德准绳成为蝎子之鞭，抽打自以为是的西方人之背脊。

不过，当时并不是所有人都在东西方文明中站队，比较优劣和短长。有部分理智的中国人呼吁大家要清醒认识"一战"是人类文明的分水岭，要乘机找到一条适合中国自身发展的道路，不要汲汲于东西方文明之争。

在亚洲，战后对西方文明批评最厉害也最有影响力的是印度人泰戈尔。他在 1913 年即获诺贝尔文学奖，是亚洲第一个获此殊荣者，声誉远扬，所发言论也较引人注意。泰戈尔在 1921 年写道，生活在东方之外的人现在必须承认欧洲已经彻底失去其过去在亚洲的道义上的优越感，它在世界上已经不再被视为公平的代表和高尚原则的奉行者，它充其量只是个西方种族优越论者和对非西方人的剥削者。他在战后给法国作家，同样也是诺贝尔文学奖得主的罗曼·罗兰的一封信中写道："亚洲几乎每一个角落都对欧洲不再喜爱。"对泰戈尔而言，披着文明外衣的西方过去在中国这样一个伟大的国度所投下的毒药在战后必将祸及自身，所谓的欧洲文明之火炬也许不再是灯塔，而是用来杀人放火的东西。①

图 2-9　印度诗人、哲学家泰戈尔
（人民视觉）

在反思和批判西方中心主义的同时，我们也必须珍视鸦片战争之前西学东渐与中学西传这两种文明和平互鉴的宝贵历史，总结其重要的启示性意义。

首先，1500—1800 年是近代世界史上最重要的三百年。基督教在明末来到中国，带来了中西间文明交流的一个高峰。这三百年间，中国和欧洲是平等关系，两大文明相遇，没有战争，没有杀戮，只有贸易与文化交流。中西文明平等互视，把对方当作深度学习的对象。可以说，这段历史是文明间互鉴通和的典范，在整个人类的文明发展史上都较为罕见。儒家思想对启蒙运动的思想家们产生了重要的影响，中华文明成为欧洲文明发展的重要外在力量。2019 年习近平总书记访问法国时，法国送给习近平总书记的书就是《中国哲学家孔子》的法文版，象征中法两国共享的历史与文化。因此，坚持文化的自主性与多样性的统一，坚持文明互鉴观下的文化交流与开放，是我们吸收1500—1800 年间中西文化交流史经验所得出的重要思想启迪。

---

① 徐国琦：《人类的前程和中国的未来》，《中华读书报》2014 年 8 月 20 日。

其次，晚清对西学吸收的式微所带来的历史教训提示我们，对本民族文化的珍爱并不是关闭对外部世界的学习，必须认识到虽然中华民族是一个伟大的民族，但其伟大正在于不断学习外部世界的知识，在于对待不同文化的包容精神，失去这一点，中华文化的核心就丧失了。同时必须认识到，中华文化并非样样精通，在认识世界的过程中，不如人之处是客观存在的。由此，才有不断学习外部世界知识的必要。在今天中国走出百年以西为师的心态，恢复文化自信的时刻，要特别警惕那种表面上说是文化自信，实质却是文化自大，不知文明互鉴之真谛的文化自闭的心态重现。

再次，鸦片战争中，西方列强用坚船利炮轰开了中国关闭的大门，使中国看到了自己与西方国家之间的差距，开始了洋务运动、戊戌变法等学习西方的行动。鸦片战争不仅是西方国家对古老中国的军事入侵，从文化的角度说，也是西方异质文化对中国东方文化的入侵与征服，引发了之后半个世纪中西文化的激烈冲突。毋庸置疑，这一时期，西方文化处于优势和主动地位，中国文化处于劣势和被动地位，传统文化已经难以适应和支持近代中国社会的发展。事实上，这个时期的中西文化少有真正平等的交流，更多的是伴随征服与抗争的激烈冲突。

而反观中华文明，当中国国力强盛，文化处于世界领先地位之时，中学自发地西传，中国没有对落后文明进行强行的"文明开化"，更没有进行殖民。历史证明，中华文明具有和平根性。"中国自古就提出了'国虽大，好战必亡'的箴言。'以和为贵''和而不同''化干戈为玉帛''国泰民安''睦邻友邦''天下太平''天下大同'等理念世代相传。""中国历史上曾经长期是世界上最强大的国家之一，但没有留下殖民和侵略他国的记录。"

复次，即使在中国以西方为师，艰难地进行现代化的时期，西方文明里的弱肉强食、社会达尔文主义等残酷一面，也已经引起梁启超等有识之士的警惕。世界上有良知的、充满人道主义的知识分子们，从来没有真正忘记过东方、忘记过中华文明，在西方文明对人类社会造成毁灭和破坏时，他们总是再次借鉴东方精神文明，汲取古老的智慧，寻求新的突破。

最后，今天，当中国、东方、第三世界重新返回世界体系时，当经济真正开始全球化时，1800—2000年这两百年所形成的世界体系将被打破，在文化上"西方中心主义"将被真正解构，就中国来说，历史仿佛又回到了它的起点：1500—1800年，但这次西方遇到的是一个再次逐步强大的东方，一个迅速发展的、吸收了西方文化也保持着自己特色的东方文化的中国。从晚明开启的中华文化和西方文化的交流与融通，经过晚清的冲突与对抗，一直延续到今天。如何继续消化西方文化至今仍是中华民族实现民族文化复兴与发展路上所面临的重大问题，如何让中华文化为全人类作出贡献，是一个既古老而又全新的课题。在此，以史为鉴，是为必需。

第三节 文明交流互鉴：一种新的文化观

2014 年 3 月 27 日，习近平主席在联合国教科文组织总部发表演讲，系统地提出文明交流互鉴思想，被国际舆论称为"新文明观"和"文明宣言"。同年，习近平主席在纪念孔子诞辰 2565 周年国际学术研讨会上，发表关于正确对待不同国家和民族的文明、正确对待传统文化和现实文化的演讲，进一步阐释了文明交流互鉴思想的历史意义和现实价值。习近平主席在多个重要外交场合强调："要以文明交流超越文明隔阂、文明互鉴超越文明冲突、文明共存超越文明优越，推动各国相互理解、相互尊重、相互信任。"那么，习近平主席积极倡导且中国大力推动的这种文明交流互鉴观与此前中西方所流行的文明观有哪些不同和优势？是否得到国际社会的认可？包含着什么新的原则？可以说，文明交流互鉴观既超越了西方学者政要所主张的文明循环论、文明优劣论、文明冲突论，也继承并超越了中国传统和近代以来的文明观。而且，它已经得到了联合国等多种国际组织的广泛认可，成为国际社会的共识。价值平等、互鉴互惠、共存共荣，应当成为新时代不同文明、国家或地区之间彼此文化交往的基本原则。

一、从优劣冲突到平等互补：文明交流互鉴观对西方中心主义的突破

不同文明、国家、族群或信仰的人之间彼此交往，古已有之。1500 年后欧洲各国在航海探险和殖民扩张的基础上，逐渐兴起。19 世纪，欧美强国在完成工业革命后，逐渐成为世界的主宰者。随着西方强国取得对东方奥斯曼帝国、中国清王朝以及亚非拉其他传统邦国和部族的军事、经济优势，西方文明内部的优越感越来越强。西方世界主动输出文化，殖民地、半殖民地国家则积极效仿学习西方文化，西方逐渐在世界中确立了文化霸权，西方中心主义不仅在西方精英中广泛流行，而且被非西方的不少知识精英甚至普通大众自觉或不自觉地接受，渗透到当今世界政治经济、思想文化、大众传媒、国际舆论中。其中，文明有机体论、文明优劣论、文明冲突论，就是这种西方中心主义的典型代表。

文明有机体论是 19 世纪以来在西方颇为流行的一种文明观。受进化论和社会达尔文主义的影响，文明有机体论把文明比拟为一个富有生命的有机体，推定其必然经历产生、成长、定型、衰朽和灭亡的过程，就像一个人要经历出生、幼儿、少年、成年、壮年、老年和死亡的过程一样。20 世纪初斯宾格勒感慨"西方的没落"，20 世纪中期汤因比在《历史研究》中考察历史上各种文明的兴衰，都体现了这种观点。的确，历史上

有很多古老的文明在取得辉煌成就之后灰飞烟灭，如今只留下残垣断壁。比如，古埃及文明虽然留下了宏伟的金字塔，但其象形文字早已失传，直到 19 世纪才被重新识读。美洲的玛雅文明也同样留下了宏伟的工程，但其文字至今尚未被识读。但是，我们并不能据此认为，每一种文明最终都注定走向消亡。比如，我们古老的中华文明如今在新时代的中国熠熠生辉，古老的印度文明同样也在当今印度生机勃勃。

文明优劣论则认为，不同文明就像丛林中的各种动物，有优劣之分；优胜劣汰的丛林法则，决定着各种文明的发展存亡。欧洲国家按照自己的标准，以自我为中心，将世界上的国家分为野蛮、蒙昧（半开化）、文明三个等级，甚至产生了按照肤色由浅到深的原则来区分文明优劣的种族主义，并将自己置于文明等级体系的金字塔顶端。在 18、19 世纪，还有一批欧洲知识精英想方设法贬低美洲，将其描绘为畸形、丑恶、堕落的域外世界。不过，受到欧洲贬低的美洲自己也有深刻的自我优越感。美国总是把自己树立为"自由世界"，其对手们则被树立为"自由世界"的敌人。美国在独立战争时，无法在文化上与英国区别开来，于是就在政治上着手，指责英国的暴政、压制、君主制和贵族制。到 19 世纪末之前，美国将自己看作欧洲的对立面，认为欧洲代表了过去、落后、不自由、不平等、封建主义、君主政治和帝国主义。到了 20 世纪，美国登上世界舞台，逐步将自己看成是欧美文明反对新兴挑战者如纳粹德国的领袖。"二战"后，美国将自己看成"民主自由世界"反对苏联和共产主义的领袖，经常用五花八门的贬义词语来描述潜在的对手。在 1989 年柏林墙倒塌和 2001 年"9·11"事件之后，西方国家纷纷以维护"和平"的名义，将其他一些国家界定为"恐怖主义国家""流氓国家""邪恶轴心"等。这种区分意在将不同国家列入美国自己划分的优劣等级秩序中。

冷战结束，世界进入所谓后冷战时期，指导美国外交政策 40 多年的遏制战略因此过时。美国许多学者及政客纷纷撰文，针对后冷战国际关系模式，提出形形色色的解释。美国前国务院官员弗朗西斯·福山提出了乐观的看法，被人称为"历史终结论"。他认为各国将在经济、政治制度方面大踏步走上西方道路，各国之间的差异将大幅缩小，制度、意识形态乃至文化方面的冲突和竞争的"历史"将会终结。针对这种过于乐观的观点，美国政治学者亨廷顿先后撰写《文明的冲突与世界秩序的重建》与《谁是美国人？美国国民特性面临的挑战》两部著作，系统阐述了文明冲突论。

亨廷顿认为，冷战后将很快发生大量种族冲突和"种族清洗"，法律和秩序将陷于崩溃，国家之间的联盟和冲突将呈现新模式，新共产主义和新法西斯主义将会复活，宗教激进主义将会加强。他虽然承认普世文明的概念是西方文明的独特产物，"白人的责任"曾经在 19 世纪为西方扩大对非西方社会的政治经济统治作辩护，但是他认为冷战后的世界主题将由政治体制、意识形态和经济制度的对抗，转化为文明之间的对抗，尤其是西方世界与伊斯兰文明和中华文明的冲突。亨廷顿认为，所有其他大国如英国、法国、德国、日本、美国和苏联，在经历高速工业化和经济增长的同时或在紧随其后的年代里，都进行了对外扩张、自我伸张和实行帝国主义，所以中国基于历史、文化、传统、规模、经济活力和自我形象，会在经济发展之后谋求霸权地位，鼓吹"中国威胁论"。

与福山过于乐观的观点相比，亨廷顿的文明冲突论具有险恶用意和极大危害。

首先，文明冲突论是冷战思维的延续。它夸大文明之间的差异和冲突，忽视了文明之间和谐互通的一面。在人类历史上，不同文明之间的确有过冲突，比如发生在农耕和游牧交界区域的暴力冲突、发生在基督教文明和伊斯兰文明之间的十字军战争。但是，与文明之间的和平相处、和谐共存相比，暴力冲突只是短暂的、偶然的、次要的。抱有冷战思维的人，就是要把暴力、战争和冲突普遍化、扩大化、固定化。亨廷顿只看到了文化差异带来矛盾冲突的一面，却对不同文化间共存融合的一面视而不见，夸大文化差异所带来的消极后果，并且主张通过西方与非西方的对抗来解决冲突。文明冲突论旨在维护和巩固西方文明在世界文明中的强势地位，是典型的西方中心主义观点。

其次，美国学者和政要们追捧文明冲突论，是为了转移国内矛盾。美国是一个典型的移民国家，白人与黑人之间、白人与其他族裔之间存在广泛的不平等，矛盾不断。美国倡导文明冲突论，就是要借助外部的"文明冲突"，掩盖和转移国内的多元文化冲突。正如查尔斯·克劳萨默在冷战结束时所说的："国家是需要敌人的。一个敌人没有了，会再找一个。"

最后，文明冲突论是美国拉拢盟友的说辞。冷战结束后，在西方文明内部，欧洲的一体化进程不断推进，欧盟建立、欧元区形成，欧洲各国越来越寻求在政治、军事和外交领域"用一个声音说话"。这促使美国日益感受到西方世界内部的松散、矛盾和多元化，所以他们迫切需要树立外部的敌人，描绘战争的阴云，用"严峻的"外部威胁迫使昔日盟友继续接受美国的"领导"和"保护"。文明冲突论把广大的伊斯兰各国和中国都树立为"非西方"的文明和对手，是为了笼络西方世界内部各国，加强"基督教文明"的内部认同。

亨廷顿等人的这种文明冲突论，并非只是学者的鼓吹，实际上也是美国政府的政策。2019年4月30日，美国政治新闻网站和周刊《华盛顿观察》发表了《国务院准备与中国进行文明的冲突》的报道，指出美国国务院一个工作小组正拟订一个中国战略，其中心概念是"对付一个完全不同的文化"。这是美国历史首次以与真正不同的文明社会较量为依据制定对华政策。

上述文明优劣论和文明冲突论，都是典型的西方中心主义文明观，体现了西方的文化霸权，而且能给西方国家带来经济利益。自20世纪初以来，伴随经济全球化浪潮，以美国为代表的西方发达国家利用经济优势、信息优势将"西方化"的文化价值观"输出"到非西方的发展中国家，从而形成以西方文化价值观为基础的国际文化秩序。其主要特征表现为，以美国为代表的西方发达国家向发展中国家进行单向度的文化扩张，并借此维持其在国际上的文化霸权地位，从而导致发展中国家的民族文化受到巨大冲击，民族特性被弱化，政治思想异化，意识形态西化，文化安全受到严重威胁。目前美欧文化产品占据世界文化市场总额的76.5%，各个国家、地区所传播的新闻，超过90%被以美国为主导的西方国家垄断。以美国为首的西方国家在其主导的国际文化秩序中所追求的目标是，在全世界范围内推行与其文化特质相符的意识形态、政治制度和宗教思想，最终构建一个由拥有相近文化价值体系的"自由民主国家"所组成的世界。这一目标及其相应行为充满了文化霸权主义色彩。

习近平主席所倡导的文明交流互鉴观，是对上述各种西方中心主义文明观的批判和超越。具体体现在如下三个方面。

> 文明交流互鉴观是对文明优劣论和文明冲突论的超越。

其一，它以文明共荣超越文明交流冲突，结束了"冷战思维"，着眼于文明多样性特征的客观存在，并将之视为人类的福祉。习近平主席从七色阳光说起，阐释了文明多样性是世界的基本特征和人类进步的源泉，文明差异应成为人类进步的动力的深刻道理。他指出，如果只有一种生活方式、一种语言、一种音乐、一种服饰，则是不可想象的。全球化时代的国际政治实践证明，文明冲突论会误导人们选择战争之路，而"文明互鉴"理念将不断促进不同民族、国家和文明的和谐共处。

其二，它以文明平等超越文明优劣，是人类历史观的飞跃。"文明是平等的，人类文明因平等才有交流互鉴的前提"，傲慢和偏见是人类文明交流互鉴的最大障碍。每一种文明都是人类世界的瑰宝，都有真善美的追求，"要了解各种文明的真谛，必须秉持平等、谦虚的态度"。

其三，它以文明的"互鉴"继承并超越了中国传统文明观。中国古代的夷夏关系说，中国近代有关中学西学的"体""用"关系说和"源""流"关系说，都在一定程度上具有自我中心主义的色彩。与这些传统的文明观相比，习近平主席的文明交流互鉴观为维护世界和平发展展示了新路径，为实现人类文明美美与共的愿景提供了新共识，为相互尊重、和谐共处的"地球家园"建设宣示了中国智慧。这一理念体现了中国作为发展中的大国，对于文明多样性的客观存在的尊重，对于"文明没有高低优劣之分"襟怀的秉持，对于文明传播和发展基本规律的遵循，对于全球化时代世界共同面临的文明发展问题的理性思考，以及对于博大包容、兼收并蓄的中华文明精髓的继承和发扬。

总之，文明冲突论和文明交流互鉴观，是人类在现代化进程中形成的两种不同的文明观。虽然从某种意义上说，两者都可视为对冷战后国际政治"范式"的一种思考，但是从着眼点、历史观和目的看，两者之间存在着显著的差异。可以说，人类文明观从文明冲突到文明交流互鉴的转变，实现了历史性的飞跃。

二、从中国倡导到世界共识：文明交流互鉴观的广泛接受

习近平从担任国家主席开始，就不断论述和阐发文明交流互鉴的思想。如下论述，便是例证。

2013 年 4 月 7 日，他在博鳌亚洲论坛年会上发表主旨演讲《海纳百川，有容乃大》，强调应该尊重各国自主选择社会制度和发展道路的权利，消除疑虑和隔阂，把世界多样性和各国差异性转化为发展活力与动力。

> 中国对文明交流互鉴的积极倡导和大力践行。

2014 年 3 月，习近平主席在联合国教科文组织总部的演讲中全面阐述了这一文明观，指出"文明是多彩的，人类文明因多样才有交流互鉴的价值"，"文明是平等的，人类文明因平等才有交流互鉴的前提"，"文明是包容的，人类文明因包容才有交流互鉴的动力"，"文明因交流而多彩，文明因互鉴而丰富。文明交流互鉴，是推动人类文明进步和世界和平发展的重要动力"。这是中国国家主席第一次访问联合国教科文组织总部，习近平主席提出了关于文明交流互鉴的新文明观，开创了中国与联合国教科文组织合作的新篇章，是中国与联合国教科文组织关系史上的里程碑。

2014 年 6 月 28 日，习近平主席在和平共处五项原则发表 60 周年纪念大会上讲话，主旨在于阐述"万物并育而不相害，道并行而不相悖"，强调我们要尊重文明多样性，推动不同文明交流对话、和平共处、和谐共生，不能唯我独尊、贬低其他文明和民族。"人类历史告诉我们，企图建立单一文明的一统天下，只是一种不切实际的幻想。"

2014 年 9 月 24 日，习近平主席在纪念孔子诞辰 2565 周年国际学术研讨会暨国际儒学联合会开幕会上讲话，论述"物之不齐，物之情也"的深刻道理，强调"和而不同是一切事物发生发展的规律。世界万物万事总是千差万别、异彩纷呈的，如果万物万事都清一色了，事物的发展、世界的进步也就停止了。每一个国家和民族的文明都扎根于本国本民族的土壤之中，都有自己的本色、长处、优点。我们应该维护各国各民族文明多样性，加强相互交流、相互学习、相互借鉴，而不应该相互隔膜、相互排斥、相互取代，这样世界文明之园才能万紫千红、生机盎然"。

2017 年 10 月 18 日，习近平主席在中国共产党第十九次全国代表大会的报告中强调，要"尊重世界文明多样性，以文明交流超越文明隔阂、文明互鉴超越文明冲突、文明共存超越文明优越"。

图 2-10　在山东曲阜孔庙举行的纪念孔子诞辰活动（中新社盛佳鹏 / 人民视觉）

2018 年 11 月 18 日，习近平主席在亚太经合组织第二十六次领导人非正式会议上发言，指出"我们应该立足多样性实际，尊重彼此选择的发展道路，在开放包容的基础上交融互鉴，在良性竞争的同时互利合作，共同构建亚太命运共同体"。

图 2-11　"亚洲文明对话大会"会徽图

2019 年 5 月，习近平主席在亚洲文明对话大会开幕式上发表了题为"深化文明交流互鉴　共建亚洲命运共同体"的演讲，提出坚持"相互尊重、平等相待""美人之美、美美与共""开放包容、互学互鉴"的主张。

2019 年 5 月，习近平主席在《求是》杂志上发表了《文明交流互鉴是推动人类文明进步和世界和平发展的重要动力》一文，向世人阐明了"文明因交流而多彩，文明因互鉴而丰富"的深刻道理。

除了讲话和阐述之外，习近平主席本人也积极推进文明交流互鉴。为庆祝中法建交 50 周年，2014 年习近平主席和法国总统奥朗德为赴法举办的"汉风——中国汉代文物展"题写序言，并共同担任监护人。2017年3月16日，习近平主席和沙特阿拉伯王国国王萨勒曼共同出席在中国国家博物馆举行的"阿拉伯之路——沙特出土文物展"闭幕式。每逢出访或国内外事活动，习近平主席常会用署名文章、演讲、活动、文件等方式关照文明交流互鉴。这一话题，已近乎成为外事活动"标配"。这一思想，对中国各项工作，对中外交流，产生了直接影响。

习近平主席的这一系列论述，已经成为中国共产党的行动纲领之一，已经成为中国的基本国策，已经成为中国人民的美好愿望。但是，中国并不是仅仅把文明交流互鉴作为一个美好的愿望，而是把它作为一个可以实现的目标，把它写进了《十九大报告》，写进了《政府工作报告》。近年，中国与相关国家跨国联合，共同申报世界文化遗产，参与援外文物保护工程和涉外联合考古，在"一带一路"建设中尤其如此。其中一个标志性成果是，中国、哈萨克斯坦、吉尔吉斯斯坦联合申报的"丝绸之路：长安—天山廊道的路网"项目成功列入《世界遗产名录》。这一切说明，中国是文明交流互鉴观的积极倡导者和坚定践行者。

中国当前正积极推动"一带一路"倡议，蕴含着一种包容性的国际合作理念。"一带一路"沿线国家宗教多样，民族多元，经济发展差异较大，按照西方世界看法，属于不同的文明，但是这丝毫不影响各国携手共进，共同推动"一带一路"倡议。中国在尊重沿线国家文明多样性的基础上，促进人文交流、文明价值共通、贸易互通，努力与沿线国家的需求深度对接，从而塑造稳定的区域秩序。"一带一路"建设的核心内容是"五通"，即政策沟通、设施联通、贸易畅通、资金融通、民心相通。其中文化层面的"民心相通"又是其他层面建设的根基和保障。因此，"一带一路"建设充分融入并彰显了中华文化精神，体现了中国对文明交流互鉴的坚定践行，说明不同文明与文化未必是世界冲突的根源，还可以成为交流和合作的动力与起点。

实际上，联合国和世界各国人民也都赞同文明交流互鉴，中国所倡导的文明交流互鉴观日渐成为国际共识。2006年11月，联合国"文明联盟"高级名人小组发表了一份报告，该报告专门分析了"文明的冲突"理论的负面影响。它指出："令人遗憾的是，由'文明的冲突'理论所造成的忧虑和混乱扭曲了

> 文明平等交流互鉴是联合国等国际组织的共识。

对于世界面临困境之实质的讨论。不同文化之间的关系，不仅仅是战争与对抗的历史，同时也是建设性的交换、互相促进与和平共存的历史。用一成不变的文明界限来区分内部不断变化、千差万别的不同社会，妨碍了人们以更有启发性的方式去理解身份、动机、行为这类问题。与这种文化类型模式相比，掌权者与无权者之间的裂痕，富有者与贫穷者之间的裂痕，不同政治团体、阶级、职业、民族之间的裂痕，会具有更大的解释力。事实上，这种模式只会强化早已经两极对立的看法。更糟糕的是，它会助长一种错

误的观点，似乎不同文化处于某种不可避免的冲突的轨道上，因此会把本可协商解决的争端助推为萦绕于大众想象中的看似无法克服的、基于身份的冲突。因此，必须抵制这种加深不同社会之间敌对和不信任的成见和错误概念。"该权威报告不仅揭示了"文明的冲突"理论的缺陷和危害，而且呼吁人们抵制这种理论。

2016年11月，联合国大会首次在决议中写入中国的"一带一路"倡议，决议得到193个会员国的一致赞同。2017年3月23日，联合国人权理事会第34次会议通过关于"经济、社会、文化权利"和"粮食权"两个决议，决议明确表示要"构建人类命运共同体"，其中，文明交流互鉴是重要内涵。文明交流互鉴已经成为国际社会的共识。近年来，许多国家的元首和政府首脑以及众多国际人士，对习近平主席"文明交流互鉴""人类命运共同体"观念和"一带一路"倡议表达了高度赞同。从中非合作论坛北京峰会、首届中国国际进口博览会，到第二届"一带一路"国际合作高峰论坛、中国北京世界园艺博览会，再到由习近平主席倡议下的亚洲文明对话大会……中国以实际行动引领人类文明的进步，展现出同世界各国风雨同舟、命运与共的满满诚意。

三、平等多元与互补互鉴：文化交流和文明交往的原则

在文化交流和文明交往中，平等多元和互补互鉴应当是基本原则。

文化和文明的"平等"是指在尊重差异性的前提下，承认彼此价值的平等，所针对的是前述有高低贵贱之分的文明优劣论。人类历史发展的进程有其普遍规律和共同方向。但是，各地区、各民族的具体发展道路是千差万别的，有早与晚、快与慢、顺利与曲折之分，但并无高低、贵贱和优劣之分。西方列强在殖民扩张和工业革命的过程中，曾经用枪炮和舰船主宰亚非拉殖民地和半殖民地，成为军事和经济上强势的一方，在此过程中滋长出居高临下的文化优越感和种族优越论，把被其征服和统治的民族或国家视为劣等、丑陋、野蛮、未开化、愚昧、落后的一方。西方世界划定文明的等级差别，目的在于美化、合法化西方的文化输出和霸权地位。文明的平等正是针对这种西方中心主义的观念而提出的。它要求我们尊重其他国家、民族和文化的自我评判，而不论其国家之大小、经济之强弱、民众之多寡、发展之快慢。习近平主席所强调的"各美其美、美人之美"，中国俗语中的"萝卜青菜，各有所爱"，都是这种文化平等观念的体现。承认文明和文化的平等，才能够做到对彼此的尊重，就有望实现各国之间以及一国之内多元文化的并存共荣。

文明的"互补互鉴"包含着三层含义。首先，不同文明不但彼此平等，而且各自包含着值得理解、欣赏和借鉴的成分。"一花独放不是春，百花齐放春满园"，"阳光有七种颜色，世界也是多彩的"，"如果世界上只有一种花朵，就算这种花朵再美，那也是单调的"习近平主席的这些话语就体现了这种文明彼此欣赏的观念。

其次，不同文明或文化之间的交流和借鉴应该是双向的、互惠的。近代以来，西方文明在取得强势地位后，客观上成为其他文明或国家效仿的对象。任何国家、民族和文明，都不能主张自身文明成果向他者的单向流动，不能只是输出而不接受。任何强势的文明或国家，在其发展过程中，都是广泛吸收和借鉴周边地区的文明成果之后才青出于蓝而胜于蓝的。古希腊的文明曾广泛吸收过埃及的几何学和西亚的文字。倘若不是参考了西亚近一千年前的天文观测记录，古希腊人怎么能够推算出天文学上的岁差现象？因为这需要时隔一千多年的不同观测结果作为前提。倘若不是借鉴希腊的天文历法知识，古罗马的朱利乌斯·恺撒怎能制定出精确的"恺撒历"？倘若不是吸收日耳曼部族的文化因子，中世纪的欧洲又怎能形成骑士精神等文化现象？倘若不是借鉴阿拉伯世界的数学和医学、中国的造纸术和印刷术，也许西方世界的航海探险和科技进步的时间要大大推后。倘若不是学习中国的科举制度，19世纪英国也许不会提出文官制改革。倘若不是学习中国在中央集权方面的优势，也许近代欧洲不会流行"开明专制"的制度。西方学者所构建的文化单向流动图谱，既不符合历史事实，也不符合未来发展。如果真的像西方学者所说的那样，世界各地都被西方文明同化，那么谁还能看到西方文明的弊端？谁还能看到非西方文明因子的特有优势。

最后，不同文明之间的交流互鉴，应该是自愿而非强制的，和平而非暴力的。历史上暴力传教、强制皈依、宗教战争屡见不鲜，但结果往往是持久的暴力反抗和深刻的种族及宗教仇怨。但是相比之下，历史上和平交往、自愿学习的例证更多。16世纪到19世纪初，东西方之间的贸易和文化交流基本上是以和平自愿为原则进行的。西洋怀表等器物进入中国，中国瓷器、茶叶、丝绸进入西方，都是和平贸易的结果。只是随着西方完成工业革命后武力传教、枪炮殖民，陷入亡国灭种危险境地的殖民地和半殖民地为了求富求强，才无奈走上破除旧习、全盘西化的道路。近代中国也曾经历这样的曲折和惨痛道路。但是，强制西化和被迫西化，往往不能真正带来现代化，反而造成对西方的深刻依附。历史经验告诉我们，一个国家学习和借鉴其他国家的文化与制度，一定要立足自身利益，在借鉴中始终捍卫自身的选择权益。中国乐于向世界人民展现中华文化的魅力，乐于向世界各国提供与西方世界不同的制度选项，但是其他国家是否学习、借鉴和采纳它，则由其他国家和人民决定。这是文明互鉴的应有之义。

平等多元、互补互鉴的文明交往在历史上广泛存在，是人类历史发展的主流。公元前100多年，中国就开始开辟通往西域的丝绸之路。汉代张骞于公元前138年和前119年两次出使西域，向西域传播了中华文化，也引进了葡萄、苜蓿、石榴、胡麻、芝麻等西域农作物及其饮食风格。西汉时期，中国的船队就到达了印度和斯里兰卡，用中国的丝绸换取了琉璃、珍珠等物品。中国唐代是中国历史上对外交流的活跃期。据史料记载，唐代中国通使交好的国家多达70多个，那时候的首都长安城里来自各国的使臣、

图 2-12　张骞出使西域壁画（读图时代／人民视觉）

商人、留学生云集成群。这个大交流促进了中华文化远播世界，也促进了各国文化和物产传入中国。15 世纪初，中国明代著名航海家郑和七次远洋航海，到了东南亚很多国家，一直抵达非洲东海岸的肯尼亚，留下了中国同沿途各国人民友好交往的佳话。明末清初，中国人积极学习现代科技知识，欧洲的天文学、医学、数学、几何学、地理学知识纷纷传入中国，开阔了中国人的知识视野。之后，中外文明交流互鉴更是频繁展开，这其中有冲突、矛盾、疑惑、拒绝，但更多的是学习、消化、融合、创新。佛教产生于古代印度，但传入中国后，经过长期演化，佛教同中国儒家文化和道家文化融合发展，最终形成了具有中国特色的佛教文化，给中国人的宗教信仰、哲学观念、文学艺术、礼仪习俗等留下了深刻影响。中国唐代玄奘西行取经，历尽磨难，体现的是中国人学习域外文化的坚韧精神。根据他的故事演绎的神话小说《西游记》，大家耳熟能详。中国人根据中华文化发展了佛教思想，形成了独特的佛教理论，而且使佛教从中国传播到了日本、韩国、东南亚等地。2 000 多年来，佛教、伊斯兰教、基督教等先后传入中国，中国音乐、绘画、文学等也不断吸纳外来文明的优长。中国传统画法同西方油画融合创新，形成了独具魅力的中国写意油画，徐悲鸿等大师的作品受到广泛赞赏。中国的造纸术、火药、印刷术、指南针四大发明带动了世界变革，推动了欧洲文艺复兴。中国哲学、文学、医药、丝绸、瓷器、茶叶等传入西方，渗入西方民众日常生活之中。

　　历史是活的教材。我们在过去曾经共享文明互鉴的成果，为何不能在当今和未来继续交流互鉴呢？真正充满文化自信和制度自信的国家，又怎么会宣扬什么文明优劣论和文明冲突论呢？

小 结

　　每一个国家，每一种文明，都在历史长河中汇聚涓涓细流、吸纳内外滋养，形成独特文化，都怀有对自身文化的深厚情感、坚定自信和自我认同，由此构成了人类大家庭五彩斑斓的文化图谱。这既是人类历史发展所积累的独特财富，也是人类解决未来重大挑战的精神宝库。在数千年人类文明史上，随着政治单元的不断扩大，世界性宗教的形成以及工业文明在全球的扩张，文明的多样性已经受到严重威胁，尤其是以"西化"为核心的"现代化"威胁着亚非拉许多国家的独立发展和文明存续。从全球视野和人类历史来看，西方只不过从1500年左右地理大发现以来才缓慢兴起，在1800年左右第一次工业革命之后才取得经济和科技方面的优势，由此滋生的西方中心论也不过是最近200年来世界格局变化的结果。中华文明、伊斯兰文明以及其他文明都曾长期独领风骚，滋养四邻。因此，"西化"绝非"现代化"的唯一道路。就像生物和基因的多样性是物种大家庭整体存续的必要条件一样，文明的多样性也是人类存续的必要条件。唯有通过文明的和平交流和平等互鉴，才能构建充满活力的人类命运共同体，才能为解决未来全球威胁而保留可贵的文明火种。

讨论题

　　1. 从汉字文化圈形成和佛教中国化问题可以看出中华文明的哪些特性？

　　2. 如何理解"四大发明"在整个世界的重要作用？

　　3. 明清之际的西学东渐与中学西传的哪些例子说明了文明在互鉴中发展？

　　4. 文明优劣论和文明冲突论有哪些危害？与之相比，文明交流互鉴观在世界各国各族人民的平等交往中为什么是必要且可行的？

推荐阅读

　　1. 张国刚、吴莉苇：《中西文化关系史》，北京：高等教育出版社2013年版。

　　2. 张西平：《东学西传与西学东渐比较研究》，中央社会主义学院2019年培训教材。

3. ［比利时］钟鸣旦:《可爱的天主:清初基督徒论"帝"谈"天"》,台北:光启出版社 1998 年版。

4. 王晓德:《文化的他者:欧洲反美主义的历史考察》,北京:中国社会科学出版社 2017 年版。

5. 皮特·N. 斯特恩斯等著,赵轶峰等译:《全球文明史》,北京:中华书局 2006 年版。

第三章
中国共产党与中华民族伟大复兴

　　从世界文明和中华文明发展的大视野看，中国共产党是世界社会主义运动的产物，同时也是扎根于中华文明的新型政党。作为中华文明的优秀传承者，中国共产党确保了文明的赓续不断和现代转型，其一经成立，就义无反顾地肩负起实现中华民族伟大复兴的历史使命。在民族救亡的历史大潮和各种政治力量的竞争中，中国共产党最终成为中华民族伟大复兴的领导核心。在过去的一百年历程中，中国共产党团结带领中国人民，浴血奋战、百折不挠，创造了新民主主义革命的伟大成就；团结带领中国人民，自力更生、奋发图强，创造了社会主义革命和建设的伟大成就；团结带领中国人民，解放思想、锐意进取，创造了改革开放和社会主义现代化建设的伟大成就；团结带领中国人民，自信自强、守正创新，统揽伟大斗争、伟大工程、伟大事业、伟大梦想，创造了新时代中国特色社会主义的伟大成就。中国共产党成立一百年来，团结带领中国人民进行的一切奋斗、一切牺牲、一切创造，归结起来就是一个主题：实现中华民族伟大复兴。了解当代中国，必须了解中国共产党的鲜明特质和特殊使命；了解中国共产党，必须以中华文明和文化为出发点。

第一节　中华文明的传承者

中华文明能够延绵数千年而不中断，原因复杂多样。地理、语言、政治、经济、文化习惯等因素，都促使中国以一个统一而完整的国家保存下来，而完整国家的留存又进一步反作用于这些因素。从"国家"的角度理解中华文明延绵不绝的奥秘，里面包含着清晰的逻辑：民本民生是中华文明的现实关切，如果政权不懂得保民爱民，甚至鱼肉百姓，就会丧失政治正当性与合法性；大一统是中华文明的政治立足点，要保障民生、和平稳定的秩序、抵御外部威胁的能力、协调资源的手段都要求制度统一、政令统一和文化统一；作为大一统的文明共同体，其内部存在地域、民族、文化的多元性，必须处理好"多元包容"与"天下一统"的关系，维系好"多元一体"的中国格局。中华文明为马克思主义的落地生根提供了优渥的文化土壤，马克思主义进而又为中华文明现代转型提供关键动力，中国共产党将两者深度结合，推进马克思主义中国化，成为中华文明的优秀继承者和弘扬者。

一、"民为贵"理念的践行者

基于中华文明"民为贵"理念，中国共产党将马克思主义群众观中国化为"为人民服务"的根本宗旨和"以人民为中心"的执政理念，从而克服了理念与现实背离、原则与实践脱节的西方代议制民主悖论，在中国历史上第一次真正动员起了最广泛的人民，进行了人类历史上规模最大、范围最广的政治、经济、社会、文化和生态变革，创造了举世瞩目的中国奇迹，迎来了从站起来到富起来、强起来的光明前景。

（一）"站起来"的立足之本

> 是否做到"民本"是判断政权正当性的标尺。

重视"人心""民心"，是中国历代当政者的首要大事。"人心""民心"可以维持统治、抵御外侮；对于老百姓而言，正是在近代革命力量的引导下，朴素的救国救亡的民族情感逐渐转化，进而构建起现代的民族意识和国家观念。从晚清到民国，无论是汉族士大夫力推的联省互保，还是北洋政府的议会政治、军阀政治，乃至国民党代表的官僚资本主义，都无力创造新的、有活力的政治组织形态，无力同时完成维系国家独立统一和开辟民众政治参与通道的双重历史使命。这一使命最终由中国共产党承担和完成，它深深扎根于群众之中，主动组织和带领人民重组基层社会，从而塑造了新的国家实体和革命建设理念。而这一重组中国社会的革命实践，与庶民社会的历史潮流相切合，赋予了庶民社会以政治形势（人民民主）和理想道德信念（社会主义）。所以中国共产党所代表的中国人民的利益，不是不同阶层利益的简单相加，而是对"人民""人民利益"的整体性把握，其背后是中国历史运动和近代民族独立解放斗争的深层逻辑。

通过"立党为公、革命为民"的实践追求，中国共产党使中华文明以现代国家的形式得以更新和重建，完成了"大一统"的"升级版本"。"周虽旧邦，其命维新"，中华人民共和国的建立，为古老的中华文明注入了新的时代精神，亦即创造性发展的"人民本位""民贵民重"：传统中国以天子为核心，朝代更替不过是一家一姓的变换；而中华人民共和国的创立及树立起以人民为主体的民主政治核心，则打破了中国传统王朝体制的简单更替，标志着广大中下阶层的中国人从被压迫的阶级关系中解放出来，获得了与传统"权贵"相平等的身份与地位。没有中国共产党继承又创造性发展的"民本"思想，没有中国共产党始终坚持的"立党为公、执政为民"的追求，中国永远不可能变成一个现代国家和民主社会。

尊重人民、相信人民、依赖人民，是中国共产党在继承传统"民本"思想上的进一步创新。1945年7月1日，中国民主同盟常委黄炎培等6位国民参政会参政员接受中国共产党邀请，从重庆飞抵延安。他们受到毛泽东、朱德、周恩来、林伯渠、吴玉章等人的热烈欢迎，在短短三天内，毛泽东同他们多次交谈。7月4日，毛泽东邀请黄炎培到杨家岭家中叙话。在窑洞客厅里毛泽东问黄炎培对这几天的考察有何感想，黄炎培借此机会表达了自己的疑虑："我生60多年，耳闻的不说，亲眼所见到的，真所谓'其兴也勃焉，其亡也忽焉'，一人，一家，一团体，一地方，乃至一国，不少单位都没有能跳

图 3-1　毛泽东等人在延安机场接待黄炎培一行人

出这周期律的支配力。……一部历史，'政怠宦成'的也有，'人亡政息'的也有，'求荣屈辱'的也有，总之没有能跳出这周期律。中共诸君从过去到现在，我略略了解得了。就是希望找出一条新路，来跳出这周期律的支配。"毛泽东自信地回答："我们已经找到了新路，我们能跳出这周期律，这条新路，就是民主。只有让人民来监督政府，政府才不敢松懈；只有人人起来负责，才不会'人亡政息'。"正是中国共产党切实践行中国传统的"以民为本"的根本追求，树立起人民民主的宗旨理想，才能得到人民的衷心拥护、爱戴与支持，才能凝聚人民、聚合力量，不断取得建设发展的新成果、新胜利。

（二）"富起来"的执政之基

"富起来"这三个字朴实、简明、接地气，确实反映了历史的真实。但中国改革开放之前，说"富"不易，把"富"作为国家发展目标确立起来并付诸实施直至实现更不易。这里的核心问题是"富"与社会主义的关系。"文革"时期，"四人帮"形而上学地把"穷"和社会主义相联系，把"富"和资本主义相联系，鼓吹"宁肯要穷的社会主义，不要富的资本主义"。其本质就是说，社会主义就是穷的。在粉碎"四人帮"、拨乱反正和解放思想的过程中，邓小平深刻指出，要从理论和实践上批判"四人帮"那种以极"左"面目出现的"主张普遍贫穷的假社会主义"。

> 社会主义的本质，是解放生产力，发展生产力，消灭剥削，消除两极分化，最终达到共同富裕。

全面改革开始后，邓小平进一步指出："贫穷不是社会主义，社会主义要消灭贫穷。"也就是说，我们承认是在贫穷落后的基础上建设社会主义的，但不能因为政策错误而导致经济停滞，进而使国家长期处于贫穷落后状态，更不能认为社会主义就是穷的。社会主义的任务就是要消灭贫穷，走向人民富裕和国家富强。邓小平讲的"富"是有丰富内涵的：一是国家、集体和个人都富，是要在国家和集体富强的同时让人民群众个人都能够过上富裕幸福的生活；二是不仅在物质生活上要富裕，而且在精神生活上也要富足；三是要从实际出发，一部分人可以先富起来，最终达到共同富裕。邓小平建议把全党工作重点转移到社会主义现代化建设上来，是为了让人民群众不断增长的物质文化生活需要能够逐步得到满足，使人民过上富裕幸福的生活。

中国走上社会主义市场经济的道路，其典型特征就是把中国传统的"民生经济学"与西方的"市场经济学"进行有机整合，将"看得见的手"与"看不见的手"更好地协调运作起来。也正是社会主义市场经济道路的开辟，为中国人民的"富起来"提供了制度基础。

在西方世界的现代话语中，政治和经济是分开的，政治不能干预经济，但是在中国，管理好经济从来就是政府的重要责任。从古至今，中国人都认为，一个政府如果不能发展经济和改善民生，不能处理好大灾大难，那就是失职，就会失去"天命"与合法性。《尚书》中说"民惟邦本，本固邦宁""民之所欲，天必从之""天视自我民视，天听自我民听"，人民的生存与发展并不只是人民个人的事，需要执政者的全盘协调与统筹。"民生经济"要处理的核心问题就是保障人民的生存和发展权，防止社会两极分化，在实际操作中主要体现在防止土地兼并、干预调节商品经济和救灾救难几个方面。汉代的"假民公田"政策、北魏至唐朝的"均田制"、宋朝的"方田均税法"、明清时代的"一条鞭法"和"摊丁入亩"，都是为了解决土地兼并及人民的生存与发展问题；春秋战国时期开始的为抑制"谷贵伤民"和"谷贱伤农"的常平仓法、为抑制两极分化的重农抑商政策、为保持物价的平准均输法，都为民生和社会稳定贡献了力量；在政府救灾救难制度上，中国历朝历代可能是世界上最为突出的，表现在大规模的农田水利设施建设、"荒政"政策和一整套行之有效的灾前预防、灾中勘查、灾后救济制度。另外，为保障国计民生，从汉朝开始，中国在两千多年的历史中一直就有国有性质的经济机构存在。

　　如果与中国秦汉同时期的罗马帝国做简单比较，更可以看出二者在传统政治观念与政治实践上的差异。在处理土地兼并问题上，罗马帝国经过一个半世纪的海外征服，权贵们将大量的奴隶和财宝带回本土，产生了大规模的"奴隶大庄园农业"。"大庄园"的效率、技术远超小农，导致大批的农民破产并将土地卖给权贵富豪，加剧了土地兼并。罗马平民逐渐成为贫民，最终成为罗马流民。流民最好的出路就是当兵，哪个将军能够带回更多的战利品，罗马战士就为谁打仗，与此同时，为国而战的公民兵变成了将军们的雇佣兵。罗马政府没有调节土地兼并的能力，过去曾有一条法律，要求征服来的土地应该在贵族与平民间公平分配，并规定贵族拥有的土地上限，但这条法律从未被执行过。凡是想执行这条法律的人，哪怕是贵族也会被杀，如格拉古兄弟。而与格拉古兄弟同一时期的桑弘羊，则在汉武帝的支持下推行了"假民公田"——将从投机商人和高利贷者手中没收上来的土地交给农民，将无地的农民变成国家的佃农，来收取低于市场地租的价。①

　　罗马贵族愿意在荣誉上向平民让步，但在财产上分毫不让斗争到底。②罗马拥有地中海世界的巨大财富，为什么不能拿出一部分解决贫富差距？说到底，土地私有、财产私有，是刻在西方经济根脉上的基因。500年前，罗马正是因为痛恨王政才创建了共和国，但是500年后，人民却一步步投票给独裁者，先是恺撒，后是屋大维，将共和制变为帝制。③背后的原因并不是对自由、民主等理念的追求，而是民生的问题。但是，屋大维的罗马也没有能力缓解土地兼并和国土资源调配问题。原因有两点：第一，罗马帝

①　潘岳：《秦汉与罗马》，《中央社会主义学院学报》2020年第12期，第14-39页。
②　［意］马基雅维利著，冯克利译：《论李维》，上海：上海人民出版社2005年版，第142-143页。
③　［英］H. F. 乔洛维茨、巴里·尼古拉斯著，薛军译：《罗马法研究历史导论》，北京：商务印书馆2014年版，第4页。

国是"由众多自治市所组成的一个庞大的控股公司"①，它的治国思路只管上层，不管基层，不具备中国"一竿子插到底"的基层政权；第二，政权与军权的关系是军阀式的，军队代行基层的政权职能，军队维持治安与收税，收的税变成军饷，行省军队和赋税激增成为恶性循环，罗马的中央政府即便有心管，也根本管不了。

当下的中国保留了古代中国"民生经济"的优良基因，没有放弃对土地的控制权，而是把土地的所有权与使用权、经营权适度分开，把宏观整合与市场整合结合起来，采用了一种混合经济的模式。引入西方的"现代市场经济"，是要融入世界发展的大局，提高中国经济的竞争力；保留民生经济，将经济发展与国计民生融为一体，将强国富民与治国安邦联系在一起，既符合社会主义国家的要求，也是中华文明的根本要求和优势所在。

经济学家史正富认为中国经济奇迹的关键在于中央领袖、部门科层和地方政府之间的互动，苏联和东欧国家只有中央政府和部门科层的"二元主体"，造成了部门科层总是抵制改革，而中国社会主义市场经济制度是一种"三维经济"，即由战略的中央政府、竞争性的地方政府和竞争性的企业三者构成。郑永年认为中国从汉朝开始到今天，一直存在"三层市场"，顶层是国有资本，底层是庞大的以中小企业为主体的民营资本，中间层是国有资本与民营资本的互动层，三层资本均衡时经济发展就好，比如广东、浙江；国有资本比例太高时经济发展就相对不太好，比如东北。这些分析为我们认识中国经济的特征提供了很好的视角，更重要的是，这些观点揭示出在"民生"和"市场"双重作用及相互平衡的过程中，中国经济的独特性为世界各国的经济发展带来了新思路。

无论是"三维经济"还是"三层市场"，其目的都是政府和市场同时发挥作用。尽管西方也干预经济，但其最主要的方式就是税收和货币，调控手段非常有限。实践证明，中国各级政府的作用本质上是中国核心竞争力的一部分，只有站在全局的高度，才能把这个国家的各方事务治理好，才能把方方面面的积极性调动起来，才能实现中国经济"让人民满意"的目标。

（三）"强起来"的力量之源

> 发展为了人民，发展依靠人民，发展成果由人民共享。

坚持人民至上，才能保持定力。人民群众对美好生活的向往就是中国共产党的奋斗目标，中国共产党的初心和使命就是为中国人民谋幸福，为中华民族谋复兴，任何时候都不能忘记这一点。党的十八大以来，中国特色社会主义进入新时代。我国社会主要矛盾已经转化为人民日益增长的美好生活需要和不平衡不充分的发展之间的矛盾，这是站在人民立场作出的科学判断，也

---

① ［英］塞缪尔·E.芬纳著，王震译：《统治史（卷一）》，上海：华东师范大学出版社2010年版，第362页。

是面对复杂的变局时应该抓住的根本。经过全党和全国各族人民的持续奋斗，中国实现了第一个百年奋斗目标，在中华大地上全面建成了小康社会，历史性地解决了绝对贫困问题，正在意气风发地向着全面建成社会主义现代化强国的第二个百年奋斗目标迈进。

坚持人民至上，才能顶住压力。为促进人的全面发展和全体人民共同富裕，提升人民获得感、幸福感，中国共产党以巨大的政治勇气和强烈的政治担当，提出一系列新理念新思想新战略，出台一系列重大方针政策，推出一系列重大举措，推进一系列重大工作，解决了许多长期想解决而没有解决的难题，办成了许多过去想办而没有办成的大事，党和国家事业取得历史性成就，发生历史性变革。以习近平同志为核心的党中央，坚定不移全面加强党的领导，党的领导力、号召力、凝聚力和战斗力极大增强；坚定不移贯彻新发展理念，建设现代化经济体系，经济建设取得重大成就，发展质量和效益不断提升；我国经济已由高速增长转向高质量发展，建设科技强国、航天强国、网络强国、交通强国、数字强国等正在逐步变成现实。中国是全球第二大经济体，是全球经济增长的最大贡献者。坚定不移全面深化改革，改革全面发力、多点突破、纵深推进，国家治理体系和治理能力现代化水平明显提升；坚定不移全面推进依法治国，党运用法律手段领导和治理国家的能力明显增强；坚定不移推进社会建设，提高保障和改善民生水平，人民生活不断改善，社会治理体系更加完善；坚定不移推进生态文明建设，推动美丽中国建设迈出重要步伐；坚定不移推进国防和军队现代化，实现人民军队革命性重塑；坚定不移推进中国特色大国外交，形成全方位、多层次、立体化的外交布局。面对复杂多变的国际关系局势，以人民的利益为根本，守住底线；面对非传统安全，坚持以人民生命安全为优先，在压力面前充分体现出代表最广大人民群众根本利益的本色。

坚持人民至上，才能激发活力。人民群众身上潜藏着无穷的伟力、无尽的智慧、无限的激情，人民的力量一旦被激发出来，将彻底改变国家和民族的命运。在波澜壮阔的中国特色社会主义建设中，中国共产党始终保持人民至上，与人民群众共同奋进：从实行家庭联产承包、乡镇企业异军突起、取消农业税牧业税和特产税到农村承包"三权"分置、打赢脱贫攻坚战、实施乡村振兴战略；从兴办深圳等经济特区、沿海沿边沿江沿线和内陆中心城市对外开放到加入世贸组织、共建"一带一路"、设立自由贸易试验区、谋划中国特色自由贸易港、举办中国国际进口博览会；从搞好国营大中小企业、发展个体私营经济到深化国资国企改革、发展混合所有制经济；从单一公有制到公有制为主体、多种所有制经济共同发展和坚持"两个毫不动摇"；从传统的计划经济体制到前无古人的社会主义市场经济，再到"使市场在资源配置中起决定性作用"和更好发挥政府作用；从以经济体制改革为主导，到全面深化经济、政治、文化、社会、生态文明体制和党的建设制度改革。正是因为大胆调整不适应生产力的生产关系，才调动起广大人民群众的积极性、主动性和创造性，极大激发了全社会的发展活力，才有了更高起点上的持续进步。

图 3-2　2021 年 6 月，北京长安街上的"以人民为中心"主题花坛（人民视觉）

二、"大一统"传统的继承者

"大一统"是中华文明的政治立足点，把握"大一统"，方能理解中华文明的奥妙和当今中国政治的独特底色。比较历史上的战国与希腊、秦汉与罗马、中国的五胡入华与欧洲的蛮族入侵，会清晰地看到中西方文明根性上的区别就在于"西方不断走向分。从地域上分，从民族上分，从语言上分。其间也有统一的努力，如罗马的努力，基督教的努力。但分的趋势占据主流，最终归结到了个人主义和自由主义"，而"中国则不断走向合。从地域上合，从民族上合，从语言上合。其间也有分离的时期，比如王朝更替，比如游牧民族冲击，但合的趋势占主流，造就了中华文明的集体主义根性"[①]。可以说，中国政治的特点都以"大一统"为立足点展开，而中国共产党领导的新的政治体制真正意义上重塑了中华文明的"大一统"格局。

（一）文明不断的核心奥秘

自先秦以降，中国传统文化中逐步形成"天下一统"的观念，其核心要义主张"天下定乎一"，认为唯有天下走向大一统的格局，让思想、文化、生命价值展现共同性，

---

① 潘岳：《战国与希腊》，《中央社会主义学院学报》2020 年第 9 期，第 5—22 页。

让经济发展有互助合作性，让政治理想以达成合作共生为共同取向，方能在和平发展中夯实"民重民贵"的政道核心，使人民免于权力纷争乃至于战争。这种对"大一统"的追求，反映出儒家成仁成道的根本精神，也是达成孔子"仁者爱人"思想的有效方法，因此成为中华文化的核心要义。

现实政治的"大一统"与"民贵民本"的思想构成中国文明中的政道核心：天子、天命和民心构成了一个三方制衡体系——天子管天下，天命管天子，民心即天命。因此中国传统政道观中，强调"权力"的最终来源是"责任"：权力的正统性来自对"民心"的重视与尽责，有多大权就要尽多大责，不尽责就会失去执政合法性。而尽责的表现，便是其施政取向是否"以民为贵""以民为本"，亦即朱熹所言："盖国以民为本，社稷亦为民而立，而君之尊，又系于二者之存亡，故其轻重如此。"

> "大一统"不仅是一个地理概念，更是一个文化概念；不仅是一个政体概念，也是一个政道概念。

在上下五千年的漫长时光里，中国人形成了主张天人合一、讲求族群伦理、重视身心修养、强调以民为本的处世品格。在此思想流变传统中形成的中国，不仅是一个"政治共同体"，同时也是一个"道德共同体"，其与世俗的国家合而为一，源于家族生活规范的儒家伦理不仅成为民族、社会的基本共识，也成为历朝历代施政的伦理依据。

在漫长的历史岁月中，中华文明形成了以共同体为本位的鲜明特征，形成了推崇国家统一的政治传统，形成了"民为邦本"的政治共同体实践，形成了"天下大同、美美与共"的政治理想，形成了"国土不可分、国家不可乱、民族不可散、文明不可断"的政治底线。这便凸显了应对"三千年未有之大变局"的根本途径：只有能够有效重建中华文明共同体、有效赓续中华文明"贵民"和"大一统"传统、有效实现政治统一和组织社会的政党，才能肩负起民族独立解放和引领民族复兴的历史重任。

（二）重塑"大一统"的中流砥柱

晚清以来，中国的"大一统"格局受到"古今之变"的严峻挑战。面对近代西方新兴工业文明的强势冲击，古代的"大一统"在经济基础、组织方式和动员能力等方面均呈现出明显劣势，传统"大一统"格局被西方的坚船利炮所打破，而没有被组织起来的民众如孙中山先生所描述的那样，"四万万同胞一盘散沙而已"。钱穆则更为深入地分析："在这个社会里的一切力量都平铺散漫，很难得运用。因其是平铺的，散漫的，因此也无组织，不凝固。"因此要解决"目前的中国问题，还是要在中国社会本身内部，找寻一个担当得起中心指导的力量"。

要对抗西方现代民族国家，就必须进行现代国家建构。只有唤起民众，把他们广泛动员起来、团结起来、组织起来，进行"政治上的集中"，建立"现代的国家政权"，进行全方位的国家建设，才能真正实现民族的独立和人民的解放。但屈辱的历史并不会在近代以来中国社会寻求政治转型的浩大运动中,"大一统"政治精神作为一种强大的支配力发挥作用,集中体现在新型政制的多次探索和构建上。

自动赋予民众现代民族国家观念,也不可能让中国民众彻底团结和组织起来。近代以来陆续登场的多种组织、政党,虽然都致力于民族独立解放的斗争,但从理论依据到中坚力量都依赖于少数精英人士,没能意识到发动人民的重要性和组织人民的可能性,甚至因惧怕民众崛起会反噬其革命的结果而对人民的力量进行有意识的提防。最终可想而知,他们领导的革命都是以失败而告终。

1927年"四一二政变"后,为坚持孙中山先生国家统一、独立解放的革命理想,与国民党决裂后的中国共产党先后组织了三次起义,其中起义力量得以较为完善保存的,是毛泽东领导的秋收起义。但对于中国革命要往何处去、中国的革命力量要依靠哪些阶层,也是经历了一个从实践到理论的过程。在秋收起义部队受挫后,毛泽东主张将队伍带往军阀统治薄弱的井冈山地区。对此,何长工曾撰文回忆,当时有些人不同意毛泽东"上山做大王"的意见。对此,毛泽东解释:"我们这个山大王是特殊的山大王,是共产党领导的,有主义、有政策、有办法的山大王,是代表人民利益的工农武装。中国政治不统一,经济发展不平衡,矛盾很多,我们要找敌人统治力量薄弱的地方。"可见,毛泽东的上山"做革命的山大王"思想,并非一般人所说的上山当"绿林""响马"。"上山"思想的实质,就是将革命工作重心从城市转移到农村山区,将广袤农村的农民有效

图3-3 毛泽东率部向井冈山进军(油画作品)

组织起来，在打破传统基层结构的同时，重建以底层民众为主体的基层组织，以此形成推动中国革命的庞大力量。这一思想的确立，为大革命失败后中国共产党保存革命武装、积蓄革命力量提供了有效途径，也是中国共产党人建立农村革命根据地、探索中国革命道路迈出的第一步。

1938 年，在抗日战争最为艰难的时候，著名历史学家蒋廷黻先生在其名著《中国近代史》中提出了一个根本问题："中国人能近代化吗？能赶上西洋人吗？能利用科学和机械吗？能废除我们家族和家乡观念而组织一个近代的民族国家吗？能的话，我们民族的前途是光明的；不能的话，我们这个民族是没有前途的。"这一"蒋廷黻之问"的核心答案其实已经呼之欲出，就在"组织"二字。而毛泽东也在同年的《论持久战》中旗帜鲜明地指出："战争的伟力之最深厚的根源，存在于民众之中。日本敢于欺负我们，主要的原因在于中国民众的无组织状态。克服了这一缺点，就把日本侵略者置于我们数万万站起来了的人民之前，使它像一匹野牛冲入火阵，我们一声唤也要把它吓一大跳，这匹野牛就非烧死不可。"他更进一步论述，必须要重视革命中的农民力量、重视工农联盟的力量："中国民主革命的主要力量是农民。忘记了农民，就没有中国的民主革命；没有中国的民主革命，也就没有中国的社会主义革命，也就没有一切革命。我们马克思主义的书读得很多，但是要注意，不要把'农民'这两个字忘记了；这两个字忘记了，就是读一百万册马克思主义的书也是没有用处的，因为你没有力量。"

一位历史学家，一位革命领袖，都不约而同地提出"组织起来"是"挽救危机的唯一道路"。只有彻底组织起来，才能克服旧中国散漫无组织的状态，才能形成强大的凝聚力、战斗力和创造力，才能实现民族的独立和政治的集中，才能进行现代国家的建构，才能把中国从传统的封建王朝变成高度组织化的现代国家。经过历史的选择，在近代众多的革命团体与政治力量中，只有中国共产党将一盘散沙的民众重新组织起来，实现了现代民族国家的建构。在传承中国传统"以天下为己任"民族精神的基础上，通过依靠既代表中国历史文化传统，又代表先进生产力的现代政党来完成社会的整合和政治的统一；在立足中国实际的前提下，走以民族精神为根基、以民族先锋队为主导、以"组织起来"为方式、以实现民族独立与民族复兴的中国道路。在凝聚原子化的个人与碎片化社会的过程中，通过内生而吸收消化马克思主义理论的现代革命政党的有力组织，实现了中华民族的自由和独立，在新的历史条件下重建并升华中华文明的"大一统"格局，使国家认同和民族团结得到大大增强。

（三）"大一统"传统的创造性转化

中国共产党重塑的"大一统"与以往的"大一统"在一统国家的政治使命担当上一脉相承，但其形式存在显著差异。主要表现在中国共产党以一系列新型的制度整合国家和人民，如规定党是领导社会主义事业的核心力量，建立了党领导的人民代表大会制度、多党合作与政治协商制度、民族区域自治制度等，并且从中央到地方复制了这种制度架构。基于中华文明政治一统思想，中国共产党将马克思主义国家理论中国化为中国特色国家治理体系和治理能力。通过民族区域自治，不同民族和谐共处；通过"一国两制"，不同制度并行共处；通过央地统合，发挥中央统筹和地方积极性；通过大统战，促进阶层统合和人心凝聚，共同铸牢国土不可分、国家不可散、文明不可断的底线共识。

> 新型"大一统"与旧型"大一统"的差异核心是新型"大一统"实现了党领导一切的原则与人民主权原则的融合。

新型"大一统"与旧型"大一统"之所以有巨大差异，是因为作为现代政治标志的政党被引入政制构建。"大一统"政治的精髓可以概括为三点：对政治核心的尊崇、国家疆域的统一，以及相应的治权、法令制度、意识形态和主流文化的统一。在旧型"大一统"中，政治核心是"王者"，而中华人民共和国的核心是中国共产党。在新型"大一统"中，由于人民主权的融入，整个政治架构便具有了民主性。比如，人民代表大会制度就是人民主权原则的直接制度体现，而中国共产党作为最高政治权威，也是遵从人民主权原则的，因为党的根本性质是中国人民和中华民族的先锋队，没有自身的特殊利益，宗旨是全心全意为人民服务，党的主张必须通过人民代表大会才能确立为国家意志。

三、"多元一体"格局的创新者

当今世界非传统安全危机频发，面对各种突发的危机，中国人似乎更加容易被组织起来，用很短的时间完成西方国家看来不可能的群体性行为。背后的原因有着深刻的"家—国—天下"历史传统因素，同时，中国共产党进行的有效社会整合既延续了中国人的家国情怀，保障了"国家—社会"的良性互动，又摆正了共同性和差异性的关系，开创了"多元一体"格局的新篇章。

（一）一体化的社会整合

西方社会常说中国人没有（宗教）信仰，实际上，中国早在几千年前的商周之际就发生了一场深刻的政治宗教变革，不但改变了中国人与"鬼神"的关系，更将中国社会凝结成一块结实的整体。周人提出"皇天无亲，惟德是辅"，"天"不再是单纯的自然主宰，道德之"天"取代了神灵之天、血缘之"帝"。天人之间的联系，不再依靠祭祀占卜，而是依靠人在现实生活中的道德实践来实现。这种变化实际是完成了从宗教到人伦的转变。

"德"如何得以体现并落实在现实生活中？古代中国的逻辑是从血缘关系出发，去构建亲情关系，并由亲情关系延伸到与其他人的关系，乃至仿照父子关系展开所有的政治关系。因为不管是什么样的政治，终归是人与人之间的关系。正是由于把政治关系的基础建立在家族关系之上，才出现后来的"以孝治天下""移孝作忠"和"家国天下"，这也是中国古代社会长期保持稳定的秘密所在。汉语中，"国家"一词具备独特的意味。相比之下，欧洲地中海沿岸国家是在

> 从"自然关系"到"社会关系"，再到"政治关系"。

破坏血缘组织的基础上建立的，走了一条明显的从血缘组织到地缘组织的清晰路径。我们常说"忠孝"这一概念，孝是伦理观念，忠是政治观念，从现象上看，两者并不相关，但实际上两者存在着不可分割的联系，其桥梁就是伦理纲常。表面上看，只有君臣关系是有关政治的，而父子、夫妇关系则是有关家族的，彼此并无联系。但在家国同构的思维中，家族关系和政治关系是有本质联系的，孝于宗族长辈的家庭宗法伦理情感，可以转化为忠于国家朝廷的政治观念，由家而国，完成情感转移。伦理政治的作用，就在于利用家国一体的结构，通过家庭这个载体，使个人与国家意志统一，并由此完成了中国伦理文化的建构。

比较一下差不多同一时期的中国与希腊。周人把天下许多诸侯国，不管同姓还是异姓，都编织在一个彼此交错的庞大网络中，天下各"国"都有一定的血缘关系。这样一来，天下体系就具备了浓厚的道德意味，在漫长的历史演进中逐步形成并强化天下共主、中外一家、怀柔远人、一视同仁等特征，从而使"德"得到政治化的落实。古代希腊的公民社会，对外邦人有严格的限制。外邦人没有参与政治活动的权利，出了自己的城邦，他们就是没有权利的外邦人。当年，作为柏拉图最得意的弟子亚里士多德一度有望成为柏拉图学院的接班人，但是柏拉图逝世时，将学院交给了亲侄子而不是他，最重要的原因就是亚里士多德是外邦人。放大一点看，城邦与城邦之间的关系就显得更加隔绝了。希腊城邦内部是民主的，但是城邦间无法做到民主，城邦之间处于一种战国状态，不时出现霸主政治。[1]后面出现的罗马帝国，也不过是罗马城邦对整个帝国的支配。相较于希腊城邦的内部民主、外部隔离，中国古代的天下秩序构建因其超越一城一邦局限的特性，从而有更强的共荣共生意味。直至今日，中国仍然在积极提倡建设人类命运共同体，显示出中国深厚的文化底蕴和宽广的人类情怀。

随着中国的现代化巨变，中国社会的深层结构出现了前所未有的变化，很多人认为以个人为中心的西方社会价值观将取代中国以家庭为中心、家国一体的价值观，社会将形成与国家对峙的局面，但事实并非如此。在中国社会中，"角色"是个极其重要的概念，角色性是中华文化赋予在复杂的社会关系中人的现实属性。人存活于世上，只要行动有一定的范围，就会介入不同的社会关系中而具备多重角色身份。比如一位男性，在

---

[1] 张志强：《如何理解中国及其现代》，《文化纵横》2014 年第 1 期。

家庭中可能同时扮演儿子、父亲、兄弟、丈夫等角色，在工作场景中，他又可能兼具上司、下属、同事的关系，并且这些关系始终处于动态变化的过程中：一方面角色在不断地增加或者减少，另一方面，角色也在不断地转换，甚至在不同领域的系统之间也存在同时性的身份转换。家族族长是一族权威，但同时也是族中长辈的子孙，在决定大事时，可能会考虑并尊重长辈的意见，而长辈在给意见时，一方面是长辈与后生的关系，另一方面也是成员与领袖的关系。多重角色的存在使得人成为一个鲜活生命，使得国家中个体生命的意义不仅仅局限于个体自身的价值实现，而更多表现为不同角色价值的实现。在这种文化氛围下，人出现"完全独立"或"单向度"情况的可能性极小。相反，每一个个体的生命之根都庞大而深切，其生命的安定感、确定性较之于西方文化中的个体则更为强烈，相应地，社会结构也具备更高的稳定性。[1] 许多人想当然地认为随着中国中产阶级的壮大，中国也会接受西方对抗性的政治模式，但现实情况是中国的中产阶级更加珍惜中国的稳定局面[2]，稳定优先已经成为社会的共识。中国社会数千年的文化基因决定了中国社会未来演变的大趋势：它不会是西方式的"社会与国家"对峙冲突的模式，而是一种良性互动的模式，这个模式也赋予了中国社会比以契约为核心调节各种关系的西方社会具备更强的凝聚力和竞争力。

当下中国之所以延续了一体化社会整合的良好局面，一方面是历史传统的深刻影响，另一方面更是由于中国共产党在百年的社会整合探索与优化过程中积淀了深厚的历史经验。[3]

一是坚持推动经济社会发展，以利益整合作为社会整合的核心。一方面以推动经济社会发展来推动利益整合，把社会利益"蛋糕"做大，打牢满足不同社会利益群体各种利益诉求的基础，另一方面坚持统筹兼顾的利益整合原则，既鼓励平等竞争、共同发展，又强调坚持国家、集体、个人三者利益的紧密结合。

二是充分发挥意识形态的整合功能，把价值整合作为社会整合的思想基础。一方面，中国共产党历来重视对意识形态建设的领导权，强调必须把意识形态工作的领导权、管理权、话语权牢牢掌握在手中，坚持持久的意识形态宣传与教育，增强了马克思主义意识形态在人民群众中的影响力与凝聚力；另一方面，重视意识形态领域的斗争，先后与各种非马克思主义思潮进行斗争，揭露与批判它们的错误观点和危害，维护了社会主义意识形态的领导地位。

三是建立健全制度体系，以制度整合作为社会整合的保障。改革开放后，中国共产

---

① 张志宏：《成人成己：中华文化系统的伦理本位与价值共识》，《同济大学学报（社会科学版）》2021 年第 2 期。

② 张维为：《文明型国家》，上海：上海人民出版社 2017 年版，第 42 页。

③ 刘子平：《中国共产党社会整合的百年探索与基本经验》，《探索》2021 年第 2 期。

党充分认识到制度建设的重要性，把制度建设放到极端重要的位置。中国共产党站在时代前沿，立足现实国情，积极推进党和国家制度体系改革与发展，逐步建立了一套以"中国特色社会主义根本制度、基本制度、重要制度"为核心内容的科学制度体系。这一制度体系既包括原则性的制度规定，也包括可操作的具体制度，为新时代中国共产党社会整合起到了保障作用。

（二）多元化的和谐共生

"一统"是底色，并不排斥"多元"的和谐共生，多民族在文化"大一统"的基调下保持自身特色就是典型例子。在中华民族这个大家庭中，不同民族、不同区域文化形态各异又相互学习的特征没有发生过根本改变。民族之间的文化融合主要通过四种形式完成：一是大量的少数民族移居到汉族聚居区；二是大量的汉族移居到少数民族聚居区；三是大量的某一少数民族移居到另一个少数民族聚居区；四是政治体的行政和教化手段催生与塑造各民族的共同认同。种种因素综合，使得少数民族与汉族融合、大量汉族分别融合于不同的少数民族。同时，某一少数民族与另一个或几个少数民族相融合，不但实现生活方式的转变与更新，同时精神层面也沉淀出趋同的底色。总体而言，各民族文化基本呈现出"你中有我，我中有你"的局面。

历史上，400 毫米等降水量线以北的民族对于中华民族的缔造起着极其重要的作用，在"相爱相杀"的过程中，北方游牧民族先后扮演着国家统一的施压者、维护者和拓展者角色，某种程度上促进了政治、经济、文化的交流发展。五胡入华建立起的政权执着于"汉化"，其原因在于文化心理上的认同和长治久安的大规模政治体的构建，因此他们几乎都以"大一统"的维护者身份出现。反观西方历史，从古希腊的城邦民主自治，到罗马帝国的自治城市；从中世纪早期城堡林立的封建王国，到中世纪晚期的意大利城市共和国；从按照"小共和国"方案建立的北美各州共和国，到欧洲按照"一族一国"模式建立的民族国家。不管什么时代，在欧洲人的制度史观与文化价值认同中，分治与基层自治都是核心密码。①

一统并不是否认中国社会的多元性，恰恰相反，在一统的同时，各个民族大多数都保留了自己的生活习惯和文化风俗。在认知中华民族文化的多元统一时，必须具备三个基本认同：第一，各区域、各民族都有自己的文化特色，但是在此之外，各民族都共同隶属于中华民族这个大家庭。在文化层次中，56 个民族是基层，中华民族处于高层。第二，多元统一格局的形成有赖于一个起凝聚作用的核心，汉族是多元基层中的一元，由汉族发挥凝聚作用把多元结合成一体，这一体不再是汉族而成了更高层次的民族——中华民族。第三，高层次的文化认同并不一定取代或者排斥低层次的文化认同，不同

---

① 潘岳：《中国五胡入华与欧洲蛮族入侵》，《中央社会主义学院学报》2021 年第 8 期。

层次可以并行不悖，甚至可以在不同层次的认同基础上各自发展原有的特点，形成多语言、多文化整体。高层次的民族实质是一个复杂多元复合体，它通过内部调节适应内外条件，从而保证共同体的生存和发展。[①]

> "中华民族共同体"的理论创新意义在于全面确立"中华民族"的国族地位，现实指导意义在于精准处理民族关系中的差异性与共同性的关系。

基于中华文明民族治理体系，中国共产党着手构建以"中华民族共同体"为核心的新时代中国特色社会主义民族理论，将马克思主义民族观中国化为中国特色解决民族问题之路。既不会通过民族"同质化"来强化国家认同；也不会因为要保持民族文化的多样性而削弱国家认同。民族区域自治制度不是以求自治求独立，而是以自治促统一；不是强化民族间的特殊性和差异性，而是以特殊的优惠扶持政策与制度安排调动各民族积极性，为中华民族共同体的繁荣昌盛添砖加瓦。

当今的中国社会，思想观念也是丰富多元的。中国人的生活方式发生了翻天覆地的变化，尤其是在信息传播方面，从未有今天这般方便快捷的局面。人们的思想非常活跃，要发展、要赚钱、要自我实现等想法使得社会充满了缤纷的颜色和勃勃生机。这也并不是现代社会所独有的现象。从春秋战国时期的"百家争鸣"，到魏晋南北朝时期的儒、道、佛、玄思想多元互动与并立丛生，到唐朝的海纳百川式繁荣，到近代各种学说在中华大地的交流交锋等。一系列的交流融合和儒家主流文化的调和功能，造就了中国文化最善于包容完全相反的矛盾体，最善于结合看似不可能的矛盾体，最善于使一切"非此即彼"的事物在中华大地上和谐共生、延绵不断。现实生活中，雅俗文化能够并行不悖——雅文化中有唯物论和无神论传统，但是俗文化中宗教和迷信的势力也很强大；雅文化中重义轻利观念占统治地位，俗文化中富贵利达被视为最高价值。如庙堂文化和山林文化——儒、法都是典型的庙堂文化，道家则是有隐逸的意味，人们需要儒家这样积极有为的人生哲学，一旦失意碰壁或前途未卜，则需要道家这样无为恬淡的人生哲学。在各种相反相成的矛盾中，在各种思想文化观念多元并存的社会中，中国社会文化始终可以找到一条清晰的主流。

传统社会的主流就是儒家文化，而当下社会是以社会主义核心价值观为内核的社会主义文化。历史和现实一再证明，只有建立共同的价值目标，一个国家和民族才会有赖以维系的精神纽带，才会有统一的意识和行动，才会有强大的凝聚力和向心力。中国有着13亿人口、56个民族，确立反映全国各族人民共同认同的价值观"最大公约数"，使全体人民同心同德、团结奋进，关乎国家前途命运，关乎人民幸福安康。党的十八大

---

① 费孝通主编：《中华民族多元一体格局》，北京：中央民族大学出版社2018年版，第11页。

以来，中国共产党高度重视培育和践行社会主义核心价值观。习近平总书记多次作出重要论述、提出明确要求。中央政治局围绕培育和弘扬社会主义核心价值观、弘扬中华传统美德进行集体学习，中共中央办公厅下发《关于培育和践行社会主义核心价值观的意见》，十九大报告中明确指出要培育和践行社会主义核心价值观，要以培养担当民族复兴大任的时代新人为着眼点，强化教育引导、实践养成、制度保障，发挥社会主义核心价值观对国民教育、精神文明创建、精神文化产品创作生产传播的引领作用，把社会主义核心价值观融入社会发展各方面，转化为人们的情感认同和行为习惯。

图 3-4　社会主义核心价值观宣传栏（人民视觉）

第二节　中国共产党的鲜明特质

在中国近代革命的进程中，为什么最终是马克思主义、是中国共产党脱颖而出，成为领导中国人民翻身得解放、中华民族走向伟大复兴的核心领导力量？中国共产党与近代以来中国的其他政党相比，以及与世界其他国家的政党相比，有哪些鲜明的特质？这是本节力图回答的问题。

从历史发展的逻辑来看，欲民族复兴，必先民族独立；欲民族独立，必先政治统一；欲政治统一，必先社会整合和政治革命；欲社会整合和政治革命，必依赖于深入中国社会的新式革命政党。马克思主义为半殖民地半封建社会的中国提供了一种最为完整的、将社会革命与政治革命紧密结合起来的理论；中国共产党则有机融合外来理论与本土资源，建立起一种最强有力的政党组织和社会动员模式，突破阶级局限和特定群体利益的政党桎梏。从政党性质来看，中国共产党始终把全体人民的共同利益作为代表，成长为没有自身特殊阶级利益，而以国家民族利益为己任的政党；从实现方式来看，中国共产党自建党伊始就坚持"目光向下"，始终牢牢扎根于人民，推动革命与建设的不断胜利；从政党建设来看，坚持不断推进自我革命的自觉和勇气，成为中国共产党在百年中不断成长，并坚定踏实地走向未来的最鲜明特质。

一、代表整体利益的政党

不同于人类社会中的其他类型政党，中国共产党在其建立的第一天便明确了自己的宗旨：中国共产党没有自己特殊的阶级利益，人民的利益就是党的利益。2021 年 7 月 1日，中国共产党迎来成立百年的华诞。习近平总书记在庆祝中国共产党成立 100 周年大会上发表重要讲话，掷地有声地强调："中国共产党始终代表最广大人民根本利益，与人民休戚与共、生死相依，没有任何自己特殊的利益，从来不代表任何利益集团、任何权势团体、任何特权阶层的利益。"[①] 这一宣言，深刻阐释了中国共产党是代表人民整体利益政党的先进属性，深入概括了中国共产党成立百年以来始终不渝的目标追求，深切揭示了中国共产党与其他政党，特别是欧美选举型政党的根本区别。

---

① 习近平：《在庆祝中国共产党成立 100 周年大会上的讲话》，《人民日报》，2021 年 7 月 2 日，002 版。

图3-5　2021年7月1日上午，庆祝中国共产党成立100周年大会在北京天安门广场隆重举行（人民视觉）

（一）"代表整体利益"特质是中国共产党领导革命胜利的重要武器

从马克思主义政党的发展历史来看，共产党从成立的第一天起，就将广泛的人民代表性作为政党性质的根本特征。马克思、恩格斯在《共产党宣言》中指出："共产党人不是同其他工人政党相对立的特殊政党。他们没有任何同整个无产阶级的利益不同的利益。""共产党人的最近目的是和其他一切无产阶级政党的最近目的一样的：使无产阶级形成为阶级，推翻资产阶级的统治，由无产阶级夺取政权。""共产党人为工人阶级的最近的目的和利益而斗争，但是他们在当前的运动中同时代表运动的未来。"[①] 马克思、恩格斯阐述了一个重要思想，那就是马克思主义政党——共产党没有自己的私利，共产党是工人阶级和最广大人民群众利益的代表，这就是共产党的宗旨。共产党人的奋斗目标是实现共产主义，这就是共产党的最终奋斗目标和最高纲领。

列宁结合俄国革命和建设的实际，继承和发展了马克思主义。俄国十月革命胜利后，列宁多次强调，党要通过满足工农群众的利益要求来获得他们的信任和拥护。"在人民群众中，我们毕竟是沧海一粟，只有我们正确地表达人民的想法，我们才能管

[①] 马克思、恩格斯：《共产党宣言》，载《马克思恩格斯文集（第二卷）》，北京：人民出版社2009年版，第44页。

理。否则共产党就不能率领无产阶级，而无产阶级就不能率领群众，整个机器就要散架。"[1]列宁提出，无产阶级政党在夺取政权后，一定要代表人民群众的利益，一定要为提高和改善人民群众的生活，为维护和实现人民群众的利益而继续奋斗。

毛泽东明确指出："共产党是为民族、为人民谋利益的政党，它本身决无私利可图。"[2]在党的七大上所作的政治报告中，毛泽东指出："全心全意地为人民服务，一刻也不脱离群众；一切从人民的利益出发，而不是从个人或小集团的利益出发；向人民负责和向党的领导机关负责的一致性；这些就是我们的出发点。""共产党人的一切言论行动，必须以合乎最广大人民群众的最大利益，为最广大人民群众所拥护为最高标准。"[3]从此，为人民服务被概括提炼为中国共产党的根本宗旨，并被写入党章，成为每一位中国共产党党员奉行的初心信仰与行动追求。

在抗战前，党的六大通过的党章的第一条是"中国共产党为共产国际之一部分，命名为：中国共产党，共产国际支部"[4]。但抗战后，党的七大修改的党章中，第一条明确提出："中国共产党，是中国工人阶级的先进的有组织的部队，是它的阶级组织的最高形式。中国共产党代表中国民族与中国人民的利益。"[5]这一认识的转变，标志着中国共产党在政党性质与组织架构上的成熟，完成了自身的转型，转变为中国工人阶级的先锋队与中国人民和中华民族的先锋队，成为代表中国人民和中华民族的整体利益的政党。从此，中国共产党不仅仅为无产阶级的解放而奋斗，更是为中国人民的解放、中华民族的复兴乃至于人类社会大同理想而不懈奋斗。

如何理解"两个先锋队"的定位，可从埃德加·斯诺的《红星照耀中国》中窥见一斑。斯诺曾引用老百姓的话来回答什么是

图 3-6　毛泽东在杨家岭窑洞附近开荒种菜

① 列宁：《俄共（布）第十一次代表大会文献》，载《列宁文集（第四十三卷）》，北京：人民出版社1987年版，第109页。

② 毛泽东：《在陕甘宁边区参议会的演说》，载《毛泽东选集（第三卷）》，北京：人民出版社1991年版，第809页。

③ 毛泽东：《毛泽东选集（第三卷）》，北京：人民出版社1991年版，第1039页。

④ 盛继红编：《中国共产党党章汇编》，北京：人民出版社1991年版，第34页。

⑤ 盛继红编：《中国共产党党章汇编》，北京：人民出版社1991年版，第46页。

共产党员，就是帮助穷人的人。在观看完保安的红军剧社演出后，他感慨这里的演员是世界上报酬最可怜的演员，却是他见过的精神上最富有的人，因为"他们像所有共产党员一样天天学习，他们相信自己是在为中国和中国人民工作"。中国共产党是最广大人民根本利益的忠实代表者，为人民谋幸福是党不变的初心，正因有这种崇高的信仰追求，中国共产党才能始终与人民"有福同享、有难同当，有盐同咸、无盐同淡"，始终紧紧地和人民站在一起，引领人民不断实现革命和建设的目标。

中国共产党之所以能够得到最广大人民的拥护支持，根本原因在于党谋划事业发展、制定路线方针政策，始终基于代表最广大人民的根本利益这一根本出发点，始终坚持以实现人的自由而全面发展为根本价值依归。在领导中国革命的过程中，中国共产党始终矢志不渝坚守人民立场，始终将人民的整体利益作为党的利益立场与奋斗宗旨，始终坚持将人民整体利益贯穿于党的全部革命活动之中，充分体现了我们党把人民始终放在心中最高位置的政治情怀，也在革命实践的过程中不断巩固和铸牢中国共产党"代表整体利益"的取向和立场。

在革命时期，中国共产党对人民利益和民族利益的代表性，通过"建国方案"的提出得以集中体现。在抗战末期，关于"战后建立一个什么样的新中国"成为各派政治力量热议的焦点。中国共产党先是提出建立多党派的联合政府，其后又明确提出建立工人阶级领导的以工农联盟为基础的人民民主专政的共和国。毛泽东指出："在全国，我们是工人，农民（包括新富农），独立工商业者，被反动势力所压迫和损害的中小资本家，学生、教员、教授，一般知识分子，自由职业者，开明绅士，一般公务人员，被压迫的少数民族和海外华侨，联合一道，在工人阶级（经过共产党）的领导之下，打江山坐江山。"[①]

作为工人阶级、中国人民和中华民族的先锋队的中国共产党，有强烈的意识形态追求，有高度的组织纪律，有大公无私、以人民整体利益为政党利益的崇高追求，有效地将党派利益和政治共同体的利益融合起来，从而解决了晚清以来一直未能解决的国家统一和政治共同体的建构问题。在带领中国人民探索中国特色社会主义道路的建设过程中，中国共产党同样打破思想的教条约束，以实事求是的态度、以对国情和世情的精准把握、以对民族和历史高度负责的态度，科学地探索自身的政治定位和准确地把握自身的政治任务，也在这一奋斗过程中，不断完善、强化和凸显自身作为"代表整体利益"的政党立场与追求。

---

① 毛泽东：《关于目前党的政策中的几个重要问题（1948 年 1 月 18 日）》，载《毛泽东选集（第四卷）》，北京：人民出版社 1991 年版，第 1268 页。

（二）"代表整体利益"特质是中国共产党领导社会主义建设的不懈动力

2000 年 2 月，江泽民在考察广东省期间，提出了中国共产党始终代表先进生产力的发展要求、始终代表先进文化的前进方向和始终代表最广大人民根本利益的"三个代表"重要思想。其中先进生产力与最广大人民根本利益的代表性论述，为将企业家、专业人士、技术专家等新社会阶层中的先进分子吸纳入党提供了依据。在 2001 年建党八十周年的"七一"讲话中，江泽民进一步将民企科技企业、外企、个体户、私营企业主、中介和自由职业这 6 个方面的新阶层视为社会主义事业的建设者。这种将新社会阶层先进分子选拔入党的做法，有助于通过兼顾不同利益主体的方式，为中国的政治整合创造基础。

"三个代表"重要思想的提出，是执政党在面对不断变化的经济和社会环境的过程中，主动持续扩大社会基础的重大进展，建立党和社会先进分子的流动渠道，也使得执政党在保持先进性的同时，更加具有包容性和开放性。同时，这也标志着中国共产党告别了原先对社会经济领域大包大揽的"全能主义"模式，而进入了选贤任能的"贤能主义"模式。这一重要思想不仅是对党的先锋队理论的发展，也是对中华文明传统政治智慧的创造性转化。

2002 年中国共产党第十六次全国代表大会召开，会议其中一项重要内容是将党章中关于中国共产党的性质，从原先的"中国工人阶级先锋队"进一步明确为"中国共产党不仅是中国工人阶级的先锋队，同时是中华民族和中国人民的先锋队"。"两个先锋队"理念的提出，是马克思主义党建理论和中华文明相结合的产物，对于中国特色社会主义建设和中华民族伟大复兴具有十分重大的意义。如果说"三个代表"重要思想有效解决了党与社会的关系，那么"两个先锋队"和长期执政党的双重定位，则在根本上解决了党和国家的关系：前者为执政党夯实了人才基础，后者为执政党确立了合法性依据。在处理党和国家的关系问题上，民族先锋队的定位确立了党与国家之间的合理关系，使中国共产党的执政合法性奠基于民族复兴和人民幸福的历史使命之上；而长期执政党的定位则明确了党治理国家的方式问题，以符合现代政治文明要求的执政方式治国理政。

从中华文明的角度看，作为中国特色社会主义事业的领导核心，中国共产党"两个先锋队"的定位符合中华文明的历史规律。作为世界上唯一以国家形态持续至今的伟大文明，其文明体的连续性与政治体的统一性高度结合的秘密，就在于先进性团体及其坚强有力的领导。"两个先锋队"的历史定位表明，中国共产党已经成为中华文明的自觉继承者与创造者，已经成为以中华民族伟大复兴为目标的中坚力量，已经成为赓续和发展中华文明的先进性团体，已经成为突破特定阶级阶层利益、代表最广大人民群众根本利益的执政党。

从更广阔的视野而言，中国共产党不仅是代表中国人民整体利益的政党，也将努力实现全人类的共同利益，特别是将和谐同生发展作为自己的奋斗目标。中华文明素来注重治国与平天下的高度统一。人类命运共同体是针对人类面临的全球性危机和挑战提出的崭新构想，体现了构建马克思主义"真正的共同体"意识，展现了中华民族的天下情怀。早在中华人民共和国成立初期，毛泽东同志便强调："中国应当对人类有较大的贡献。"[①] 习近平总书记则

> 习近平总书记强调："中国人民的梦想同各国人民的梦想息息相通，实现中国梦离不开和平的国际环境和稳定的国际秩序。"

在党的十九大报告中明确指出："中国共产党是为中国人民谋幸福的政党，也是为人类进步事业而奋斗的政党。中国共产党始终把为人类作出新的更大的贡献作为自己的使命。"我们以"天下为公"的大同理念奉行互利共赢的开放战略，以"修文偃武"的和平精神坚持走和平发展道路，以"义利相兼"的义利观谋求开放包容共赢的发展前景，以"和而不同"的文明理念促进海纳百川兼收并蓄的文明交流。

为了构建人类命运共同体，中国文明不缺席，中国共产党有担当，中华民族不称霸，始终做世界和平的建设者、全球发展的贡献者、国际秩序的维护者。习近平总书记要求务必"树立世界眼光，更好地把国内发展与对外开放统一起来，把中国发展与世界发展联系起来，把中国人民利益同各国人民共同利益结合起来"[②]。这里的"统一起来""联系起来"和"结合起来"，正是人类命运共同体倡议的精髓，充分体现出中国人民与世界人民同呼吸共命运的真诚担当，也充分体现了中国共产党作为"天下大同"文明观念的传承者和"代表整体利益"政党的自觉担当。

（三）"代表整体利益"的性质体现中国共产党与其他政党的根本区别

西方政党理论一般认为，社会由不同的利益团体组成，各有自己的代表，所以需要多党制。胜出的政党通过竞选和票决制获得统治的合法性，实现国家和社会的整合。但在今天，这种模式使越来越多的国家陷入社会争论与严重分歧，英国、美国等西方大国的社会都严重分裂，更不用说众多第三世界国家。

为什么会出现这样一种理论与实践的南辕北辙？从民主的原始含义来理解，民主意味着人民的统治，而在代议制的条件下，只有当所有人的政治参与大致平等时，他们才能平等地被代表；只有当他们平等地被代表时，他们才能有平等的机会影响政府决策。就如有学者指出："平等的参与是平等的代表的前提，平等的代表是平等的影响的前提，

---

① 习近平：《决胜全面建成小康社会，夺取新时代中国特色社会主义伟大胜利》，载《习近平谈治国理政（第三卷）》，北京：外文出版社2020年版，第45页。

② 习近平：《更好统筹国内国际两个大局，夯实走和平发展道路的基础》，载《习近平谈治国理政》，北京：外文出版社2014年版，第248页。

平等的影响是政府对所有社会群体作出平等回应的前提。"[1] 但在欧美政党及选举体制下，民众被分解为不同的"利益集团"，政党及其代表则是为不同的"利益集团"服务。

> 习近平总书记指出："我们党从成立那天起，就肩负着实现中华民族伟大复兴的历史使命。我们党领导人民进行革命建设改革，就是要让中国人民富裕起来，国家强盛起来，振兴伟大的中华民族。"

与世界上绝大多数政党不同，中国共产党代表人民整体利益，而不是欧美体制的"部分利益党"。如果中国的执政党也像西方政党那样，只代表部分人的利益，这个党将会被人民抛弃。相反，中国共产党赓续了中国独特的"统一执政集团"的传统，通过一系列制度创新，特别是党的群众路线、统一战线、民主集中制等独创的政治文化与制度的实践，使中国人民形成了最广泛的社会共识，然后"撸起袖子一起干""一代接着一代干"。它能够克服既得利益的阻挠，不停推进各项必要的改革；能够较为稳妥地处理一个超大型国家发展过程中必然遇到的各种挑战，如稳定、改革与发展的关系，中央与地方的关系，沿海与内地的关系，城市与农村的关系，不同民族的关系等。这一切都是"部分利益党"难以做到的。

在"代表整体利益"的要求下，中国共产党体现出强烈的"使命担当"意识，有效解决了西方模式下"选举政党"的各种弊端。西方"选举政党"关心的是竞选，尤其是

图 3-7 英国脱欧闹剧（人民视觉）

---

[1] 王绍光：《民主四讲》，北京：生活·读书·新知三联书店 2018 年版，第 181 页。

今日西方模式下的竞选，越来越演变为政治营销：各个政党代表不同的资本、团体和阶层利益，各党派、各候选人拼金钱、拼表演、拼空谈、拼政治极端化，其终极目的是要获得执政权，但结果是民粹主义泛滥、短视政治猖獗、社会四分五裂、国家发展无力，成为今天采用西方政治模式的多数国家和地区所面临的最大困境。反观中国共产党，以人民为中心，以国家整体利益和长远利益为旨归，以民族复兴为使命。在与其他政党间的关系处理上，中国采用"协商民主"的方式，影响力最大、执政能力最突出的政党作为执政党，其他民主党派不是反对党或在野党，而是亲密的参政议政党。他们与执政党的奋斗目标一致、道路选择一致、实践方向一致，通过主动监督与参政议政，共同推动国家建设目标的实现。

当然，多党制在欧洲大陆国家兴起有其特殊的原因：国家社会结构比较复杂，存在多元的利益、思想和宗教，分别代表不同的主张，形成了多党纷争的局面。西方多党制比较明显的一个弊端是容易造成利益排斥、分歧扩大。然而在中国这样一个超大型国家中，一个决策哪怕是 10% 的人反对，就意味着 1.4 亿人反对，总体不宜采用简单票决制的"51%>49%、赢家通吃"的方法，而应该通过广泛协商，达成人民内部的最大共识。中国的民主党派在本质上也是为人民群众、为国家发展大计服务的，在参政议政、民主监督等方面能够起到重要的作用。经过长时间的发展积累，协商民主正式从地方性和局部性实践上升为国家战略，从政治领域扩展到经济、社会等各个领域，从工作方法上升为制度。

> 中国的协商民主不仅是政治层面的制度安排，而且也是经济层面和社会层面的制度安排。

在中国，协商民主包括了政党协商、人大协商、政府协商、人民团体协商、基层协商以及社会组织协商等多种形式。协商民主最大的好处，体现于在全局视野中协调各方的利益，调动各党派、各阶层、各方面人民的力量和智慧，形成合力，再由责任者当断则断地拍板决定，既保证了"广泛性"，又体现出"高效性"。由于领导明确、群策群力、目的方向一致，中国政治制度的战略规划和实行能力显得尤为突出，从"五年计划"到中长期目标，中国的进步是有序规划的结果，而不是误打误撞的幸运。这在多党竞选、轮流执政的国家恐怕很难实现，事实上，西方政治体制中的彰显不同、互相攻击已经成为政党之间竞争的重要手段。从这个意义上来说，协商民主是对世界民主形式的创新和重要贡献，充分体现了中国共产党代表整体利益的性质。

中华文明延绵五千多年从未中断，中国共产党清醒地认识到这一点，并勇于为国家、民族、文明的命运承担责任。正是这种超强的历史使命和担当，使其能够为国家制定超长时段的发展目标，一届接着一届干、一代接着一代干，朝着中华民族伟大复兴的宏伟目标前进，而不像"选举政党"那样一届对着一届干。这使得中国能够克服欧美体制下最常见的民粹主义、短视主义和政治极端主义等弊病。

中国共产党"代表整体利益"的特性和实践经验，要求中国共产党在革命和建设的过程中始终担任领导核心，而不是做欧美模式下夸夸其谈的"清谈俱乐部"。中国共产党高举民族复兴和人类解放的旗帜，是中华民族的先锋队。在民族复兴的历史进程中，党负责制定落实各项方针政策，负责协调处理各种难以避免的矛盾。中华人民共和国成立后，在中国共产党的领导下，中国成功制订和完成了一个又一个"五年规划"，成功指挥了一个接一个发展战役：从土地改革到妇女解放，从"两弹一星"到世界最大规模的高铁网，从建立经济特区到加入世贸组织，从浦东开发到共建"一带一路"，从经济新旧动能转换到迈入第四次工业革命第一方阵……这些使中国在世界范围内获得了尊重与肯定。反观世界上采用西方模式的国家，几乎都面临着诺贝尔经济学奖得主缪尔达尔所说的"软政府"问题：长于清谈、短于实干，执行能力极弱，无休止地推诿扯皮，被各种既得利益绑架，国家现代化举步维艰，人民生活迟迟得不到改善。

今天，世界正处于"百年未有之大变局"，尽管中国共产党取得了巨大的成就，但面临的内外挑战仍然异常艰巨。唯有不忘初心、牢记使命，唯有坚持党要管党、从严治党，努力解决党自身存在的各种问题，实现干部清正、政府清廉、政治清明，中国共产党才能始终代表人民的整体利益，才能始终带领中国实现社会主义建设现代化强国目标，才能始终成为中华民族伟大复兴的坚强领导核心。

二、扎根人民群众的政党

在漫长的革命历程中，中国人民的先进分子找到了马克思主义作为独立解放的指导思想及以此革命理论组织起来的政党——中国共产党。中国共产党在推动革命理论与国情实践相结合的过程中，牢牢依靠广大人民，用行而有效的方式发动人民、组织人民、领导人民，最终取得了革命与建设的不断胜利。

（一）中国共产党是"初心为民"的政党

习近平总书记曾在多个场合强调，"为中国人民谋幸福，为中华民族谋复兴，是中国共产党人的初心和使命，是激励一代代中国共产党人前赴后继、英勇奋斗的根本动力"。这一始终不渝的坚守，传递着世界最大执政党对初心使命的坚持、对理想信念的坚守、对目标任务的坚信。

> 正如习近平总书记所强调："人民是我们党执政的最大底气，是我们共和国的坚实根基，是我们强党兴国的根本所在。我们党来自于人民，为人民而生，因人民而兴，必须始终与人民心心相印、与人民同甘共苦、与人民团结奋斗。"

初心和使命是中国共产党永葆蓬勃朝气的源头活水。风雨苍茫、岁月沧桑。纵观世界政党历史，为什么许多显赫一时的政党最终走向衰败，而中国共产党饱经风雨依然朝气蓬勃？为什么中国共产党在腥风血雨中能够一次次绝地重生，在攻坚克难中能够不断从胜利走向胜利？根本原因就在于不论是"春和景明，波澜不惊"，还是"阴风怒号，浊浪排空"，中国共产党始终坚守为中国人民谋幸福、为中华民族谋复兴这个初心和使命，义无反顾地向着这个目标不懈奋斗。正是为中国人民谋幸福、为中华民族谋复兴的初心和使命，激励一代代中国共产党人前赴后继、英勇奋斗，创造了彪炳史册的大事业，带领中国人民实现了震古烁今的大跨越。坚守初心信仰，勇往直前、奋发有为，才能把中国共产党继续建设成为始终走在时代前列、始终经得起各种风浪考验、始终朝气蓬勃的马克思主义政党。

初心和使命是中国共产党坚持"以人民为中心"理念的集中彰显。为人民谋幸福是中国共产党人的初心，为民担当是中国共产党人的价值追求。一部党的奋斗史，就是一部与人民同呼吸共命运的历史。早在革命时期，毛泽东在思考和回答我们党为什么能够取得胜利的时候，曾说过"站在最大多数劳动人民的一面""拜人民为师，这就灵了"，此话点出了中国共产党为什么能的秘诀。革命如此，建设如此，改革也是如此。中国共产党之所以能从全国只有50多名党员的小党，发展壮大为今天拥有9 000多万名党员的世界最大政党，带领中国人民迎来从站起来、富起来到强起来的伟大飞跃，原因正在这里。牢记这一点，我们的事业就能够成功；忘掉这一点，我们的事业就面临危亡。

初心和使命是中国共产党坚持伟大斗争实现长期执政的重要法宝。中国共产党的执政地位是历史和人民的选择，但党的执政地位不是一劳永逸的。在新的历史条件下，各种弱化党的先进性、损害党的纯洁性的因素无时不有，各种违背初心和使命、动摇党的根基的危险无处不在，"四大考验""四种危险"①比以往任何时候都更加尖锐地摆在中国共产党人面前。作为百年大党，如何永葆先进性和纯洁性、永葆青春活力，如何永远得到人民拥护和支持，如何实现长期执政，是我们党必须回答好、解决好的根本性问题。历史和现实告诉我们：越是长期执政，越不能忘记党的初心使命，越不能丧失自我革命精神。

初心和使命是中国共产党新时代凝心聚力再出发的强大动力。办好中国的事情，关键在党。党的初心，是伟大事业出发的起点，也是我们党在新时代继往开来、接续奋斗的强大动力。习近平总书记指出："每一代人有每一代人的长征路，每一代人都要走好自己的长征路。今天，我们这一代人的长征，就是要实现'两个一百年'的奋斗目标，实现中华民族伟大复兴的中国梦。"②中国特色社会主义进入新时代，我们比历史上任何

---

① "四大考验"是指执政考验、改革开放考验、市场经济考验、外部环境考验；"四种危险"是指精神懈怠的危险、能力不足的危险、脱离群众的危险、消极腐败的危险。

② 习近平：《弘扬伟大长征精神，走好今天的长征路》，载《习近平谈治国理政（第二卷）》，北京：外文出版社2017年版，第48—49页。

时期都更接近、更有信心和能力实现中华民族伟大复兴，但中华民族伟大复兴绝不是轻轻松松、敲锣打鼓就能实现的。在新时代的长征路上，中国共产党人依然会遭遇各种各样的"娄山关""大渡河"和"腊子口"。环顾世界，百年未有之大变局风起云涌，波谲云诡；审视国内，我国正处于从大国走向强国的关键时期，日益走近世界舞台中央，前景十分光明，但挑战也尤其严峻。越是接近目标、关键时刻，越要饮水思源，回望初心、坚定信心，重整行装再出发。

（二）从群众中来，到群众中去

1949年5月7日，周恩来同志在中华全国青年第一次代表大会上作报告，发出了"学习毛泽东"的号召，指出："我们的领袖是从人民当中生长出来的，是跟中国人民血肉相连的，是跟中国的大地、中国的社会密切相关的，是从中国近百年来和'五四'以来的革命运动、多少年革命历史的经验教训中产生的人民领袖。"

在具体的革命斗争和建设实践中，中国共产党逐步掌握了"从群众中来，到群众中去"的思想方法、领导方法和工作方法。1943年6月，毛泽东在《关于领导方法的若干问题》[①]一文中，科学地阐述了群众路线的基本内容，分析了"从群众中来，到群众中去"的全过程及各个环节，提出了"一般和个别相结合""领导和群众相结合""有中心而又有秩序"等领导方法和工作方法的重要原则，把群众路线的领导方法和工作方法系统化、条理化。"在我党的一切实际工作中，凡属正确的领导，必须是从群众中来，到群众中去。这就是说，将群众的意见（分散的无系统的意见）集中起来（经过研究，化为集中的系统的意见），又到群众中去作宣传解释，化为群众的意见，使群众坚持下去，见之于行动，并在群众行动中考验这些意见是否正确。然后再从群众中集中起来，再到群众中坚持下去。如此无限循环，一次比一次地更正确、更生动、更丰富。这就是马克思主义的认识论。"

"从群众中来，到群众中去"的方法，将许多看似矛盾的问题进行了有效整合与统一。首先，将对党忠诚与向人民负责统一起来。党的根本立场是人民立场，党的根本宗旨是全心全意为人民服务。能否站稳党的根本立场、践行党的根本宗旨，集中体现着党员干部的党性。只有保持对党忠诚，才能更好地也更有保障地向人民负责；也只有向人民负责，才能坚定并不断地升华党员对党的忠诚和群众对党的拥护与热爱。其次，将学习群众与引导群众统一起来。运用"从群众中来，到群众中去"的方法，可以充分地了解民意和民心所向，了解其所思所想所需，更有针对性地为民服务；可以汇聚群众智

---

① 毛泽东：《关于领导方法的若干问题》，载《毛泽东选集（第三卷）》，北京：人民出版社1991年版，第900页。

慧，为党的科学决策奠定坚实的思想和认识基础。同时，坚持群众路线，要有"来"有"去"，把从群众中汇聚的民意、民智升华、提炼，并返回群众中，引导群众朝着共同目标努力。最后，将"权力是人民赋予的"意识与"权为民所用"统一起来。党的群众路线是领导方法和工作方法的有机统一，这不仅是就执政的共产党来说的，也是对各级握有权力的党员领导干部来说的。各级党员领导干部都应意识到"权力是人民赋予的，要为人民用好权，让权力在阳光下运行"，反对以权谋私。坚持党的群众路线，就是要充分了解广大人民群众的利益、愿望、要求以及困难和疾苦，更好地实现"权为民所用"。

在"从群众中来，到群众中去"的组织发动过程中，党教育了群众，对群众的动员也改造了党：依靠深入群众进行的土地革命、根据地建设，尤其是与抗日战争的历史过程相结合，中国共产党的运转已经内化到中国社会的机体之中，通过深入城乡、深入基层，并以基层党组织为核心，实现对社会群体、政治格局和经济秩序的统合与重塑。通过发动基层群众，特别是广袤农村的贫苦农民进行土地改革，废除保甲制与宗法制，取缔族权和绅权，进行清匪镇反，从根本上扫荡了横亘在国家与农民之间的盈利性经济群体，使得国家权力真正深入乡村。由于打破了土豪劣绅的层层加码、横征暴敛，农民的实际负担大大减轻，从而加强了国家对乡村的资源汲取能力和动员能力，为抗日战争、解放战争提供了强大的后勤保障，有力支持了后来的抗美援朝战争和国家的工业化。

在中华人民共和国成立后，中国共产党继续摸索和实现对国家与社会的组织及改造：通过全面的土地改革，实现"耕者有其田"的宏伟目标，并以党强大的组织和动员能力，充分调动社会力量，建立了社会主义工业体系，奠定了中华人民共和国从积贫积弱的农业国转向现代工业化国家的基础；通过对官僚资本的没收和对民族资本的改造，把"权贵当权"的国家改造成为"人民当家作主的国家"，进而打造了一个具有强大社会和政治凝聚力的新中国；通过以民本理念为核心的民生重建，全面改善了基础设施，建立了惠及全民的公共交通、公共教育、公共医疗等服务体系，并在文化上实现了从精英教育、精英文化向大众教育、大众文化的转变。

在近代中国从政治革命转向社会革命的过程中，需要一种新的政治思维和政治逻辑：欧美式的在议会框架内进行竞争性选举的政党显然不符合整合国家、社会的时代要求，只有深入中国社会基层、利用强有力的政党组织形式重新整合中国社会，又在重组中国社会的过程中获得代表性的政党，才能有效推动革命与建设的发展。而中国共产党正是通过深耕基层、密切联系农民和工人，在改造社会的过程中塑造人民，同时也塑造自己成为得到人民支持的领导力量。

（三）江山就是人民，人民就是江山

百年时光，在人类的历史长河中只是转瞬即逝。但中国共产党的百年，却是一部波澜壮阔、坚守初心、攻坚克难、走向复兴的伟大史诗。在中国共产党的坚强领导下，在无数党员干部群众的前仆后继卓越奋斗下，在广大人民群众的衷心拥护与一致支持下，中国推翻了国家蒙辱、人民蒙难、文明蒙尘的半殖民地半封建社会，建立了社会主义基本制度，推动改革开放和中国特色社会主义伟大事业的蓬勃发展，实现摆脱绝对贫困、全面建成小康社会的伟大理想，如今正在建设社会主义现代化强国、走向中华民族伟大复兴的道路上阔步前行。正如习近平总书记在庆祝中国共产党成立100周年大会上的讲话中指出："一百年来，中国共产党团结带领中国人民，以'为有牺牲多壮志，敢教日月换新天'的大无畏气概，书写了中华民族几千年历史上最恢宏的史诗。这一百年来开辟的伟大道路、创造的伟大事业、取得的伟大成就，必将载入中华民族发展史册、人类文明发展史册！"

江山就是人民，人民就是江山。中国共产党的百年，是为人民寻找救国图存理论、为人民摸索独立解放道路、为人民推进实践认识发展的百年。习近平总书记在讲话中明确提出："一百年前，中国共产党的先驱们创建了中国共产党，形成了坚持真理、坚守理想，践行初心、担当使命，不怕牺牲、英勇斗争，对党忠诚、不负人民的伟大建党精神，这是中国共产党的精神之源。"这一真理，就是"十月革命一声炮响"送来的马克思列宁主义；这一理想，就是为中国人民谋幸福、为中华民族谋复兴的伟大理想。正是在正确理论武器的指导下、在坚定的初心使命的驱动下、在大无畏的牺牲精神的鼓舞

图 3-8　淮海战役中为解放军运送粮食的群众队伍

下，中国共产党从人民中来，又牢牢地扎根于人民群众之中，才能与人民休戚与共、生死相依。从井冈山的红米饭、南瓜汤，到长征路上的"半条被子"；从延安宝塔山下军民一心的大生产，到淮海战役中络绎不绝的小推车；从调动一切积极因素摸索适合中国国情的社会主义建设模式，到上下一心坚定不移走共同富裕的中国特色社会主义道路，中国共产党和人民始终想在一起、做在一起、奋斗在一起，与人民不断取得民族独立解放、取得社会主义建设伟大成就，如今又继续朝着实现中华民族伟大复兴梦想不断进发！

为人民实现摆脱贫困之梦、为人民寻找共同富裕之路、为人民践行美好生活追求，是中国共产党人孜孜不倦的根本追求。冷少农烈士在 1930 年 3 月 31 日写给母亲的信中，曾坦诚地告诉母亲自己为何选择跟随中国共产党走上革命道路："我因为见着他们（这些穷人）这样的痛苦，我心里非常地难过，我想使他们个个都有饭吃，都有衣穿，都有房子住，都有事情做……这样的事情是一件最大而又最复杂的事情，我要这样干，非得把全身的力量贯注着，非得把生命贡献。"① 这一朴素的情感，正是中国共产党人一心为民、不畏艰难、勇于牺牲的真实写照。

经过 28 年的艰苦奋斗，中国人民终于实现了"站起来"当家作主的愿望，打下了摆脱贫困的制度基础；经过改革开放 40 余年的摸索与建设，中国人民实现了"富起来"的重大飞跃，奠定了走向共同富裕的物质与文化根基；经过党的十八大以来近十年的建设，在中国共产党的坚强领导下，中国人民完成了全面建成小康社会的第一个百年奋斗目标：现行标准下 9 899 万农村贫困人口全部脱贫，832 个贫困县全部摘帽，12.8 万个贫困村全部出列，近一亿农村贫困人口实现脱贫，区域性整体贫困得到解决，完成了消除绝对贫困的艰巨任务，创造了又一个彪炳史册的人间奇迹！这正是习近平总书记强调的"人民对美好生活的向往，就是我们的奋斗目标"的最好诠释，这也正是中国共产党百年来不懈努力奋斗的最好写照。

为人民赓续悠长文明传统、为人民传承中华文化精义、为人民推动文明互融互鉴，是中国共产党追求实现更高品质的发展、实现人类和谐共长的长远目标。习近平总书记在讲话中指出："中华民族是世界上伟大的民族，有着 5 000 多年源远流长的文明历史，为人类文明进步作出了不可磨灭的贡献。"回首中国共产党的百年历程，正是因为主动继承和发扬中华文明中的"大一统"追求与传统、主动继承和发扬中华文明中的"民贵民本"思想与实践、主动继承和发扬中华文明"和谐共存、和而不同、求同存异、美美与共"原则与规范，中国共产党才能始终坚定把维护国家统一和发展作为根本任务、才能始终把统一战线和中华儿女大团结摆在革命与建设的首要地位、才能始终将发动人民

---

① 恽代英、邓中夏、赵一曼，等：《红色家书》，南京：江苏凤凰文艺出版社 2021 年版，第 54—55 页。

组织人民作为改天换地的根本力量。在努力建设社会主义现代化强国、努力实现中华民族伟大复兴的今天，习近平总书记再次向世界强调，"和平、和睦、和谐是中华民族5 000多年来一直追求和传承的理念"，"中国始终是世界和平的建设者、全球发展的贡献者、国际秩序的维护者！"在面对世界"百年未有之大变局"，中国共产党与中国人民始终秉承和发扬中华优秀传统文化，与世界其他文明、其他国家人民一道，为创造人类命运共同体、开创世界美好未来而不懈努力奋斗。

人民始终是中国共产党的初心所在、信仰所系与努力所向，也永远是中国共产党的根本底色、执政底气与奋斗底基。习近平总书记在庆祝中国共产党成立100周年大会上的讲话中强调："过去一百年，中国共产党向人民、向历史交出了一份优异的答卷。现在，中国共产党团结带领中国人民又踏上了实现第二个百年奋斗目标新的赶考之路。"江山就是人民，人民就是江山。这是中国共产党由小到大、由弱到强的唯一秘诀，是中国共产党领导中国人民实现社会主义现代化强国目标的根本理念，更是中国共产党带领中华儿女走向中华民族伟大复兴的磅礴动力！

三、敢于自我革命的政党

一部中国共产党的历史，就是一部党自我革命以及在自我革命中实现超越和发展的奋斗史。习近平总书记在庆祝中国共产党成立100周年大会上指出："勇于自我革命是中国共产党区别于其他政党的显著标志。"同时也是中国共产党由弱小到强大、从挫折中奋起、不断走向成熟的重要法宝。只有始终保持自我革命精神，始终以正视问题的勇气和刀刃向内的自觉不断推进党的自我革命，才能确保党不变质、不变色、不变味，确保党在新时代坚持和发展中国特色社会主义的历史进程中始终成为坚强领导核心。

（一）中国共产党敢于自我革命的内在动因

习近平总书记指出："中国共产党的伟大不在于不犯错误，而在于从不讳疾忌医，敢于直面问题，勇于自我革命，具有极强的自我修复能力。"在错误面前，一个政党应该抱有什么样的态度，成为检验一个政党品格的"试金石"。勇于自我革命，是中国共产党最鲜明的政治品格，也是中国共产党始终走在时代前列、经得起各种风浪考验的力量源泉。

从理论动因来看，这是无产阶级政党性质的必然要求。马克思主义理论认为，无产阶级革命与其他革命不同之处就在于：它自己批评自己，并靠批评自己壮大起来。"我们不但善于破坏一个旧世界，我们还将善于建设一个新世界。""破坏一个旧世界，建设一个新世界"，就是革命。列宁说："马克思认为他的理论的全部价值在于这个理论'在本质上是批判的和革命的'。"而这种革命，不只是适用于革反动派的命，也适用于革自己的命，即自我革命。可以说，自我革命是无产阶级政党与生俱来的品质和要求。

马克思主义革命性的理论品格赋予了中国共产党勇于自我革命的实践品格和精神底色。中国共产党是以马克思主义为指导的无产阶级政党，是工人阶级的先锋队，同时是中国人民和中华民族的先锋队。党的根本宗旨是全心全意为人民服务。中国共产党的性质和根本宗旨决定了党能够勇于自我革命。因为"党除了工人阶级和最广大人民群众的利益，没有自己特殊的利益"。不谋私利，才能谋根本、谋大利，才具有自我革命的勇气和魄力，不掩饰缺点，不回避问题，不文过饰非，有缺点克服缺点，有问题解决问题，有错误承认并纠正错误。

从文化动因来看，中华民族自省革新精神是党勇于自我革命的渊源。强烈的自省革新精神是中华民族优秀传统文化的重要组成部分。商汤在自己的洗澡用具上刻下"苟日新，日日新，又日新"的箴言，提醒自己要像每天洗澡一样及时反省和不断进行革新。曾子的"吾日三省吾身"更是众所周知。宋明理学代表人物王阳明在《传习录》中说："我今说个知行合一，正要人晓得一念发动处，便即是行了，发动处有不善，就将这不善的念克倒了。须要彻根彻底，不使那一念不善潜伏在胸中，此是我立言宗旨。"从这些故事和典籍中可以看出，自省文化是中华民族延续了数千年的文化传统。中国共产党自成立之日起，就把中华传统文化"审视其是非，辨识其善恶"的自省革新精神作为政治伦理的重要组成部分，并予以发扬光大，弘扬为自我革命的精神。正如习近平总书记所言："在带领中国人民进行革命、建设、改革的长期历史实践中，中国共产党人始终是中国优秀传统文化的忠实继承者和弘扬者，从孔夫子到孙中山，我们都注意汲取其中积极的养分。"在新时代，我们有必要将这种自省文化传统继承好并进行现代化转化。

从实践动因来看，自我革命是中国共产党破解历史周期律的重要之策。中国共产党是一个始终有着强烈忧患意识的无产阶级政党，一以贯之的忧患意识是中国共产党最基本的实践品格。1938年7月26日，张闻天在对延安抗日军政大学第三期毕业同学的讲演中就指出："所谓'禹汤罪己，其兴也勃，桀纣罪人，其亡也忽'，这已成为中国人公认的历史真理。而承认这个真理，就是一方面要善于批评自己，另一方面又要善于接受他人对自己的批评，不讳疾忌医。"在张闻天看来，一个政党要跳出"兴勃亡忽"的历史周期律，就必须"一方面要善于批评自己，另一方面又要善于接受他人对自己的批评，不讳疾忌医"。1945年4月24日，毛泽东在党的七大政治报告中强调："有无认真的自我批评，也是我们和其他政党互相区别的显著的标志之一……对于我们，经常地检讨工作，在检讨中推广民主作风，不惧怕批评和自我批评，实行'知无不言，言无不尽'，'言者无罪，闻者足戒'，'有则改之，无则加勉'这些中国人民的有益的格言，正是抵抗各种政治灰尘和政治微生物侵蚀我们同志的思想和我们党的肌体的唯一有效的方法。"

正如《中国共产党的历史使命与行动价值》所指出："没有一个政党是不犯错误的，

重要的是能否从错误中学习，取得教训。中国共产党是伟大、光荣、正确的党，并不是因为从来不犯错误，而是因为能够正确认识错误，从错误中学习，通过错误的教训提高对客观规律的认识，进而纠正错误，使错误成为正确的先导。坚持真理、修正错误，永远是党坚持为人民服务、坚持人民至上而恪守的态度。"自觉和勇于进行自我革命，是中国共产党区别于其他政党的重要品质之一，也是中国共产党由小到大、从弱到强的关键法宝。

（二）中国共产党敢于自我革命的成功经验

中国共产党自成立之日起，就勇于进行自我革命，坚决同一切影响党的先进性、弱化党的纯洁性的问题作斗争。这是我们党长期以来形成的优良传统和成功经验，也是我们党区别于世界上其他政党最显著的标志。

思想上高度重视自我革命。思想是行为的先导，没有思想上的高度重视，就没有行为上的高度自觉。中国共产党之所以能保持自我革命的高度自觉，就在于党在思想上高度重视自我革命。1929 年 12 月 28 日至 29 日，毛泽东为古田会议起草了八个决议案，其中第一部分"关于纠正党内的错误思想"是最为核心的内容。毛泽东指出："红军第四军的共产党内存在着各种非无产阶级的思想，这对于执行党的正确路线，妨碍极大。若不彻底纠正，则中国伟大革命斗争给予红军第四军的任务，是必然担负不起来的。"毛泽东在阐明各种非无产阶级思想的危害之后，又条分缕析地列出了各种非无产阶级思想的表现，指明了它的危害，给出了纠正的方法。古田会议是中国共产党自我革命精神

图 3-9　油画《古田会议》

的缩影，其关于从思想上纠正党内错误思想的理念和方法对党和人民军队建设产生了极其深远的影响。

实践中根据不同问题进行自我革命。具体问题具体分析是马克思主义活的灵魂。中国共产党总是根据不同时期的任务、党内存在的突出问题来进行自我革命。延安整风是党的历史上第一次大规模整风运动。通过反对主观主义整顿学风、反对宗派主义整顿党风、反对党八股整顿文风，全党达到了空前的团结和统一，为夺取抗日战争胜利奠定了思想基础。解放战争时期开展的土改整党运动，主要是为解决党的农村基层组织在土地改革中暴露出来的问题而进行的大规模整党运动。这场整党运动的主要方法是在党内展开批评与自我批评，主要内容是开展查阶级、查思想、查作风，整顿组织、整顿思想、整顿作风。通过"三查""三整"有效地解决了基层党组织存在的组织不纯、思想不纯、作风不纯问题，从而使得土地改革得以顺利推进，大后方的基层政权得以巩固，广大农民的生产积极性和拥军支前的热情得以充分调动，有力地支援了解放战争。中华人民共和国初期的"三反"运动，是针对党政机关工作人员存在的贪污、浪费和官僚主义等问题而开展的，清除了党员干部队伍中的蜕化变质分子，纯洁了党的队伍，教育和挽救了一批党的干部。党的群众路线教育实践活动是新时代党的自我革命的一次重要实践，主要是针对党员干部队伍中的形式主义、官僚主义、享乐主义、奢靡之风而进行的自我革命，有效地改进了党员干部的工作作风，密切了党群干群关系，夯实了党的执政基础。

按照实际情况决定自我革命的方法。毛泽东在《关心群众生活，注意工作方法》一文中曾经指出："我们不但要提出任务，而且要解决完成任务的方法问题。我们的任务是过河，但是没有桥或没有船就不能过。不解决桥或船的问题，过河就是一句空话。不解决方法问题，任务也只是瞎说一顿。"党的自我革命也是一样，要想实现自我革命的目标也需要运用正确的方法。在党的自我革命过程中，通过经常性的党内集中教育、善于运用批评和自我批评的武器，从思想上正本清源、固本培元。

重视思想建设，不断推进自我革命，是中国共产党的传统。对中国共产党而言，越是重视用理想信念强魂健魄，自我革命的骨头就越会硬起来。2018年6月14日，习近平总书记在山东考察时指出："我们党要永远立于不败之地，就要不断推进自我革命，教育

1929年12月，毛泽东就指出："关于党内批评问题，还有一点要说及的，就是有些同志的批评不注意大的方面，只注意小的方面。他们不明白批评的主要任务，是指出政治上的错误和组织上的错误。至于个人缺点，如果不是与政治的和组织的错误有联系，则不必多所指摘，使同志们无所措手足。而且这种批评一发展，党内精神完全集注到小的缺点方面，人人变成了谨小慎微的君子，就会忘记党的政治任务，这是很大的危险。"

引导党员、干部特别是领导干部从思想上正本清源、固本培元，筑牢思想道德防线，增强拒腐防变和抵御风险能力，时刻保持共产党人的政治本色。"在社会思潮日益多元的今天，更要用好思想建党这个法宝，继续将自我革命与领导中华民族伟大复兴相结合，不断推进中国特色社会主义事业的建设发展。

（三）中国共产党敢于自我革命的精髓要义

习近平总书记在十九大报告中指出："勇于自我革命，从严管党治党，是我们党最鲜明的品格。"回顾党的历史，我们党总是在推动社会革命的同时，勇于推动自我革命，始终坚持真理、修正错误，敢于正视问题、克服缺点，勇于刮骨疗毒、去腐生肌。这使得我们党能够在危难之际绝处逢生、失误之后拨乱反正，成为永远打不倒、压不垮的马克思主义政党。概括说来，中国共产党自我革命的精髓要义体现在以下几个方面：

坚持马克思主义真理，修正偏离或违背马克思主义的错误思想。马克思主义是放之四海而皆准的真理，是中国共产党的坚定信仰。正如习近平总书记所指出的："无论是处于顺境还是逆境，中国共产党从未动摇对马克思主义的信仰"，"背离或放弃马克思主义，我们就会失去灵魂、迷失方向。在坚持马克思主义指导地位这一根本问题上，我们必须坚定不移，任何时候任何情况下都不能有丝毫动摇"①。纵观党的百年历史，始终体现着坚持马克思主义真理，修正偏离或违背马克思主义的错误思想这一要义。

坚持党的根本宗旨，纠正背离全心全意为人民服务的错误行为。全心全意为人民服务是中国共产党的根本宗旨。党的根本宗旨决定了中国共产党人必须坚持以人民为中心，为人民谋利益，向人民负责。毛泽东在《为人民服务》一文中指出："因为我们是为人民服务的，所以，我们如果有缺点，就不怕别人批评指出。"②中国共产党之所以能兴旺起来，就在于党"为人民的利益坚持好的，为人民的利益改正错的"。

坚持实事求是的根本原则，同违背实事求是的现象作不妥协的斗争。实事求是是马克思主义的根本观点，是中国共产党认识世界、改造世界的根本要求，是党的基本思想方法、工作方法、领导方法。邓小平曾经指出："毛泽东同志在延安为中央党校题了'实事求是'四个大字，毛泽东思想的精髓就是这四个字。毛泽东同志所以伟大，能把中国革命引导到胜利，归根到底，就是靠这个。"③中国共产党之所以具有超强的自我革命精神，就在于始终坚持实事求是这一马克思主义根本观点，并在实践中推进党的理论创新。靠着实事求是，中国共产党不断完善中国特色社会主义制度，不断革除阻碍发展

---

① 习近平：《不忘初心，继续前进》，载《习近平谈治国理政（第二卷）》，北京：外文出版社2017年版，第33页。

② 毛泽东：《为人民服务》，载《毛泽东选集（第三卷）》，北京：人民出版社1991年版，第1004页。

③ 邓小平：《邓小平文选（第二卷）》，北京：人民出版社1994年版，第126页。

的各方面体制机制弊端，充分显示了制度保障的强大力量；全面净化党内政治生态，坚决纠正各种不正之风，以零容忍态度惩治腐败；敢于刀刃向内，向顽瘴痼疾开刀，敢于触及深层次的利益关系和尖锐矛盾。

党的自我革命任重而道远，永远没有暂停键，决不能有停一停、歇一歇的想法。中国特色社会主义进入新时代，党的建设面临更加艰巨而繁重的任务。一方面，全面建设社会主义现代化国家、实现中华民族伟大复兴，对我们党提出了前所未有的新挑战新要求；另一方面，党面临的"四大考验"是长期的、复杂的，"四种危险"是尖锐的、严峻的。但是中国共产党始终保持"以革命者必先自我革命"的坚定意志和决心，继续推进自我革命，不断检视自己，不掩饰缺点，不文过饰非，坚决同一切弱化党的先进性和纯洁性、危害党的肌体健康的现象作斗争，以实际行动证明经历百年历练的中国共产党必当可以担负起新时代的历史使命，在走向中华民族伟大复兴的征程中肩负起领导核心的光荣重担！

第三节　民族复兴的领导核心 [①]

中国共产党诞生于中华民族救亡图存的历史大潮中，在与各种政治派别的竞争中，中国共产党脱颖而出，成为中华民族的领导核心。党领导的新民主主义革命的胜利，为中华民族伟大复兴创造了根本社会条件；党领导的社会主义革命和建设，为实现中华民族伟大复兴奠定了根本政治前提和制度基础；党领导的改革开放和社会主义现代化建设，为实现中华民族伟大复兴提供充满新的活力的体制保证和快速发展的物质条件。进入新时代，党领导全国各族人民实现了第一个百年奋斗目标，开启实现第二个百年奋斗目标新征程，朝着实现中华民族伟大复兴的宏伟目标继续前进。从某种意义上讲，一部中国共产党党史，就是一部党团结和带领中国各族人民为实现民族独立、人民解放和国家富强、人民富裕而不懈奋斗的历史，就是一部中华民族在其领导下走向伟大复兴的历史。

一、中共创建：民族复兴的时代呼唤

1840年鸦片战争以后，中国逐步成为半殖民地半封建社会，国家蒙辱、人民蒙难、文明蒙尘，中华民族遭受了前所未有的劫难。从那时起，实现中华民族伟大复兴，就成为中国人民和中华民族最伟大的梦想。

为了拯救民族危亡，中国人民奋起反抗，仁人志士奔走呐喊，太平天国运动、戊戌变法、义和团运动、辛亥革命接连而起，各种救国方案轮番出台，但都以失败告终。中国迫切需要新的思想引领救亡运动，迫切需要新的组织凝聚革命力量。十月革命一声炮响，给中国送来了马克思列宁主义。在中国人民和中华民族的伟大觉醒中，在马克思列宁主义同中国工人运动的紧密结合中，中国共产党应运而生。中国产生了共产党，这是开天辟地的大事变，深刻改变了近代以后中华民族发展的方向和进程，深刻改变了中国人民和中华民族的前途与命运，深刻改变了世界发展的趋势和格局。

马克思主义是20世纪的一种世界性思潮，中国先进分子经过认真思考和比较，最终选择了马克思主义，这一选择有着深刻的历史和现实原因。第一，中国社会强烈的现实需要：传统的"家—国"体系由于当权者的腐朽奢靡、脱离人民，在西方坚船利炮的

[①] 本节内容主要参考：中央社会主义学院：《共识教育十八讲——民主党派干部进修班讲义选编》，北京：研究出版社2020年版，第35-48页；冯海波、张梧：《砥柱中流——中国共产党与中华民族伟大复兴》，北京：人民出版社2021年版，第55-170页。

图 3-10 油画《启航》

攻击下变得七零八落，中国社会迫切需要一个新式革命政党重新进行社会整合和政治整合。马克思主义恰恰提供了一种最为完整可行的理论，而中国共产党以其强有力的组织和出色的动员能力，成为具有强烈的社会改造使命感以及铁的纪律的新型革命政党。第二，十月革命为中国革命的成功奠定了实践基础，推动了中国共产党的成立。第三，马克思主义本身的真理性和道义力量。第四，马克思主义与中国传统文化具有一定的契合性，更易于人们接受与传播。

中国共产党的诞生在中华文明发展史上具有重大意义。中国传统文化发展到明清时代，基本上已经陷入了自我封闭的怪圈，其内在的保守性和消极性由于封建统治集团的妄自尊大而不断积累，最终落败于西方的坚船利炮及其背后的强大文明。在此情形之下，一部分人更彻底地转向传统，企图牢牢地守住所谓的"中体"，另一部分人则更为激进地想要"全盘西化"，中华文明的现代转型明灭未定。中国共产党成立之初的革命目标就内在地包括了中华民族及其文化的独立与觉醒，无论其选择的革命路径还是动员方式，都具有浓郁的本土化特征。这样一个政党，经过北伐战争、土地革命战争、长征的磨炼，抗日的洗礼，革命建国的实践，改革开放的局面，成功实现了马克思主义与中国具体实际的结合，为中国传统文化注入了科学的理论指导，成为中华文明现代转型的最重要支撑。

二、全国抗战：民族复兴的重要枢纽

抗日战争不仅是近代中国抵抗外敌侵略战争中首次取得完全胜利的战争，也增强了中华民族的民族意识，促进了中华儿女的集体觉醒，进一步促使中华民族由"自在"的民族转变为"自为"的民族，成为中华民族复兴的重要枢纽。

中华民族形成很早，但民族共同体意识较为淡薄。费孝通认为古代的中华民族是一个"自在"的民族实体，而不是一个"自觉"的民族实体。"中华民族"这一观念是梁启超于20世纪初最早提出和使用的，但直到"九一八事变"，尤其是"七七事变"之后，"中华民族"这一观念才为全国各民族人民普遍认同并成为中国境内各民族之共同称谓。抗日战争使中华民族在精神上和组织上的进步达到了前所未有的高度，彻底告别了孙中山痛心疾首的"一盘散沙"的局面，再造了伟大的中华民族精神，实现了中华儿女从未有过的团结。其原因在于，抗日民族统一战线的建立和全民族抗战局面的形成，增强了各族人民对中华民族整体的认同感。

抗日战争是在以第二次国共合作为基础的抗日民族统一战线的旗帜下进行的一场全民族的抗战。在中华民族"最危险的时候"，国共两党以国家利益、民族利益为重，在一定时间内和一定程度上摒弃前嫌，形成"地不分南北，人无分老幼"的全民族抗战局面。尽管在统一战线内部存在着国共两党的斗争，有时还相当激烈，但直至抗战胜利，抗日民族统一战线还维持着，国共两党并没有完全走向对抗和分裂。在抗战中，中国出现了正面战场和敌后战场两个战场，两个战场相互配合、协同作战。

在充分肯定全民族抗战和正面、敌后两个战场的重要作用的同时，也要充分肯定中国共产党在抗战中的中流砥柱作用。这主要表现在：一是以毛泽东为杰出代表的中国共产党人，把马克思列宁主义基本原理同中国革命具体实际相结合，创立和发展了毛泽东思想，对抗日战争发挥了重要的思想和战略指导作用；二是中国共产党积极倡导、促成、维护抗日民族统一战线，最大限度地动员了全国军民共同抗战，成为凝聚全民族力量的基础组织者；三是中国共产党坚持全面抗战路线，提出持久战的战略总方针和一整套人民战争的战略战术，开辟了广大的敌后战场，成为坚持抗战的中坚力量。

三、夺取政权：民族复兴的历史选择

从1921—1949年，国共两党实力对比非常鲜明，中国国民党在大多数时间都占据绝对优势，但最终历史和人民选择了中国共产党，其中的原因是多方面的。

（一）中国共产党锻造了坚强的党力

从组织角度而言，国共两党都是"以俄为师"的结果，但两者同中有异。国民党主要是从组织和技术层面学习俄共的建党方法和治党方法，但是对于俄共先进的建党思想不以为意。国民党坚持认为，俄共并无新奇之处，三民主义比共产主义更具包容性，更适合中国国情。国民党似乎采取了列宁主义政党的一些组织形式，但其实际运作更接近于西方议会政党的某些做法，如征收资格漫无标准，征收方式如同儿戏，党员信仰有所不同，不顾党员质量优劣，几乎来者不拒，始终没有建立起一个具有严密渗透性和强大内聚力的政党组织。

中国共产党的党力主要来源于以下几个方面：一是指导思想。中国共产党从创建开始就坚持马克思主义的科学指导，坚持代表人民群众的根本利益，坚持社会主义和共产主义的奋斗目标。二是组织建设。中国共产党特别重视党的组织建设，早在1927年就建立了包括党的中央组织、地方组织、基层组织在内的严密的组织体系，并逐步建立起高度认同的、一元化的党内意识形态。毛泽东更是创造性地提出"支部建在连上""一切工作归支部""支部必须使人民群众与党密切结合起来"的方针，进而使党的路线、方针、政策落实到基层有了不可替代的制度构架，也为基层党支部在基层发挥领导核心、联系群众和党员的桥梁与纽带作用奠定了基础。三是党员发展与教育管理。在发展党员方面，中国共产党的标准非常严格，要求党员高度认同其意识形态，党员征收必须通过基层组织认真考察。与此同时，在各个历史时期，中国共产党都非常重视对党员进行马克思主义理论的教育，在中央指导下，各级基层党组织还举办各式各样的干部培训班，开展理论教育、政治教育、业务教育和文化教育。四是纪律。宣告中国共产党成立的《中国共产党第一个纲领》一共只有15条内容，其中有10条内容涉及组织、财经等纪律要求。中共二大通过的《中国共产党章程》专门设立了"纪律"一章，此后历次修订后的党章都有"纪律"一章，党的重要决议和文献也都有纪律相关内容。对中国共产党来说，党的纪律关系党的生死存亡，关系中国革命前途，即便是在极其艰难的革命战争中，也从未放松过纪律方面的要求，执行纪律，没有例外，纪律面前人人平等。

（二）中国共产党掌握了强大的军力

古今中外，最难以驾驭的统治机器莫过于军队。在"以俄为师"的大潮中，苏俄的"治党"和"党治"体制最受追捧。在学习苏俄建立列宁主义新型政党的同时，仿效其"红军"建立一支由革命政党控制的军队也成为国共两党的共同理想。不同的是，同样是"党军"，共产党确实做到了党指挥枪，兵受"主义"的训练。而国民党则异化为以军控政、以军控党的局面，国民党的"党军"最终沦为"军党"。

与国民党不同，中国共产党真正做到了"党指挥枪"。在战争年代，共产党员的力量往往是军政的先锋，人民军队准备攻打某一地区时，党组织早已先行进入并开展了卓有成效的工作；冲锋时，冲在最前面的往往都是共产党员；即便进行战略转移，党组织仍然留下来作为"地下党"继续战斗，这就是党组织政治核心作用。通过三湾改编和古田会议，中国共产党确立了"支部建在连上"的基本原则，明确了"中国的红军是一个

图 3-11　油画《三湾改编》

执行革命政治任务的武装集团""红军绝不是单纯地打仗的，它除了打仗消灭敌人军事力量之外，还要负担宣传群众、组织群众、武装群众、帮助群众建立革命政权以至于建立共产党的组织等项重大的任务"，进而确保了党对人民军队的绝对领导。

（三）中国共产党凝聚了广泛的民力

在近代中国极端深重的民族危机面前，谁能够领导人民抵抗外来的侵略，谁能让人民过上更好的生活，谁就能够取得人民发自内心的信任和支持。这是理解中国近代历史发展的钥匙。中国共产党领导的革命斗争是真正意义上的"人民革命"，突出表现在"统一战线"上。中国共产党能否领导革命取得胜利，关键就在于能否团结包括农民、城市小资产阶级以及其他中间阶级的"绝大多数"。为此，中国共产党为夺取政权、革命建国打牢了两个联盟基础：一是工人阶级同农民和其他劳动人民的联盟，主要是工农联盟；二是工人阶级同民族资产阶级和其他可以合作的非劳动人民的联盟，主要是同民族资产阶级的联盟，有时还包含与一部分大资产阶级暂时的联盟。

中国共产党针对不同的革命任务，相继提出并实质上建立了"国民革命联合战线""工农民主统一战线""抗日民族统一战线""人民民主统一战线"，形成了人类历史上规模空前的、前后相继的"人民革命"洪流，所以才有了北伐时期共产党人的力量显现；才有了人民拥护支持的苏区；才有了长征路上的播种宣传；才有了淮海战役的胜利是"人民群众用小车推出来的"的说法；才有了共产党领导的中国人民解放军的浴血奋战和中华人民共和国的伟大创建。

四、执政建国：民族复兴的路径求索

中华人民共和国成立至今，大致可分为改革开放前和改革开放后两个时期，如何看待这两个历史时期是人们关注的话题。习近平总书记指出："我们党领导人民进行社会主义建设，有改革开放前和改革开放后两个历史时期，这是两个相互联系又有重大区别的时期，但本质上都是我们党领导人民进行社会主义建设的实践探索。中国特色社会主义是在改革开放历史新时期开创的，但也是在新中国已经建立起社会主义基本制度并进行了 20 多年的基础上开创的。"[①] 对待这两个时期不能前后相互否定，这是我们理解当时的中国共产党和新中国史的根本思路。

（一）艰难探索时期

社会主义制度在中国建立起来后，中国的社会主义政治、经济和文化应该怎样建设和发展？这是共产党面临的全新课题。为了解答这一课题，全党进行了艰辛的探索。以党的八大召开为标志，探索取得了初步的成果。但由于对如何在中国建设社会主义，全党缺乏足够的理论和思想准备，八大之后，社会主义建设遭受了严重挫折，出现了反右派斗争严重扩大化、"大跃进"和人民公社化运动等一系列失误，甚至出现了十年"文化大革命"这样全局性的错误。这里面有着很复杂的原因：

一是社会主义发展的历史不长，党在全国范围执政的时间不长，对于治国理政和开展全面的社会主义建设缺乏足够的思想认识与实践经验。二是党对领导社会主义建设缺乏实践经验，遇到突发事件和思想认识上的分歧，观察和处理社会主义发展进程中出现的新矛盾、新问题时，容易把不属于阶级斗争的问题仍看作是阶级斗争，沿用不合时宜的、进行群众性斗争的旧方法和旧经验。三是党是在受外部封锁的状态下领导人民建设社会主义的。四是党和国家的领导体制存在着弊端，组织制度、工作制度不完善、不健全，没有把党内民主和国家政治社会生活的民主加以制度化、法律化。

虽然前 30 年教训深刻，但其成就不容忽视。一是提供了最基本的政治前提和制度基础。在中国共产党的领导下，祖国大陆高度统一，社会主义基本政治制度、经济制度得以确立，中华民族的凝聚力极大增强，深刻改变了中国人民和中国社会的面貌。二是创造了雄厚的物质基础。中华人民共和国建立起一个基本覆盖全国的轻重工业体系和交通运输网络，治理大江、大河、大湖，进行农田基本建设，粮食产量基本可以满足国人吃饭需求。三是建立了惠及全体国民的医疗保障体系，使得中国人的健康指标大幅改善，成为世界卫生组织在全球范围内推广初级卫生服务的样板。四是夯实了人才和技术基础。高度重视教育发展和教育平等，1949—1976 年，中国学前儿童的入学率从 20% 左右激增到 97.1%，成年人的文盲率在这 30 年期间下降了近 60 个百分点。科技方面，

---

① 习近平：《关于坚持和发展中国特色社会主义的几个问题》，《求是》2019 年第 7 期。

图 3-12　1964 年 10 月 16 日，我国第一颗原子弹爆炸成功

在基础科学、新兴应用技术和尖端技术科技领域取得了一大批重要研究成果，比如首次完成人工合成牛胰岛素，首次成功培育新型杂交水稻等。五是赢得了一个相对和平的国际环境。通过抗美援朝、改善中美关系、加入联合国，明显提高了国际地位，创造了有利于社会主义建设的和平国际环境。六是留下了一大批宝贵的精神财富。在艰辛探索过程中，党对中国社会主义建设的经验进行理论总结，形成了关于正确处理人民内部矛盾的思想，百花齐放、百家争鸣的思想等；广大人民展现出大无畏的英雄气概和积极进取的精神风貌，形成了以焦裕禄精神、铁人精神、雷锋精神为代表的一大批彰显民族精神和时代特质的精神财富。

1981 年党的十一届六中全会在《关于建国以来党的若干历史问题的决议》中给出了更为概括的评价："我们现在赖以进行现代化建设的物质技术基础，很大一部分是此期间建设起来的；全国经济文化建设等方面的骨干力量和他们的工作经验，大部分也是此期间培养和积累起来的。这是这个期间党的工作的主导方面。"

习近平总书记在庆祝中国共产党成立 100 周年大会上指出："为了实现中华民族伟大复兴，中国共产党团结带领中国人民，自力更生、发愤图强，创造了社会主义革命和建设的伟大成就。我们进行社会主义革命，消灭在中国延续几千年的封建剥削压迫制度，确立社会主义基本制度，推进社会主义建设，战胜帝国主义、霸权主义的颠覆破坏和武装挑衅，实现了中华民族有史以来最为广泛而深刻的社会变革，实现了一穷二白、人口众多的东方大国大步迈进社会主义社会的伟大飞跃，为实现中华民族伟大复兴奠定了根本政治前提和制度基础。中国共产党和中国人民以英勇顽强的奋斗向世界庄严宣告，中国人民不但善于破坏一个旧世界，也善于建设一个新世界，只有社会主义才能救中国，只有中国特色社会主义才能发展中国！"从中华人民共和国成立到改革开放前夕的探索，虽然经历了严重挫折，但党在社会主义革命和建设中取得的独创性理论成果和巨大成就，为在新的历史时期开创中国特色社会主义提供了宝贵经验、理论准备、物质基础。

（二）改革开放时期

为了实现中华民族伟大复兴，中国共产党团结带领中国人民，解放思想、锐意进取，创造了改革开放和社会主义现代化建设的伟大成就。改革开放是中国共产党开创中国特色社会主义道路的历史新起点。中国共产党带领中国人民实现中华人民共和国成立以来党的历史上具有深远意义的伟大转折，确立党在社会主义初级阶段的基本路线，坚定不移推进改革开放，战胜来自各方面的风险挑战，开创、坚持、捍卫、发展中国特色社会主义，实现了从高度集中的计划经济体制到充满活力的社会主义市场经济体制、从封闭半封闭到全方位开放的历史性转变，实现了从生产力相对落后的状况到经济总量跃居世界第二的历史性突破，实现了人民生活从温饱不足到总体小康、奔向全面小康的历史性跨越，为实现中华民族伟大复兴提供了充满新的活力的体制保证和快速发展的物质条件。中国共产党和中国人民以英勇顽强的奋斗向世界庄严宣告，改革开放是决定当代中国前途命运的关键一招，中国大踏步赶上了时代！

通过真理标准大讨论，中国共产党重新确立了实事求是的思想路线，扭转了"以阶级斗争为纲"的错误路线，全面转向"以经济建设为中心"的建设事业，标志着中国社会从激进革命转向务实建设。

建立并完善社会主义市场经济。40多年来的经济改革围绕着"社会主义市场经济"的核心问题展开。正是因为改革开放，中国从卖方市场变为买方市场，从短缺经济转向了富裕经济，基本形成社会主义市场经济体制框架，告别了传统计划经济体制。直至今天，中国经济之所以能实现如此规模、如此速度、如此持续地增长，就在于中国共产党创造性地实现了社会主义与市场经济的结合，这是中国改革成功的秘密所在。

社会结构实现转型。首先表现为社会人员的流动性空前加剧：在城市，大量国企工人在下岗分流中从单位走向社会；在农村，大批农村剩余劳动力进入城市，形成了庞大的农民工群体。还有一类大规模社会流动，即体制内的个体为了适应市场改革而自主选择了"下海"，从体制内走向体制外。其次表现为社会领域的自主性不断增强，通过加

图 3-13　党的十一届三中全会召开

强社区建设、村民自治和社团管理，在总体上形成了国家与社会相互合作而又不断彼此适应的互动格局。最后表现为社会阶层的差异性日渐显著，以职业为基础的社会分化机制逐渐取代过去以政治身份、户口差异和行政登记为依据的分化机制，社会的利益格局、价值观念、生活方式、群体认同都发生了深刻变化。

从容应对关系我国改革发展稳定全局的一系列风险考验。20 世纪 80 年代末 90 年代初，苏联解体、东欧剧变。由于国际上反共反社会主义的敌对势力的支持和煽动，国际大气候和国内小气候导致 1989 年春夏之交我国发生严重政治风波。党和政府依靠人民，旗帜鲜明反对动乱，捍卫了社会主义国家政权，维护了人民根本利益。党领导人民成功应对亚洲金融危机、国际金融危机等经济风险。成功举办 2008 年北京奥运会、残奥会，战胜长江和嫩江、松花江流域严重洪涝以及汶川特大地震等自然灾害，战胜非典疫情，彰显了党抵御风险和驾驭复杂局面的能力。

中国共产党和中国人民以英勇顽强的奋斗向世界庄严宣告，改革开放是决定当代中国前途命运的关键一招，中国特色社会主义道路是指引中国发展繁荣的正确道路，中国大踏步赶上了时代。

（三）中国特色社会主义新时代

党的十八大以来，中国特色社会主义进入新时代。党面临的主要任务是，实现第一个百年奋斗目标，开启实现第二个百年奋斗目标新征程，朝着实现中华民族伟大复兴的宏伟目标继续前进。以习近平同志为核心的党中央统筹把握中华民族伟大复兴战略全局和世界百年未有之大变局，强调中国特色社会主义新时代是承前启后、继往开来、在新的历史条件下继续夺取中国特色社会主义伟大胜利的时代；是决胜全面建成小康社会，进而全面建设社会主义现代化强国的时代；是全国各族人民团结奋斗、不断创造美好生活、逐步实现全体人民共同富裕的时代；是全体中华儿女勠力同心、奋力实现中华民族伟大复兴中国梦的时代；是我国不断为人类作出更大贡献的时代。中国特色社会主义新时代是我国发展新的历史方位。

以习近平同志为主要代表的中国共产党人，坚持把马克思主义基本原理同中国具体实际相结合、同中华优秀传统文化相结合，坚持毛泽东思想、邓小平理论、"三个代表"重要思想、科学发展观，深刻总结并充分运用党成立以来的历史经验，从新的实际出发，创立了习近平新时代中国特色社会主义思想，明确中国特色社会主义最本质的特征是中国共产党领导，中国特色社会主义制度最大的优势是中国共产党领导，中国共产党是最高政治领导力量，全党必须增强"四个意识"、坚定"四个自信"、做到"两个维护"；明确坚持和发展中国特色社会主义，总任务是实现社会主义现代化和中华民族伟大复兴，在全面建成小康社会的基础上分两步走，在 21 世纪中叶建成富强民主文明和谐美丽的社会主义现代化强国，以中国式现代化推进中华民族伟大复兴；明确新时代我国社会主要矛盾是人民日益增长的美好生活需要和不平衡不充分的发展之间的矛盾，必须坚持以人民为中心的发展思想，发展全过程人民民主，推动人的全面发展，全体人民共同富裕取得更为明显的实质性进展；明确中国特色社会主义事业总体布局是经济建设、政治建设、文化建设、社会建设、生态文明建设五位一体，战略布局是全面建设社会主义现代化国家、全面深化改革、全面依法治国、全面从严治党四个全面；明确全面深化改革总目标是完善和发展中国特色社会主义制度、推进国家治理体系和治理能力现代化；明确全面推进依法治国总目标是建设中国特色社会主义法治体系、建设社会主义法治国家；明确必须坚持和完善社会主义基本经济制度，使市场在资源配置中起决定性作用，更好发挥政府作用，把握新发展阶段，贯彻创新、协调、绿色、开放、共享的新发展理念，加快构建以国内大循环为主体、国内国际双循环相互促进的新发展格局，推动高质量发展，统筹发展和安全；明确党在新时代的强军目标是建设一支听党指挥、能打胜仗、作风优良的人民军队，把人民军队建设成为世界一流军队；明确中国特色大国外交要服务民族复兴、促进人类进步，推动建设新型国际关系，推动构建人类命运共同体；明确全面从严治党的战略方针，提出新时代党的建设总要求，全面推进党的政治建设、思想建设、组织建设、作风建设、纪律建设，把制度建设贯穿其中，深入推进反腐败斗争，落实管党治党政治责任，以伟大自我革命引领伟大社会革命。这些战略思想和创新理念，是党对中国特色社会主义建设规律认识深化和理论创新的重大成果。

习近平同志对关系新时代党和国家事业发展的一系列重大理论与实践问题进行了深

邃思考、科学判断，就新时代坚持和发展什么样的中国特色社会主义、怎样坚持和发展中国特色社会主义，建设什么样的社会主义现代化强国、怎样建设社会主义现代化强国，建设什么样的长期执政的马克思主义政党、怎样建设长期执政的马克思主义政党等重大时代课题，提出一系列原创性的治国理政新理念新思想新战略，是习近平新时代中国特色社会主义思想的主要创立者。习近平新时代中国特色社会主义思想是当代中国马克思主义、二十一世纪马克思主义，是中华文化和中国精神的时代精华，实现了马克思主义中国化新的飞跃。党确立习近平同志党中央的核心、全党的核心地位，确立习近平新时代中国特色社会主义思想的指导地位，反映了全党全军全国各族人民共同心愿，对新时代党和国家事业发展、对推进中华民族伟大复兴历史进程具有决定性意义。

改革开放以后，党和国家事业取得重大成就，为新时代发展中国特色社会主义事业奠定了坚实基础、创造了有利条件。同时，党清醒认识到，外部环境变化带来许多新的风险挑战，国内改革发展稳定面临不少长期没有解决的深层次矛盾和问题以及新出现的一些矛盾和问题，管党治党一度宽松软带来党内消极腐败现象蔓延、政治生态出现严重问题，党群干群关系受到损害，党的创造力、凝聚力、战斗力受到削弱，党治国理政面临重大考验。

以习近平同志为核心的党中央，以伟大的历史主动精神、巨大的政治勇气、强烈的责任担当，统筹国内国际两个大局，贯彻党的基本理论、基本路线、基本方略，统揽伟大斗争、伟大工程、伟大事业、伟大梦想，坚持稳中求进工作总基调，出台一系列重大方针政策，推出一系列重大举措，推进一系列重大工作，战胜一系列重大风险挑战，解决了许多长期想解决而没有解决的难题，办成了许多过去想办而没有办成的大事，推动党和国家事业取得历史性成就、发生历史性变革。

在全面从严治党上，党的自我净化、自我完善、自我革新、自我提高能力显著增强，管党治党宽松软状况得到根本扭转，反腐败斗争取得压倒性胜利并全面巩固，党在革命性锻造中更加坚强。

在经济建设上，我国经济发展平衡性、协调性、可持续性明显增强，国家经济实力、科技实力、综合国力跃上新台阶，我国经济迈上更高质量、更有效率、更加公平、更可持续、更为安全的发展之路。

在全面深化改革开放上，党不断推动全面深化改革向广度和深度进军，中国特色社会主义制度更加成熟、更加定型，国家治理体系和治理能力现代化水平不断提高，党和国家事业焕发出新的生机活力。

在政治建设上，积极发展全过程人民民主，我国社会主义民主政治制度化、规范化、程序化全面推进，中国特色社会主义政治制度优越性得到更好发挥，生动活泼、安定团结的政治局面得到巩固和发展。

在全面依法治国上，中国特色社会主义法治体系不断健全，法治中国建设迈出坚实步伐，党运用法治方式领导和治理国家的能力显著增强。

在文化建设上，我国意识形态领域形势发生全局性、根本性转变，全党全国各族人民文化自信明显增强，全社会凝聚力和向心力极大提升，为新时代开创党和国家事业新局面提供了坚强思想保证和强大精神力量。

在社会建设上，人民生活全方位改善，社会治理社会化、法治化、智能化、专业化水平大幅度提升，发展了人民安居乐业、社会安定有序的良好局面，续写了社会长期稳定奇迹。

在生态文明建设上，党中央以前所未有的力度抓生态文明建设，美丽中国建设迈出重大步伐，我国生态环境保护发生历史性、转折性、全局性变化。

在国防和军队建设上，人民军队实现整体性革命性重塑，重整行装再出发，国防实力和经济实力同步提升，人民军队坚决履行新时代使命任务，以顽强斗争精神和实际行动捍卫了国家主权、安全、发展利益。

在维护国家安全上，国家安全得到全面加强，经受住了来自政治、经济、意识形态、自然界等方面的风险挑战考验，为党和国家兴旺发达、长治久安提供了有力保证。

在坚持"一国两制"和推进祖国统一上，党中央采取一系列标本兼治的举措，坚定落实"爱国者治港""爱国者治澳"，推动香港局势实现由乱到治的重大转折，为推进依法治港治澳、促进"一国两制"实践行稳致远打下了坚实基础；坚持一个中国原则和"九二共识"，坚决反对"台独"分裂行径，坚决反对外部势力干涉，牢牢把握两岸关系主导权和主动权。

在外交工作上，中国特色大国外交全面推进，构建人类命运共同体成为引领时代潮流和人类前进方向的鲜明旗帜，我国外交在世界大变局中开创新局、在世界乱局中化危为机，我国国际影响力、感召力、塑造力显著提升。

中国共产党和中国人民以英勇顽强的奋斗向世界庄严宣告，中华民族迎来了从站起来、富起来到强起来的伟大飞跃。

第四节　中国道路的开拓者

一百年来，中国共产党领导人民浴血奋战、百折不挠，创造了新民主主义革命的伟大成就；自力更生、发愤图强，创造了社会主义革命和社会主义现代化建设的伟大成就；自信自强、守正创新，创造了新时代中国特色社会主义的伟大成就。

改革开放以后，国际舆论中常有对中国道路的疑问："中国现在搞的究竟还是不是社会主义？"甚至有人认为中国是所谓"资本社会主义""国家资本主义"或"新官僚资本主义"。这些疑问和言论主要基于或者利用了两点认知偏执：第一，苏联式的计划经济才是社会主义，和苏联有区别的社会主义都不能称为"社会主义"；第二，有私有制、资本存在的社会就是资本主义。中国道路既不是苏联式社会主义道路，也不是欧美式资本主义道路，几者之间有显著差别，而这些差别由历史文化传统及面临的历史性课题所决定。

一、中国道路不是苏联式社会主义道路

中国与苏联的确都接受了马克思主义思想，但在实践过程中两个政治体对待马克思主义的方式却有着重大区别。在社会主义建设的过程中，苏联几乎完全接受了作为外来文化的马克思主义思想，而中国则致力于将马克思主义的原理同中国的实际相结合。

（一）苏联式社会主义道路

> 二元对立、极端教条、僵化封闭，是苏联模式的典型特征与主要弊端。

1917 年的"十月革命"，将马克思主义理论变成了现实世界的国家建构与制度追求。1922 年 12 月 30 日，苏俄和其曾经下辖的三个自治共和国白俄罗斯、乌克兰、外高加索联邦一同签署《苏联成立条约》，苏联由此诞生，并后续纳入更多加盟国，版图不断扩张，成为当时世界上最大的社会主义共和国，而其思想体系、经济制度、政治模式等，也一度成为后来的社会主义国家仿效的重要对象。

在思想领域，马克思主义是无神论的，苏联就颁布法律政策打压俄罗斯人的精神支柱——东正教；在科学领域，苏联把科学本身也分成"资产阶级的"或"唯心主义的"。比如给量子力学和孟德尔遗传学贴上标签，称这些学说是资本主义世界的学说，同时将李森科的生物学理论定为官方正统，将孟德尔遗传学说批判为资产阶级的学说，而坚持孟德尔遗传学说的人遭到了迫害。这种对马克思主义原理的机械接受，不仅导致

苏联的社会关系紧张，还导致整个社会对于真理的探求噤若寒蝉。

在经济领域，苏联的发展模式被称为"斯大林模式"。其主要特征有两点：一是通过政府部门对经济进行高度集中管理，将包括宏观微观经济在内的经济决策权集中于中央，把各种经济要素的支配权集中于中央，实行以部门管理为主的集中管理；二是在价值规律上排斥市场的作用，实行指令性的计划经济，不存在国营和集体以外的经济成分。苏联认为市场具有资本主义性质，完全排斥市场调节，以至于经济活力丧失。从勃列日涅夫开始，苏联从石油出口上赚取了大量的财富，暂时掩盖了国内的严重危机，但意外之财也使得苏联领导人失去了改革的压力和动力，当油价大幅下跌后，戈尔巴乔夫面临的已不是单纯的经济制度问题，还有苏联有史以来最严重的财政问题。可以说，对马克思主义的教条化理解，导致了苏联的僵化与社会问题的层层叠加。与此同时，国家和社会的界限在苏联几乎消失，呈现出显著的"大国家、小社会"的特征，即国家完全吞噬了个人和社会，国家等同于最高的、没有罪恶的存在物，整个社会丧失了活力。

在民族关系处理上，苏联在最初建立时是联邦制国家，其思路是各民族建立自己的苏维埃共和国再被整合到苏联，但一方面由于苏联高度集权体制的建立，导致苏联的结构从联邦制转化成实质上的单一制，忽略了加盟共和国的合理利益和基本权利；另一方面，苏联社会中有强烈的大俄罗斯主义倾向，苏联对国内的少数民族整体上采取的是一种抑制的方法，导致国内的民族对立；民族矛盾愈发严重。

苏联并不是没有意识到这些问题，但他们错误地采用激进改革方案，其结果往往导致矛盾激化、问题日益严重。赫鲁晓夫的激进式农业政策改革，导致土地肥力下降迅速、环境恶化严重、道路交通紧张；政治上，赫鲁晓夫批判斯大林，激进地推行"去斯大林化"，引发苏联国内的矛盾，同时激化了苏联与社会主义国家和社会主义党派的矛盾，使得苏联在社会主义阵营中威信大减，同时还给国际共产主义带来严重的负面影响，"他对铁托的道歉，他对斯大林的攻击，鼓励了东欧的一切离心倾向"[1]。最严重的还是戈尔巴乔夫的改革。戈尔巴乔夫将政治的民主化和公开化当作解决苏联改革问题中所有重大问题的万能钥匙，这种希望一步到位的民主化和公开性的做法，使得苏联民众在有关苏共历史、国家建设等问题上，将苏联几十年的发展建设历史，判定为充满错误和黑暗的时期。[2]其改革措施全面激化了党内矛盾、党群矛盾、国家与社会一系列的矛盾，放弃了共产主义信仰和社会主义体制，最终葬送了苏联。

无论是社会主义国家的建设，还是后来改革的失败，苏联都呈现出一种极端化的"要么全有，要么一无所有"的姿态。这种思路尽管在当时会对某些问题有促进作用，

---

① ［美］安娜·路易斯·斯特朗著，石人译：《斯大林时代》，北京：世界知识出版社 1979 年版，第175-179 页。

② 孟迎辉：《政治信仰与苏联剧变》，北京：中国社会科学出版社 2005 年版，第 167 页。

但同时也会带来思想上的剧烈冲击，很容易造成长久的创伤，而在此基础上极端而无延续性的改革注定是不会成功的。所以毛泽东在 1956 年 4 月 25 日的中共中央政治局扩大会议上指出："最近苏联方面暴露了他们在建设社会主义过程中的一些缺点和错误，他们走过的弯路，你还想走？"除了要"引以为戒"外，更重要的是根据自身的国情，探索有中国特色的社会主义建设道路，实现社会主义建设的现代化和中华民族伟大复兴的宏伟目标。

（二）中国特色社会主义道路

> "马克思主义中国化"是中国道路区别于苏联道路的最显著特征。

"十月革命一声炮响，给中国送来了马克思列宁主义"，但中国也在自身的革命和建设实践中，丰富和推进对马克思列宁主义的深刻理解。毛泽东在 1930 年就写了《反对本本主义》，反对僵化和教条化，提倡把马克思主义与中国的实践经验相结合。在建设中国特色社会主义的历程中，毛泽东思想、邓小平理论、"三个代表"重要思想、科学发展观、习近平新时代中国特色社会主义思想，都是将马克思主义本土化、时代化的表现。

经济上，新中国早期也曾采用苏联模式，但是随着时代和国情的需要，作出了积极有效的调整，尤其是在改革开放之后，一方面进行市场经济改革，另一方面实行开放政策，拥抱国际市场，注重吸取和消化西方发达国家的经验。1992 年，中国确立了全面建设市场经济的改革目标，2001 年加入 WTO，参与世界经济一体化。社会上，中国持

图 3-14　中国加入世界贸易组织签字仪式

续的改革创造了一个异常活跃的社会，家庭联产承包责任制激发农业的积极性，乡镇企业、民营企业、个体企业激活民间经济的活力，国企改革激发国有经济的活力。改革开放以来所有的举措，都是在坚持科学社会主义本质的前提下减少对民众的干涉。不仅经济上国家逐渐退出无关国计民生的重要领域，同时在政治方面也彻底改写"以阶级斗争为纲"的原则，使政府面向社会、服务社会。

与苏联激进的改革及俄罗斯叶利钦时期的"休克疗法"不同，中国的改革一直持续，却是渐进式的。邓小平在1987年提出中国仍处在社会主义发展初级阶段的论断后，经过三十年的发展，党的十九大宣布，中国特色社会主义进入"新时代"，但是特别强调"我国社会主义矛盾的变化，没有改变我们对我国社会主义所处历史阶段的判断，我国仍处于并将长期处于社会主义初级阶段的基本国情没有改变，我国是世界最大的发展中国家的国际地位没有变"。对中国发展阶段的判断保证了改革的稳定性和持续性，不至于过分激进。

民族政策上，中国与苏联的民族政策也有着本质的区别，中国本身就是一个多民族的统一体，在此基础上，中国通过民族区域自治制度，建立民族自治区，从宪法层面保障少数民族发展的权利，同时在"全国一盘棋"的基调下给予优惠政策，鼓励少数民族地区的发展。特别是党的十八大以来，坚持铸牢中华民族共同体意识这一工作主线，坚持共同团结奋斗、共同繁荣发展这一时代主题，坚持民族区域自治制度这一重要保障，促进各民族像石榴籽一样紧紧抱在一起。

如何正确认识历史问题、如何正确评价领导人物、如何正确区分经验与错误，这也是中国与苏联存在巨大区别的地方。赫鲁晓夫以一份充满争议的秘密报告，全面否定了斯大林的历史地位和历史作用，也给苏联的发展乃至世界共产主义运动带来明显的冲击。但中国共产党在对待毛泽东同志的评价定位上，通过1981年的《关于建国以来党的若干历史问题的决议》，全面科学地分析了中华人民共和国成立以来党的历史，彻底否定了"文化大革命"，科学评价了毛泽东和毛泽东思想，维护了毛泽东的历史地位，肯定了毛泽东思想的指导作用，有效保障了中国社会的团结稳定和中国特色社会主义的深入建设，为实现社会主义现代化强国和中华民族伟大复兴打下了坚实的思想基础。

（三）历史文化根源

应该说，中国道路对苏联道路是一种全面超越。为什么同为"社会主义"，两者所走的道路却有如此大的差异？如果比较中苏在文化传统上的不同，就会发现道路差异并不是偶然发生的。

第一，中苏文化在形成方式上存在不

> 中华文明延续数千年而不中断，与中国文化较为稳定和持续地对待某些变化互为因果；中国的社会主义道路能够行稳致远，与中国共产党对中华文化内核的坚守、对马克思主义的科学运用密不可分。

同。苏联文化的主体是俄罗斯—斯拉夫文化，而俄罗斯文化的主体部分都是外来的。历史上，有三种文明对俄罗斯文化的形成发展产生了重要影响：东正教文化、蒙古金帐汗国文化和彼得大帝以后的西欧文化。与俄罗斯文化形成方式不同的中国文化是一种自发的、原生性的文化，作为一种原生性文化，中华文化比较成熟，能够抵御，甚至消化外来文化，为中华文化生生不息提供养分。

第二，中苏在世俗和宗教的关系上存在显著差异。宗教是俄罗斯社会生活的重要组成部分，尤其是东正教，对俄国的影响远超其他宗教。汤因比将俄罗斯文化称为"俄罗斯的东正教——基督教文化"[1]。俄罗斯民族所具有的"救世"使命感、弥赛亚精神以及神秘主义传统等都与东正教信仰直接相关。苏联成立后，无神论对东正教产生了巨大冲击，但是俄罗斯社会依然弥散着浓厚的东正教文化传统，1988年为纪念"罗斯受洗"一千年，苏联官方在莫斯科及多个城市举行隆重的纪念仪式。1991年，苏联社会中坚定的无神论者只占16%，而信教人数持续地增长，大约为45%。[2] 相比而言，中国一直是个世俗化程度较高的国家，人们更注重当下和今生，不太关心死后和来世。即便佛教徒众多，但多数持实用主义的态度。中国知识分子之所以能够较快地接受马克思主义，重要原因是它能够契合中国人的文化心理结构。

第三，中苏在对待外来思想文化的态度上有明显差异。俄罗斯文化的形成受外来文化的影响很大，因此其存在对自身文化的不自信，从而对外来的新文化具有本能的抗拒。但是，在激烈的对抗之后，俄罗斯或苏联社会也可能对这一外来文化产生根本性的逆转，加上东正教文化传统中宗教式的使徒情结和使命精神，使得其有着极其复杂的骄傲与自满。他们一方面有以泛斯拉夫主义、大俄罗斯主义为代表的民族主义，另一方面又信徒般地把自己当时当下所信仰的主义、思想当成正统教义的"唯一贮藏所"[3]。而中华文化的原生性赋予了天然的文化自信，使得中国更容易接纳和包容外来文化：一方面包容吸纳，另一方面坚守本土立场。佛教的传入与变化、马克思主义的中国化都是典型例子。从毛泽东、邓小平到习近平，中国共产党都强调要在独立自主、自力更生的基础上大胆吸收和借鉴人类社会创造的一切文明成果。

第四，中苏在文化演进的形式上表现不同。苏联或俄罗斯文化中有显著的排他性，但是其文化中又习惯通过肯定另一种外来文化来否定前一种文化，或者用完全不同的政策代替另一种政策，这被俄国思想家索洛维耶夫、别尔嘉耶夫等人称为二律背反的

---

[1] ［英］阿诺德·汤因比著，刘北成、郭小凌译：《历史研究》，上海：上海人民出版社2017年版。

[2] ［俄］维·费·沙波瓦洛夫著，胡学星等译：《现代俄罗斯文明的起源与意义》，南京：南京大学出版社2014年版，第444页。

[3] ［英］阿诺德·汤因比著，刘北成、郭小凌译：《历史研究》，上海：上海人民出版社2017年版，第357页。

性格。"俄罗斯人不希望走中间道路，不知道黄金分割点所在，'要么全有，要么一无所有'成了他们的处事原则。"[1]为什么会这样？理由有三：一是寒冷的天气导致俄罗斯人在短暂的耕种期会疯狂工作，而在较长时间的空闲期会处于相对懒惰的休憩；二是东欧平原没有天然的地理屏障，促使俄罗斯人缺乏安全感和产生对外的不信任感，为消除这种恐惧，俄罗斯人不断对外武力扩张，一边不安，一边武力征服，进一步塑造了俄罗斯的极端特征；三是弥赛亚传统强调某一时刻情况的突然变化。中国的传统则完全不同，在几千年的文明发展史中，它始终强调任何知识都要经过实践的检验，并且要一步步渐进地实现。"穷则变，变则通，通则久""千里之行，始于足下""不积跬步，无以至千里""无过无不及"都表明中国的传统是"实践行动中的辩证法，而不是语言、思维中的辩证法"[2]。中国共产党领导的社会主义建设和改革，体现出很强的自主性、渐进性和平衡性：战略上的"两个一百年""一百年不动摇"都是极长的目标，战术上的"五年规划""先行先试"都能避免激烈的突进，在目标指向上，改革开放中始终强调平衡"强国"与"富民"的关系，避免一方"吞噬"另一方。

二、中国道路不是欧美式资本主义道路

如果是社会主义，为什么中国还有资本和市场？如果是资本主义，为什么中国政治又不采用"民主"制度？在中华文化传统和现实中国这里，这些"二选一"的问题都显得过于简单和草率。

（一）中国经济发展道路区别于资本主义经济发展道路

当今世界无疑处于马克思所揭示的第二大社会形态，即人对物依赖的历史阶段——市场经济阶段。但是，中国经济发展道路就是要实现利用资本和驾驭资本的辩证统一，以促成整体上的发展和富裕。一方面，资本用以解放和发展生产力；另一方面，驾驭资本以服从社会主义为民的目的。事实上，资本主义国家的经济道路也有明显不同，比如美国的自由市场经济模式、德国的社会市场经济模式、日本的政府主导市场经济模式，三者在经济理念、政府与市场关系、银企关系等方面都存在显著差异，学者们分别以"盎格鲁—撒克逊模

> 公有制的主体地位、社会主义市场经济、共同富裕和共商共建共享的国际经济合作机制是区别于资本主义经济发展道路的显著特征。

式""莱茵模式""股票资本主义"和"银行资本主义"等角度对不同模式进行区分，三种模式的形成除了与各自经济社会条件相关外，也与其历史文化传统有着密切的关系。

---

[1] 李立勇、徐茜：《俄罗斯国民性格的二律背反及成因简析》，《俄罗斯研究（上海）》2004 年第 1 期。
[2] 李泽厚：《由巫到礼 释礼归仁》，北京：生活·读书·新知三联书店 2015 年版，第 38 页。

经过改革开放 40 余年的发展，中国摸索出一条适合中国实际的社会主义市场经济道路，它有以下四点显著特征：

一是坚持公有制为主体、多种所有制经济共同发展。毫不动摇巩固和发展公有制经济，同时毫不动摇鼓励、支持、引导非公有制经济发展，形成国民共进、优势互补的经济体系，不断解放和发展生产力。在建设中国特色社会主义的过程中，党内甚至多数中国人都形成一个共识：如果不发展生产力，就体现不出社会主义的本质。

二是实行社会主义市场经济。将社会主义制度与市场经济结合起来，使市场在资源配置中起决定性作用，更好地发挥政府作用，有效避免西方新自由主义思潮下、小政府主导的自由市场产生的经济社会矛盾。

三是以共同富裕为目标。坚持按劳分配为主体、多种分配方式并存，坚持共享发展理念，在发展经济的同时大力推进社会保障、扶贫和全面小康，加快实现共同富裕。

四是秉持共商共建共享的国际经济合作机制。在对外开放中，将中国经济发展与世界经济繁荣相结合，推动构建人类命运共同体，通过"一带一路"等为世界各国提供公共产品和发展机遇，分享发展红利。

以上四点，充分体现了社会主义的本质，即"解放生产力、发展生产力、消灭剥削、消除两极分化，最终实现共同富裕"，正是公有制的主体地位和共同富裕的价值追求，将中国经济发展道路和资本主义经济发展道路区别开来。

这条道路既有科学社会主义的根本指引，同时也有中华文化的深厚底蕴，体现了不同于西方的经济伦理和经济逻辑。首先，中国经济道路坚持以共同富裕为目标，这是科学社会主义的根本原则，更是中华文化"大同"理想的追求，具有浓厚的共同体主义色彩。其次，受中华文化包容和合特质的影响，我国历史上有着经济主体间包容共生的传统，一方面有着官营经济与民营经济并存共生的传统，另一方面又有"大一统"国家治理中不断完善的宏观调控体系，形成了政府与市场互补的历史经验。这与西方自由市场模式中的公私二分、政府与市场二分的方法论和实践形成鲜明区别。再次，不同于西方个人主义的权力本位逻辑，中国的家国文化培育了"以天下为己任"的责任本位逻辑和家国情怀，企业家重视履行社会责任、积极投身精准扶贫和公益慈善，共同致力于民族复兴和共同富裕。最后，中华文明自古就有"兼济天下"的情怀，这一情怀超越了民族国家界限，将普惠共赢运用于国际经济往来中。

（二）中国政治制度区别于西方政治制度

中国政治制度与西方政治制度有着本质区别。首先，中国强调人民民主，实现了民本传统的创造性转化。继承民本传统的中国共产党以人民为中心、为人民承担无限责任。中国共产党这一特质，决定了中华人民共和国成立 70 多年的时间里远超所有民主选举制的西方国家，领导了人类历史上规模最大、涉及范围最广的政治、经济、社会、文化和生态改革。与中国数千年的民本传统相比，英国直到 1928 年才实现了平等选举权，西方现代民主的真实年龄实则不足百年。与人民民主不同，西方民主看似设置了一系列的程序用以限制权力和保障人民权益，但无法克服"选民都是理性的""权力是绝对的"和"程序是万能的"等基因缺陷。许多时候，西方政党实际只代表部分集团的利益，不管是操控竞选上台，还是执政成员变成提线木偶，都是利益集团在控制民主的运行过程，都难以做到为民众整体利益服务。

其次，选择人民民主的中国，必然选择协商合作的新型政党制度。"有事好商量，众人的事情由众人商量，是人民民主的真谛。"所以中国共产党领导的多党合作制度，既代表广泛的直接利益，更代表深刻的根本利益；既代表短期利益，更代表长期利益；既代表界别局部利益，更代表全国各族各界整体利益；既代表流动的民意，更代表稳固的民心；既是从中国土壤里长出来的"土"制度，更是经过实践证明了的，区别于西方的新型政党制度。相比之下，由于西方代议制民主以选举为最高诉求，结果一人一票撕裂社会，分权制衡变成否决政体，民粹泛滥，党争不断。

最后，由于中国共产党强化人民民主和实质民主，产生了超乎寻常的自我纠错、自我净化、自我革命机制。相比之下，西方选举民主和程序民主并不能解决腐败问题，雅典有公民大会，但政客们拿钱收买大会成员；英国贵族们花钱让选民按他们的意图投票，而美国每逢选举就是政治献金丑闻不断。由此可见，所谓的欧美民主并非如其设计的那般美好，在实践当中往往有这样或那样的问题和弊端。

中国不走西方资本主义民主道路，是由中华文明"政治共同体"传统所决定的。习近平总书记说："世界上没有完全相同的政治制度模式，政治制度不能脱离特定社会政治条件和历史文化传统来抽象评判，不能定于一尊，不能生搬硬套外国政治制度模式。"中国特色社会主义道路不是发展阶段的差异，而是文明基因的差异。中华文明历来强调"合"，而西方文明更注重"分"。自罗马帝国解体后，罗马帝国分化为各个国家，再分化为阶级，最终分化为个体，由此发展为"一人一票"的西方民主形式。

相比之下，中华文明流而不断，即使遭遇重大挫折也没有分崩离析，根子就在"大一统"政治共同体。习近平总书记指出："历史多次证明，只要中国维持大一统的局面，国家就能强盛、安宁、稳定，人民就会幸福安康。一旦国家混乱，就会陷入分裂。老百姓的灾难最惨重。""大一统"塑造了国土不可分、国家不可乱、民族不可散、文明不可断的政治底线，决定了我们总是把国家统一视作必须恪守的最大共识，从不以大中华解体为代价。而过度的民主会导致政治共同体解散，不但是近代中国汲取的深刻教训，也是西方的重要经验。过去，美国南北战争的根本原因是在民主选举体制下，占多数的北方人把林肯推上总统，从而引发南北分裂，为了这场南北统一战争，60 万人丧命，一向崇尚民主的美国意识到国家统一比票选民主更重要。西班牙的加泰罗尼亚搞"独立公投"，西班牙和欧盟共同否决这个"民主"结果，因为他们也知道国家统一比民主更重要。

中国不走西方资本主义民主道路，是中华文明"政治共同体"在近代演进的结果。自 1840 年以来，中国人民饱受帝国主义侵略和中国政治分裂的苦难。辛亥革命之后，激进的中国人一度把集权和专制捆绑在一起批判，而效仿西方的民主试验却导致了中国更大的分裂危机与混乱局面。一部分精英反思"民主不如集权好"，康有为得出了"不能共则不能和"的结论，梁启超系统总结了中国"开明专制"的优势，在追求统一和国家权力集中的前提下，国共两党激烈角逐的结果表明，正是因为中国共产党能够真正有效地重建中华文明共同体，实现政治的统一、经济的集中、人才的聚合、文化的共识，历史才最终选择了中国共产党。自中华人民共和国成立以来，在这样一个历史悠久、现实复杂的国度里进行社会主义建设，如果没有一个能代表最广大人民群众利益、统揽各方力量的政治中坚，社会的稳定发展和不断进步是不可能的。

三、中华民族伟大复兴的唯一正确道路

"鞋子合不合脚，自己穿了才知道。"一个国家的发展道路合不合适，只有这个国家的人民才最有发言权，只有这个国家的蓬勃发展才最有说服力。习近平总书记在庆祝中国共产党成立 100 周年大会上的讲话中指出："走自己的路，是党的全部理论和实践立足点，更是党百年奋斗得出的历史结论。中国特色社会主义是党和人民历经千辛万苦、付出巨大代价取得的根本成就，是实现中华民族伟大复兴的正确道路。我们坚持和发展中国特色社会主义，推动物质文明、政治文明、精神文明、社会文明、生态文明协调发展，创造了中国式现代化新道路，创造了人类文明新形态。"中国特色社会主义道路是马克思主义理论与中华优秀传统文化、中国具体国情相结合的产物，是实现中华民族伟大复兴的中国梦的必由之路，是传承中华文明和实现"天下大同"的光明大道。

（一）中国梦：中华民族伟大复兴的追求

> 习近平总书记指出："中国梦的本质是国家富强、民族振兴、人民幸福。"

2012 年 11 月 29 日，党的十八大闭幕不久，习近平总书记便率中央政治局常委和中央书记处的同志到国家博物馆参观《复兴之路》展览。习近平总书记深情指出："现在，大家都在讨论中国梦，我以为，实现中华民族伟大复兴，就是中华民族近代以来最伟大的梦想。"这个梦想，把辉煌历史的传承、现代国家的追求、民族共同体的向往、亿万中国人民的期盼融为一体，体现了中华民族和中国人民的整体利益，表达每一个中华儿女的共同愿景。正因为如此，中国梦具有广泛的包容性，成为回荡在 14 亿人心中的高昂旋律，是中华民族团结奋斗的最大公约数。

　　只有创造过辉煌的民族，才懂得复兴的意义；只有历经过苦难的民族，才对复兴有如此深切的渴望。习近平总书记强调："实现中国梦必须走中国道路、必须弘扬中国精神、必须凝聚中国力量。"这为中国共产党团结带领人民继续把中国特色社会主义事业推向前进、为实现中华民族伟大复兴的中国梦而努力奋斗指明了方

图 3-15　中国国家博物馆《复兴之路》展览（人民视觉）

向。实现中国梦必须走中国道路，这就是中国特色社会主义道路。没有正确的道路，再美好的愿景、再伟大的梦想，都不能实现。

　　中国梦视野宽广、内涵丰富、意蕴深远。国家富强，就是要全面建成小康社会，并在此基础上建设富强民主文明和谐美丽的社会主义现代化强国；民族振兴，就是要使中华民族更加坚强有力地自立于世界民族之林，为人类作出新的更大贡献；人民幸福，就是要坚持以人民为中心，增进人民福祉，促进人的全面发展，朝着共同富裕方向稳步前进。

　　中国梦归根到底是人民的梦，必须紧紧依靠人民来实现，必须不断为人民造福。人民是中国梦的主体，是中国梦的创造者和享有者。习近平总书记强调："中国梦不是镜中花、水中月，不是空洞的口号，其最深沉的根基在中国人民心中。"中国梦是国家的梦、民族的梦，也是每一个中华儿女的梦。"得其大者可以兼其小。"国家好、民族好，大家才会好。中国梦就是要让每个人获得发展自我和奉献社会的机会，共同享有人生出彩的机会，共同享有梦想成真的机会，共同享有同祖国和时代一起成长与进步的机会。只要每个人都把人生理想融入国家和民族的伟大梦想之中，把小我融入大我，敢于有梦、勇于追梦、勤于圆梦，就会汇聚起实现中国梦的强大力量。实现中华民族伟大复兴是海内外中华儿女的共同梦想，要团结一切可以团结的力量，共担民族复兴的责任，共享民族复兴的荣耀。

　　中国梦是中国人民追求幸福的梦，也同世界人民的梦想息息相通。"穷则独善其身，达则兼济天下。"这是中华民族始终崇尚的品德和胸怀。中国一心一意办好自己的事情，实现国家发展和稳定，既是对自己负责，也是为世界作贡献。中国人民深知，中国发展得益于国际社会，愿意同各国人民在实现各自梦想的过程中相互支持、相互帮助。中国将同国际社会一道，推动实现持久和平、共同繁荣的世界梦，为人类和平与发展的崇高

事业作出新的更大的贡献!

（二）历史与现实：中国特色社会主义的道路选择

中国特色社会主义这条道路，是在改革开放 40 多年的伟大实践中走出来的，是在中华人民共和国成立 70 多年的持续探索中走出来的，是在对近代以来 180 多年中华民族发展历程的深刻总结中走出来的，是在对中华民族 5 000 多年悠久文明的传承中走出来的，也是科学社会主义理论逻辑和中国社会发展历史逻辑的辩证统一，具有深厚的历史渊源和广泛的现实基础。

从文明传承的角度来看，中国历朝历代的中央政府为了社会的长治久安，在面对由土地私有制与商品贸易繁荣带来的贫富悬殊问题时，不得不主动采取措施防止社会的两极分化，维系社会的平等与公正。包括汉代的"假公田"政策、北魏至隋唐的均田制、春秋战国时期已出现的"常平仓法"、汉代桑弘羊创建的"平准均输法"、盐铁专营等政策，均体现出中国古代一种朴素的追求平等、防止分化的社会主义取向。虽然这种朴素的社会主义意识是早熟和不成熟的，但毕竟给现代市场经济和现代社会主义在中国的发展提供了深厚的土壤与基础。所以当 19 世纪末、20 世纪初各种欧美思潮涌入中国时，唯有追求公平正义的科学社会主义思想能够跟中国传统文明产生强烈共鸣和对接。所以数千年文明发展中形成的强大历史基因，决定了中国特色社会主义道路有着强大的文明基因，直至今日仍然在自觉传承。

从近代中国摆脱贫穷挨打、实现民族独立解放的道路选择来看，中国共产党这一现代先锋政党，不仅是工人阶级天然的先锋队，同时也在革命和建设的过程中成为中国人民和中华民族的先锋队：强烈的意识形态追求、高度的组织纪律以及有机融合党派利益和政治共同体利益的组织追求，解决了晚清王纲解纽以来一直未能解决的国家统一和政治共同体的建构问题，为推翻帝国主义、封建主义和官僚资本主义"三座大山"扎牢了政治与组织根基。在革命斗争中，中国共产党摸索出以土地革命、武装斗争、根据地建设相结合的"工农武装割据"的道路，在满足农民土地要求的基础上充分组织与教育基层群众，在打破传统乡村等级与剥削格局的基础上重建基层权力体系，以统一高效且利益取向一致的党政体系组织基层民众，最终不但实现了"星星之火，可以燎原"的革命目标，还在这一过程中实现从农村到城市的政治统一、经济集中、人才聚合、文化共识，为进行新生政权的建设最大限度地凝聚共识与力量。

从中华人民共和国摸索社会主义建设模式的历程来看，摆脱苏联式社会主义道路的思维约束与建设限制，是体现中国共产党坚持独立自主的政党品格、自觉运用外来理论与本国传统现实相

> 毛泽东曾在延安的窑洞里写下一段著名的哲学提纲："共性个性、绝对相对的道理，是关于事物矛盾的问题的精髓，不懂得它，就等于抛弃了辩证法。"

结合的重要收获。在社会主义实践过程中，每一个国家的社会主义道路都是特殊的，现实中从不存在一般性的社会主义道路，从这个意义上而言，当年的苏联式社会主义实则就是"具有苏联特色的社会主义道路"。但基于苏联后来的救世主心态和大国沙文主义，他们的领导人在相当长的一段时间内把自己开创的、具有苏联特色的社会主义道路称之为"世界社会主义道路"，而其他任何社会主义国家如果声称有自己国家的特色，就意味着背弃苏联道路甚至世界社会主义阵营。这种强行推行"普世化"的做法使得教条思维盛行，也成为中苏矛盾产生的重要根源。毛泽东在《论十大关系》中便开章明义指出："最近苏联方面暴露了他们在建设社会主义过程中的一些缺点和错误，他们走过的弯路，你还想走？"[1] 掌握理论武器、继承文明特性、立足本国现实，是中国共产党能够摆脱教条思维，独立探索中国特色社会主义道路的重要思想基础。

从改革开放实事求是、开拓进取的奋斗来看，坚持人民为中心的政党理想，以灵活实效的建设思路打破传统教条化地对马克思主义的理解，以政党的整体利益担当对抗与消解市场经济的负面影响，是中国共产党领导的中国特色社会主义的最大特点。中国共产党作为执政党，运用国家公权力采取主动措施引导市场的合理发展，防范中国经济，特别是金融市场向类似美国的"赌场型"金融资本主义方向演化，防范金融资本对国内实体经济的负面影响，以人民整体利益代表的公权力支撑和引导资本的合理运用和市场的良性发展。在此基础上充分消化市场经济带来的巨额社会财富，构建一个能最大化人民福祉的公允有效的分配体系，特别是长达 8 年的扶贫攻坚工程，使 9 899 万处于现行标准下的贫困人口全面脱贫，完成了消除绝对贫困的艰巨任务；通过国家力量建立的全民社会保障体系，基本医疗保险覆盖超过 13 亿人，基本养老保险覆盖近 10 亿人。中国共产党以"代表整体利益"的努力与担当，朝着实现邓小平提出的"共同富裕"的社会主义本质目标不断前进。

中国特色社会主义创造了中国式现代化新道路，创造了人类文明新形态。这条道路"新"在哪儿？中国式现代化既有各国现代化的共同特征，更有基于国情的中国特色。中国要实现的现代化，是人口规模巨大的现代化，脱贫攻坚只是底线任务，"全面建成小康社会，历史性地解决绝对贫困问题"是下一个征程的起点，中国式现代化将致力于实现人的全面发展、社会全面进步；中国要实现的现代化，"全体人民共同富裕"将会是一个基本特征，在一个 14 亿多人口的大国实现全体人民共同富裕，是一项前无古人的伟大事业；中国要实现的现代化，是"两个文明"相协调的现代化，不仅要求物质生活水平提高、家家仓廪实衣食足，而且要求精神文化生活丰富、人人知礼节明荣辱；中国要实现的现代化，是人与自然和谐共生的现代化，既要创造更多物质财富和精神财富

---

[1] 毛泽东：《论十大关系》，载《毛泽东文集（第七卷）》，北京：人民出版社 2009 年版，第 23 页。

以满足人民日益增长的美好生活需要，也要提供更多优质生态产品以满足人民日益增长的对优美生态环境的需要。中国共产党将团结带领中国人民推进中国式现代化，走出一条既发展自身，又造福世界的现代化之路，为人类对现代化道路的探索作出新贡献。

（三）中国特色社会主义道路是历史传统与国情选择的统一

在真实的世界里，没有一种政治制度，能仅仅依靠制度本身得以成功。制度的好坏，取决于运行制度的人。因此每一种制度是否有真正生命力，在于能否源源不断培育出既能维护根本价值观，又能弥补其缺陷的人。近代以来，中国面对西方重大冲击挑战，在诸多西学中选择了马克思主义，开启了马克思主义与中华文化相结合的历史进程，走出了一条中国特色社会主义之路。几千年来，中国之所以没有发生过西方历史上基于意识形态和价值观的战争，全是因为中华文明具有兼容并包、遇强则强、与时俱进的独特品质。

由于中西方文明的深刻差异和历史道路的不同，中国走向现代化和实现民族复兴，必须要依据中华文明的深厚传统与中国的当代国情，探索自己的独特道路。首先，西方国家是在资本主义的长期发展中才逐步构建出现代国家形态，是在"市民"的基础上转化成现代国家的"公民"；而我国在资本主义长期没有得到充分发展的前提下，是在"臣民"的基础上塑造"人民"，所以我国先在民主革命中赋予臣民以主体性，将臣民转化为人民，进而再通过现代政党领导下的组织化，将人民进一步转化为国民。

其次，西方国家是在市民社会与政治领域的二元对立中逐步确立政治国家的独立性，是在教权与王权的相互斗争中建立中央集权，是在选举政治和议会政治中实现社会统合；我国则是依靠现代政党完成社会统合和政治统一，在中国共产党的领导下实现将人民"组织起来"的历史任务。

最后，西方现代国家认同的文化基础是基督教传统，尤其是新教改革后，上帝转化为法律与主权、信仰转化为市场契约、信徒转化为公民，个体与国家的直接联系很容易建立；我国没有西方的宗教文化基础，但中华文明绵延五千年的"以天下为己任"的民族精神，为中国的现代国家建构提供了强大的精神动力和文明根基。所以，立足中国实际，中国的现代国家建构只能走以民族精神为根基、以民族先锋队为主导、以"组织起来"为方式的中国道路。

中华文明素来坚持共同体形态，与奠基在市民社会之上的西方文明存在较大差异：西方市民社会讲权利，中国传统社会讲责任；西方市民社会强调竞争，中国传统社会强调合作；西方市民社会不断分化，中国传统社会高度整合；西方市民社会个人至上，中国传统社会家国为本；西方市民社会强调民族自决，中国传统社会强调民族融合；西方市民社会强调代议制民主的选举过程，中国传统社会重视协商民主的决策结果；西方市民社会讲求契约关系，中国传统社会则更看重伦理关系。但是，中西文明之间的差异性不是彼此对立的理由，而是结合互补的前提。在此方面，中华文明可以为人类命运共同体贡献出不同文明对话的平台，中国特色社会主义道路亦可以为世界上那些希望保持自身独立地位又加快发展速度的国家提供可供借鉴的中国思路、中国方案。

回眸百年奋斗路，中国共产党领导人民进行伟大奋斗，在进取中突破，于挫折中奋进，从总结中提高，积累了宝贵的历史经验。新征程上，"坚持独立自主"和"坚持中国道路"将为实现新的更大成就提供保障。走自己的路，是中国共产党百年奋斗得出的历史结论，党历来坚持独立自主开拓前进道路，坚持把国家和民族发展放在自己力量的基点上，坚持中国的事情必须由中国人民自己做主张、自己来处理。人类历史上没有一个民族、一个国家可以通过依赖外部力量、照搬外国模式、跟在他人后面亦步亦趋实现强大和振兴。那样做的结果，不是必然遭遇失败，就是必然成为他人的附庸。只要坚持独立自主、自力更生，既虚心学习借鉴国外的有益经验，又坚定民族自尊心和自信心，不信邪、不怕压，就一定能够把中国发展进步的命运始终牢牢掌握在自己手中。方向决定道路，道路决定命运。中国共产党在百年奋斗中始终坚持从我国国情出发，探索并形成符合中国实际的正确道路。中国特色社会主义道路是创造人民美好生活、实现中华民族伟大复兴的康庄大道。脚踏中华大地，传承中华文明，走符合中国国情的正确道路，党和人民就具有无比广阔的舞台，具有无比深厚的历史底蕴，具有无比强大的前进定力。只要我们既不走封闭僵化的老路，也不走改旗易帜的邪路，坚定不移走中国特色社会主义道路，就一定能够把我国建设成为富强民主文明和谐美丽的社会主义现代化强国。

进入新时代，中西文明的交融互鉴点越来越多，以文明交流超越文明隔阂、以文明互鉴超越文明冲突、以文明共存超越文明霸权，共同构建全人类共同价值，是中国共产党领导的中国特色社会主义道路的应有之义。展望复兴中国梦，中国特色社会主义道路在实践中深刻地展示出与文明传承、与生产力高速发展、与中国人民的整体利益的紧密联系，现实证明这是最适合中国发展的光明大道，必须牢牢把握住这个方向与路径，为中华民族屹立于世界民族之林而不懈奋斗。

小　结

中国共产党诞生于国家蒙辱、人民蒙难、文明蒙尘的历史时期，100 年来，中国共产党坚守中华民族"大一统"的政治追求、坚守"民为贵"的核心理念、坚守代表中华民族整体利益和中国人民根本利益的初心、坚守自我革命的勇气决心，团结带领中国人民，以"为有牺牲多壮志，敢教日月换新天"的大无畏气概，书写了中华民族几千年历史上最恢宏的史诗。

走过中华民族屈辱多难的一百余年，中国共产党带领中国无产阶级和中华民族的先锋队力量，以扎根民众、发动民众、组织民众为根本方法，实现了新民主主义革命的胜利，探索出适合中国前行的社会主义道路，取得了中国特色社会主义建设的伟大成就，中华民族迎来了从站起来到富起来再到强起来的伟大飞跃。一百年来，中国共产党团结带领中国人民进行的一切奋斗、一切牺牲、一切创造，归结起来就是一个主题：实现中华民族伟大复兴。这一百年来开辟的伟大道路、创造的伟大事业、取得的伟大成就，必将载入中华民族发展史册、人类文明发展史册。初心不改，砥砺前行，中国共产党将在带领中国人民实现社会主义现代化强国、走向中华民族伟大复兴的光明大道上，继续迈步坚定前行！

讨论题

1. 当下中国的"大一统"与传统"大一统"的主要差异是什么？
2. 如何理解中国共产党是代表中华民族整体利益的政党？
3. 为什么说中国共产党是中华民族伟大复兴的领导核心？

推荐阅读

1. 寒竹：《中国道路的历史基因》，上海：上海人民出版社2018年版。
2. 王炳林：《中国为什么行》，北京：人民出版社2019年版。
3. 张维为：《文明型国家》，上海：上海人民出版社2017年版。
4. 《中国共产党简史》编写组编：《中国共产党简史》，北京：人民出版社2021年版。
5. 中共中央宣传部：《中国共产党的历史使命与行动价值》，北京：人民出版社2021年版。

第四章
中外政治制度比较与中国国家治理现代化

　　本章主要针对国际社会对我国政治制度的质疑而设计，讲清楚中外政治制度的多样性问题。在中外政治制度比较的视野下，以中西方政治制度比较为重点，增强海外侨领对中国特色社会主义制度的认识，增进海外侨领对中国共产党领导下的中国特色社会主义民主政治的认同。"中外政体制度比较"主要介绍中外不同政治制度的历史文化基因差异，中外不同国家政体制度的差异与现代民主制度的类型，讲清楚当代中国政治制度的一般性与特殊性，增强海外侨领对中国特色社会主义政治制度的认识与认同。"中外政党制度比较"主要介绍中外政党的历史发展及其差异，特别是中西政党制度的差异，理解中国共产党在中国政治生活中的核心地位，讲清楚中国共产党为什么能，增强海外侨领对中国共产党与中国特色社会主义政党制度的认识与认同。"中国国家治理体系与治理能力现代化"主要介绍中外国家与社会关系模式的差异根植于其不同的历史文化传统，讲清楚中国国家治理体系和治理能力现代化的特色与优势，增强海外侨领对中国特色社会主义发展道路的认识与认同。

第一节　中外政体制度比较

自进入文明社会以来，政治制度就构成了人类政治文明的重要内容，并且与国家紧密联系在一起，是国家机器的组成部分。[①] 从本质上讲，政治制度的出现是为了建立或维持一定的社会秩序。社会利益冲突越是复杂，其共同体的形成和维持越是依赖于政治制度的功效：一方面，一定的政治制度与规范，为经济和政治生活的正常进行建立了人们之间的基本关系与利益分配的基本方式；另一方面，以人为本的政治制度与规则能够得到正常运行和遵守的政治过程、状态，构成了现代政治文明的关键。

本节将从现代国家政治组织形式的多样性展开，首先说明中外政治制度的发展与特征，之后探讨中国特色社会主义民主政治制度的发展与特征，最后分析当今世界各国政治组织形式多样性的影响因素，指出中国特色社会主义民主政治制度根植于中国历史传统的大一统与以民为本的文化根性。

世界上不存在完全相同的政治制度，也不存在适用于一切国家的政治制度模式。每个国家的政治制度及其发展历程都是独特的。西方国家基于其意识形态与现实政治需要，将政体简单地划分为民主、威权、极权等模式，并不符合历史的真实。实际上，现代民主制度存在着多种形式，既包括西方式的宪政民主，亦包括中国特色社会主义民主。中国特色社会主义民主是中国共产党领导的人民民主，是由最广大人民当家做主的民主，是以人民民主专政为可靠保障的民主，是以民主集中制为根本组织原则和活动方式的民主，根植于中国大地、具有深厚中华文化根基、深得人民拥护，具有多方面的显著优势。

一、世界政治制度的发展与特征

从古希腊政治思想家柏拉图与亚里士多德开始，关于政体问题的讨论就在西方政治思想家中不断延续，形成了强调政体规定并影响国家所谓"政体决定论"的传统。进入20世纪之后，关于政体划分的理论更是成为西方现代政治学中重要组成部分。两次世界大战之间法西斯主义的出现，使一些西方学者将世界分成民主国家和极权主义国家两类政体。"二战"后，特别是冷战期间，"民主"与"极权"二元对立的政体划分思维依然支配着西方学者，并且带有很强的意识形态特点。随着第三世界国家的兴起和发展中

[①] Andrew Heywwod, *Key Concepts in Politics*, New York: Martin's Press, 2000, p.93.

国家的转型，在西方政治学中又形成了自由—民主政体、共产党一党执政政体和第三世界的威权主义政体的划分。

理论上，如果遵循西方政治思想中政体决定国家的思路——只要政体是正确的，也就是政权组织的程序是正确的，政权就是合法的，那么不仅将政体绝对化了，而且也陷入了将政权视为完全被动的误区，错误地认识政体与政权的关系。实际上，西方舆论按照西方政体理论将中国特色社会主义民主政治标签为所谓的"威权政体"或"极权政体"，陷入了政体决定论的理论误区，既不能客观公允地认识当代中国民主政治的制度与实践，同时可能沦为西方反华政客攻击和污蔑中国的意识形态斗争工具。

（一）当代世界民主政体形式的多样性

反思西方政治思想传统中的政体决定论，首先应该看到当代世界民主政体形式是多种多样的。然而，西方学者对政体的划分只是建立在西方个别国家的经验基础之上，并且带有很强的意识形态色彩，对于世界各国政体各具特色的纷繁复杂性很难真正把握。

回顾整个人类历史，政体的形成和表现形态千差万别，但从分类上看，大致可分为君主制政体和共和政体两种类型。其中，君主制即君主为国家统治者的一种政治制度。在奴隶社会、封建社会和资本主义社会都存在君主制的政体类型。对于当代世界中的君主制政体而言，一些早发的现代国家建立起君主立宪制，而后发国家中封建社会的专制君主制也已经演变为有限的君主制。君主立宪制政体又可以根据君主实际权力的大小分为议会君主制和二元君主制两种重要形式。不同于君主制，现代国家大多数采取了共和政体的形式，即国家最高权力机关和国家元首由选举产生的政权组织形式。历史上，在古希腊和古罗马曾出现过贵族共和制，在中世纪一些城市出现过城市共和制，在近代资本主义国家存在议会制共和政体与总统制共和政体，而社会主义国家则普遍采用代议民主共和政体。然而，不同国家、不同历史时期的共和制政体的实质却不同，认识政体问题不能看政体的标签，而要从政权归属的角度分析其背后的实质。

对于当代西方宪政民主国家而言，目前主要存在总统制、半总统制、议会内阁制、委员会制等政体类型。例如，以美国为代表的总统制国家中，总统的产生独立于议会，由选民选出并对选民负责。而在西欧的议会内阁制国家中，行政首长领导的是由议会产生的内阁，只要得到议会的支持，内阁即可持续任职。在半总统制的法国，民选总统与对议会负责的总理同时存在。而瑞士既不同于总统制，也区别于内阁制，而是实行国家最高行政权由委员会集体行使的委员会制。可见当代西方政体形式呈现纷繁复杂的态势，形成了各具特色的国家政体形式。不同国家政体形式上的差别主要表现在国家权力主体的设置、产生、职权范围以及行使权力的方式等有所不同。

（二）西方宪政民主制度发展历程的多样性

回顾西方民主政治的历史，不难发现其出现过两种类型的民主政体，一种是古希腊城邦时期的古典民主，其形式上属于直接民主；另一种是现代民族国家的代议制民主，其形式上属于间接民主。从历史上看，这两种民主形式是大不相同的，也是非连续性的。现代西方民主脱胎于近代早期民族国家的兴起，而这种民族国家的特征是以民族为基本支撑点而形成的权力高度集中的新型专制国家。当今西方民主制度的产生过程即民族国家的专制权力随着历史的发展不断被打破的过程。其中，英国、美国、法国作为西方宪政民主制度的典型，对现代民主制度的建立作出了重要贡献。

英国现代民主制度的建立经历了从约束王权、形成议会主权、形成责任政府（内阁制与政党政治形成）到落实普选权四个阶段，历时七百余年。直到 1928 年英国才落实 21 岁以上成年公民的普选权，完成现代民主制度的建构。

美国的民主制度植根于英国传统，但又有所改变，即抛弃了国王和贵族，实行三权分立。建国之初，美国制宪会议代表的大多数不支持直接民主制，1787 年美国宪法的基本条款设定的是共和政体。从美国建国到 20 世纪六七十年代，完全意义的无差别的普选权才得到落实，共和政体才完成向民主政体的过渡。

法国的民主制度更是经历了一波三折的探索。法国大革命之后曾试图实行古典公民民主，但直接的公民权利在一定规模的国家中很难做到，并以拿破仑的强人统治而告终。直到 19 世纪 70 年代，法国才最终接受了代议制。但由于实行比例代表制，当时法国议会中的党派数量众多，政党轮替频繁，导致政府不稳定和治理效能低下。直到第五共和国成立，才在 1958 年宪法中最终确立了现在实行的半总统制。

回溯了西方民主国家的现代发展历程，不难发现西方不是天然的民主，西方更不是民主的代名词，西方国家的历史中存在着多种政治形态，西方现代民主政治只是近两百年来发生的历史现象。而就世界范围论，直到第二次世界大战结束，民主在世界范围内才成为支配性的主流意识形态。然而，从具体政治制度的设计与运行的角度看，根本不存在放之四海而皆准的民主形式。从上述英国、美国和法国的历史可以看出，西方宪政民主制度发展历程呈现出多样性，各国存在着巨大的制度差异，而这种差异根植于各国自身的历史与文化。

（三）西方宪政民主制度的基本特征及其困境

现代西方宪政民主制度主要包括政治参与、政治竞争、多数规则、胜者当选等一系列制度安排。竞争性的选举制度作为现代西方宪政民主制度的核心要求政治精英通过竞争人民手中的选票、多数当选的规则来获取统治权。正如熊彼特所言，"民主就是为实现政治决策而作出的一种制度上的安排，在这种安排中，某些人通过竞争人民的选票而得到进行决策的权力"①。

选举制度是西方宪政民主制度的核心，但一些国家的选举制度存在着严重的制度设计缺陷，其造成的结果是选出的代表和政党往往并不代表真正的多数。例如，在美国总统的选举制度中，选民投票产生的仅是代表全美 50 个州和 1 个哥伦比亚特区的 538 名选举人，而不是直接选总统；同时，美国绝大部分州的选举人票是按"赢者全拿"原则计票的。因此，在西方宪政民主制度下会产生因获得选举人票的多数而当选的总统候选人不一定得到选民票的多数的情况。

在实行比例代表制的国家，参加竞争的党派众多，选票分散，因而在没有哪个党可以获得多数选票的情况下只得组建联合政府，以保证"多数"原则得以落实，但同时也会带来政府不稳定、党派执政联盟极易破裂、政府更迭频繁的弊端，进而严重削弱国家能力与政府效能。

除了选举代表性与治理效能问题外，西方宪政民主制度在不少国家还可能遇到民主崩溃的风险。由于不平等与贫富阶级的激烈冲突、经济发展程度低或经济不稳定、国内社会分裂、现有民主政体框架内出现无法解决的政治危机、政治制度设计缺陷、政治家战略与选择等因素的影响，许多国家在建立起西方式的宪政民主制度后都遭遇了从民主政体滑向非民主政体，甚至陷入无政府状态的混乱局面。实际上，西方宪政民主制度中的投票和选举并不能解决各国在不同程度上所面临的不同选民群体间的政治分裂，以及国家能力和治理绩效不足的问题。

世界历史的事实证明，西方宪政民主制度在向世界范围进行扩张的过程中屡屡受挫，大部分国家并不能将这一模式有效地运转起来，虽然有着民主政体的基本形式，但是选举舞弊和政治操纵非常普遍，很难做到自由与公正的选举，甚至还有国家在经历了西方宪政民主制度试验后沦为失败国家。因而，我们要吸取世界历史的教训，警惕西方的"民主陷阱"，理解实行普选和多党竞争的西方宪政民主制度既不是万能的，也不是普世的，认识到照搬西方宪政民主制度的风险与危害。

二、中国特色社会主义民主政治的发展与制度保障

东西方现代民主都是在民主革命中诞生的，但西方现代政治文明是整个革命的直接产物，而中国的现代政治架构是整个国家转型的产物，它受益于中国共产党领导的新民主主义革命，同时以建立新社会、新国家而展开。在此进程中，它尽管有现代政治价值与目标追求，但其形态和布局最终都必须落实于中国特有的国家转型与发展的现实任务

---

① ［美］约瑟夫·熊彼特著，吴良健译：《资本主义、社会主义和民主》，北京：商务印书馆 1999 年版，第 337 页。

及内在要求，形成中国现代政治的建设模式与逻辑。①

（一）中国特色社会主义民主政治的发展历程

习近平总书记指出："在中国建立什么样的政治制度，是近代以后中国人民面临的一个历史性课题。"中国特色社会主义政治制度是在长期实践探索中形成的。

近代以来，延续了两千多年的封建专制制度难以应对日益深重的政治危机和民族危机，无数仁人志士寻求救亡图存道路，先后尝试了君主立宪制、议会制、总统制、多党制、分权制等各种政治制度模式，但都以失败告终。中国共产党成立后，致力于建立人民当家作主的新社会。土地革命时期，在中央苏区建立了中华苏维埃共和国。抗日战争时期，在陕甘宁边区建立了抗日民主政权。中华人民共和国成立后，中国共产党创造性地运用马克思主义国家学说积极努力建设中国特色社会主义制度。

从 1949 年中国人民政治协商会议第一届全体会议和具有临时宪法作用的《中国人民政治协商会议共同纲领》，到 1954 年第一届全国人民代表大会第一次会议和中华人民共和国第一部宪法，再到 1978 年中国共产党十一届三中全会和 1982 年宪法及此后的五个宪法修正案，逐步确立和形成了国家政治制度，中华人民共和国的国体、政体、根本领导制度、根本政治制度和各方面重要制度在实践中愈益成熟、定型，中国特色社会主义政治制度不断完善和发展。

改革开放后，中国国家制度和国家治理体系建设不断迈出新步伐、取得新进展。1980 年，邓小平同志指出："领导制度、组织制度问题更带有根本性、全局性、稳定性和长期性。这种制度问题，关系到党和国家是否改变颜色，必须引起全党的高度重视。"1992 年，邓小平同志指出："恐怕再有三十年的时间，我们才会在各方面形成一整套更加成熟、更加定型的制度。"随后，党的十四大提出"到建党一百周年的时候，我们将在各方面形成一整套更加成熟更加定型的制度"。党的十五大、十六大、十七大都对制度建设提出明确要求。

党的十八大以来，以习近平同志为核心的党中央把制度建设摆在更加突出的位置，强调"坚决破除一切妨碍科学发展的思想观念和体制机制弊端，构建系统完备、科学规范、运行有效的制度体系，使各方面制度更加成熟更加定型"。党的十八届三中全会首次提出"推进国家治理体系和治理能力现代化"这个重大命题，并把"完善和发展中国特色社会主义制度，推进国家治理体系和治理能力现代化"确定为全面深化改革的总目标，从而大大加快了制度建设和治理能力建设的步伐。党的十八届四中全会对全面推进依法治国的若干重大问题作出决定。党的十九大在决胜全面建成小康社会、开启全面建设社会主义现代化国家新征程的战略部署中，对制度建设和治理能力建设作出了战略安

---

① 林尚立：《当代中国政治：基础与发展》，北京：中国大百科全书出版社 2017 年版，第 11 页。

排。党的十九届二中、三中全会分别就修改宪法和深化党和国家机构改革作出部署，在制度建设和治理能力建设上迈出了新的重大步伐。[①]

（二）中国特色社会主义民主政治的制度保证

人民当家作主是中国社会主义民主政治的本质特征。中华人民共和国宪法规定，社会主义制度是中华人民共和国的根本制度。中国共产党领导是中国特色社会主义最本质的特征。在政治领域，人民代表大会制度是中国的根本政治制度，中国共产党领导的多党合作和政治协商制度、民族区域自治制度以及基层群众自治制度等是中国的基本政治制度。

人民代表大会制度是中国特色社会主义制度的重要组成部分，是支撑中国国家治理体系和治理能力的根本政治制度，在中国国家制度体系中居于十分重要的地位。[②] 人民代表大会制度能够有效动员人民群众投身社会主义现代化建设，保证国家统一高效组织推进各项事业，在实践中展现出强大生命力和巨大优越性。

不同于西方国家政府所实行的"三权分立"原则，中国采取"议行合一制"原则，由人民直接或间接选举的代表机关统一行使国家权力，国家行政机关和其他国家机关由人民代表机关产生，各自对国家权力机关负责并受其监督。议行合一制实质是"无分权，有分工"的制度。

一方面，人民代表大会制度能够充分保障各方利益诉求，把过去只有少数人才能享有的民主变为绝大多数人都可以享有的人民民主，使广大人民群众真正成为国家和社会的主人。通过人民代表大会制度，从各层次各领域扩大公民有序政治参与，依法保证全体社会成员平等参与、平等发展的权利。人大代表通过法定程序选举产生，在各级人民代表大会中履职尽责、发挥作用。人大代表来自各地、各民族和社会生活各个方面，工作和生活在人民中间，对社会有深入了解，对人民群众的需求有直接感受。

人大代表通过各种制度化渠道反映人民群众诉求，保证民主形式和民主内容有机统一，使全体人民能够依法管理国家各项事务，通畅表达利益要求，有效参与国家政治生活。各级人大代表通过调研、视察、走访、代表之家、代表活动室、代表接待日、网络平台等方式和渠道，加强同人民群众联系，了解实际情况，反映群众诉求。这就使得人民代表大会制度更加深入人心，得到广大人民群众的衷心拥护。

另一方面，人民代表大会制度能够实现有效集中，确保形成和谐统一、安定团结的政治局面。在人民代表大会制度中，国家行政机关、监察机关、审判机关、检察机关都由人大产生，对人大负责，受人大监督，国家机关各部门既有合理分工又有相互协调，体现了民主和效率的高度统一。人民代表大会制度保证国家有效组织各项事业、开展各

---

① 石仲泉：《深入学习贯彻党的十九届四中全会精神：国家治理体系和治理能力现代化的里程碑》，《人民日报》，2019 年 11 月 27 日，009 版。

② 人民代表大会制度是坚持党的领导、人民当家作主、依法治国有机统一的根本政治制度安排。

项工作，有力维护了国家统一、民族团结、社会稳定。①

总之，中国共产党坚持和完善人民代表大会制度，支持和保证人民通过人民代表大会行使国家权力，支持和保证人大依法行使立法权、监督权、决定权、任免权，果断查处拉票贿选案，维护人民代表大会制度权威和尊严，发挥人民代表大会制度的根本政治制度作用。当代中国人民不仅对物质文化生活提出更高要求，而且在民主、法治、公平、正义、安全、环境等方面的要求也日益增长，更加重视知情权、参与权、表达权、监督权，参与国家和社会治理的意愿也更加强烈。人民代表大会制度体现最广大人民的根本利益，得到广大人民认同和拥护，成为支持和保证人民实现当家作主的制度载体，也丰富了人类的民主政治形式。

图 4-1　人民大会堂（叶家骐／视觉中国）

三、中国式民主的比较优势与社会文化根基

"中国的社会主义民主政治，使占世界约五分之一人口的这个东方大国的人民，在自己的国家和社会生活中当家作主，享有广泛的民主权利，这是对人类政治文明发展的重大贡献。"中国特色社会主义民主制度吸收了人类文明一切优秀成果，并在改革中不断发展和完善，相较西方国家的自由主义宪政民主更符合中国国情，更具有比较优势。

---

① 周叶中：《毫不动摇坚持和完善人民代表大会制度》，《时代主人》2012 年第 3 期。

（一）中国式民主的优势与前途

不同于西方自由主义宪政民主模式，中国走的是一条中国特色社会主义民主政治的发展道路。中国的民主是中国共产党领导的人民民主，是由最广大人民当家作主的民主。而人民民主是一种全过程民主。所谓的全过程民主就是人民内部各方面广泛商量的过程，是发扬民主、集思广益的过程，是统一思想、凝聚共识的过程，是科学决策与民主决策的过程，根本上是实现人民当家作主的过程。

我国的全过程民主是一个完整的制度链条，包括选举民主、协商民主、社会民主、基层民主、公民民主等民主政治的全部要素，涵盖了民主选举、民主协商、民主决策、民主管理、民主监督等民主过程的一切领域，不仅有完整的制度程序，而且有完整的参与实践，实现了过程民主和成果民主、程序民主和实质民主、直接民主和间接民主、人民民主和国家意志相统一，是全链条、全方位、全覆盖的民主，是最广泛、最真实、最管用的社会主义民主，以多样、畅通、有序的民主渠道，有效保证了全体人民依法通过各种途径和形式管理国家事务、管理经济和文化事务、管理社会事务。

相较之下，在西方自由主义宪政民主模式中，选民代表无法真正代表选民利益与意见，利益集团、游说集团、金权政治严重影响政府科学决策与民主决策。西方国家中强大的游说集团是一个只对金钱做出回应的体系，长期盘踞在政治的核心，为利益集团提供了用金钱撬动政治的重要杠杆。政治游说体制名义上对所有人开放，但实际上放大了利益集团的政治诉求，扭曲了政策制定的过程，同时使议会代表无法真正代表民众与民意。例如，美国资深众议员詹姆斯·莫兰指出，美国国会运转不良的一个重要原因是许多议员已经不再对自己的选区负责，而是只对那些写支票让他们支持放松监管、减税政策的富豪负责。正是各种政治游说导致了美国政府错误地放松了金融监管，进而加速了金融危机的发生。

中国特色社会主义民主是实质民主和程序民主的统一。实质民主强调人民的统治、权利和利益；程序民主在政治建设中强调民主政治的制度、规则和方法。实质民主需要程序民主保驾护航，程序民主以实质民主为最终的目标，二者相互促进，共同推动中国民主政治的发展。中国特色社会主义民主的重要特征是按照程序办事。因此，民主的程序化是中国民主化进程中一个非常重要的方面，实质民主与程序民主结合是未来民主发展的必然趋势。党的十八大以来，中央一直强调必须以保证人民当家作主为根本，加快推进社会主义民主政治制度化、规范化、程序化建设。

中国特色社会主义民主不同于西方资本主义民主所讲的选票民主。资本主义民主将自己包装在复杂的制度和程序之中，在片面强调民主程序的同时，对实际结果并不关注，更不能解决资本的统治问题。因而，资本主义民主不可能带来实质民主，也无法真正维护人民根本利益。与西方资本主义民主不同，中国特色社会主义民主首先强调民的实质性，即致力于保证社会主义基本制度的巩固和发展，确保人民当家作主，充分调动人民建设社会主义的积极性，从而促进人的全面发展、社会全面进步。[1]

中国特色社会主义民主政治的独特优势在于社会主义协商民主。[2] 社会主义协商民主，既是中国共产党领导中国人民革命、建设的优良传统，也是中国共产党的群众路线在政治领域的重要载体。在中国社会主义制度下，坚持有事好商量，众人的事情由众人商量，找到全社会意愿和要求的最大公约数，是人民民主的真谛；坚持有事多商量，做事多商量，是适合中国国情的有效管用的民主形式。

相较于西方国家在其传统的民选政治、精英政治的基础上打补丁的西方协商民主，中国的社会主义协商民主的内涵是："在中国共产党领导下，人民内部各方面围绕改革发展稳定的重大问题和涉及群众切身利益的实际问题，在决策之前和决策实施之中开展广泛协商，努力形成共识的重要民主形式。"在中国，协商民主与选举民主两种形式不是相互替代、相互否定的，而是相互补充、相得益彰的，共同构成了中国特色社会主义民主政治的制度特点与优势。

（二）中国式民主的社会文化根基

在真实的世界里，没有一种政治制度，能仅仅依靠制度本身得以成功。制度发挥得如何，取决于运行制度的人。因此每一种制度的真正生命力，在于是否能源源不断培育出既能维护根本价值观，又能填补其缺陷的人。[3] 中国特色社会主义民主政治正是符合中国客观国情的现实需要，扎根于中华文化命运共同体历史演进的深厚土壤，源自中华民族长期形成的天下为公、兼容并蓄、求同存异等优秀政治文化。

当代中国社会主义协商民主的实践根基在于悠久的协商政治传统。在政治哲学层面，中国传统重协商、恶党争，重实用、避玄虚，有着和而不同、兼听则明的政治智慧和奉行中和思维的文明基因。在政治实践层面，从文明早期的"四岳十二牧"的酋长会议协商处理重要政务，到天下公议、君子参政等传统，共同构成了当代中国协商民主的历史文化根源。

国家的政治制度本质上是由该国的国体所决定，即由这一国家的统治阶级以及与之联系的同盟所决定。与此同时，在如何组织国家问题上还受到其他一系列因素的制约，其中包括地理环境状况、经济状况、文化环境、民族状况、国际社会环境等国情因素的影响。

文化与政治制度在一定条件下相互影响，一定的文化环境支持着一定的政治制度，

---

① 范勇鹏：《中国特色社会主义民主为什么富有生命力》，《理论导报》2018 年第 12 期。

② 社会主义协商民主：通过倾听多数人的诉求，保证了少数人的权利，避免了西方式的简单投票选举中的"多数人暴政"。

③ 潘岳：《秦汉与罗马：中西治理的文明基因比较》，《团结报》，2020 年 9 月 22 日。

为一定的政治制度的存续提供合法性，构成了一定的政治制度成长与发展的内在精神。在西方国家，古希腊、古罗马和中世纪形成的文化观念为现代西方政治制度的构成奠定了基础。而近代发展起来的自由主义思想又为现代政治制度注入了新的灵魂。在这种环境下，个人自由与权利意识的确立为西方国家的宪政制度确立了文化价值基础。与西方国家不同，亚洲国家的政治文化中普遍表现出集体主义的价值倾向，强调整体具有优先的价值，并且这种文化价值倾向反映在民主政治的运行之中。西方强调监督与制衡、强调个人自由，其特点是重权利、轻责任与义务；以儒家文化为根基的东亚社会则强调个人服从社会和国家，强调执政党及其政府的作用，强调为了社会和国家利益有时候就需要将个人的利益和自由转让出来，甚至作出牺牲。

在近现代民族国家发展的过程中，由于国家内部各民族人口绝对数量或相对数量、民族分布类型、民族结构、民族关系等的不同，也在不同程度上影响了国家建构。在近代西方国家中，不论是先有国家后有民族的模式，还是先有民族后有国家的模式，最终都实现了公民国家与民族国家的合而为一。与之不同的是，很多发展中国家是在国家没有得到发展，民族也没有得到充分整合的条件下独立的，从而导致社会内部呈现"多极"状态，国家的政治整合能力低下。而从民族关系发展的角度看，在多民族国家中，在民族关系发展比较好，且彼此之间已经建立了比较长期的合作关系的地方，往往在单一制的框架内建立起民族区域自治制度。

在不同的社会、经济、文化等因素的影响下，各国选择了不同的政治制度，世界上没有两个国家采取完全相同的政治制度。在世界范围内，各国民主政治表现出多元的制度形式。中国始终以一个开放包容的大国的身份置身于世界民主潮流之中，尊重政治文明的多样性，尊重西方的民主模式以及其他民主模式，而不把自己的制度强加给其他国家，也不认为自己的民主模式具有普遍性，并且愿意与其他国家进行民主对话和协商。

发展与完善民主政治必须注重历史和现实、理论和实践、形式和内容的有机统一。坚定中国特色社会主义政治建设的方向，确保中国特色社会主义政治建设积极稳妥地不断推进，不能照搬西方宪政民主制度，而是要坚持从国情与实际出发，把握长期形成的历史传承与走过的发展道路、积累的政治经验、形成的政治原则，着眼于解决现实问题，不能割断历史，不能想象突然就搬来一座政治制度上的"飞来峰"。

实践上，改革开放以后，中国共产党领导人民坚持中国特色社会主义政治发展道路，发展社会主义民主，取得重大进展。中国共产党从国内外政治发展成败得失中深刻认识到，坚定中国特色社会主义制度自信首先要坚定对中国特色社会主义政治制度的自信，建设社会主义民主政治，发展社会主义政治文明，必须使中国特色社会主义政治制度深深扎根于中国社会土壤，照抄照搬他国政治制度行不通，甚至会把国家的前途命运葬送掉。特别是党的十八大以来，中国社会主义民主政治制度化、规范化、程序化全面

图 4-2　2018 年 11 月，国家博物馆举办的"伟大的变革——庆祝改革开放 40 周年大型展览"
（阿静 / 视觉中国）

推进，中国特色社会主义政治制度优越性得到更好发挥，生动活泼、安定团结的政治局
面得到巩固和发展。

中国共产党把马克思主义基本原理同中国具体实际相结合，在古老的东方大国建
立、巩固、完善和发展了能够切实保证亿万人民当家作主、不断实现人民对美好生活向
往的中国特色社会主义政治制度。在坚持党的领导、人民当家作主、依法治国有机统一
的过程中，积极发展全过程人民民主，健全全面、广泛、有机衔接的人民当家作主制度
体系，构建多样、畅通、有序的民主渠道，丰富民主形式，从各层次各领域扩大人民有
序政治参与，使各方面制度和国家治理更好地体现人民意志、保障人民权益、激发人民
创造。这是人类政治文明制度史上的伟大创造，不但为当代中国创造出经济快速发展、
社会长期稳定两大奇迹提供了坚强政治保证和坚实制度保障，也为人类探索建设更好的
政治制度贡献了中国智慧和中国方案。

第二节　中外政党制度比较

政党制度是现代国家政治文明中的重要组成部分，同时也是现代民主政治的重要形式。中外政党与政党制度在产生、演进、类型、特征、性质和运作规律等方面存在着诸多差异。运用政治学相关理论，从历史的与科学的方法入手，具体分析和比较中外政党制度，有助于我们更为深刻地理解中国特色社会主义政治制度，加强制度自信；同时，有助于我们扩大政治视野，在充分地进行科学比较研究的前提下，认识人类政治文明成果的多样性。

一、中外政党的产生、演进与特征

政党是现代民主政治的基本主体，也是政党政治与政党制度的基本要素。古往今来，不论是中国还是外国，都有所谓的"党""派""朋党""会党"等政治 / 社会组织。然而，现代政治与政治学所研究的"政党"，则是直到晚近的 17 世纪才在欧美国家真正出现的现象与问题，是当时资本主义经济、政治和思想文化发展的伴生物与资产阶级革命胜利的产物。近代兴起的代议制民主中，选民选出代表，代表成为官员进入权力机构，而这些人在进入权力机构后是否忠实地代理选民的权利要求便成了问题。这在客观上就要求产生一种体制机制，以确保选举后选民还能继续有效地操控这些代理人。政党于是应运而生。本部分将通过中外政党形成与发展的历史，指出近代西方国家的政党政治是"国家造党""政党内造"的发展脉络；而近代中国学习西方、引进政党的起点是"党造国家"，即充当革命发动机，从无到有地建构现代国家。

（一）西方国家政党的发展与特征

英国是最早出现资产阶级政党的国家。英国斯图亚特王朝复辟时期，在议会内形成了代表不同阶级利益的政治派别。1679 年，议会就詹姆士公爵王位继承权问题展开激烈争论，形成了辉格派与托利派，此后两派逐渐发展成了辉格党与托利党。前者代表新兴资产阶级和新贵族的利益，主张限制王权，提高议会权力；后者代表地主贵族阶层利益，维护君主特权。随着工业革命的完成和适应资本主义经济迅速发展的需要，英国统治阶级内部发生了变化，形成了代表土地贵族、金融贵族和大商人利益的保守势力——保守党，与代表工业资产阶级利益的改革势力——自由党。保守党与自由党从议会内的政党发展为全国性的、群众性的政党，并经过多次议会改革，彻底改变了下院与上院、王室之间的力量对比，国王成为架空的君主，削弱了上院的权力，提高了下院的地位，最终确立了现代英国政党政治中的两党制。19 世纪末 20 世纪初以来，两党制在英国逐步完备。保守党于 1907 年首创影子内阁，以后凡在大选中获得下院次多数议席的政党则成为法定的反对党。反对党在议会中有可能通过不信任投票取代执政党的地位。20 世纪初，随着第二次工业革命的发展和工人队伍的不断壮大，工党崛起。从 1924 年开始，工党取代自由党，与保守党轮流执政。到 80 年代末，英国除保守党和工党两大政党外，还有自由民主党、社会民主党、英国共产党、合作党、威尔士民族党、苏格兰民族党、民族阵线以及英国革命共产主义同盟等。

在美国，民主党与共和党在国家政治生活中占据重要位置。18 世纪北美资产阶级革命胜利后，当时美国统治阶级内部在批准 1787 年宪法运动中，形成了联邦党人和反联邦主义者两大政派。1789 年联邦政府成立后，两派在宪法解释、联邦与各州权限，以及公债、设立国家银行等问题上发生严重分歧，以 A. 汉密尔顿为首的联邦党人代表东北部大资产阶级、大商人等利益，主张对宪法从宽解释，建立一个中央集权政府；以 T. 杰斐逊为首的反联邦党人代表资产阶级民主派、州权派等利益，主张对宪法从严解释，要求扩大州权，保障自由。两派在国会内外进行活动，逐步由国会内的政治派别发展为全国性政党。到 19 世纪 20 年代，共和党分裂为两派：追随 J. Q. 亚当斯的一派自称国民共和党，支持 A. 杰克逊的一派则称民主共和党。国民共和党在 1828 年和 1832 年的两次总统竞选中失败，之后逐渐湮没无闻。民主共和党在 1828 年选举中简称民主党，大选获胜后杰克逊当选总统，在 1840 年举行的第三次全国代表大会上，正式定名为民主党。1834 年，辉格党成立，它是反对杰克逊政权的松散的党派联盟，1840 年在白宫和国会都取得胜利后，成为全国性的主要政党。19 世纪 40 年代末，辉格党联盟开始瓦解。到 1854 年，大多数北方辉格党人已加入新成立的共和党。1854 年 7 月，共和党在密歇根州杰克逊城成立，在以后的 4 年中，共和党在北方各州取代辉格党，成了民主党的主要对手。至此，美国两大政党形成，两党制开始确立。在南北战争结束后，美国从自由资本主义向垄断资本主义过渡，共和党与民主党之间的区别愈来愈小，根本利益日趋一致，都代表了垄断资本的利益。20 世纪以来，民主党与共和党成了在美国轮流执政、以赢得大选为主要目的的掮客型政党。

相对于英美两国，法国政党的形成较晚。虽然在法国资产阶级革命与 19 世纪初期，围绕各个阶段的重大政治问题，法国形成了许多有组织的政治派别，但这些只是现代政党的萌芽，还不是现代意义上的政党，直到 19 世纪 40—50 年代新山岳党和秩序党的出现，才标志了政党在法国的初步形成。第二次世界大战后，法国恢复和建立了大量政党。第四共和国实行议会内阁制，议会决定政府的存亡，而议会选举实行比例代表制，不利于形成一党多数派，通常是松散的党派联盟轮流执政，这导致政府缺乏稳定性和连续性，14 年间更换了 25 届政府。1958 年 6 月，戴高乐改革政府体制，提高总统权限，降低议会地位，改革选举制度，政党逐渐出现两极分化的趋势：左翼方面，以社会党为首，加上其他小型政党如法国共产党、绿党和左派激进党；右翼方面，以人民运动联盟及其前身保卫共和联盟与法国民主同盟为首，另有中间派的民主运动支持。自20世纪80年代起，法国一直由两个较为稳定的政党联盟执政。在这两大阵营以外的政党很难获得显著的胜利，但近些年发展的新动向是：极右派的民族阵线也已获得一定程度的支持。

随着现代民族国家形式在世界范围的扩散与第三世界国家的纷纷独立，现代政党也在世界范围内形成与发展起来，并占据现代各国政治舞台的中心。世界政党林林总总，千差万别。西方学界根据政党组织模式将政党分为精英型政党、群众型政党、全方位政党、卡特尔政党和公司企业型政党等。根据政党的阶级属性和其在现实政治生活中的立场与行为，资本主义国家的政党可以分为传统的资产阶级保守政党、改良性质的民主社会主义政党、共产党、绿党、法西斯主义政党。民族独立国家的政党可以分为基本上属于民族资产阶级或上层小资产阶级的民族主义政党、共产党和情况极其复杂并带有宗教色彩的民族分离主义政党。社会主义国家的政党可以分为执政的共产党和支持共产党的民主政党。

（二）近代中国政党的形成与中国共产党的诞生和发展

19世纪末至辛亥革命的爆发，这是中国现代政党产生和最初发展的时期。中国古代虽然早有"朋党""同党"等名称，但科学意义上的政党是近代才出现的。1840年鸦片战争以后，由于帝国主义的侵略，中国社会逐步由封建社会转变为半殖民地半封建社会。在外国资本主义的刺激下，中国的资本主义企业逐步产生和发展起来，进而形成了中国的民族资产阶级。在1894年甲午战争至1911年辛亥革命期间，中国的民族资本主义得到了进一步发展，民族资产阶级随即变成了一股政治力量。面对中华民族的危亡，他们提出了救亡图存、变法图强的要求，并为此展开了初步的政治斗争。

1905年，孙中山先生领导的中国同盟会的成立，标志着中国真正意义上的现代政党的产生，由此揭开了中国政党政治的序幕。中国同盟会确认其政纲为孙中山提出的"驱除鞑虏，恢复中华，创立民国，平均地权"十六字纲领，该纲领后又被解释为三民主义学说，并发行《民报》作为机关刊物。中国同盟会在推翻清政府、结束中国两千多年封建帝制的辛亥革命中起到重要作用。

辛亥革命期间出现了国民党、共和党、统一党和民主党等党派，表明政党正式登上中国政治舞台。1919年10月10日，孙中山在上海法租界将中华革命党改组为中国国民党，并公布规约。1924年1月，中国国民党在广州举行第一次全国代表大会，宣布党内改组完成，正式进入中国国民党阶段。再通过第一次国共合作巩固了广东革命根据地，取得了北伐战争的伟大胜利。但蒋介石逆历史潮流而动，于1927年发动"四·一二"反革命政变，在南京建立了国民党一党专制的独裁统治，这一反革命行为有悖于历史潮流和人民意愿，遭到了中国共产党、各民主党派和全国人民的坚决反对。

中国共产党的诞生是中国革命发展的客观需要，是马克思主义同中国工人运动相结合的产物。随着帝国主义的入侵和现代工业的发展，中国产生了无产阶级，而且不断发展壮大，到1919年产业工人已经发展到200万人左右。无产阶级的产生和发展，为中国共产党的建立奠定了阶级基础。1917年俄国十月革命的胜利给中国送来了马克思列宁主义，使中国的先进分子找到了救国救民的真理。马克思列宁主义在中国的广泛传播，为中国共产党的建立奠定了思想基础。1919年爆发的五四运动，促进了马克思列宁主义同中国工人运动的结合，为中国共产党的建立作了思想上和干部上的准备。1920年初，李大钊、陈独秀等开始了建党的探索和酝酿。各地共产主义小组建立以后，开展了多方面的革命活动。1921年3月，在俄共远东局和共产国际的建议与支持下，召开了各共产主义小组的代表会议，发表了关于党的宗旨和原则的宣言，并制定了临时性的纲领，确立了党的工作机构和工作计划，表明了党组织对社会主义青年团、工会、行会、文化教育团体和军队的态度。这次会议为党的成立作了必要的准备。

1921年7月23日—31日，在上海召开了中国共产党的第一次全国代表大会。大会通过了中国共产党的第一个纲领和决议。纲领规定：党的名称是"中国共产党"；党的性质是无产阶级政党；党的奋斗目标是推翻资产阶级，废除资本所有制，建立无产阶级

图4-3　1921年，中国共产党第一次全国代表大会，最后一天的会议是转移到浙江嘉兴南湖的一艘游船上举行的（档案资料／人民视觉）

专政，实现社会主义和共产主义；党的基本任务是从事工人运动的各项活动，加强对工会和工人运动的研究与领导。党的一大宣告了中国共产党的正式成立。从此，中国诞生了完全新式的、以共产主义为目的的、以马列主义为行动指南的、统一的无产阶级政党。中国共产党的成立，给灾难深重的中国人民带来了光明和希望，给中国革命指明了方向。

中国共产党在领导人民取得新民主主义革命的胜利后，成为中华人民共和国的执政党，领导全国人民进行了社会主义革命，经过三大改造，确立了社会主义基本制度。由于社会主义建设是前无古人的事业，中国共产党经过艰苦的探索，也走了些弯路，但克服各种困难，取得了社会主义建设的巨大成就。

中国共产党领导全国人民进行了改革开放这一新的伟大实践，成功开创和发展了中国特色社会主义。在这条道路上，中国快速发展起来，中华民族大踏步赶上时代前进潮流，民族复兴的中国梦展现出前所未有的光明前景。历史和现实充分证明，没有共产党，就没有中国特色社会主义，就没有中国今天的繁荣和富强。

中华人民共和国成立以来，同中国共产党长期合作的中国国民党革命委员会、中国民主同盟、中国民主促进会、中国民主建国会、中国农工民主党、中国致公党、九三学社、台湾民主自治同盟 8 个民主党派，在《中国人民政治协商会议共同纲领》和《中华人民共和国宪法》的基础上继续同中国共产党合作。生产资料所有制的社会主义改造完成后，原来代表民族资产阶级和城市小资产阶级及知识分子、具有阶级联盟性质的民主党派，逐渐变成了各自联系一部分社会主义劳动者和一部分拥护社会主义爱国者的政治联盟，成为为社会主义服务的政党，在社会主义建设中发挥了重大作用。

二、中外政党制度比较

所谓"政党制度"，是指国家法律规定或实际政治生活中形成而被社会认可的关于政党执掌政权或参政和影响国家政权的政治形式。其内涵包括政党与政党的关系、政党与政权的关系两个维度。

当今世界各国政党制度纷繁多样。西方学者以稳定执政的执政党数量为标准，将政党制度划分为一党制、两党制和多党制。按照政党是否存在竞争性为标准，政党制度分为竞争性的政党制度（包括两党制、温和多党制、碎化多党制和极化多党制）与无竞争性的各种一党制。按照政党执政方式和政党特性相结合，将政党制度划分为所谓独霸—意识形态型、独霸—实用型、轮流—意识形态型和轮流—实用型。还有按照政党力量对比，将政党制度分为平衡、分散与不平衡形态。

随着新制度主义在政治学研究中的兴起，21 世纪以来西方政治学关于政党制度的研究发生了较大变化，逐渐摆脱了传统政党制度研究中的静态比较，而是将政党制度放到整体的社会制度环境与具体的制度化进程中去分析。例如，当代西方学者提出，社会缝隙形成的社会过程对于政党制度的形成有着重要作用，选举改革与政党改革对于政党制度的演进具有重要影响，以及资本与技术力量不断变化的社会环境对于政党制度变化的深刻而根本的影响机制。特别值得注意的是，传统的政党制度的比较和研究往往局限于西方民主国家，而最近政治学关于政党制度的研究开始将目光转向第三世界的新兴民主国家。

中国学者一般将政党数量与国家性质问题相结合，以此来考察世界各国的政党制度问题。资本主义国家的政党制度可以划分为一党制、两党制和多党制。所谓一党制是指一个国家只有一个或多个合法政党存在，但只有一个政党执掌行政大权。两党制是指一个国家合法存在两个或两个以上政党，但只有两个主要政党长期稳定地单独轮流执政。多党制是指一个国家合法存在三个或三个以上政党，其中的若干政党联合形成多数党联盟执掌国家行政大权。在多党制中，又存在以法国、德国为代表的温和多党制，以意大利为代表的极化多党制，以及以日本为代表的一党独大多党制。社会主义国家的政党制度分为一党制和一党领导多党合作制。而新兴的民族独立国家的政党制度主要是多党制，也有一党制。以下介绍中外政党制度的具体情况及其发展趋势，从而使读者理解世界政党制度的多样性。

（一）西方政党制度的不同类型与发展趋势

英国是最典型的实行两党制的国家。英国的两党制表现出其与内阁制相结合的特点，具体包括：第一，内阁由下院大选中获得多数席位的政党单独组成；第二，由下院多数党领袖担任首相；第三，一党内阁和阁员只对下院负责，如失去下院信任，内阁全体辞职，或者首相提请国王解散议会，重新大选，组成新的一党内阁；第四，下院最大的反对党可建立"影子内阁"。

美国的两党制表现出国家权力在共和党和民主党之间相互轮换，两党轮流坐庄，其他党派几乎没有参与执政的可能。民主党与共和党之间相互竞争演化为恶性竞争，政策往往随政党的上台和下台相互转变，难以保持稳定。民主党和共和党在选举过程中，争取选票需要大量资金，因此不得不依附于美国的大资本财团，成为为资本财团站台的工具。两党在国会中席位的多少与执政党和在野党的地位无关。执政党有可能在国会两院均获得多数党地位，也可能仅在参议院或众议院获得多数党地位，也可能在参众两院均处于少数党地位。

法国的多党制表现为半总统半议会制度，成为其多党走向极化的基础，长期以来以左右两极为主轴，轮流执政。近些年法国极右翼政党国民阵线的崛起打破了两极化的政党格局，但极右翼的势力、影响力不强，因而法国政党制度一直保持着稳定性。

德国的政党制度由于受到"二战"后美国主导下所通过的《德意志联邦共和国基本法》的影响，以及以基本法第二十一条为基础的《政党法》的影响，一方面肯定了政党在当今民主政治生活中的重要地位，另一方面也着力阻止再有纳粹党式的法西斯政党产生。德国的《政党法》也成为世界上第一部专门就政党的法律地位、组织结构、使命与党员的权利和义务进行规定的政党法。

日本的政党制度表现出自由民主党一党独大与派阀政治的特点。"二战"后，日本在议会内阁制的宪政体制下形成了多党制的政党格局。然而，自1955年所谓的"五五体制"形成到1993年为止，日本经历了长达38年的自由民主党始终获得议会多数议席，并由自由民主党议员出任首相组织政府的历史。1994年自由民主党又以联合政见相近的政党共同执政的方式，恢复了在政权中的中心地位。与此同时，自由民主党内部却是派系林立，通过党内派阀的存在进行政治力量的调整、利益集团的平衡，并表现为与金权政治相结合的特点。

第三世界国家由于其各自历史发展路径的不同，受到自身国情和历史因素影响，各国的政党制度更是千差万别。新加坡政党制度的特点是多党并存、一党独大。即新加坡在允许多个政党存在的情况下（例如新加坡民主党、新加坡工人党、新加坡正义党和社会主义阵线等），人民行动党处于绝对优势地位，长期控制国家政权，是整个国家的权力中心。与此同时，新加坡人民行动党主张对内追求经济与社会的公平，重视发展经济，主张通过改革资本主义的经济模式来实现社会主义目标，获得了人民长期的支持。泰国的政党制度表现为不稳定的多党制特点，其受到军人干政的影响而呈现出非连续性和政党高度分散性的特征。印度的政党制度则受到其自身长期被殖民的历史的影响，众多政党形成于民族国家建构的过程之中，数量众多，意识形态多元，虽然国大党一党独大，但越来越具有多党联合执政的特征。

21世纪以来，政党制度在新的技术革命和全球化的冲击下产生了一系列新的变化趋势。例如，在互联网、大数据和人工智能的冲击下，一些国家出现的网络党在挑战传统的以党员为基础的政党模式，网上动员和竞选的流行冲击着传统的代议制民主根基，政党政治从资本密集型走向技术密集型。在经济全球化遭遇经济危机、文化和种族多元主义遭遇困境和国际政治权力格局东升西降的大背景下，21世纪以来不少西方国家的政党政治出现极端化倾向，其具体表现为民粹主义在西方的兴起，政党竞争从有序走向否决体制，甚至演化为宪政危机，以及极右翼政党在西方国家政坛的普遍崛起。

综上所述，世界不同国家的政党制度类型各具特色，其形成与发展受到各自国家各自国情的深刻影响。我们必须尊重各国的政党制度选择和正视政党制度的异同，进而客观地比较不同国家政党制度，科学地分析判断未来世界各国政党政治的发展趋势。

（二）坚持中国共产党的领导与当代中国新型政党制度

十八大以来，习近平总书记多次强调并在党的十九大报告中明确指出"中国特色社会主义最本质的特征是中国共产党领导，中国特色社会主义制度的最大优势是中国共产党领导"。

《中国共产党章程》要求：党要适应改革开放和社会主义现代化建设的要求，坚持科学执政、民主执政、依法执政，加强和改善党的领导。党必须按照总揽全局、协调各方的原则，在同级各种组织中发挥领导核心作用。党必须集中精力领导经济建设，组织、协调各方面的力量，同心协力，围绕经济建设开展工作，促进经济社会全面发展。党必须实行民主的科学的决策，制定和执行正确的路线、方针、政策，做好党的组织工作和宣传教育工作，发挥全体党员的先锋模范作用。党必须在宪法和法律的范围内活动。党必须保证国家的立法、司法、行政、监察机关，经济、文化组织和人民团体积极主动地、独立负责地、协调一致地工作。党必须加强对工会、共产主义青年团、妇女联合会等群团组织的领导，使它们保持和增强政治性、先进性、群众性，充分发挥作用。党必须适应形势的发展和情况的变化，完善领导体制，改进领导方式，增强执政能力。共产党员必须同党外群众亲密合作，共同为建设中国特色社会主义而奋斗。

在中国政治、经济与社会生活的实践中，中国共产党处于领导核心地位。第一，中国共产党领导人民发展社会主义市场经济，毫不动摇地巩固和发展公有制经济，毫不动摇地鼓励、支持、引导非公有制经济发展。

第二，中国共产党领导人民发展社会主义民主政治。坚持党的领导、人民当家作主、依法治国有机统一，走中国特色社会主义政治发展道路，扩大社会主义民主，建设中国特色社会主义法治体系，建设社会主义法治国家，巩固人民民主专政，建设社会主义政治文明。

第三，中国共产党领导人民发展社会主义先进文化。建设社会主义精神文明，实行依法治国和以德治国相结合，提高全民族的思想道德素质和科学文化素质，为改革开放和社会主义现代化建设提供强大的思想保证、精神动力和智力支持，建设社会主义文化强国。

第四，中国共产党领导人民构建社会主义和谐社会。按照民主法治、公平正义、诚信友爱、充满活力、安定有序、人与自然和谐相处的总要求和共同建设、共同享有的原则，以保障和改善民生为重点，解决好人民最关心、最直接、最现实的利益问题，使发展成果更多更公平惠及全体人民，不断增强人民群众获得感，努力形成全体人民各尽其能、各得其所又和谐相处的局面。

第五，中国共产党领导人民建设社会主义生态文明。树立尊重自然、顺应自然、保护自然的生态文明理念，增强绿水青山就是金山银山的意识，坚持节约资源和保护环境的基本国策，坚持节约优先、保护优先、自然恢复为主的方针，坚持生产发展、生活富裕、生态良好的文明发展道路。

第六，中国共产党坚持对人民解放军和其他人民武装力量的绝对领导，贯彻习近平强军思想，加强人民解放军的建设，坚持政治建军、改革强军、科技兴军、依法治军，建设一支听党指挥、能打胜仗、作风优良的人民军队，切实保证人民解放军有效履行新时代军队使命任务，充分发挥人民解放军在巩固国防、保卫祖国和参加社会主义现代化建设中的作用。

中国共产党领导的多党合作和政治协商制度[①]是在长期的革命斗争和社会主义建设中形成与发展起来的符合中国国情的社会主义政党制度。这一制度选择与制度设计是马克思主义政党理论和统一战线学说的必然要求，也是中国革命和建设的必然产物。中国人民政治协商会议过去发挥了重要的历史作用，今后在国家政治生活、社会生活和对外友好活动中，在进行社会主义现代化建设、维护国家的统一和团结的斗争中，将进一步发挥它的重要作用。中国共产党领导的多党合作和政治协商制度将长期存在与发展。中国共产党与各民主党派合作的基本方针是"长期共存、互相监督、肝胆相照、荣辱与共"。

中国人民政治协商会议是中国人民爱国统一战线的组织，是中国共产党领导的多党合作和政治协商的重要机构，也是中国政治生活中发扬民主、达成共识、凝聚力量的重要形式。中国人民政治协商会议由中国共产党、各民主党派、无党派民主人士、人民团体、各民族和各界的代表，台湾同胞、港澳同胞和归国侨胞的代表以及特别邀请的人士组成。中国人民政治协商会议的主要职能是政治协商和民主监督，组织各党派、团体和各族各界人士参政议政。

中国共产党领导的多党合作和政治协商制度的特点包括：第一，中国共产党是社会主义事业的领导核心，是执政党。第二，中国共产党同各民主党派合作的政治基础，是坚持中国共产党的领导，坚持四项基本原则；共同任务是为把中国建设成为富强民主文明和谐美丽的社会主义现代化强国，为统一祖国、振兴中华而奋斗。第三，各民主党派都参加国家政权，参与国家事务的管理，参与国家大政方针和国家领导人选的协商，参与国家方针、政策、法律、法规的制定和执行。第四，中国共产党和各民主党派都必须以宪法为根本活动准则。

党的十八大以来，中国共产党坚持和完善党领导的多党合作和政治协商制度，完善民主党派中央对重大决策部署贯彻落实情况实施专项监督、直接向中共中央提出建议等制度，加强人民政协专门协商机构制度建设，推进社会主义协商民

图 4-4　中国人民政治协商会议会徽

[①] 中国共产党领导的多党合作和政治协商制度是我国的一项基本政治制度，是我国社会主义民主政治、国家治理体系的重要组成部分。

主广泛多层制度化发展，形成中国特色协商民主体系。

总之，中国共产党领导的多党合作和政治协商制度对于加强和改善党的领导，巩固扩大爱国统一战线，发扬社会主义民主，促进全国各族人民大团结，调动各方面积极性，实现社会主义现代化建设的任务，具有重要意义。

三、中国新型政党制度的比较优势与社会文化根基

当今世界各国政党制度纷繁多样，政党制度在各国的表现形式的差异是由各国不同历史发展路径而使然，与各国的经济发展水平、选举制度、政治文化等国情密切相关。

第一，政党所代表的阶级利益不同，决定着中国的政党制度与西方资本主义国家的政党制度之间存在根本差异。中国共产党从诞生之日起，就制定了反映中国工人阶级和最广大劳动人民利益与意志的纲领。中国共产党没有谋私的资格，因为中国的政治传统是公天下，几千年来中国人都厌恶结党营私。"天下非一人之天下"，以及"天下大同、共和天下"的政治理想根植于中国文化之中。相反，西方政治长期坚持私有财产神圣不可侵犯，西方政党是可以公开宣称自己就是代表社会某个部分的。实际上，西方国家的两党制和多党制是在资本主义私有制的经济基础上和资产阶级议会民主的政治原则下建立、发展起来的，是资本主义制度和资产阶级根本利益的天然维护者。资本主义国家的政党制度带有其自身历史与阶级的局限性。资本主义国家的政党制度虽然能够使政党功能得以发挥，为政党表达和综合民意，并使之上升为法律，以及在监督其实施等方面发挥作用，但是受限于资产阶级政党的自身条件，资本主义国家的政党制度不可能是最广大民众的民主，金权政治、操纵选举、政党分肥、欺骗选民等现象在资本主义国家的政党政治中普遍而天然地存在。

第二，不同的社会制度决定着中西方政党制度中政党间关系模式的不同。中国的多党合作是以中国共产党领导为前提的各政党之间的通力合作、互相监督，不存在反对党、在野党的问题。在中国人民民主专政体系中，中国共产党是执政党，是领导力量，其他各民主党派在政治上都要接受共产党的领导，是中国共产党的亲密友党。这是中国政党制度的主要格局，也是根植于中国文化中和而不同的思想传统，以及对朋党相争惨痛教训的总结得到的宝贵经验。实际上，中国人也承认"争"的客观性和必要的政治斗争，但更强调"非争"的中庸与中和。相比之下，西方国家实行的各主要政党轮流执政的制度，即在国家政权中，一党或几个党是执政党，另一个党或几个党就是反对党、在野党，因而存在着在朝党与在野党的根本利益纷争，甚至西方政党往往为了争而争。西方政党、政客沉迷于选举而不能自拔，以致政府施政的每个环节都有选举的考量，长此以往带来的恶果便是政争不断劣质化，政党政治和民主制度不断衰朽化，甚至导致政治瘫痪。

　　第三，中西方国家的政治传统与政权模式差异影响了中西方政党制度的差异。中国是文明型国家，其政治、政权的秉性是不断地聚合，注重"大一统"的传统，强调强大的中央集权、中央政府的高度权威，以及对离心、分裂因素的有效遏制或剥离。与此相对应，中国政治客观上需要一个最强大的政治力量——中国共产党集中统一领导，并且需要包括各民主党派在内的各种有组织的政治或社会力量来帮助党和政府吸纳参与、整合社会、增进团结。相反，西方国家的政治、政权秉性则是常态化的分化，以个体为本位限制国家对于权力的可能侵害，刻意提出并实践宪政分权制衡的政治原则，结果往往带来社会断裂、政治撕裂、国家分裂。

　　正如习近平总书记指出的，中国共产党领导的多党合作和政治协商制度是中国共产党、中国人民和各民主党派、无党派人士的伟大政治创造，是从中国土壤中生长出来的新型政党制度。这一新型政党制度实现了政治现代化与政制民族性的有机统一，具有"更中国"的本土优势与"更现代"的比较优势，构成了国家治理现代化的轴心与社会主义现代化的关键。

第三节　中国国家治理体系与治理能力现代化

中国特色社会主义政治建设的目标不是"西方化"而是现代化，即实现国家治理体系和治理能力现代化。中国国家治理体系和治理能力具有独特优势，适应我国国情和发展要求，是中国经济社会繁荣发展的重要原因。当前，一些国家对中国经济社会发展的成就给予高度评价，却对成就背后的国家治理体系和治理能力特点与优势缺乏深入认识，甚至不理解、不认同。探求中国发展之谜，需要正确认识中国国家治理体系和治理能力的特点与优势。[①]

本节首先从国家治理模式的中西比较中展开，提出不同于英美以社会为主导，也不同于日德以国家为主导，中国走了一条以政党为核心的国家治理的现代化道路；从长时段的历史发展角度看，不同于西方分而治之的治理理念和拼图式的治理结构，中国自古便形成了大一统的治理理念和同心圆式的治理格局。其次，本节将具体论述依法治国、举国体制、群众参与和统一战线等具体治国方略，展现中国国家治理的优势。最后，本节还将从中西比较的视角，分析中西国家治理实践分野背后的中西治理观念、治理理论的差异，理解中国国家治理模式的思想文化根基。

一、中外国家治理模式现代化比较

现代化是一个国家在历史变迁过程中所经历和展现出来的经济、政治、文化、社会、生态等各领域的重大变革。推进国家治理体系和治理能力现代化，是社会主义现代化的题中应有之义。20世纪以后，特别是西方现代化理论提出以来，现代化成为世界各国共同关注的话题。通过中西比较，我们发现世界上并不存在一模一样的现代化模式，世界各国的历史经验教训表明，只有把现代化的一般理论与本国实际紧密结合在一起，才能形成契合自身需求、体现自身特点的现代化道路。

作为后发国家，中国在追求现代化的道路上不断探索。在社会主义现代化进程的不断探索中，中国共产党始终在丰富拓展社会主义现代化的内涵，逐渐认识到推进国家治理体系和治理能力现代化既是坚持与发展中国特色社会主义的必然要求，也是实现社会主义现代化的题中应有之义。要适应国家现代化总进程，从各个领域推进国家治理体系和治理能力现代化。党的十九大明确将"实现国家治理体系和治理能力现代化"作为全

[①] 刘志昌：《中国国家治理体系和治理能力的特点和优势》，《当代世界》2017年第12期。

面建设社会主义现代化国家的重要内容。

（一）社会、国家与政党：国家治理现代化的主导力量

回顾世界不同国家的现代化道路，我们不难发现各国实现现代化过程中存在着多种国家治理与制度变迁模式。其中，由于主导力量的不同，国家与社会之间呈现出不同的关系模式。具体表现为以英国和美国为代表的社会主导的现代化模式，以德国和日本为代表的国家主导的现代化模式，以及以中国为代表的政党主导的现代化模式。

以英国和美国为代表的社会主导的现代化模式，一方面表现为国家成长过程中的自发秩序，另一方面表现为以商人阶层为基础的社会力量在国家实现现代化变迁中的重要作用。英国现代化转型过程中的自发秩序表现为"王在法下"、治安推事与习惯法、宪政改革。美国建国过程中的自发秩序则表现在地方自治与开放过程之中。而这种自发的秩序来源于以商人阶层为核心的社会力量的推动。在英国，商人阶级的利益顺利地变成国家政策而得以实现；在美国则直接由"实业家"治理国家。然而，不论是在英国还是在美国，在民族国家壮大的过程中，社会一方面固守着自己的传统领域，并继续影响着政府政策；另一方面国家职能必然的增加与扩大决定着国家与社会关系中国家力量的加强。英美所谓的"强社会—弱国家"的现代化模式并不成立，更为准确的表达是"强社会—强国家"。

以德国和日本为代表的国家主导的现代化模式表现出很强的"国家性"的特征。在该模式自上而下的现代民族国家的建构进程中，军国主义成为实现国家主义目标的直接手段，官僚体制构成支撑军国主义的制度结构，而制定法则是将官僚体制的制度和行为方式加以法律化与制度化。之所以选择以国家的官僚体系为主导的制度变迁模式，一方面与其历史与思想中的国家目的论和政治至上论有着密切的联系，另一方面还与战争对这些国家的塑造息息相关，即伴随着战争的发展和需要，一整套以军队为中心的国家管理体系建立起来，并且表现出高度的专制独裁特征。与此同时，国家主导着现代化建设的方方面面，包括铁路、现代企业与教育体系等各个领域为国家占领，以追求现代化目标的高速实现。

不同于上述以社会为主导的现代化模式和以国家为主导的现代化模式，中国的现代化历史地选择并坚持开辟出了一条新路，即以政党为中心的制度变迁模式。"没有共产党就没有新中国"是中国民族国家建设和制度变迁的真实写照。在面临近代总体性的国家危机之时，历史把组织国家的选择交给了中国共产党。在重建国家秩序的过程中，中国共产党把战争年代形成的"党—军关系"自然地转移为"党—政关系"，形成了以党为核心的国家权力组织体系，并且表现在党委制、党组制、党管干部制度和归口管理制度之上。实际上，以中国共产党的一元化领导为原则的国家组织体制，改变了中国社会"一盘散沙"的状态，以其强大的动员和组织能力将社会与国家统合起来，从而满足民

族国家建构、工业化发展和全面现代化建设的需要。

政党是现代国家治理的重要组织力量，并在其间扮演着重要角色。在中国，中国共产党是最高政治领导力量，在推进国家治理体系和治理能力现代化的进程中发挥重要作用，这必然要求党把加强自身治理摆在突出重要位置。中国共产党始终保持高度忧患意识，强调要持之以恒地加强政党治理，以加强党的长期执政能力建设为主线，以制度治党、思想建党和理论强党为支撑，以党的政治建设为统领，以坚定理想信念为根基，以正风肃纪严惩腐败为有力抓手，全面加强党的政治建设、思想建设、组织建设、作风建设、纪律建设，并把制度建设贯穿其中。实践证明，一系列管党治党举措让党推进国家治理体系和治理能力现代化所需的政治领导力、思想引领力、群众组织力、社会号召力等得到极大提升。①

总之，通过中西三种现代化模式的比较，我们应该认识到并不存在唯一的现代化模式或者标准的现代化道路。将以英美为代表的社会主导的现代化模式作为所谓的普世标准来衡量其他社会的发展进程，其背后反映的是以英美为主导的社会科学知识的话语霸权；对于第三世界国家而言，将英美地方性知识作为标杆是不可能真正找到实现现代化的正确道路的。另外，我们还可以发现以社会为主导的现代化模式和以国家为主导的现代化模式自身都存在着一定的问题。不同于发达国家，作为发展中国家的中国在现代化转型过程中面临的首要问题是民族危机背景下的救亡图存以及国家秩序的重建，而这一任务必然地落在为绝大多数人谋利益的中国共产党的肩上，从而需要开辟出一条具有中国特色的以政党为中心的现代化道路。

（二）合与分：中西治理模式的结构框架

合与分是理解中西历史，特别是中西之间治理模式差异性发展的核心要义。"大一统"传统构成了传统中国国家治理的核心理念，国家发展基本遵循儒家思想所主张的六合同风、四海一家的"大一统"，即维持"一体的多元""多元的一体"，进而形成"大一统"的政统与道统，促进向心政治的实践。

第一，合与分构成了中西国家治理结构的差异，即中国的同心圆治理格局和西方的拼图式治理格局。基于长期的"大一统"形成的向心力，中国社会形成了一种由周边向中心辐辏的同心圆式的国家治理结构。在同心圆结构中，整体先于部分，圆心必须占据物质财富和精神世界的制高点，用其辐射力、吸引力和感召力把周边各个圈层紧密凝聚在一起，达成有机融合。在国家治理的历史进程中，中国核心农耕区对周边形成强大的吸引力，并且依靠内在的文明浸润，而非简单的武力威胁，把各个圈层团结起来，维持大一统的政治秩序与国家统一、长治久安的局面。相比之下，西方社会由于漫长的分裂

---

① 夏锦文：《国家治理体系和治理能力现代化的中国探索》，《光明日报》，2019 年 11 月 19 日。

所造成的离心力，最终形成了相互撕扯的拼图式的国家治理结构。在拼图结构中，部分先于整体，各自以自身利益出发，在恃强凌弱的霸道逻辑和弱肉强食的丛林法则中，通过利益争夺甚至战争的方式达到各个部分间的权力均衡，进而依靠外在的契约、法律或宗教等力量把各个部分机械地拼合在一起。[①] 在当今的欧洲，诸国林立，欧盟统一欧洲的愿景任重道远；在当今的美国，在宪法框架下各州林立，并为自身利益而争夺权力，而联邦政府内部更是各集团各部门为了私利而不惜牺牲国家整体利益和人民利益。

第二，合与分表现在中西方国家在国家治理逻辑与治理框架上的差异。中国是一个有着两千多年中央集权传统的国家，早在秦汉时期就确立了中央集权的大一统体制和郡县制，其权力中心只有一个，不同部门之间不是分权制衡，而是分工合作。因此，中国国家治理的逻辑是天人合一和自上而下，党先于国；从特殊到普通，先建立起某种政治势力或者政党，由其主导建立国家。现代中国国家治理的框架仍然保留着秦汉以来的中央集权的举国体制特征，并进一步强化，其优点是集中力量办大事，能够集中一切人力物力去战胜重大的自然灾害，在社会发展初期能够保持社会的稳定。相较之下，美国国家治理的逻辑是合众为一和自下而上，国家先于政党存在；从普通到特殊，先建立起普通的宪法和法理基石，然后在共同接受的宪

图4-5 秦始皇建立皇帝制度，把中国推向了大一统时代

法和法理框架内生成各种特殊的制度设施。这一自由民主政体的优点是稳中有变、自适应性强；缺点是相互制约造成国家内部许多无谓的争吵和扯皮现象，精力不能集中，效率比较低下。[②]

第三，以人民为主体，是"大一统"的国家治理传统在现代中国的发展。传统的中华文明是以天子为核心的皇权体系作为中华"大一统"的政治象征；现代中国则是以人民为主体的民主政治作为中华"大一统"的社会根基。中国共产党通过深入彻底的社会革命，结束了近代以来中国四分五裂、积贫积弱的局面，重塑了中国的基层秩序和精英

---

① 李勇刚:《天下归心：大一统国家的历史脉络》，北京：人民出版社2021年版，第20页。
② 赵可金:《全球治理的中西智慧比较》，《探索与争鸣》2020年第3期。

政治结构，创生出与共和政制相匹配的"人民"这一现代政治主体，进而重塑了新的大一统国家。因此，人民民主不仅是中国共产党长期执政的合法性来源，也是中华人民共和国重建"大一统"秩序的现代基础，是推进社会主义工业化建设的社会前提。①

总之，通过中西比较发现，不同于英美以社会为主导的国家治理现代化模式，也不同于日德以国家为主导的国家治理现代化模式，中国走了一条以政党为核心的国家治理的现代化道路。而从长时段的历史发展角度看，不同于西方分而治之的治理理念和拼图式的治理结构，中国自古便形成了"大一统"的治理理念和同心圆式的治理格局。在中国"大一统"治理传统中，维持"一体的多元"与"多元的一体"，促成了中国式的向心政治实践与国家治理体系。

二、当代中国国家治理的方略与优势

当代中国国家治理能力的优势集中体现在中国将党的领导与依法治国相统一，将新型举国体制与群众参与相结合，将统一战线发展为治理之道。中国共产党把法治确立为治国理政的基本方式，坚持依法治国，推动了中国国家治理体系与治理能力的现代化。在党的全面领导下，新型举国体制坚持科学统筹、集中力量、优化配置、协同攻关，在经济、文化、国防、社会等领域取得了一系列成就。与此同时，新型举国体制离不开国家治理的主体——人民。在新型举国体制中，人民当家作主的主人翁地位使广大人民联合成利益共同体和行为共同体，成为国家的主人。

（一）依法治国

依法治国是党领导人民治理国家的基本方略。在国家治理可以采用的多种方略和方式中，如道德建设、依法治国、经济和行政手段、思想教育、纪律规章、乡规民约等，依法治国是首选的、基本的治国方略，法治是主导的、基本的治国方式。确立依法治国基本方略，坚定不移走中国特色社会主义法治道路，从治国理政的道路和方略上排除了照搬西方三权分立、多党制和"宪政民主"的可能性，否定了封建专制独裁和人治。②

"党和法的关系是一个根本问题，处理得好，则法治兴、党兴、国家兴。"全面推进依法治国的根本遵循在于坚持中国共产党的领导，坚持人民主体地位，坚持法律面前人人平等，坚持依法治国和以德治国相结合，坚持从中国实际出发，并且以弘扬宪法精神、树立宪法权威为核心。把法治确立为治国理政的基本方式，并不排斥道德、纪律、行政手段、经济手段、乡规民约等方式方法的作用，而是强调把法治与德治结合起来，

---

① 修远基金会：《中华文明与中国共产党：写在中国共产党成立 96 周年之际》，《文化纵横》2017 年第 3 期。

② 依法治国：是依照法律来治理国家，是中国共产党领导人民治理国家的基本方略，是发展社会主义市场经济的客观需要，也是社会文明进步的显著标志，还是国家长治久安的必要保障。

把依法治国与依规治党结合起来，综合运用法律、道德、经济、行政、纪律、规约等规范手段，形成由多种方式方法共同构成的综合治理体系。

全面推进依法治国是完善和发展中国特色社会主义制度、推进国家治理体系和治理能力现代化的重要方面，是深刻总结中国社会主义法治建设成功经验和深刻教训作出的重大抉择。党的十一届三中全会以后，中国共产党总结民主法治建设的深刻教训，提出必须加强法治，从而把治国理政纳入法治轨道。党的十五大提出依法治国、建设社会主义法治国家的战略任务，第一次把依法治国确立为党领导人民治理国家的基本方略，赋予了依法治国在党治国理政事业中的根本性、主导性和制度性的战略地位。①

党的十八大以来，党对全面依法治国作出一系列重大决策部署，全面依法治国工作进入"快车道"，中国特色社会主义法治体系不断健全，法治中国建设迈出坚实步伐，党运用法治方式领导和治理国家的能力显著增强。中国共产党更加重视发挥依法治国在治国理政中的重要作用，更加重视通过全面依法治国为党和国家事业发展提供根本性、全局性、长期性的制度保障，专门作出全面推进依法治国的决定。党的十八届四中全会和中央全面依法治国工作会议专题研究全面依法治国问题，就科学立法、严格执法、公正司法、全民守法作出顶层设计和重大部署，统筹推进法律规范体系、法治实施体系、法治监督体系、法治保障体系和党内法规体系建设。

党的十八届四中全会审议通过了《中共中央关于全面推进依法治国若干重大问题的决定》，明确了全面依法治国的顶层设计和战略部署。2018 年，组建中央全面依法治国委员会，法治中国建设迈入新阶段。党的十九届五中全会提出了到 2035 年基本实现社会主义现代化远景目标，其中，就包括要"基本实现国家治理体系和治理能力现代化，人民平等参与、平等发展权利得到充分保障，基本建成法治国家、法治政府、法治社会"。

党的十八大以来，中国的法律体系不断健全，全面依法治国取得丰硕成果。中国共产党领导健全保证宪法全面实施的体制机制，确立宪法宣誓制度，弘扬社会主义法治精神，提高国家机构依法履职能力，提高各级领导干部运用法治思维和法治方式解决问题、推动发展的能力，增强全社会法治意识。通过宪法修正案，制定民法典、外商投资法、国家安全法、监察法等法律，修改立法法、国防法、环境保护法等法律，加强重点领域、新兴领域、涉外领域立法，加快完善以宪法为核心的中国特色社会主义法律体系。党领导深化以司法责任制为重点的司法体制改革，推进政法领域全面深化改革，加强对执法司法活动的监督制约，开展政法队伍教育整顿，依法纠正冤错案件，严厉惩治执法司法腐败，确保执法司法公正廉洁高效权威。

---

① 李林：《依法治国是党领导人民治理国家的基本方略》，《光明日报》，2017 年 8 月 18 日。

（二）新型举国体制与群众参与

全国一盘棋，集中力量办大事的新型举国体制是中国国家治理的优势所在。所谓新型举国体制，是一项集中全国各方面人力、物力、财力，以国家发展和国家利益为根本旨归，以攻克某项重大项目或完成某项重要任务为主要目标，以实现突破性发展和跨越式进步为外在表现的独特体制。[①] 举国体制依托于国家政治动员、组织协同，呈现出高效运行、低成本支付、预期目标可观、不良后果可控的战略特征。在综合国力弱的时候，这个优势能够显现出来；在综合国力强的时候，这个优势更能凸显出来。[②]

在中华人民共和国成立初期，在举国体制下，"两弹一星"突破了西方国家的技术封锁，实现了国家的自力更生、自主自强；"运动竞技"使中国摆脱"东亚病夫"的帽子，成为体育强国。[③] 在开启全面建设社会主义现代化国家新征程上，中国进入了运用新型举国体制抵御重大发展风险、破解重大发展难题、推动重大发展工程的国家发展治理新阶段。依赖于新型举国体制的统筹协调和以人民为中心的发展思想，养老保险、医疗保险、失业保险等多层次社会保障体系在中国逐渐确立。在科技创新领域，新型举国体制能够更大程度地利用中国在产业政策和科技政策上的独特优势，真正做到"政产学研用"相结合。新型举国体制有能力在落实安全责任制、建设灾害防御工程、完善应急管理体系、加强应急物资保障体系建设等方面发挥独特作用。[④]

就拿这次抗击新冠肺炎疫情来说，新型举国体制的协同优势、集中优势和动员优势已经在中国抗疫战斗中凸显出来。全国优势科研力量集中攻关，"用创纪录短的时间甄别出病原体"。在武汉10天建成1 000张床位的火神山医院，12天建成1 600张床位的雷神山医院，并将各种配套设施、医疗设备及时调配到位，创造了人类防疫建设史上的奇迹。中央决定全国支援湖北和武汉，建立了19个省份对口支援湖北除武汉以外的16个市州及县级市的机制。在一个多月的时间里，全国各地和军队的援鄂人员迅速集结，346支医疗队、4.26万名医务人员以及6.5万余件医疗设备从四面八方汇聚武汉、驰援湖北各地。疫情初期，口罩和防护服等医疗物资短缺，在中央的统一协调下，全面启动医疗物资生产企业复工复产，中央企业充分发挥国家队作用，以战时状态全力加快转产扩产、多产快产。对国内确诊患者的医疗费用按有关规定支付后，个人负担部分由财政给予补助。所有这一切都是建立在新型举国体制基础之上的。[⑤]

---

① 何虎生：《发挥新型举国体制优势》，《学习时报》，2021年4月26日。
② 叶青、李清均：《新型举国体制进路：经验证据、机理分析、路径优化》，《理论探讨》2021年第3期。
③ 王立峰：《新型举国体制的政治逻辑阐释与治理效能提升》，《国家治理》2020年第2期。
④ 何虎生：《发挥新型举国体制优势的五大重要领域》，《国家治理》2020年第42期。
⑤ 曲青山：《我国制度优势在抗击疫情中的力量彰显》，《人民日报》，2020年6月18日。

举国体制的实施离不开广大人民群众的拥护与支持，人民群众始终是大国治理最坚强的后盾。"人民是历史的创造者，是决定党和国家前途命运的根本力量。"在治理主体上，中国强调坚持党的领导和人民主体地位的有机统一，强调在党的领导下，坚持人民主体地位和发挥人民主体作用。在革命、建设、改革各个历史时期，中国共产党始终坚持从人民利益出发，紧紧依靠人民不断取得胜利。

中华人民共和国的成立和社会主义制度的建立，使广大劳动人民彻底摆脱了被压迫、被剥削的命运和地位，工人、农民、知识分子等广大劳动人民真正成为国家的主人，极大地激发了广大人民的积极性和创造性。改革开放以来，正是党的正确领导和广大人民的团结奋斗，中国经济才得以持续快速健康发展，解决了十几亿人的温饱问题，2000 年总体上实现小康，2021 年中共成立 100 周年大会正式宣告全面建成了小康社会。

在这次抗击疫情中，全国上下一条心，群防群治，打一场"没有硝烟"的人民战争，集中反映了举国体制中的人民力量。"抗疫战争"打响后，党中央一声号令，从城市到乡村，从公共场所到居民小区，14 亿中国人民全面动员、全民参战。各条战线、各个领域、各个部门的工作者、劳动者，都立足本职岗位为疫情防控作出了贡献，有的还献出

图 4-6　2022 年 3 月，安徽省安庆市民自发欢送"最美"逆行者（人民视觉）

了宝贵的生命。湖北人民、武汉人民响应号召、顾全大局，开启了长达两个多月的居家隔离。在湖北人民、武汉人民的背后，站立的是全国亿万人民。全国人民自觉听从疫情防控安排，行动起来、组织起来、凝聚起来，从自己做起、从点滴做起，全面落实联防联控措施，共同筑起了一道道群防群控的严密防线。[1]

当然，面对西方国家对中国新型举国体制的质疑甚至诋毁，我们应该清楚地阐明：新型举国体制既不是传统计划体制回归，也不是以强权争霸方式炫耀国家实力，更不是劳民伤财的烧钱举动，而是在统筹传统与非传统国家安全基础上，应对"急、难、险"

---

[1]　曲青山：《我国制度优势在抗击疫情中的力量彰显》，《人民日报》，2020 年 6 月 18 日。

等威胁国家安全的重大突发事件时，通过特殊配置稀缺资源的方式所形成的政治、经济、社会、文化、生态等多层面协同发展的国家发展安全战略。[①]

（三）统一战线 [②]

统一战线在中国革命、建设和改革等不同历史时期都占有极其重要的地位，在推动国家治理体系和治理能力现代化方面具有重要的作用。[③] 在不同历史时期，统一战线以不同方式和途径履行职能，体现价值。统一战线从国民革命时期由广大工人、农民、城市小资产阶级参加，目的是反帝反封建的"民族统一战线"开始，先后经历了土地革命时期包括工、农、知识分子分别与其他劳动者、非劳动者联盟的"民主统一战线"；抗日战争时期的"民族统一战线"；解放战争时期包括各民族、各民主阶级、各民主党派、各人民团体、广大华侨、各界民主人士及其他爱国分子和国民党统治集团中的一部分地方实力派，目的是推翻专制的国民党政权的"人民民主统一战线"；社会主义时期由工人阶级领导的、工农联盟为基础的全体社会主义劳动者，拥护社会主义的爱国者和拥护祖国统一的爱国者的联盟组成的"爱国统一战线"。在长期的发展过程中，统一战线形成了独特的路径优势。[④]

党的十八大以来，中国共产党完善大统战工作格局，努力寻求最大公约数、画出最大同心圆，汇聚实现中华民族伟大复兴的磅礴力量。在以实现民族伟大复兴为宗旨的国家治理现代化中，统一战线工作以助力实现中华民族伟大复兴为目标，统筹国际国内两个大局，在国内积极构建大统战工作格局，发挥建言献策和凝聚人心作用，助力国家制度体系改革和治理效能转化，在国际创造性开展统战工作，致力于参加引领全球治理。

新时代统一战线上升到"治理之道"的层次有着深刻的理论基础和实际的现实背景。在理论上，统一战线理念与国家治理理念内在贯通、高度一致。马克思主义共同体理论正是统一战线理论的新原点，也是国家治理的落脚点。"统战工作的本质要求是大团结大联合，解决的就是人心和力量问题。"在中国，统一战线具有巨大的一致性、鲜明的多样性、空前的广泛性、宽阔的包容性和显著的社会性五个特征，是建构马克思主义共同体的重要载体，也是中国国家治理的现实需要。

新时代中国社会客观条件的现实也需要统一战线挺进在中国国家治理的进程之中。

[①] 叶青、李清均：《新型举国体制进路：经验证据、机理分析、路径优化》，《理论探讨》2021 年第3 期。

[②] 统一战线：是中国共产党凝聚人心、汇聚力量的政治优势和战略方针。

[③] 邱永文：《统一战线与国家治理体系和治理能力现代化》，《中央社会主义学院学报》2015 年第 1 期。

[④] 郑春梅：《论统一战线推动国家治理体系和治理能力现代化的路径优势》，《统一战线与推进国家治理体系和治理能力现代化——2014 统一战线前沿问题理论研讨会文集》，2014 年。

第一，随着中国社会结构日益多元，中国社会领域不断涌现出新群体，统一战线挺进到扩大群众基础、巩固执政地位的第一线。第二，随着中国利益格局日益多元，统战成员不断提出新诉求，统一战线挺进到化解社会矛盾、推进协商民主的第一线。第三，随着中国思想观念日益分化，各种思潮不断发生碰撞，统一战线挺进到加强思想引领、凝聚人心共识的第一线。第四，随着中国安全形势日益复杂，民族、宗教、港台、海外等领域不断出现新挑战，统一战线挺进到维护祖国统一、拱卫国家安全、致力民族复兴的第一线。①

值得注意的是，长期以来，一些西方反华政客对中国共产党领导的统一战线和统战工作进行污蔑诋毁，其言论充斥着谎言、冷战思维和意识形态偏见，严重干扰了广大海外侨胞、留学生群体及有关机构正常的工作、学习和活动。事实上，在对外交往中，中国的党和政府一贯主张世界不同文明包容互鉴，促进世界各国和谐相处，推动构建人类命运共同体。我们重视发挥广大海外侨胞和留学生融通中外的桥梁纽带作用，旨在促进中国与世界各国开展正常民间人文交流，发展友好关系，增进相互理解和友谊，从不干涉别国内政，从不输出意识形态或社会制度。

总之，统一战线不仅是国家治理体系和治理能力现代化的重要组成部分，而且在推动中国国家治理体系和治理能力现代化的过程中发挥着重要的自身优势和特点，为中国国家治理现代化提供了更强的实践性和可行性，提升了中国治理的科学性。②

三、中外治理模式差异的思想文化根基

习近平总书记强调："一个国家选择什么样的治理体系，是由这个国家的历史传承、文化传统、经济社会发展水平决定的，是由这个国家的人民决定的。中国今天的国家治理体系，是在中国历史传承、文化传统、经济社会发展的基础上长期发展、渐进改进、内生性演化的结果。"

首先，中西方对于"治理"存在着认识上的根本差异。西方人的治理观是以天下为私为根本，认为治理是为了每个人的福利、安全和幸福，表现为最大限度地追求私有的利益和权利。中国的治理观则是以天下一家为根本，认为天下太平不仅是为了个人的小康，更是为了实现世界的大同。这两种治理观的形成根植于中西方不同的历史文化及其两种文化对于人性问题和国家问题的不同理解。

一方面，中西方在人性的理解上有着不同的看法导致中西方治理观念的根本差异。西方世界对人性的理解，始终无法摆脱"原罪说"的人性本恶论的框架。从古希腊哲学

---

① 潘岳：《统一战线与国家治理现代化的思考》，《人民政协报》，2020 年 9 月 2 日。
② 郭玉华、符蓝霞：《统一战线参加国家治理现代化：逻辑、对策和价值》，《吉林省社会主义学院学报》2021 年第 1 期。

中人的本性是政治动物并在集体中争权夺利，到中世纪基督教神学中人的原罪思想，再到近代启蒙运动以来形成的人的"理性"与利益算计，人性的恶与自私成为西方政治制度设计与社会治理的逻辑起点。相反，中国对人性的理解比西方国家更有弹性，儒、墨、道、法各家均对人性持有比较乐观的理解。宋元之后，儒释道三教圆融，重视人性的德治教化，决定了治理观念上坚持家国情怀和天下使命。

另一方面，中西方在对国家的理解上的不同认识，决定着中西方看待国家角色问题的差异。在西方政治思想中，国家在政治生活中始终是一种派生的存在。从柏拉图的"理想国"到黑格尔的"绝对精神"，一直到密尔的"代议制政府"，国家要么作为心灵的投射，要么作为家庭和市民社会发展的更高阶段，要么作为代议制的产物，从根本上来说是没有自主性的。相较之下，中国传统思想受到天命观念的影响，始终把国家作为先定的存在，国家上承天命，并形成了两千年保持稳定的中央集权的"大一统"国家。所谓"溥天之下，莫非王土；率土之滨，莫非王臣"，在中国人眼里，正因为国家上承天命，下顺民心，海内为郡县，法令由一统，故天下莫能与之争。[①]

其次，中西方对于"人性""国家"等问题的理解差异，导致了中西方在治理理论上的巨大反差。从中西比较来看，西方治理理论主张去政府化而鼓吹个体作用，过于强调政府分权，局限于多元主体之间在内在性质、追求目标与行为方式等方面客观存在的巨大差异。[②]特别是西方新自由主义者所谓的"无政府的治理"理论，认为依赖于"公民社会"、去政府化的治理才能实现公正透明，才会有政治合法性。然而，这套理论并不能给发展中国家带来善治，绝大多数发展中国家在尚未真正完成"国家建设"任务的条件下治理水平并未得以提升。相较之下，中国提出国家治理体系与治理能力现代化的概念，强调国家在治理过程中的角色，并将国家治理理论与西方治理理论明确区分开来。[③]实际上，简单运用西方"治理"概念来套解中国全面深化改革的目标，简单认为"治理"概念只是西方当代政治理论和管理理论的专利，这些认识都是片面的。

最后，中西不同的文化传统影响着国家治理主体的能力，构成推进国家治理体系和治理能力现代化的基础性因素。例如，西方文化的自由主义带有的个人主义倾向容易引发西方治理存在对抗和冲突的弊端；而中国文化始终强调"大一统"，并形成了"大一统"的基本的思维观念，始终保持一元政治权力格局成为中国的政治传统，并逐渐成为后世维护国家统一和反对分裂的强大思想武器。西方以法律调适社会，但法律和法治并非万能的、唯一的，道德、宗教、传统、公序良俗等在社会治理中具有重要补充作用，这是中西文化间的重大差异。中国治理模式是情理法俱备，法为良法、善法，德治与法

---

① 赵可金：《全球治理的中西智慧比较》，《探索与争鸣》2020 年第 3 期。
② 闫雨：《中西比较视阈下的中国治理模式及其借鉴价值》，《创新》2019 年第 1 期。
③ 杨光斌：《国家治理论超越西方治理理论》，《北京日报》，2020 年 1 月 6 日。

治相结合是中国独特的治理模式。[①]

实际上，在中华民族几千年的历史演进中形成了关于国家制度和国家治理的丰富思想，包括大道之行、天下为公的大同理想，六合同风、四海一家的"大一统"传统，德主刑辅、以德化人的德治主张，民贵君轻、政在养民的民本思想，等贵贱均贫富、损有余补不足的平等观念，法不阿贵、绳不挠曲的正义追求，孝悌忠信、礼义廉耻的道德操守，任人唯贤、选贤与能的用人标准，周虽旧邦、其命维新的改革精神，亲仁善邻、协和万邦的外交之道，以和为贵、好战必亡的和平理念，等等。[②] 这些思想中的精华是中华优秀传统文化的重要组成部分，也使中国特色社会主义制度和国家治理体系具有深厚的历史底蕴。

小　结

观察世界各国政治，在不同的社会、经济、文化等因素的影响下，各国选择了不同的政治制度，世界上没有两个国家采取完全相同的政治制度。民主也不是西方的专利，民主制度不仅包括西方宪政民主，还包括中国特色社会主义民主政治。中国特色社会主义民主制度吸收了人类文明一切优秀成果，并在改革中不断发展和完善，相较西方国家的自由主义宪政民主，更符合中国国情，更具有比较优势。

政体只是政治的形式而非内容，政治制度的优劣不能单从政体形式出发进行判断。认识政体问题根本上要从政权归属的角度来分析，这样才能认识其背后的实质。人民当家作主是中国社会主义民主政治的本质特征。中国的民主是中国共产党领导的人民民主，是一种全过程的民主，是实质民主和程序民主的统一，独特优势在于社会主义协商民主。

中外不同的社会文化根基以及近代以来国家发展的不同路径，决定着中国共产党不同于西方国家的政党，中国的政党制度不同于西方国家的政党制度。不能用西方的政党观和政党制度的标准片面地去认识与理解中国共产党及中国的政党制度。中国特色社会主义最本质的特征是中国共产党领导，中国特色社会主义制度的最大优势是中国共产党领导。

---

① 闫雨：《中西比较视阈下的中国治理模式及其借鉴价值》，《创新》2019 年第 1 期。
② 习近平：《坚持和完善中国特色社会主义制度推进国家治理体系和治理能力现代化》，《求是》2020 年第 1 期。

　　不同于西方国家的国家治理现代化模式，中国的现代化历史地选择并坚持开辟出了一条以政党为中心的新路。不同于西方分而治之的治理理念和拼图式的治理结构，得益于中国悠久的历史文化根基，中国形成了"大一统"的治理理念和同心圆式的治理格局，在维持"一体的多元"与"多元的一体"的同时，促成了中国式的向心政治实践与国家治理体系。当代中国国家治理能力的优势集中体现在中国将党的领导与依法治国相统一，将新型举国体制与群众参与相结合，将统一战线发展为治理之道。

　　实际上，正是中国选择了中国共产党领导的社会主义民主政治，中国国家治理体系和治理能力彰显出独特的优势，这种制度优势适应了中国国情和发展要求，最终成为当代中国经济社会大繁荣大发展的重要原因。

讨论题

　　1. 比较中国特色社会主义民主与西方宪政民主的异同。中国特色社会主义民主的比较优势是什么？

　　2. 中国特色社会主义民主政治的制度保证有哪些？

　　3. 中国新型政党制度和西方国家的政党制度有什么差异与优势？

　　4. 和其他国家相比，当代中国国家治理能力具有哪些优势？

　　5. 为什么说中国特色社会主义民主与中国新型政党制度有着深厚的中国社会的历史文化根基？表现在什么地方？

推荐阅读

　　1. 中华人民共和国国务院新闻办公室：《中国新型政党制度白皮书》，北京：人民出版社 2021 年版。

　　2. 中华人民共和国国务院新闻办公室：《中国共产党尊重和保障人权的伟大实践白皮书》，北京：人民出版社 2021 年版。

　　3. 王沪宁：《政治的逻辑——马克思主义政治学原理》，上海：上海人民出版社 2004 年版。

　　4. 杨光斌：《中国政治认识论》，北京：中国社会科学出版社 2018 年版。

　　5. 林尚立：《论人民民主》，上海：上海人民出版社 2016 年版。

　　6. 徐锋、高国升：《正谊明道：中国新型政党制度何以为新》，北京：人民出版社 2021 年版。

第五章
中西经济体制比较与中国经济奇迹

　　伴随着"中国经济奇迹",西方国家出现了"中国经济威胁论"和"中国经济崩溃论",并质疑中国的经济体制。本章运用事实与数据,结合国际知名人士的"他者"视角,展示中国经济奇迹的表现,指出由"中国奇迹"迈向"新的更大奇迹"背后的持续动力是中国之治。中国之治的"北京共识"突破了"华盛顿共识",体现了中西经济体制及其治理效能的差异。政府与市场的关系是经济体制的核心。无论是英美的盎格鲁—撒克逊模式,还是德国的莱茵模式,抑或日本的银行中心主义,要么是市场替代政府,要么是政府替代市场。中国之治的核心是政府与市场互补、政府增进市场功能,古今皆如此。本章重点强调,中国经济奇迹,其实不是奇迹,而是复兴。鸦片战争后的衰落只是一个短暂时刻。这一复兴的动力,蕴藏于中国古代经济思想之中。中国经济奇迹,不仅是中国的,更是世界的。支撑西方兴起的现代经济学,是深受中国古代经济思想影响的。中国经济体制与治理效能的终极目的是提高人民的美好生活水平,这是中国一以贯之的民本思想。"中国经济崩溃论"的崩溃,其必然性蕴藏于中国经济体制的历史、现在与未来之中。中国经济奇迹有着深远而又深邃的文明根性,其核心要义是包容发展。

第一节　中国经济奇迹与中国之治

一、从"中国奇迹"迈向"新的更大奇迹"

（一）世界历史的最大参与者

2009 年，美国时任总统奥巴马任命斯蒂芬·博斯沃思为朝鲜特使。这位曾担任过美国驻菲律宾大使和驻韩国大使的朝鲜特使，进行了为期两周的亚洲之旅，与各国领导人会晤。他后来感叹道，在过去的日子里，当危机或问题出现的时候，亚洲领导人问的第一个问题是：华盛顿怎么看？（美国怎么看？）今天，当事情发生时，他们首先会问：北京怎么看？（中国怎么看？）

这个故事记录在 2017 年美国出版的畅销书《注定一战：中美能避免修昔底德陷阱吗？》第一章"世界历史的最大参与者"的结尾。作者是担任过美国国防部部长特别顾问、哈佛大学肯尼迪政府学院首任院长的格雷厄姆·艾利森教授。

显然，作者引用了新加坡政治家李光耀的名言"中国是世界历史的最大参与者"。李光耀说，"中国对世界平衡的改变是如此巨大，因此世界必须找到新的平衡。不可能只把中国当作一个世界舞台的较大参与者。中国是世界历史的最大参与者"①。艾利森指出，自 2008 年金融危机和大衰退以来，请记住一个明显的事实：世界上 40% 的增长，只发生在一个国家——中国。罗马不是一天建成的。显然，人们忘了将这句话告诉中国人。这个国家每两周将可以建造出一个与今天的罗马面积相当的城市。② 他引用捷克前总统瓦茨拉夫·哈维尔（Vaclav Havel）的话说，"这件事情发生得太快，我们还没有来得及感到惊讶"③。

无论是美国政府官员博斯沃思，还是美国学者艾利森，都为中国经济的繁荣发展所叹服。的确，回顾历史，中国在世界经济版图中的地位变迁令人深思。英国经济学家安格斯·麦迪森在《世界经济千年史》一书中估计④，中国国内生产总值（GDP）占世

---

① ［美］格雷厄姆·艾利森著，陈定定、傅强译：《注定一战：中美能避免修昔底德陷阱吗？》，上海：上海人民出版社 2019 年版，第 18 页。

② ［美］格雷厄姆·艾利森著，陈定定、傅强译：《注定一战：中美能避免修昔底德陷阱吗？》，上海：上海人民出版社 2019 年版，第 25-27 页。

③ ［美］格雷厄姆·艾利森著，陈定定、傅强译：《注定一战：中美能避免修昔底德陷阱吗？》，上海：上海人民出版社 2019 年版，第 9 页。

④ ［英］安格斯·麦迪森著，伍晓鹰等译：《世界经济千年史》，北京：北京大学出版社 2001 年版。

界的比重，先升后降再升，公元 1000 年为 22.7%，1500 年为 25%，1600 年为 29.2%，1820 年为 32.9%，达到顶峰；之后开始下降，1870 年为 17.2%，1913 年为 8.9%，1950 年为 4.5%，降到谷底，持续徘徊；1978 年后开始快速上升。

20 世纪 90 年代中期，世界银行发展报告《2020 年的中国：新世纪的发展挑战》[1]专题探讨中国 1978 年改革开放以来的经济快速发展，探讨"中国奇迹"的成因及未来趋势。"中国奇迹"这个词正式进入全球人民的视野。

进入 21 世纪，作为发展中大国，中国 GDP 占世界比重呈现不断上升趋势。根据世界银行统计，自 2006 年起，中国 GDP 占全球比重以每年接近 1% 的幅度增长；2009 年 GDP 总量正式超过日本，位居世界第二位。2007 年在美国发生次贷危机进而全球发生金融危机背景下，中国 GDP 占世界比重依旧保持着稳定增长。目前，中国是世界第二大经济体、制造业第一大国、货物贸易第一大国、商品消费第二大国、外资流入第二大国。2021 年 7 月 1 日，在庆祝中国共产党成立 100 周年大会上，习近平总书记庄严宣告："我们实现了第一个百年奋斗目标，在中华大地上全面建成了小康社会，历史性地解决了绝对贫困问题，正在意气风发向着全面建成社会主义现代化强国的第二个百年奋斗目标迈进。"[2]

中国经济不仅实现了量的伟大飞跃，更实现了质的伟大飞跃，具有改变全球经济走势的重要意义和模式示范意义。中国从一个贫穷的发展中国家发展为中高收入国家，且连续多年经济增速超越美国，跃居全球经济贡献榜榜首，成为拉动全球经济增长的重要引擎，提升了发展中国家在全球经济当中的地位。中国作为一股开放力量，有效利用全球供应链，发挥自身优势，不断改革经济发展模式，增强经济发展的自主性和技术创新能力，为广大发展中国家提供了值得借鉴的经验。作为全球人口最多的发展中国家，中国实现前所未有的经济增长和社会发展，使占世界人口 1/5 的人民摆脱贫困、走向富裕，这是人类进步的一个重要成果。中国没有照搬资本主义的经济发展模式，而是坚持走社会主义市场经济的发展道路，这是人类社会的一次重要探索，为广大发展中国家提供了借鉴。《中共中央关于党的百年奋斗重大成就和历史经验的决议》指出，"我国经济迈上更高质量、更有效率、更加公平、更可持续、更为安全的发展之路"。

（二）中国经济奇迹：求解"李约瑟之谜"

2014 年 3 月 27 日，在巴黎举行的中法建交 50 周年纪念大会上，习近平主席说："拿破仑说过，中国是一头沉睡的狮子，当这头睡狮醒来时，世界都会为之发抖。中国这头狮子已经醒了，但这是一只和平的、可亲的、文明的狮子。"

---

[1]（世界银行）《2020 年的中国》编作组编，世界银行中国代表处译：《2020 年的中国：新世纪的发展挑战》，北京：中国财政经济出版社 1997 年版。

[2] 习近平：《习近平谈治国理政（第四卷）》，北京：外文出版社 2022 年版，第 3 页。

狮子已经醒了！这意味着中国人民百年求解的"李约瑟之谜"（历史上中国为什么由盛而衰）呈现出新的曙光。1817 年，拿破仑说："中国是一头沉睡的狮子，一旦被惊醒，整个世界会为之震动。"他似乎看到了中国正在衰退的趋势。20 世纪中叶，英国科技史学家与科技哲学家李约瑟（Joseph Needham）在其名著《中国科学技术史》中提出：为何在前现代社会中国科技遥遥领先于其他文明，为何在现代中国不再领先？为什么科学与工业革命没有在近代中国发生而发生在西欧？1976 年，美国经济学家肯尼思·博尔丁称之为"李约瑟之谜"。

今日中国，处于复兴进程的关键时期。全面建成小康社会的第一个百年目标已经完成，全面建设社会主义现代化国家的第二个百年目标已经开启。的确，承载 14 亿人口的大国，一直在探索伟大复兴之路。改革开放以来，中国经济快速增长，经历了高速发展阶段，被世界银行称为"中国奇迹"。2018 年 10 月 24 日，习近平总书记在深圳参观"大潮起珠江——广东改革开放 40 周年展览"后强调，"要向世界宣示中国改革不停顿、开放不止步，中国一定会有让世界刮目相看的新的更大奇迹"。2018 年 12 月 18 日，习近平总书记在庆祝改革开放 40 周年大会上的重要讲话再次发出时代最强音，"在新时代创造中华民族新的更大奇迹！创造让世界刮目相看的新的更大奇迹！"

从"中国奇迹"迈向"新的更大奇迹"，在世界经济发展史上，还没有出现过这样的大国案例。这也许是人类历史上由盛而衰，再由衰至盛的为数不多，甚至可能是迄

图 5-1　港珠澳大桥雄姿（人民视觉）

今唯一的大国案例。习近平总书记指出，"我们用几十年时间走完了发达国家几百年走过的工业化历程。在中国人民手中，不可能成为了可能。我们为创造了人间奇迹的中国人民感到无比自豪、无比骄傲！"的确，对大国经济而言，经历持续高速增长后，再经历持续的中高速增长，实现高质量发展，这一过程本身就是奇迹。从宏观大历史看，从"中国奇迹"迈向"新的更大奇迹"，这是空前的，这一定是让世界刮目相看的。其模式贡献的世界意义不言而喻。2021年7月1日，在庆祝中国共产党成立100周年大会上，习近平总书记庄严宣告："今天，我们比历史上任何时期都更接近、更有信心和能力实现中华民族伟大复兴的目标。"[1]

专栏5-1　深圳：追赶时间的城市

1982年，深圳的一句口号"时间就是金钱，效率就是生命"传遍了全国。

1992年，邓小平同志到了深圳，人们争相传阅《东方风来满眼春》。邓小平同志说，"计划和市场都是经济手段"。人们明白，"时间就是金钱，效率就是生命"背后是市场活力。深圳是追赶时间的，许多年轻人都到深圳逐浪了。

2002年，一篇文章《深圳，你被谁抛弃》，引爆了深圳情绪。深圳决心转型升级，从低端产业迈向中高端产业，高技术、高能力、高收入，具有创新精神的全球企业家来了，深圳这只神奇的凤凰涅槃了。

2010年，中国制造业位居世界第一。新工业革命来了，智能化、数字化来了，移动互联来了。深圳需要再一次更快地追逐时间，从制造迈向智造，深圳成了智能贸易中心，成了智能制造的研发设计中心和软件中心。

这是代表中国奇迹的深圳，又一次演绎了奇迹。

二、"中国奇迹"之源：中国之治

"中国奇迹"最大成功经验是中国之治，其重大意义在于突破"华盛顿共识"。1989年，哈佛大学弗朗西斯·福山教授针对东欧剧变提出了"历史终结论"：人类社会的发展史，就是一部以自由民主制度为方向的人类普遍史；自由民主制度是人类意识形态发展的终点和人类最后一种统治形式；自由主义制度将是世界模式。国际货币基金组织、世界银行针对20世纪80年代拉美国家债务危机实行自由主义改革。以自由主义为理论依据的"华盛顿共识"在90年代广为传播。"华盛顿共识"的核心是市场替代论，市场替代政府主导经济发展。拉美国家发展停滞不前的经济社会实践表明，"华盛顿共

---

① 习近平：《习近平谈治国理政（第四卷）》，北京：外文出版社2022年版，第12页。

识"是不符合当地世情的，是失败的。

历史并没有终结，中国经济快速健康发展，恰恰是不符合"华盛顿共识"的。2009年，美国经济学家杰弗里·萨克斯（Jeffrey Sachs）指出，中国是世界经济史上巨大的成功故事；2019年，他旗帜鲜明地指出，造成美国经济问题的根源不是中国，而是大公司的贪婪。2013年，诺贝尔经济学奖获得者、美国经济学家约瑟夫·斯蒂格利茨指出，中国不需要完全沿袭西方发展模式；2019年，他又指出，中国正处在令人兴奋的转型时刻。

2004年5月，美国《时代》周刊高级编辑、投资银行高盛公司资深顾问乔舒亚·库珀·雷默，在英国伦敦外交政策中心发表调研论文指出：中国通过艰苦努力、主动创新和大胆实践，摸索出一个适合本国国情的发展模式，该模式可称为"北京共识"。他指出，中国经济发展模式是一种适合中国国情和社会需要、寻求公正与高质增长的发展途径，不仅适合中国，也是发展中国家追求经济增长和改善人民生活足可效仿的成功榜样。"北京共识"主要包括：艰苦努力、主动创新和大胆试验；坚决捍卫国家主权和利益；循序渐进、积聚能量。其中，创新和试验是"北京共识"的灵魂，强调解决问题应因事而异，灵活应对，不求统一标准。

"北京共识"，不仅不同于"华盛顿共识"，更与苏联的激进式改革（休克疗法）有着显著区别。休克疗法，这一医学术语于20世纪80年代中期被杰弗里·萨克斯引入经济领域。被聘担任玻利维亚政府经济顾问期间，萨克斯对玻利维亚经济危机问题提出了一整套经济纲领和经济政策，主要内容是经济自由化、经济私有化、经济稳定化。这套经济纲领和政策的实施，具有较强的冲击力，在短期内可能使社会的经济生活产生巨大的震荡，甚至导致出现"休克"状态。

1991年底，苏联解体。1992年初，俄罗斯在全国推广休克疗法。当时俄罗斯政府没有能力为民众提供足够的民生必需品，为躲避承担相应的责任和义务，防止民众把不满发泄到政府头上，就急切地通过一步到位的方式，把这一时难以解决的问题交给市场，最终致使经济濒临崩溃。休克疗法背离了俄罗斯国情，失败了。这是俄罗斯经济转轨过程中所犯的最重大的错误之一。

1999年，萨克斯在"世界报业辛迪加"网站发表评论明确承认，俄罗斯改革失败了，"俄罗斯没能找到通向世界的道路"。《从资本家手中拯救资本主义：捍卫金融市场自由，创造财富和机会》①的作者之一拉古拉迈·拉詹认为，与俄罗斯经济转型完全不同，中国融入自由市场体系的过程值得总结，政府给予企业很大的自由权，却依然掌控

---

① ［印］拉古拉迈·拉詹、路易吉·津加莱斯著，余江译：《从资本家手中拯救资本主义：捍卫金融市场自由，创造财富和机会》，北京：中信出版社2004年版。

着主要体系的控制权和主动权。

中国之治，蕴藏着从"中国奇迹"迈向"新的更大奇迹"的持续动力，蕴藏着中华民族伟大复兴的持久力量，更蕴藏着历史深处的中国智慧。美国前国务卿亨利·基辛格在《论中国》中指出："中华文明的一个特点是，它似乎没有起点……而是作为一种永恒的自然现象在历史上出现。"[①]从基辛格的视角看，中国奇迹和伟大复兴，是一种历史复原，并重塑辉煌。

2007年时任经济合作与发展组织（OECD）秘书长的安赫尔·古里亚（Angel Gurria）说："当历史学家回顾我们所处的时代时，可能会发现，几乎没有任何国家的经济发展可以像中国的崛起那样引人注目。可是，当他们进一步放开历史视野时，他们将看到，那不是一个崛起，而是一个复兴。如今，中国可能正在变成世界上最大的经济体。然而，昔日它曾经享此殊荣，那不过就是一百多年以前的事情。"[②]

针对"李约瑟之谜"，美国加州学派代表人物彭慕兰在《大分流：欧洲、中国及现代世界经济的发展》[③]中，不是质疑为何中国的江南没有如英格兰那样来一场工业革命，而是追问为什么英格兰没有发展成为中国的江南。加州学派反对西欧中心论，也不赞成中国中心论，试图在中心论与二元对立的标准外，以历史发展的现实来重新检验过去的理论。他们认为，公元1800年以前的世界是多元的，没有一个经济中心，西方并没有任何明显的、完全为西方自己独有的内生优势；只是19世纪欧洲工业化充分发展以后，一个占支配地位的西欧中心才具有了实际意义。1750—1800年，中国最为发达的江南地区与欧洲最为发达的英国在经济发展上没有明显差异，若非一系列偶然因素的作用使西欧分流出去，西欧经济也将走上与江南经济相似的"内卷化"道路。美洲大陆的发现和煤炭资源的开采被认为是英国走向工业革命的决定性力量。可以说，技术变化的力量造就了欧洲的突飞猛进。单方面评论中国的停滞不前缺乏理论基础，因为难以预料到欧洲发展让这场工业革命的胜利来得如此出乎意料。

可以想象，令加州学派同样感到出乎意料的是，中华人民共和国成立以来，尤其是改革开放以来，中国经济发展如此突飞猛进。其背后，不是一种历史偶然，而是一种历史规律和发展趋势的必然。在德国政治学家史蒂芬·海尔曼（Stephen Heilmann）看来，中国的政策制定与执行，以及共产党的韧性，使中国成了一只"红天鹅"：这是对西方发展模式的"超常规和没有预见到"的挑战。中国的成功不是意外，而是意料之中。

---

① ［美］亨利·基辛格著，胡利平、林华等译：《论中国》，北京：中信出版社2012年版，第1页。

② ［英］安格斯·麦迪森著，伍晓鹰、马德斌译：《中国经济的长期表现：公元960—2030年》，上海：上海人民出版社2016年版。

③ ［美］彭慕兰著，史建云译：《大分流：欧洲、中国及现代世界经济的发展》，南京：江苏人民出版社2010年版。

中国经济奇迹，不仅具有中国意义，而且具有世界意义。这是一个世界历史大事件。2021 年 7 月 1 日，在庆祝中国共产党成立 100 周年大会上，习近平总书记指出："一百年前，中华民族呈现在世界面前的是一派衰败凋零的景象。今天，中华民族向世界展现的是一派欣欣向荣的气象，正以不可阻挡的步伐迈向伟大复兴。"①

图 5-2 举世瞩目的"深圳速度"（中新社陈文 / 人民视觉）

2016 年 5 月 17 日，习近平总书记在哲学社会科学工作座谈会上的讲话指出："要围绕我国和世界发展面临的重大问题，着力提出能够体现中国立场、中国智慧、中国价值的理念、主张、方案"，"解决好民族性问题，就有更强能力去解决世界性问题；把中国实践总结好，就有更强能力为解决世界性问题提供思路和办法。这是由特殊性到普遍性的发展规律。"

的确，"中国奇迹"的源泉中国之治及其背后的经济体制与经济治理的智慧源泉和逻辑思路，值得世人探究。不同于"华盛顿共识"的原教旨自由市场主义，也并非弱化市场的功能，中国经济奇迹的源泉中国之治践行了政府与市场良性互动的经济治理机制并取得了期望的经济治理效能。

---

① 习近平：《习近平谈治国理政（第四卷）》，北京：外文出版社 2022 年版，第 15 页。

第二节　经济体制与治理效能：政府市场的替代与互补

任何社会，都需要解决两大问题：一是稀缺的资源如何有效配置，以满足人民群众日益增长的美好生活需要；二是如何激发社会成员的积极性，激励每一位成员奋发图强、积极工作而不会造就一批懒人、闲人、庸人。解决这两大问题，不同的经济体制有着不同的经济治理效能。经济体制的核心问题是处理好政府和市场的关系。政府与市场的关系，是经济发展的永恒命题。经济运行中，人们把政府称为"看得见的手"，把市场称为"看不见的手"。如何正确处理这一关系？"看得见的手"与"看不见的手"，是握手（互补），还是掰手腕（替代）？不同的回答会带来不同的经济运行效率和经济治理效能，决定了能否满足人民群众日益增长的美好生活需要。

一、西方国家经济体制：政府与市场的替代

（一）英美自由市场经济体制：盎格鲁—撒克逊模式

美国和英国的自由市场经济体制被称为盎格鲁—撒克逊模式。美国以白人为主，占美国主流的是讲英语的盎格鲁—撒克逊人。美国的"母国"英国，是全世界盎格鲁—撒克逊人的"母国"。英国曾是世界上最强大的国家，号称日不落帝国，后来衰落了，其地位被美国取代。英国在世界上有很多殖民地，盎格鲁—撒克逊人还散布在加拿大、澳大利亚、新西兰。

该模式信奉尽量少的政府干预，以个人主义和自由主义为依托，突出自由竞争，强调劳动力市场的流动性，推动贸易自由化和资本流动的便利化。该模式在 20 世纪 80 年代随着英国撒切尔夫人上台执政和美国总统里根当选，分别推行"撒切尔主义"和"里根经济学"而更趋强化，其主张削减赋税、自由竞争、放松管制、推行私有化。该模式的核心是市场替代政府，按照亚当·斯密的说法，政府就是市场的"守夜人"。世界银行和国际货币基金组织推动的"华盛顿共识"，实质就是推广该模式。

该模式的基础理论是个人主义。该理论认为社会是由个人所组成，在个人主义基础上组成自治性社会组织。个人主义贯穿于其价值观，在创造财富中个人的才智得到充分发挥以达到全社会进步，这是自由竞争市场经济的思想基础，也是其结果。美国尤其崇尚个人自由。

英美的新自由主义浪潮始于撒切尔夫人、里根总统推行私有化和市场化政策，并对苏联和东欧产生巨大影响。但 21 世纪以来，新自由主义在西方的主导地位实际上正在

动摇。美国前总统特朗普利用对新自由主义的批判，争取白人工人选民，就是明证。

该模式中，公司治理崇尚股东至上主义，但垄断性大企业在国家经济、政治生活中占据重要地位。尤其是到了金融垄断资本主义阶段，呈现出"大而不能倒"的态势（2008 年金融危机中美国政府救助房利美和房地美就是明证），呈现出自由资本主义已死的苗头。

在华尔街，每个人都知道一句话：别和美联储作对。美国联邦储备委员会，即美国的中央银行，是发行的银行，是结算的银行，是银行的银行，是政府的银行，是最后的贷款人。

1913 年开始营业的美联储，在 1929 年大萧条时期，由于经验不足，没有及时为商业银行提供资金，导致商业银行哀鸿遍野。从此之后，美联储就开始奉行母爱主义，不能让商业银行没有资金。慢慢地，美联储的玩法彻底变了。遇到危机，就发行天量的基础货币，联邦基金利率很快趋向于零。几乎免费的钱潮，开始波涛汹涌。谁先募集到几乎免费的钱，谁就能为自己的美好生活服务。美联储由最后的贷款人变成了最先的贷款人。华尔街用那些几乎免费的钱回购股票。回购股票，股市大涨，股民高兴，股东高兴，高管高兴，总统也高兴。美联储发钱，政府借钱，华尔街借钱，大家都在借钱，以钱生钱，"轻轻松松赚大钱"。此刻，哪管它实体经济是哀鸿遍野，还是嗷嗷待哺。

美国前国务卿基辛格博士最为自豪的是，美国为全世界贡献了自由经济制度。自由经济制度的核心在于：企业通过创新，自由竞争，为世界提供更好的产品和服务，满足世界人民的美好生活。但现实是，崇尚创新、崇尚竞争的自由企业成长环境变了，在奉行负债为王原则的华尔街面前，崇尚企业创新的资本主义已死！

杰弗里·萨克斯在《重塑美国经济》[1]中指出，1980 年最富的 1% 人口得到了美国家庭总收入的 10%，2015 年则达到 22%；约 81% 的美国家庭在 2005—2014 年收入停滞或下降。他大声疾呼，需要建设一个全新的美国经济。

的确，军工企业集团、网络科技集团、华尔街投资机构与大银行、跨国能源企业、大型媒体集团、制药与医疗集团等主要利益集团的代理人盘踞在国会两院的各个常设委员会。金权政治更加彰显。诺贝尔经济学奖得主斯蒂格利茨更是感叹，今日美国民主已经沉沦为"百分之一所有，百分之一所治，百分之一所享"。美国经济学家曼库尔·奥尔森在《国家兴衰探源：经济增长、滞胀与社会僵化》[2]中指出，为了经济社会的发展，必须限制分利集团。

---

[1] ［美］杰弗里·萨克斯著，石烁、胡迪译：《重塑美国经济》，上海：格致出版社 2020 年版。

[2] ［美］曼库尔·奥尔森著，吕应中等译：《国家兴衰探源：经济增长、滞胀与社会僵化》，北京：商务印书馆 1999 年版。

（二）德国社会市场经济体制：莱茵模式

社会市场经济体制，又称"莱茵模式"。该模式是以莱茵河畔的德国、法国等为代表的，主要存在于欧洲大陆国家的经济社会发展模式。

"社会市场经济之父"路德维希·艾哈德在其经典著作《来自竞争的繁荣》[①]中提出了社会市场经济的基本内涵，后人将其总结为"以自由竞争为基础、国家适当调节，并以社会安全为保障的资本主义市场经济"。该模式主张在国家所制定的秩序框架下实现竞争；相较于英美国家，国有经济地位更高；重视宏观调控，实行一定程度的经济计划；农业政策鼓励合作社经济；强调社会公平性与集体的利益，制定了一整套严格的劳工权利和福利制度；公司之间或公司与银行之间往往联系紧密，证券市场的作用相对较小。

该模式的基本理论是社团主义。它强调不同的人群组成群体，在群体基础上再组合成社会，个人地位相对弱化。欧洲国家在资产阶级革命之后，或多或少地保持了在封建制度下形成的社团主义文化因素，各行业工会、各地区自治机构具有较强的影响力。

"有秩序的竞争"是莱茵模式的核心。该模式通过国家作用给自由放任资本主义套上了秩序的"笼头"。在政府干预与控制下，资本流动被限制在一定范围内，公开市场发展受到抑制，国内经济监护职责落在金融部门（主要是银行）肩上；政府制定的福利政策保护劳动者权益。该模式下经济平衡是通过政府、资方、劳方三方动态博弈而形成的。在全球化背景下，资本可以跨越国界自由流动，其逐利性决定了资本会流入税收和劳动力成本更低的国家。全球竞争对高税收和高劳动力成本的莱茵国家明显不利。在重工业时代，该模式具有较好的效率，但在服务业时代，该模式效率不足。

该模式中，公司治理奉行利益相关者原则。股权集中度高，股东中银行身份所起的作用较大，不同公司之间的相互持股使得公司内部管理控制方式更复杂，降低了透明度。公司可以自由地将资金从盈利公司转向陷于困境的关联公司，而不是投资到更有利的项目，降低了企业投资效率。银行成为公司大股东，掌握客户公司内幕消息，增加了公司融资成本，限制了公司资金来源。银行领域自身的不稳定性给企业持续融资带来困难，降低企业投资效率。

（三）日本政府主导型市场经济体制：银行中心主义

曾任哈佛大学费正清东亚研究中心主任、享有"中国先生"称号的傅高义（Ezra F. Vogel）教授，1979 年出版《日本第一：对美国的启示》[②]，力图回答"究竟是什么样的制度帮助日本在 1960 年至 1975 年间创造了比世界所知的其他地方更快的发展速度？"

---

① ［德］路德维希·艾哈德著，祝世康等译：《来自竞争的繁荣》，北京：商务印书馆1983年版。

② ［美］傅高义著，谷英、张柯、丹柳译：《日本第一：对美国的启示》，上海：上海译文出版社2016年版。

该书在工业发达国家的政治经济领袖中引起一阵轰动，在西方和日本畅销多年，对政商界和学界产生了重要影响。日本的经济巨擘看上去都是不可战胜的。但在该书横扫书市 11 年后，日本的经济泡沫却破灭了，曾经不可一世的日本巨兽猛地一头撞在了岸边的巨石上，接着又看似无助地搁浅在沙滩上。日本随后面对的就是应接而来的漫长衰退期。

2000 年，傅高义教授出版了《日本还是第一吗》，回应来自美国、日本及东亚社会和学界的反响，包括致敬和质疑。他指出："如果你问接着发生了什么，基本的答案是：当日本人在追赶的时候，他们所创造的优点和组织为他们提供了很好的便利。但是现在他们已经追赶上了，就必须适应一个崭新的全球化阶段。在起初的十年至十五年内，日本国内的这些组织需要进行修正，但日本人迟迟未做。"①

作为率先对"房地产泡沫"提出公开警告的经济学家，野口悠纪雄在《战后日本经济史：从喧嚣到沉寂的 70 年》②中提出了"1940 年体制史观"，为我们理解日本经济的崛起和发展、泡沫的形成和崩溃，以及后来长期停滞的根本原因提供了新的视角和启发。他认为，1940 年的体制是战时体制，是国家总动员体制。战后日本经济高速增长，依赖的依然是战时体制，对产业实行国家统制。战争时期形成的国家总动员体制带来了战后经济复兴，战时成长起来的企业实现了战后的高速增长。

一是技术环境适合 1940 年体制。钢铁、机电、轮船、石油化学等重化工业，适合以垂直一体化的管理方式提升生产效率。大量经济活动不通过市场，而是靠政府主导的企业内部来分担和合作。1940 年体制恰恰能发挥它的最大效用。日本、德国都是同样的经济体制，都获得了工业化的巨大发展。

二是排除股东对企业的支配，确立银行中心主义，实行低利率与资金配给。"二战"战败后，日本按照经济复兴和经济民主文化方针进行了整顿与民主改革。到 1954 年日本基本上已建立起一个以大藏省为统帅、日本银行为核心、商业银行为骨干，以其他政府和民间金融机关为补充的较健全而完善的银行体系。该机制在工业化"追赶"阶段，非常有效。

三是日本企业的"终身雇佣制"。因无法调整过剩雇佣问题，商业模式调整困难重重，民间企业承担过多本应该政府承担的保障劳动者权利的职责。

1980 年后，甚至至今，1940 年体制反而成了枷锁，阻碍了日本的发展。根据 1940 年体制史观，可以发现，21 世纪 10 年代安倍晋三内阁所实行的经济政策，并非摆脱战后体制，而是对战争时期和战后体制的复归。其基本方向是，否定市场的作用，强化国

① ［美］傅高义著，沙青青译：《日本还是第一吗》，上海：上海译文出版社 2019 年版，序言 3。
② ［日］野口悠纪雄：《战后日本经济史：从喧嚣到沉寂的 70 年》，北京：民主与建设出版社 2018 年版。

家对经济活动的干预。

1940 年体制，本来是不符合"不劳不得"原则的，但不知从何时起，却变成了"依靠组织"的形式，并在日本人头脑里扎下了根，形成"头脑里的 1940 年体制"，这与"勤劳致富"的原则背道而驰。每个国家的国民在能力上都没有太大差别，差别只在于制度或组织是否满足了人们"想努力工作"的需求。显然，日本的经济体制没有能力持续地做到这点。

还有一个事实，不得不指出，"二战"之后，日本的崛起是美苏冷战背景下美国大力扶持的结果。尤其是朝鲜战争期间，美国将日本作为基地并产生了巨大的经济社会关联效应。1985 年广场协议签订[①]，意味着美日经贸关系的转折，由亲密合作转向激烈竞争。这在一定程度上更加剧了 1940 年体制并预示着它的低效。

（四）比较与启示

英美的盎格鲁—撒克逊模式，市场主导，市场替代政府。美国的起源是清教徒寻找自由土地，其个人主义的"个人"是有信仰约束的，行事自有分寸；但现在，人找不到目的，找不到人生的意义在哪里，信仰淡薄，个人主义沦为自私。更为重要的是，自由市场体制，很难摁住垄断这头猛兽，很难根除"大而不能倒"，导致走向它的反面，自由市场"不自由"。的确，整个 20 世纪，美国的市场经济体制发展到最成熟、最高级，市场竞争的作用发挥得淋漓尽致，但市场决定一切发展到制度化的唯利是图，无异于是市场在各个领域的"专政"，开始走向反面。[②]

德国的莱茵模式，日本的银行中心主义模式，政府主导，都是政府替代市场。虽然都是以市场原理为基础，但都不依赖市场，政府对市场加以严格限制，是具有统治倾向的经济。在重工业时代，该模式具有较好的效率，但在服务业时代，该模式效率不足。

虽然政府与市场属于两个不同层面的资源配置主体，但二者绝不是彼此割裂的。不管是日本和德国的干预主义，还是美国和英国的自由主义，都认为政府与市场是两种独立、平行的资源配置主体，但这种理论忽略了政府与市场之间可能存在的协同互补关系。

其实，自由市场并不自由，也并不是免费的，其本质上是一项成本高的公共物品。公开透明、规范有序、公平竞争的统一市场，需要政府与市场参与者各方付出巨大的协调努力和社会投资。如果效仿英国首相温斯顿·丘吉尔评论民主制度的句式，可以对市

[①] 广场协议（Plaza Accord）的背景是，20 世纪 80 年代初期，美国财政赤字剧增，贸易逆差大幅增长。美国希望通过美元贬值增加出口竞争力以改善国际收支状况。1985 年 9 月，美、日、德、英、法五国在纽约广场酒店签订协议。此后，日元大幅升值，国内泡沫急剧扩大，最终日本因房地产泡沫破灭造成经济长期停滞。

[②] 资中筠：《20 世纪的美国》，北京：生活·读书·新知三联书店 2007 年版，第 274-275 页。

场经济制度作出这样的评论:"没有人断言市场经济是完美无缺和无所不能的。应当说,市场经济是一种不好的经济形式。但是,如果同迄今为止人类已经试用过的其他一切经济形式相比较的话,它是最不坏的一种。"这就需要防止市场变得"更坏",更好促进市场变得"更好"。美国俄勒冈大学社会学教授约翰·贝拉米·福斯特指出,面对大规模失业、经济停滞、过度金融化、有史以来最极端的不平等现象,资本主义的确已经从当初推动社会创造发展的先进制度转变为如今产生重大破坏后果的落后历史制度。[①]

其实,我们既不可能完全依靠自由市场的宗教激进主义,也不能完全相信某种不可能存在的政府计划的"乌托邦"。1992年,中国改革开放的总设计师邓小平说,"计划多一点,还是市场多一点,不是社会主义与资本主义的本质区别。计划经济不等于社会主义,资本主义也有计划;市场经济不等于资本主义,社会主义也有市场。计划和市场都是经济手段"。计划和市场都是经济手段,正是政府与市场握手的理念演进。

二、中国经济体制:政府与市场的协同互补

(一)政府与市场协同互补论

政府与市场的关系,可能是替代关系,更有可能是协同互补关系。这一协同互补关系,既可以避免"市场失灵",也可以避免"政府失灵"。政府干预可以有效增强市场在资源配置中的作用。政府是市场机制顺利运行的根本保障,通过推动市场组织的发展,可以有效增进市场自身的协调能力,减少市场失灵。世界银行前副行长林毅夫教授的新结构经济学强调有为政府和有效市场,就是这个逻辑。

改革开放后,我国经济体制从计划经济向市场经济过渡,政府逐渐放弃了大部分管制权力,市场逐渐成为资源配置中的决定性力量。在这个过程中,政府的相对作用逐渐降低,而市场的相对作用逐渐提高,同时这个过程也体现了政府与市场协同互补关系的变化。

一方面,政府可通过选择性的权力让渡,为市场作用发挥腾出空间。市场规模的成长与市场机制的完善需要时间,在不同发展阶段下,市场发育程度也有所不同。政府可针对当前阶段市场要素发育程度,选择性地减少干预,针对性地让渡管制权力。比如在改革开放初期,市场机制并不完善,如果政府完全放弃干预,将资源配置权力交予羸弱的市场,会造成资源配置扭曲。政府管制权力的让渡是一个缓慢的过程,政府要根据目前市场发展阶段,针对性地让渡部分权力。同时政府也要保留部分管制权力,对经济加以适当干预,以弥补市场不足。

[①] 约翰·贝拉米·福斯特著,肖玉飞译:《资本主义已经失败——人类未来何去何从》,《经济资料译丛》2021年第1期。

另一方面，政府可通过主动干预促进市场成长，纠正市场中的扭曲。市场成长是一个漫长过程，政府针对性的干预可以有效增进市场的协调功能，促进市场要素的成长。政府干预有助于纠正市场化初期的市场失灵问题。政府将权力逐渐让渡于市场的过程恰恰体现了政府与市场的配合，这个过程并不能用"政府主导"或"市场主导"这种绝对的"二元对立论"进行解释。

在经济发展不同阶段，政府与市场的协同互补关系是不一样的。这种关系会随着经济发展和经济体制改革的推进而不断演化。

（二）中国经济双重转型与经济体制演进

1978年，党的十一届三中全会，拉开了市场登上新中国舞台的序幕。改革开放市场化进程的逻辑起点是自然经济和计划经济。这决定了中国改革开放具有双重意义的转型：从自然经济迈向发达经济，这是发展意义的转型；从计划经济迈向市场经济，这是改革意义的转型。这一双重意义的转型，不同于发达国家的自然经济向发达经济的发展转型，没有什么成熟的模式可以借鉴。所以，改革开放的初始阶段，必然是"摸着石头过河"，边干边学，边学边干。中国特色社会主义市场经济从双重意义的转型开始出发了。[①]

1. 市场化改革起点：增量改革与摸着石头过河

如何使大多数的人能够感受到并受益于改革开放，起点至关重要。20世纪70年代末，农村人口依然是中国人口的绝大多数。1978年安徽省凤阳县小岗村18位农民在土地承包责任书上按下了红手印，拉开了中国改革开放的序幕。这是一个典型的诱致性制度变迁，充分发挥了社会基层的创新精神。家庭联产承包责任制，成了中国改革开放的起点，促进了农业的大发展。农业改革的成功，为农村工业化的萌芽和起飞，为乡镇企业的出生和成长，提供了市场储备、原料储备和劳动力储备。中国的增量改革就这样启程了。农村改革与20世纪80年代初国有企业"放权让利"改革产生政策共振状态。国有企业得到了"放权"，自主生产一些产品，即生产人民群众需要的轻工业产品。农村改革提供了产品剩余，既为国有企业改革提供了原料，也提供了市场，农村消费平面扩张与升级具备了条件。国有企业得到了"让利"，传统的单位福利体制得到加强，城镇居民的收入提高，居民消费的平面扩张与升级具备了条件。农村改革与城市改革，就这样迈入了良性互动。此时的改革，很多领域是帕累托改进：资源配置状态改变，全部人或部分人受益，没有人受损。有些领域，虽然不存在帕累托改进，但存在着卡尔多改进：有人受益，有人受损，受益者在一定程度上补贴受损者。此刻，很容易形成改革共识。

---

① 刘金山：《握手市场：1978—2018》，广州：暨南大学出版社2018年版。

专栏 5-2　改革的共振效应

20 世纪 70 年代农村的孩子们，最盼过节，因为过节有肉、有糖、有花生。花生本是农产品，此时却登上大雅之堂。当时花生太少了，成了奢侈品。

1980 年的秋天，田野里充满着孩子们爽朗的笑声。孩子们可以放开肚皮吃花生了。花生脱下了奢侈品的华丽外衣，来到了普通百姓身边。因为实行家庭联产承包责任制，家家户户分到田地了。此前，村民们一起生产，集体劳动，集体分配，集体决策"种什么"。此后，各家各户，自由决策，只要不违法，想种什么就种什么，想种多少就种多少（不能超过自家土地面积）。这一合约变化，释放了人们的积极性，土地的产出爆发式增长。

更为主要的是，这一合约变化，与另一个合约变化，产生了共振效应，使中国经济发展翻开了新的一页。80 年代初，国有企业（时称国营企业）有了一个合约变化：放权让利。此前，国有企业生产什么、生产多少、怎样生产、为谁生产，由上级政府管理部门计划决策。此后，国有企业在完成计划任务后，有权决定自主生产一些产品，生产什么、生产多少、怎样生产，企业自己说了算。企业开始生产基于消费需求的轻工业产品。生产要有原料。农村家庭联产承包责任制，农户决策自主，农户可以自由地种棉花、养蚕了，为企业提供了原料。

正是这一共振，开启了市场化进程。

2. 目标清晰与顶层设计

1992 年党的十四大提出建立社会主义市场经济体制，"摸着石头过河"的阶段过去了，改革目标清晰了，改革的顶层设计正式登上舞台。1993 年开始建立现代企业制度，1998 年开始国有企业三年脱困，开启了改革开放后第一次供给侧结构性改革。1994 年分税制改革，大大激发了各地区的生产性努力。1991 年开始探索住房体制改革，1998 年停止福利分房实行住房货币化，开启了 21 世纪房地产市场的汹涌澎湃。1995 年中国供求格局由短缺变为相对过剩，1996 年中国经济成功软着陆。1997 年东南亚金融危机，中国政府承诺人民币不贬值，展现了负责任大国的风采。

3. 存量攻坚与世界市场

改革与发展双重意义的经济转型，不可能是一帆风顺的。20 世纪 90 年代末期，中国进入存量改革阶段。1998 年，朱镕基总理答记者问，提出"一个确保、三个到位、五项改革"，开启了供给侧改革的序幕。市场经济是一个开放系统，企业要面临国内和国际两个市场的竞争，也要配置国内和国际两种资源。东南亚金融危机对中国外部需求的冲击，使人们意识到，拥抱全球市场是何等重要。经过艰苦卓绝的谈判，2001 年底中国加入世界贸易组织（WTO），全方位握手世界大市场。中国的市场经济迈向新阶段。经历了 20 多年的市场化改革进程，人们对政府与市场关系的认识，也在逐步深化。1993 年十四届三中全会通过《中共中央关于建立社会主义市场经济体制若干问题的决定》，2003 年十六届三中全会通过《中共中央关于完善社会主义市场经济体制若干问题的决定》，10 年之间，从"建立"到"完善"，既要解决老问题，又要解决新问题。人们发现，"看不见的手"与"看得见的手"应该握手，政府应该增进市场功能，政府与市场不是替代关系，而是互补关系。双重意义的经济转型实践，丰富了市场经济理论体系。

4. 危急时刻与理性成熟

2008 年美国发生次贷危机进而全球发生金融危机，2009 年欧洲发生主权债务危机，使中国国内外经济形势骤变了。全球化时代的宏观调控，对于中国，对于世界，都是一个新的命题。宏观调控政策的全球协调，是一个更大的命题，挑战着人类的有限理性。全球经济社会处于大转型时期。全球都在追寻企业家，都在追逐资本，都在追逐高端生产要素。全球化"融资"与全球化"融智"的时代来了。危急时刻，理性应对。基于政府与市场的协同互补关系，中国推进供给侧结构性改革和构建以国内大循环为主体、国内国际双循环相互促进的新发展格局。

（三）政府与市场协同互补是中国经济治理效能的理论动力

在改革开放双重意义的转型过程中，需要的是深入理解、正确认识市场经济运行的本质。这是"更好发挥政府作用"的关键所在。政府的关键作用在于市场增进：培育市场体系，完善市场功能，弥补市场失灵。理性的行为主体突破地域和血缘的限制，通过市场实现人类合作秩序的拓展。正是通过市场的培育和建设，各类要素得到合理的市场估价，各类行为主体的经济活力才可能得到释放。

回望过去 40 多年的历史，1978 年十一届三中全会开启了市场化改革。1993 年十四届三中全会通过《中共中央关于建立社会主义市场经济体制若干问题的决定》，2003 年十六届三中全会通过《中共中央关于完善社会主义市场经济体制若干问题的决定》，强调了市场在资源配置中的基础性作用，这是政府培育市场的发展战略取向。2013 年十八届三中全会通过《中共中央关于全面深化改革若干重大问题的决定》，2019 年十九届四中全会通过《中共中央关于坚持和完善中国特色社会主义制度　推进国家治理体系和治理能力现代化若干重大问题的决定》，强调了市场在资源配置中的决定性作用，这是政府提升市场的发展战略取向。

实践告诉我们，没有市场或市场弱小时，政府培育市场；市场能管的，让市场管；市场失灵时，市场不能管的，让政府管；政府失灵时，无法有效配置资源时，让市场

图 5-3　中国进口博览会会馆——上海国家会展中心（人民视觉）

管。一部改革开放史，就是一部"看得见的手"与"看不见的手"握手的历史。可见，市场在配置资源中起决定性作用和更好发挥政府的作用，是辩证统一的，是互为一体的。比较制度经济学家青木昌彦指出，中国是政府增进市场的成功案例，较好地处理了政府与市场的关系。[1]

　　基于以上理论和实践探索，我国基本经济制度框架形成：中国现处于并将长期处于社会主义初级阶段，以公有制为主体、多种所有制经济共同发展，按劳分配为主体、多种分配方式并存，社会主义市场经济体制是我国现阶段的基本经济制度。

　　这一基本经济制度下的经济体制，体现了政府与市场的协同互补关系，践行了"竞争中性"的实践原则。竞争中性指的是，一切市场主体，不论所有制属性，依法平等使用生产要素，公平参与市场竞争，同等受到法律保护，遵循相同的秩序规则。2018 年11 月 1 日，习近平总书记在民企座谈会上提出"营造公平竞争环境"，扭转了民营企业家"无恒产者无恒心"的预期，坚定了"有恒产者有恒心"的发展信心。央行行长易纲在 G30 国际银行研讨会上提出以"竞争中性"原则对待国有企业。该原则最早由澳大利亚政府于 20 世纪 90 年代提出，经济合作与发展组织（OECD）对其做了进一步发展，使其成为国际上处理所有制属性差异问题的重要原则。但发达国家和地区的所有制构成，与我国多有不同。就我国而言，为了应对国内"歧视民企"、国际"歧视国企"的情况，在坚持"两个毫不动摇"前提下，把"竞争中性"作为市场主体的实践原则，更具有战略高度和深远意义。

---

[1]［美］青木昌彦等主编：《政府在东亚经济发展中的作用：比较制度分析》，北京：中国经济出版社 1998 年版。

《中共中央关于党的百年奋斗重大成就和历史经验的决议》指出，"我国实现了从高度集中的计划经济体制到充满活力的社会主义市场经济体制、从封闭半封闭到全方位开放的历史性转变，实现了从生产力相对落后的状况到经济总量跃居世界第二的历史性突破，实现了人民生活从温饱不足到总体小康、奔向全面小康的历史性跨越，推进了中华民族从站起来到富起来的伟大飞跃"。

桃李不言，下自成蹊。中国特色社会主义市场经济体制建设就这样迈出了坚实的步伐。这种坚实，来自中国历史的"大一统"传统，政府的顶层设计与民众的经济活动的动态互动；来自中国历史的"民本"思想，从"水能载舟亦能覆舟"到"全心全意为人民服务"再到"人民对美好生活的向往就是我们的奋斗目标"一以贯之；来自中国历来主张的"文明交流互鉴"的自信包容之心，无论何种模式都有其优点和适用性，应当取其精华去其糟粕，谋求市场与政府的动态平衡。

第三节　中国之治的体制力量击溃"中国经济崩溃论"

迄今为止（尤其是工业革命以来）的人类历史，是一部东方文明和西方文明之间相互赶超、相互借鉴的历史，是东西方文明背后国家治理体系和治理能力之间相互赶超、相互借鉴的历史。从经济层面看，这是一部经济发展模式与经济治理体系之间相互赶超、相互借鉴的历史。1996 年哈佛大学塞缪尔·亨廷顿教授在《文明的冲突与世界秩序的重建》中提出一个极其重要并且亟待回答的问题：人们正在寻求并迫切地需要一个关于世界政治的思维框架。亨廷顿开宗明义地指出，历史上全球政治第一次成为多极的和多文明的；现代化有别于西方化，它既未产生任何有意义的普世文明，也未产生非西方社会的西方化；凡是认为历史已经终结的社会，通常是其历史即将衰微的社会。① 中国经济奇迹有效回答了这一时代之问。

一、"中国经济崩溃论"的崩溃

改革开放以来，伴随着中国经济的快速健康发展，国际上针对中国的论调甚嚣尘上。

"中国威胁论"出现在冷战后。"苏联威胁论"消失以后，中国经济、军事逐渐强大，"中国威胁论"开始在美国、日本等国泛滥起来。美国费城外交政策研究所亚洲项目主任芒罗发表《正在觉醒的巨龙：亚洲真正的威胁来自中国》，一时间"中国威胁论"风靡太平洋东岸。1997 年亚洲金融危机后，中国经济逆势崛起，经济影响力迅速扩大，"中国威胁论"又起。进入 21 世纪后，"中国威胁论"的内容日益扩大，如中国计算机黑客威胁论、食品安全威胁论、环境威胁论等。

1994 年，美国世界经济研究所布朗提出"谁来养活中国人"，引发了一场大争论。其实，这一问题由来已久。"二战"后，曾有美国总统担忧中国养活不了 5 亿人口；1974 年在罗马召开的第一次世界粮食会议上，一些专家认为中国无法养活 10 亿人口。布朗的质疑，在全球范围造成舆论震动。布朗断言，到 2030 年，中国人口数量将达到16.3 亿左右，如果按照每人每日消耗 8 两粮食计算，就需要粮食 6.51 亿吨。以当时的工业化发展形势，中国耕地面积还在日趋减少，粮食产量可能会下降到 2.73 亿吨，需要从外国进口 3.78 亿吨。中国会成为粮食缺口大国，大量进口外国粮食必然会导致粮

---

① ［美］塞缪尔·亨廷顿：《文明的冲突与世界秩序的重建》，北京：新华出版社 2010 年版。

食短缺与粮食价格暴涨，继而引起国际上的连锁反应，导致全球粮食大恐慌。在进入21世纪20年代的今天，中国14亿多人的口粮在全世界是最安全的。

美籍华裔律师章家敦2001年7月出版的《中国即将崩溃》认为，中国四大国有银行的坏账已经高到不能维持的地步，中国现行的政治和经济制度最多只能维持五年。显然，在中国的银行业突飞猛进发展的事实面前，这些论调不攻自破。

刚进入21世纪，"中国经济崩溃论"又甚嚣尘上。2001年底以来，国际上出现了一种怀疑中国经济增长的思潮。美国匹兹堡大学教授罗斯基认为中国经济增长率不实，主要根据是能源消耗与经济增长率不一致。他认为中国1998年的GDP增长2.2%是上限，实际上可能更低，1999年为2%~2.5%，2000年为2%~3%。

2008年欧美金融危机后，"中国经济崩溃论"和"中国经济威胁论"不断出现。但事实给予了这些歧见有力的回击。2009年10月，世界G20峰会，各国首脑商议解决危机的办法，一句俏皮话开始流行起来："2009年，中国拯救了资本主义。"波兰前副总理、改革设计师格泽高滋·科勒德克在《中国能否拯救世界？》中指出，"世界不应害怕中国，而应该相信中国"，"中国并不想统治世界，它不过是想利用全球化来谋发展，这并非意味着要损害其他国家的利益，中国甚至能为有需要的国家提供帮助"。

实践证明，"中国经济崩溃论"已经崩溃了。"中国经济崩溃论"者错在何处？其实，他们没有用长期的、历史的视角来看待中国。

世界著名经济学家安格斯·麦迪森在《中国经济的长期表现：公元960—2030年》中指出，"过去，对经济增长过程和其决定因素的分析一直强调一种欧洲中心主义观点。对中国历史史料的评价，又一直是过于以中国为中心的。一种更加相互结合的观点，可以既解释发展的特殊性，又解释发展的常规性，从而能够对导致国家兴衰的原因提供更好的解释"。[①]

该书勾勒了跨越千年的中国经济增长脉络：公元10世纪至15世纪早期，中国的人均收入要高于欧洲；而且在随后的几个世纪中，直到其衰落之前，中国一直是世界上最大的经济体；1978年，经济改革所取得的非凡进步是一个复兴，而不是奇迹，中国将可能在2015年重新恢复世界最大经济体的地位；采用购买力评价进行货币转换，发现中国经济的规模被大大低估，中国2003年GDP水平相当于美国的74%，或者日本的两倍以上，占世界GDP的比重是15%，到2030年，可能增加到23%。

中国经济体制的生命力，在于历史底蕴和文化价值观，基于历史价值观实现了政府与市场的握手。正如美国加州学派代表人物彭慕兰所言："如果没有民族国家及国内和

[①] ［英］安格斯·麦迪森著，伍晓鹰、马德斌译：《中国经济的长期表现：公元960—2030年》，上海：上海人民出版社2016年版，第1页。

国际市场，现代世界是无法想象的，而各地区融入这个巨大的结构中，通常被当作一种至关重要的现代化标尺。"[1]自古以来，中国的农产品及手工业品，经过农村集市，一级一级地集散和转销，到达全国和全球的消费者手中，古代丝绸之路就是这个网络的一部分。这样一个由"点"带"面"的市场网络，是中国资源和财富流通的管道。这一市场网络的作用，不限于经济方面，同时具有人才和信息流转的功能。[2]欧洲的工业革命，以机器工业品替代中国传统产品进而摧毁了这一网络。

回望历史，"李约瑟之谜"之所以发生，原因之一就是错过了全球市场的发展机遇。明代中国错失了历史机遇。在法国年鉴学派代表人物布罗代尔眼里，资本主义生产方式之所以在欧洲取得成功，正在于它与国家合为一体了。

在历史的长河中，这只是一个短暂的时刻。一旦政府与市场握手，中国经济体制的蓬勃力量便会迸发而出。《白银资本：重视经济全球化中的东方》[3]的作者贡德·弗兰克指出，领导权从东方向西方的转移，仅仅开始于一个半世纪以前，而且，仅过了一个世纪之后，转移就开始倒转了方向。弗兰克结合当前全球化趋势，从世界经济史入手，严厉批判世界史学界中的欧洲中心主义，指出亚洲尤其是中国远在欧洲发达之前，就在世界体系中占有极为重要的地位。弗兰克认为，从航海大发现直到18世纪末工业革命之前是亚洲时代，这个时代中国和印度是全球经济体系的中心。欧洲之所以最终在19世纪成为全球经济新的中心，是因为欧洲征服了拉丁美洲并占有其金属资源，使得欧洲获得了进入以亚洲为中心的全球经济的机会，使欧洲有可能站在亚洲的肩膀上。

2020年新加坡国立大学亚洲研究院学者、前资深外交官马凯硕的著作《中国赢了吗？》指出，西方过去200年在全球的支配地位，使其对当前局势的认知出现偏差，以为西方统领世界是历史的正常规律；但在19世纪前的2 000多年里，最大经济体是中国和印度，中印21世纪回归主导地位也是符合历史规律的；西方应对此作出战略调整，而非延续错误认知。他还指出，中国没有扩张主义的文化基因，郑和下西洋时的舰队比葡萄牙强大，却从未殖民任何领土。历史学家许倬云在《许倬云说美国：一个不断变化的现代西方文明》中把美国看作剖析一个帝国由盛而衰的根源之最大社会实验室，正如美国决策者总是怀疑中国是否能和平崛起，我们也需要担心美国是否能和平衰落。[4]

---

[1] ［美］彭慕兰著，马俊亚译：《腹地的构建：华北内地的国家、社会与经济（1853—1937）》，上海：上海人民出版社2017年版，第43页。

[2] 许倬云：《万古江河：中国历史文化的转折与开展》，长沙：湖南人民出版社2017年版，第481-484页。

[3] ［德］贡德·弗兰克著，刘北成译：《白银资本：重视经济全球化中的东方》，成都：四川人民出版社2017年版。

[4] 许倬云：《许倬云说美国：一个不断变化的现代西方文明》，上海：上海三联书店2020年版。

其实，中国一直是奉行儒家思想的和平之国。从古到今，中国经济思想的商道力量，一直影响着全世界。加州学派代表人物彭慕兰指出，不论是晚清政府，还是南京国民政府，其失败的根本原因都不是因为在"自强"方面做得不好，也不是因为国家结构不能适应层出不穷的危机或制度不足或政策安排缺位，而是在于忽略了以前封建王朝一项视为应尽义务的传统使命，即最大限度地改善百姓生活。[①]政府与市场的握手，最大的经济治理效能就是最大限度地提高人民生活水平，这是中国历代一以贯之的民本思想。

二、西方世界的兴起在于市场的觉醒

1776 年，英国经济学家亚当·斯密出版《国民财富的性质和原因的研究》（简称《国富论》）[②]指出，任何一个国家的政治经济学的宏伟目标都在于增加该国的财富和实力。人类社会面临的基本问题是生产什么、生产多少、怎样生产、为谁生产的问题。每一代人都希望比父辈生活得更好，这是一种信仰。怎么实现这一信仰呢？靠生产活动实现增值。增值，就是经济增长。自远古以来，人类并没有很好地解决经济增长进而生活更好的问题。人类似乎只是解决了生存问题，日复一日，年复一年。直到历史的脚步来到了这个时代："资产阶级在它的不到一百年的阶级统治中所创造的生产力，比过去一切世代创造的全部生产力还要多，还要大。……过去哪一个世纪料想到在社会劳动里蕴藏有这样的生产力呢？"1848 年，马克思在《共产党宣言》中这样说。[③]

看来，在 18 世纪 50 年代抑或该世纪初，人类已经较好地解决了经济增长问题。这一切是怎么开始的？回望历史，人类历史长河中，似乎都是习俗或者权威在主导。按照习俗配置资源，由权威配置资源，一切按部就班，伦理秩序决定了配置的次序和多少，社会的激励结构基本确定了。习俗和（或）权威，伴随着人类，走过了漫漫长路。

直到有一个时代，主导资源配置的东西发生了变化。1492 年，哥伦布发现美洲新大陆。1498 年，达·伽马开拓了从欧洲绕好望角到印度的航线。世界大市场突然联通了。"由于开拓了世界市场，一切国家的生产和消费都成为世界性的了。"[④]的确，一个国家，要想生活得好，就得生产得好。生产在本国，市场在全球，无论古今。对人类来说，贸易不是奢侈品，而是必需品。商业的本质，就是一种潜在的全球性活动。

市场开始主导资源配置了。市场一旦登上人类历史的舞台，每一个人的逐利之心，就多元化了。"它把宗教虔诚、骑士热忱、小市民伤感这些情感的神圣发作，淹没在利

---

① ［美］彭慕兰著，马俊亚译：《腹地的构建：华北内地的国家、社会与经济（1853—1937）》，上海：上海人民出版社 2017 年版。

② ［英］亚当·斯密：《国民财富的性质和原因的研究》，北京：商务印书馆 1997 年版。

③ 马克思、恩格斯：《共产党宣言》，北京：人民出版社 1992 年版，第 31 页。

④ 马克思、恩格斯：《共产党宣言》，北京：人民出版社 1992 年版，第 29 页。

己主义打算的冰水之中。"[1] "它按照自己的面貌为自己创造出一个世界。"[2]

市场主导世界了，人类活动的增值能力，就爆发了，一切都变了。亚当·斯密的历害之处在于：他在纷繁复杂的社会乱象中，看出了万物皆有序，看到了市场这只"看不见的手"在引导着经济社会运行。

第一次工业革命为什么发生在英国？16世纪初，世界市场联通了，激发了人们的逐利之心。但人们更需要利的保护，需要市场有一定的游戏规则。1558年，英女王伊丽莎白一世登基了。这位女王的功绩影响深远：重组国家金融，英镑平稳走过令人惊叹的300年路程。金融资产保护让投资人感到安全，政府就可通过发债借款扶持工业发展，不再受短期内税收水平限制。历史学家理查德·爱伦贝格曾说，如果不是1693年到1815年发行了9亿英镑的国债，英国就不可能成为今天的大不列颠帝国，不可能把半个地球征服在脚下。[3]

伊丽莎白一世的现实逻辑（为市场立规），穿越历史，造就了亚当·斯密的理论逻辑（市场秩序）。西欧生产活动的增值能力开始释放了。

三、西方市场意识觉醒的根源之一是中国经济思想

（一）中国市场经济探索的历史追寻

很长时间以来，无论理论上，还是实践中，都有一个误解，认为经济学是西学东渐的结果，认为市场经济是舶来品。其实，中国有2 000多年的政府与市场关系的探索实践，中国经济史是一部市场经济探索史。

《尚书·禹贡》是中国最早的关于地理、区域经济和国家税收的文献之一，提出了国家治理的最早方案。结尾"东渐于海，西被于流沙，朔南暨声教讫于四海。禹锡玄圭，告厥成功"，是国家经济治理的目标和使命。由此开启了一条亘贯千载的以政府和市场关系为主线的中国"经世济民"的理论与实践征程。

相对于世界其他地区，中国的市场经济在春秋战国时期已经颇为繁荣。当时经济思想的重点是政府在发展经济中的作用，形成了放任论（自由主义）与轻重论（国家干预主义）两大思想体系。

孔子和孟子都是放任主义经济政策的提倡者。孔子提出发展经济的原则是"惠而不费"，即鼓励老百姓去从事能够满足他们物质利益的经济活动，政府却又没有为此而花费什么成本。孟子主张采取鼓励民间经济发展的"富民"政策，保护其"恒产"。

司马迁的善因论是中国古代经济思想史上自由放任论的一面旗帜。他主张"善者

① 马克思、恩格斯：《共产党宣言》，北京：人民出版社1992年版，第28页。
② 马克思、恩格斯：《共产党宣言》，北京：人民出版社1992年版，第30页。
③《公司的力量》编委会：《公司的力量》，太原：山西教育出版社2010年版。

因之"（《史记·货殖列传》），强调最好的经济政策是听任私人进行生产，在"不害于政，不妨百姓"的前提下鼓励他们"取与以时而息财富"（《史记·太史公自序》）。

同时，人的生存权利应当有所保障。《礼运·大同篇》指出，"老有所终，壮有所用，幼有所长，鳏寡孤独废疾者，皆有所养"。这是世界上最早主张的社会福利制度。

孔子和司马迁所主张的经济自由主义，与强调国家干预调节经济的轻重论，互动联系，最终形成经济政策，用政策来影响人们的经济活动。

正如历史学家许倬云所说，中国文化真正值得引以为荣处，乃在于有容纳之量与消化之功。基于政府与市场的良性互动，形成了儒家商道，支撑了中华民族灿烂的文明。儒家商道的内涵主要有：仁者爱人的人本精神，"己所不欲，勿施于人"，"己欲立而立人，己欲达而达人"；以义为上的尚义精神，"富与贵是人之所欲也，不以其道得之，不处也"；经世济民的家国天下精神，"博施于民而能济众"；诚信为准则的诚信精神，"民无信不立，人而无信，不知其可也"；合作互利的合作精神，"礼之用，和为贵，先王之道斯为美"，"天时不如地利，地利不如人和"，"上不失天时，下不失地利，中得人和，而百事不废"，"和则一，一则多力，多力则强"；自强不息的实干敬业精神，"苟日新，日日新，又日新"。[1]

儒学商道，不仅支撑着中国文明的历史与未来，更深深影响着全球化进程中的其他国家和地区。

（二）中学西渐与西方经济学的兴起

18 世纪以前，与西方相比，中国的生产技术和经济水平居于领先地位，社会制度和思想文化比较发达，对西方世界产生了重要影响。18 世纪席卷欧洲的"中国热"，带来的是"中学西渐"，经济思想也包含其中。经济思想史大家谈敏教授在《法国重农学派学说的中国渊源》[2]一书中指出，亚当·斯密在《国富论》中主张的"自由放任"市场经济理论深受法国魁奈等重农学派的影响，而重农学派"自然秩序的科学"思想则来源于中国传统的儒家学说、自然哲学思想与无为而治的现实主张。从 18 世纪中后期开始，西方学界越来越认识到：《史记·货殖列传》是自由放任思想更为根本的理论渊源，其所提出的人类与生俱来的求富动机，利他以自利的交易机制，术有专攻、因时而变的技能及分工协作，多层次市场治理体系等思想，十分深刻。

重本（农）抑末，这一儒家经济思想与政策，源远流长，远早于法国重农学派。作为法国重农学派创始人，魁奈对中国文化和儒家学说秉持相当尊崇的态度。当时的背景是，18 世纪欧洲大陆兴起"中国热"时，法国兴起了"华化论"，使用中国特色的物

---

[1] 王建均：《中华商道的内涵》，《山东省社会主义学院学报》2020 年第 5 期，第 59-62 页。
[2] 谈敏：《法国重农学派学说的中国渊源》，上海：上海人民出版社 2014 年版。

品，流行中国风格的艺术，谈论与中国相关的话题，成为当时法国的时尚，以至于人们甚至称呼法国为"欧洲的中国"。以行医为生的魁奈，1749 年成为法国宫廷御医，充分感受到了这种热潮。1767 年，魁奈的《重农主义，或对人类最有利的治理的自然准则》出版时，特意把出版地标为"北京"。因"全身心奉献于孔子思想的教育"，魁奈被称为"欧洲的孔子"。《资本论》的翻译者王亚南在《中国经济原论》指出，重农学派思想的根源出自中国的"四书"和"五经"。

1776 年，亚当·斯密出版《国富论》。此前，斯密曾客居巴黎接触重农学派，他将重农主义与重商主义并提，其自由经济主张同重农学派有相似之处。斯密认为，在以政治经济学为主题所发表的许多学说中，这个学说（即重农主义）也许最接近真理，因此这个学说非常值得所有细心研究这个极重要的科学原理的人去留意。对于魁奈本人，斯密认为他是最聪明、最具洞察力的鼻祖。马克思在《剩余价值理论》中指出，亚当·斯密深受重农主义的影响。

斯密理论建立在"经济人"（理性人）假设之上。《国富论》有句经典名言，"我们的晚餐并非来自屠宰户、酿酒师和面包师的恩惠，而是来自他们对自身利益的关切"。这就是"看不见的手"。

司马迁在《史记·货殖列传》中说，"天下熙熙，皆为利来，天下攘攘，皆为利往"。《国富论》将分工视为增加国民财富的首要条件，司马迁强调了社会分工的重要性及社会各行业存在的合理性。《史记·货殖列传》指出"农不出则乏其食，工不出则乏其事，商不出则三宝绝，虞不出则财匮少"。司马迁主张"农末俱利"，反对政府与民争利，以实现"上则富国，下则富家，贫富之道，莫之夺予"。

伴随着中学西渐，亚当·斯密的经济学与全球大市场的联通形成了互动，为英国乃至西方崛起的经济体制形成提供了理论储备和智力支撑。

中学的核心在于"和"与"合"。经济思想的核心在于"和"：和气生财。经济体制的核心在于"合"：合作共赢。政府与市场的握手，最大的功效在于及时自动纠错。自动纠错机制是开放社会的本质特征。自古以来的中国经济社会，是具有自动纠错机制的开放社会，无论分分合合。

古人常说，正心，诚意，格物，致知，修身，齐家，治国，平天下。家国互动，靠的是"和"与"合"。正如著名学者葛剑雄在《统一与分裂：中国历史的启示》书中所言，昔日天下的历史完全证明，在统一政权中产生的消极因素和社会弊病的根源并不是统一本身，更不是统一带来的和平安宁和经济繁荣，而是政治制度，或者说是用什么制度来实现统一，如何统一，统一到什么程度；同样，分裂社会中存在的积极因素也不是分裂本身带来的，更不是战争和破坏所造成的，而是冲击、削弱了旧制度的结果，是外力迫使中央集权制度暂时或局部解体的副产品。[①]

（三）经济体制与经济治理的终极目的

政府与市场的"和"与"合"，经济体制与经济治理的终极目的，是提高人民的美好生活水平。这是中国历史"民本"传统的呼应。

"中华人民共和国中央人民政府今天成立了！"1949 年 10 月 1 日 15 时，毛泽东主席用他那带着湖南口音的洪亮声音，向全世界庄严宣告。2012 年 11 月 15 日，刚刚当选为中共中央总书记的习近平庄严宣示："人民对美好生活的向往，就是我们的奋斗目标。"这一铿锵有力的声音，似乎是 1949 年 10 月 1 日那个历史声音的回响。顶层设计和市场力量，过去和未来，都是为了"美好生活"。"美好生活"，跨越了时空，展现了历史的回应。

1956 年，党的八大指出，"国内的主要矛盾是人民对于建立先进的工业国的要求同落后的农业国的现实之间的矛盾，是人民对于经济文化迅速发展的需要同当前经济文化不能满足人民需要的状况之间的矛盾"。这是从"无"到"有"、从"少"到"多"的问题。1978 年，那场改变新中国命运的历史性会议，提出以经济建设为中心，实行改革开放。1981 年，十一届六中全会指出，"我国社会的主要矛盾是人民日益增长的物质文化需要同落后的社会生产之间的矛盾"。以经济建设为中心，就是要解决这一主要矛盾。

2017 年，党的十九大胜利召开，中国进入中国特色社会主义新时代。习近平总书记庄严承诺："为中国人民谋幸福，为中华民族谋复兴。"新时代的重要体现之一就是社会主要矛盾发生了变化。十九大报告指出，"我国社会主要矛盾已经转化为人民日益增长的美好生活需要和不平衡不充分的发展之间的矛盾"。美好生活，这是从"多"到"好"的问题，这是一个新起点。社会主要矛盾的重大变化，意味着中国的发展已经发生了跨越式变化。

2012 年 11 月 15 日党的十八大闭幕以来，"美好生活"的声音在神州大地上飘荡。这是一种现实世界的追求，也是一种大历史的回应。"美好生活"的理念，起源于亚里士多德。作为现实主义的鼻祖，亚里士多德不同于其老师柏拉图以自己假定的理想国衡量现实，他主张从现实出发促进国家的发展。在亚里士多德看来，美好生活是指人们在拥有某些生活必需品（如食物和住房）后，经过深思熟虑会选择的生活方式。创造繁荣与实现美好生活，是同义语。亚里士多德是在引导人们了解选择正确道路的本质。

无论学者们如何界定"美好生活"，都牵涉到一个关键问题：如何实现美好生活？2017 年 12 月 31 日，国家主席习近平发表 2018 年新年贺词："广大人民群众坚持爱国奉献，无怨无悔，让我感到千千万万普通人最伟大，同时让我感到幸福都是奋斗出来

[①] 葛剑雄：《统一与分裂：中国历史的启示》，北京：商务印书馆 2013 年版。

的。"2006年诺贝尔经济学奖获得者埃德蒙·费尔普斯指出，一个社会应该探寻和建立某种经济制度，为成员的共同利益服务；当且仅当一种经济制度允许并鼓励人们追求美好生活时，它才是一种美好经济；美好经济的活力和包容性，来自其调动的草根阶层的想象力和能量。①

大国政治家铿锵之声，有着理论探索的演绎回应，更有着普通百姓的实践回应。国家求"强"，商人求"富"，百姓求"福"。家国互动，中国特色社会主义市场经济体制铿锵前行。2021年7月1日，习近平总书记庄严宣告："中华民族迎来了从站起来、富起来到强起来的伟大飞跃，实现中华民族伟大复兴进入了不可逆转的历史进程！"②不可逆转的历史进程，是历史大浪淘沙的结果，是世界意义的大事件，更是世界意义的发展规律。

旅居美国60年的历史学家许倬云感叹道，中国从来不能遗世而独立，中国的历史始终是人类共同经验的一部分；万古江河，不只属于中国，也属于全人类。③正如文一教授在《伟大的中国工业革命："发展政治经济学"一般原理批判纲要》书中所言，中国的和平崛起意味着，我们向一个以规模化大生产实现全球物质富裕的目标，一个让全球每一个民族都在全球分工链上获得同等待遇和尊严的目标，一个"太平世界，环球同此凉热"的目标，又迈进了一大步。④

2020年5月，习近平总书记在中共中央政治局常委会上首次提出，要充分发挥中国超大规模市场优势和内需潜力，构建、加快形成以国内大循环为主体、国内国际双循环相互促进的新发展格局。这是根据中国发展阶段、环境、条件变化作出的战略决策，是事关全局的系统性深层次变革。

党的十九届五中全会强调，构建"双循环"新发展格局需要坚持扩大内需这个战略基点，使生产、分配、流通、消费各个环节更多依靠国内市场，促进形成国民经济良性循环。2020年12月中央经济工作会议进一步明确以扩大内需为战略基点，同时强调注重需求侧管理。"以国内大循环为主体、国内国际双循环相互促进的新发展格局"作为"十四五"乃至更长时期中国经济社会发展的重大战略之一，对实现经济高质量发展和中华民族伟大复兴具有至关重要的作用。

---

① ［美］埃德蒙·费尔普斯著，余江译：《大繁荣：大众创新如何带来国家繁荣》，北京：中信出版社2013年版。
② 习近平：《习近平谈治国理政（第四卷）》，北京：外文出版社2022年版，第6页。
③ 许倬云：《万古江河：中国历史文化的转折与开展》，长沙：湖南人民出版社2017年版，第540页。
④ 文一：《伟大的中国工业革命："发展政治经济学"一般原理批判纲要》，北京：清华大学出版社2016年版，第281页。

图 5-4 北京大兴国际机场（人民视觉）

专栏 5-3 新发展格局：世界生产中心与世界消费中心

2020 年，习近平总书记提出，要加快构建以国内大循环为主体、国内国际双循环相互促进的新发展格局。这意味着中国将成为世界生产中心和世界消费中心。改革开放以来，中国为世界贡献了一个生产中心，目前拥有 39 个工业大类、191 个中类、525 个小类，成为唯一拥有联合国产业分类全部工业门类的国家。未来时期，中国还将成为世界消费中心。中国有 14 亿多人，中等收入人群超过 4 亿，是全球最大和最有潜力的消费市场。2020 年 11 月习近平主席在第三届中国国际进口博览会开幕式上的主旨演讲指出，让中国市场成为世界的市场、共享的市场、大家的市场。2020 年中国 GDP 约 15 万亿美元，人均 GDP 超过 1 万美元。2035 年 GDP 将超 30 万亿美元，人均 GDP 超 2 万美元（甚至更多）。

中国将从"世界工厂"变成"世界市场"。任何一个企业，都不可能忽视这个市场，只有深入参与这个市场，才是具有竞争力的。身兼世界生产中心和世界消费中心双重地位，这是全球化进程中国前所未有的国际地位变化。

不忘初心，牢记使命，砥砺前行。中国经济奇迹，为天地立心，为生民立命，为往圣继绝学，为万世开太平。[1] 2021 年 7 月 1 日，习近平总书记强调："中国始终是世界和平的建设者、全球发展的贡献者、国际秩序的维护者！"[2]

---

[1] "为天地立心，为生民立命，为往圣继绝学，为万世开太平"，为北宋大家张载的名言。
[2] 习近平：《习近平谈治国理政（第四卷）》，北京：外文出版社 2022 年版，第 11 页。

第四节　包容发展：中国经济奇迹的文明根性

2021 年 7 月 6 日，在来自 160 多个国家的 500 多个政党和政治组织的领导人参加的中国共产党与世界政党领导人峰会上，习近平总书记在主旨发言中指出："中国共产党将团结带领中国人民深入推进中国式现代化，为人类对现代化道路的探索作出新贡献。"[①] 中国式现代化植根于文明的传承与创造，展现了中华文明的价值与意涵。《中共中央关于党的百年奋斗重大成就和历史经验的决议》指出："习近平新时代中国特色社会主义思想是当代中国马克思主义、二十一世纪马克思主义，是中华文化和中国精神的时代精华，实现了马克思主义中国化新的飞跃。"

一、包容发展：文明根性的核心要义之一

回望历史，中国之治，谋求政府与市场握手；直面现实，经济治理，追寻市场与政府动态平衡。回望历史，中国之治，有着"大一统"与"民本至上"的亘古传统；直面现实，经济治理，有着中长期规划与基层创新的美好生活奋斗。回望历史，中国之治，有着文明交流互鉴的自信包容；直面现实，全球治理，有着贡献重塑国际经济秩序的信心与构建人类命运共同体的愿景。

中国经济奇迹有着深远而又深邃的文明根性。回望历史，环顾全球，社会主义与市场经济、市场机制与政府作用、国有资本与民营经济、独立自主与对外开放等一系列结合表明，凡是西方"相反相克"的矛盾，中国都能转化成"相得益彰"的兼容；凡是西方"背道而驰"的张力，中国都能转化成"相向而行"的合力。

这一文明根性的核心要义是包容发展。回望历史，中国文化的内容和中国文化的空间不断变化：由以黄河流域为核心的"中国"，一步步走向世界文化中的"中国"；每一个阶段，"中国"面对他者的文化，不断接触、交换与融合，自己和他者的互动，使中国文化不断成长，也占有更大的地理空间；中国文化真正值得引以为荣之处，在于容纳之量与消化之功。[②]

中华文明秉承"各美其美，美人之美，美美与共，天下大同"的理念，团结一切可以团结的力量，谋求共生与发展。"泰山不让土壤，故能成其大；河海不择细流，故

---

① 习近平：《习近平谈治国理政（第四卷）》，北京：外文出版社 2022 年版，第 427 页。
② 许倬云：《万古江河：中国历史文化的转折与开展》，长沙：湖南人民出版社 2017 年版，序。

能就其深；王者不却众庶，故能明其德。"包容之义，可谓放之四海而皆准。中国之治，崇尚海涵大量，虚怀若谷，宽容包纳，文化发展推崇开放包容，社会运营致力海纳百川、冷静克制。崇尚包容之道，乃人之核心要义，更是中国之治的理念支撑。我们所强调的包容发展与文化自信，并非基于狭隘的民族性和地域性，而是来自"人同此心，心同此理"的人类普适性和世界性。

二、儒家经济思想：聚集仁人与包容发展

儒家经济思想充分体现了包容发展的内核。《孔门理财学》是迄今所知中国人在美国正式刊行的首部经济学专著，作者陈焕章[①]梳理了中国传统学术中经济思想的发展脉络，向西方全面介绍了儒家经济思想以及中国历史上的经济活动。

图 5-5　陈焕章

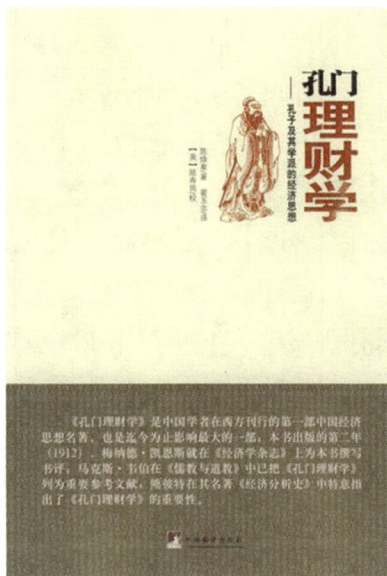

图 5-6　《孔门理财学》书影

该书开篇用《易经》里的一句话来解释："何以聚人曰财；理财正辞、禁民为非曰义。"理财、正辞、禁民为非三者，均以义贯穿其中。理财之目的在人，是为了聚集仁人。聚集仁人是目的，而理财是手段。

正义则为："大道之行也，天下为公，选贤与能，讲信修睦。故人不独亲其亲，不独子其子，使老有所终，壮有所用，幼有所长，鳏寡孤独废疾者，皆有所养；男有分，女有归；货恶其弃于地也，不必藏于己；力恶其不出于身也，不必为己。是故谋闭而不

[①] 陈焕章（1880—1933），清末思想家、社会活动家。1904 年中光绪甲辰恩科进士。1905 年赴美留学。1911 年获哥伦比亚大学哲学博士学位。著有《孔门理财学》《孔教论》等。

兴，盗窃乱贼而不作，故外户而不闭，是谓大同。"《礼记》的这段话是贯穿该书的核心思想。人人有饭吃，人人有衣穿，老有所养，少有所教，鳏寡孤独废疾者皆有所养，大家讲信用，和谐、美好地生活在一起。这样的"大同社会"，是儒家最高的社会理想，同时也是中国人世世代代追求的理想。可见，儒家经济思想超越了西方经济学中的理财观念。西方经济学以追求个人利益的最大化为出发点，而儒家经济思想则是以义理财，中国传统士大夫以"人人为我，我为人人"的思想去理财。大同社会不仅是中国最理想的社会模式，也是未来世界最理想的社会模式。

1911年，《孔门理财学》出版之初，哥伦比亚大学教授夏德、施格即为之作序并高度赞扬。1912年，凯恩斯在英国《经济学杂志》上为《孔门理财学》撰写评论。同年，威斯康星大学著名社会学家、政治经济学博士罗斯在《美国经济评论》上发表书评，认为陈焕章"打通了中西经济传统，为西方的政治经济学接上了孔子以来的中国伦理学和社会学资源而得以相互补充"。1930年，《孔门理财学》再版，《美国历史评论》刊文指出，作者"作出了破天荒的成绩"。熊彼特在《经济分析史》中特别强调该书的重要性，指出中国古代经济思想存在现代经济分析的因素。马克斯·韦伯在《儒教与道教》中将该书列为重要参考文献。摩根·维尔兹在《孔门理财学》导读中写道："从此书中我们不仅能获得以中国为基础的经济理论的强有力的陈述，而且还有中国经济在未来可能如何进步的富有吸引力的暗示。"

《孔门理财学》在构建中国经济学话语体系的内涵与途径方面值得今天的我们借鉴。文化自信植根于作者对中国传统文化的热爱和坚守。陈焕章所相信、所坚守的是孔子"大道之行，天下为公"的理想。《孔门理财学》向世人证明，中国传统思想并没有落后于时代，从中可以不断发现有利于人类文明进步和发展的启示。

三、包容发展案例："国进民退"的表象与趋势

回到现实，国际上对中国经济"国进民退"问题争议不断。其实，很多人只看到了表象，而没有认识到，这只是危急时刻的暂时替代。"国进民退"只是一种表象，源于危急时刻多重力量的综合作用。

比如，2008年金融危机，金融海啸冲击传导到实体经济层面，导致中国通过出口消化国内过剩产能的局面难以为继，这是市场未能及时纠错所积累的矛盾的凸显，是一种市场失灵的表现。此时，按照历史经验和制度惯性，走出危机，需要依靠政府这只看得见的手，需要依靠以政府为主导的基础设施、重点产业等方面的固定资产投资发挥作用。危急时刻，需要全民总动员。民资的成长是一个渐进的过程。金融海啸对民企的冲击甚于国企，在此背景下，更多的民企在于求生，而难以救急。这就导致了"国进民退"的表象，其实质是金融危机冲击下"国资"对"民资"的暂时替代。

深入探究，就会发现：经济发展的本原力量是"国民共生共进共成长"。"国进民退"的争议，归根到底，是政府与市场关系的争议。包容发展的治理要义是，让政府这只"看得见的手"与市场这只"看不见的手"进行有效握手，实现经济社会的良性运行。这一握手的实质，是政府与市场的互补，需要政府增进市场。就长期而言，这种趋势是不可逆转的。这是政府与市场实现互补的本原力量的体现。

在危机时刻形成的"国进民退"的暂时替代行为，在本原力量的作用下，必将实现转换，实现"国民共生共进共成长"。比如，基本公共服务覆盖民企，通过医疗、卫生、教育、文化、社会保障等政府提供的基本公共服务的广覆盖，使民企的员工福利成本压力得以缓解，有利于民企的成长，有利于民企的资产组合和退出重组。同时，通过建立与完善多层次金融服务体系，激活民间投资。从产业链角度看，国企与民企可以分工协作，实现大、中、小企业协作并存的共生局面；从产权角度看，二者打破壁垒，相互融合，优化治理结构。

国有经济与民营经济，本身就是一个经济社会系统的组成部分；其间的互动共生，就是包容发展的经典体现。

小　结

伴随着"中国经济奇迹"，西方国家出现了"中国经济威胁论"和"中国经济崩溃论"，质疑中国的经济体制。本章运用事实与数据，结合国际知名人士的"他者"视角，展示中国经济奇迹的表现，指出由"中国奇迹"迈向"新的更大奇迹"背后的持续动力是中国之治。中国之治的"北京共识"突破了"华盛顿共识"，体现了中西经济体制及其治理效能的差异。

政府与市场的关系是经济体制的核心。无论是英美的盎格鲁—撒克逊模式，还是德国的莱茵模式，抑或日本的银行中心主义，要么是市场替代政府，要么是政府替代市场。中国之治的核心是政府与市场互补、政府增进市场功能，古今皆如此。

中国经济奇迹，其实不是奇迹，而是复兴。鸦片战争后的衰落只是一个短暂时刻。这一复兴的动力，蕴藏于中国古代经济思想之中。中国经济奇迹，不仅是中国的，更是世界的。支撑西方兴起的现代经济学，是深受中国古代经济思想影响的。

中国经济体制与治理效能的终极目的是提高人民的美好生活水平，这是中国一以贯之的民本思想。"中国经济崩溃论"的崩溃，其必然性蕴藏于中国经济体制的历史、现在与未来之中。中国经济奇迹有着深远而又深邃的文明根性，其核心要义是包容发展。

讨论题

1. 与西方国家相比，中国经济转型发展具有哪些独特之处和共性之处？

2. 中国经济奇迹，政府发挥了什么作用，市场发挥了什么作用？政府是如何增进市场功能的？

3. "中国经济崩溃论"为什么会崩溃？

4. 中国古代经济思想是如何影响西方兴起的？

推荐阅读

1. 习近平：《习近平谈治国理政（第三卷）》，北京：外文出版社 2020 年版。

2. 习近平：《习近平谈治国理政（第四卷）》，北京：外文出版社 2022 年版。

3. 中华人民共和国国务院新闻办公室：《关于中美经贸摩擦的事实与中方立场》，北京：人民出版社 2018 年版。

4. ［美］彭慕兰著，史建云译：《大分流：欧洲、中国及现代世界经济的发展》，南京：江苏人民出版社 2010 年版。

5. 陈焕章：《孔门理财学》，北京：中央编译出版社 2009 年版。

第六章
中国创造脱贫攻坚奇迹

在中华民族五千多年的历史发展中，广大劳动人民渴望摆脱贫困状态、过上幸福的生活，"大同"和"小康"就是他们对未来美好社会的向往与追求。中国共产党成立后，给"大同"和"小康"注入了马克思主义的新鲜血液，把消灭剥削、消除贫困、实现共同富裕作为始终不变的奋斗目标，在不同时期以不同的政策措施，不断推进扶贫脱贫取得重大成就。党的十八大以来，以习近平同志为核心的党中央把扶贫开发工作提到前所未有的战略高度和重要地位，全面打响脱贫攻坚战。到2020年底，新时代脱贫攻坚的目标任务如期完成，在中华大地上历史性地解决了绝对贫困问题。在这场脱贫攻坚战中，中国共产党创造性地提出并实施精准脱贫战略，做到"六个精准"，实施"五个一批"，解决好"四个问题"，不仅使中国的脱贫攻坚战取得了全面胜利，而且为人类减贫事业作出了重大贡献。中国在脱贫攻坚实践中走出的中国特色减贫道路、形成的中国特色反贫困理论，拓展了人类反贫困思路，为全球减贫事业探索了新的路径。中国将继续积极参与国际减贫合作，与各国携手共建没有贫困、共同发展的人类命运共同体。

第一节　中国人民关于幸福生活的古老梦想："大同"和"小康"

中华民族是历史悠久、勤劳智慧的民族，创造了辉煌灿烂的中华文明，同时又是饱经苦难、历尽艰辛的民族，在五千多年的发展中饥饿和灾荒始终都是挥之不去的阴影。广大劳动人民渴望摆脱贫困状态、过上幸福生活，"大同"和"小康"就是他们对未来美好社会的向往与追求。其中，"大同"是最高层次的社会政治理想，"小康"是相对于"大同"而言比较贴近现实的社会政治理想。

一、"大同"思想的形成和发展

中国的"大同"思想，集中呈现在成书于西汉、假托孔子之名编纂的《礼记·礼运·大同篇》，其中清晰地描绘了一个"天下为公"的理想社会："大道之行也，天下为公。选贤与能，讲信修睦。故人不独亲其亲，不独子其子。使老有所终，壮有所用，幼有所长。矜（鳏）寡孤独废疾者，皆有所养。男有分，女有归。货恶其弃于地也，不必藏于己。力恶其不出于身也，不必为己。是故谋闭而不兴，盗窃乱贼而不作。故外户而不闭。是谓大同。"

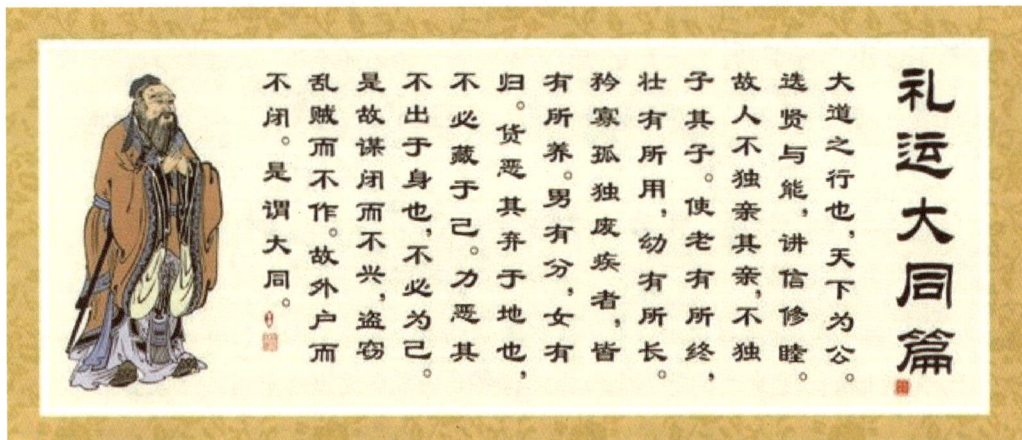

图 6-1 《礼记·礼运·大同篇》描绘的"大同"理想社会

从这个描绘可以看出，在所谓的"大同"社会，天下为人民所共有，人们选择贤能的人担任领袖，人与人之间讲究诚信，具有仁爱精神，能够和睦相处，老人、儿童、年老无妻的男子、年老无夫的女子、年幼丧父的孩子、年老无子女的人以及残疾人都能得到很好的照顾，男子都有自己的工作，女子都能适时婚嫁，财物不会被糟蹋浪费，有力气的人不为自己谋取私利，愿意为公众的事尽心竭力，阴谋诡计受到遏制，乱臣贼子不会出现，人们外出都不必关闭门户。可见，"大同"社会就是一个天下为公、财产公有，人人劳动、自食其力，互助互爱、尊老爱幼，没有掠夺、没有战争的理想社会。

其实，《礼运》描绘的"大同"社会并非历史上的真实状况，它是一种带有浓郁礼治主义色彩的社会政治理想，是先秦儒家对上古平等社会的大胆畅想、对未来理想社会的美好憧憬。这样的畅想和憧憬，在整个人类思想史上都是绝无仅有的。古希腊神话中虽然描述过一个"黄金时代"，但那只是一鳞半爪的勾勒，远低于"大同"思想的水平。柏拉图的"理想国"尽管完美，但所虚构的不过是奴隶主的公道正义，奴隶还是被排除在一切权利之外。即使在空想社会主义那里，莫尔的"乌托邦"中还有被充为奴隶的罪犯专门干脏活，康帕内拉的"太阳城"也只能由祭司管理国家，另外还有战争，还要强迫战俘做苦工，还要实现公妻制。相比较而言，在古代世界对理想社会、幸福生活的追求中，中国的"大同"思想的确是独树一帜、居于领先地位的。

"大同"思想虽然完整地呈现于《礼运》，但它是中华文明长期孕育的结果。早在《诗经》中，劳动人民就发出了"硕鼠硕鼠，无食我黍"的呼号，表达出了对于没有剥削和压迫的理想社会——"乐土"的向往。春秋末期，跖领导的奴隶起义反对"不耕而食，不织而衣"的奴隶主，提出建立"耕而食，织而衣，无有相害之心"（《庄子·盗跖》）的理想社会，成为"大同"思想的先驱。在此前后，诸子百家的学说又为"大同"思想的最后形成提供了丰富的资源。比如，老子的"生而不有，为而不恃，长而不宰"（《老子》第五十一章），即主张人创造万物、养育万物，但不能将万物据为己有；孔子的"己欲立而立人，己欲达而达人"（《论语·雍也》），即主张做一个"博施济众"、乐善好施的人；孟子的"老吾老以及人之老，幼吾幼以及人之幼"（《孟子·梁惠王上》），即主张孝敬亲老、抚育幼小都要推己及人、待人如己；墨子的"赖其力者生，不赖其力者不生"（《墨子·非乐》），即主张人人参加劳动，依靠自己的力量维持生活；管子的"仓廪实则知礼节，衣食足则知荣辱"（《管子·牧民》），即主张百姓要丰衣足食，才能知荣明耻。所有这些思想精华，都为"大同"思想所博采。

原始道教首先汲取了"大同"思想，并将其注入自己的经典《太平经》。比如，"财物乃天地中和所有，以共养人也"，即主张财产公有、共同享受；"天生人，幸使其人人自有筋力，可以自衣食者"，即主张人人劳动、自食其力；"天道助弱""智者当苞养愚者""力强者当养力弱者"，即主张扶危济困、互助互爱。这样的教义代表了重压之下广大农民的愿望和要求，随即为东汉末年张角、张宝领导的黄巾起义所利用。由此，"大同"思想走出了书斋，历朝历代反抗不良统治的农民起义都以它为指导，提出了建立均等、共富社会的主张。比如，唐朝末年的农民起义领袖王仙芝自称"天补平均大将军"，北宋的王小波起义喊出了"吾疾贫富不均，今为汝均之"的口号，南宋的钟相、杨幺起义举起了"等贵贱、均贫富"的旗帜，明朝末年的李自成起义提出了"均田免粮"的纲领，清朝末年的太平天国起义更是制定了"有田同耕，有饭同食，有衣同穿，有钱同使，无处不均匀，无人不饱暖"的"天朝田亩制度"。

在农民阶级接受"大同"思想并在实践中推动其不断向前发展的同时，地主阶级的一些政治家、思想家也承袭《礼运》所反映的劳动人民愤世不公的怨尤，以其丰富的想象，设计出种种理想社会，为"大同"思想增添了新的光彩。比如，三国时的阮籍曾幻想一个无君无臣、无富无贵的理想社会，认为"君立而虐兴，臣设而贼生"，"无君而庶物定，无臣而万事理"。东晋的陶渊明在《桃花源记》中生动地描述了一个没有政府和官吏、没有赋税和徭役、没有战争和掠夺、共同劳动、诚信无欺的世外桃源。北宋的康与之在《昨梦录》中梦想出一个计口授田、人人劳动，"凡衣服、饮食、牛畜、丝纱、麻枲之属，皆不私藏，与众共之，故可同处"的理想社会。明朝的何心隐则身体力行，创办"聚合堂"，在小的范围内开展了"大同"思想的社会试验。他拿出自己的财产组织一族人集体生活，"冠婚丧祭赋役，一切通其有无"，共同供养老人、教育子弟，建立起"安老怀少"的平等生活。清朝末年，康有为依据中国传统的"大同"思想，掺入西方资产阶级民主学说和空想社会主义，写就《大同书》，描绘出一个无阶级、无私产、无家族、无邦国、无帝王、人人相亲、人人平等、天下为公的"大同之世"，将中国两千多年来的"大同"思想推到了极致。

从《礼运》到《大同书》，"大同"思想生动反映了中国劳动人民自古以来就渴望消灭剥削和压迫、建立理想王国、过上幸福生活的美好愿望与不懈追求，也具体展现出中国是一个伟大的文明古国，中华民族是一个富有远大理想、富有革命传统的英雄民族。

"大同"思想描绘的天下为公的理想社会图景，对中国共产党人产生了深远影响。毛泽东深谙中华优秀传统文化，早在青年时代即已确定："大同者，吾人之鹄也。"[①]在 1920 年接受马克思主义、成为马克思主义者之后，他没有再孤立地讲传统文化中的"大同"理想，而是将其与马克思主义的实现共产主义的远大理想联系起来，与中国革命的前途和道路联系起来，作为阐述科学社会主义理论的一种中国式的话语表达。1937年 1 月，他在和史沫特莱的谈话中指出："中国共产党人是国际主义者，他们主张世界大同运动；但同时又是保卫祖国的爱国主义者，为了保卫祖国，愿意抵抗日本到最后一滴血。"[②]显然，毛泽东在这里所说的"大同运动"，实际上指的是共产主义运动。1949年 6 月，毛泽东在《论人民民主专政》一文中连续三次使用"大同"一词，阐述共产

① 中共中央文献研究室、中共湖南省委《毛泽东早期文稿》编辑组编：《毛泽东早期文稿》，长沙：湖南人民出版社 1990 年版，第 89 页。

② 中共中央文献研究室编：《毛泽东文集（第一卷）》，北京：人民出版社 1993 年版，第 484 页。

党人的理想信念和历史使命。在这里，他将"大同境遇"视为"人类进步的远景"，指出中国革命的"一种可能性：经过人民共和国到达社会主义和共产主义，到达阶级的消灭和世界的大同"[1]。党的十八大以来，以习近平同志为核心的党中央积极倡导构建人类命运共同体，并将"大同"的概念应用其中。2015 年 9 月 28 日，习近平总书记在联合国大会一般性辩论的讲话中引用了《礼运》中的"大道之行也，天下为公"，指出"和平、发展、公平、正义、民主、自由，是全人类的共同价值，也是联合国的崇高目标"[2]。2016 年 12 月 31 日，在 2017 年新年贺词中，他明确使用了"大同"一词，指出"中国人历来主张'世界大同，天下一家'。中国人民不仅希望自己过得好，也希望各国人民过得好"[3]。"大同"这一中国传统文化概念在国际关系中的创造性运用，无疑为人类命运共同体的理念和实践注入了典型的中国元素，使其更具文化底蕴和历史根基。

二、"小康"的历史语境和时代意义

"小康"一词，最早见于《诗经》。《大雅》之《生民之什·民劳》有云："民亦劳止，汔可小康。惠此中国，以绥四方……"这里的"小康"，小者稍也，康者安也，本义是"稍安"，具体是指民众请求周厉王"小省赋役而安息之"（《十三经注疏》上册），就是使民众免于赋税、徭役之苦，生活稍微得到喘息和安定。后来，孔子借《诗经》的句意来指称为政的宽猛相济、社会的政通人和，这样"小康"一词就开始具有政道与治道的含义。

对"小康"图景作出全面描述的也是《礼记·礼运·大同篇》。《礼运》在描述完"大同"之后接着说："今大道既隐，天下为家。各亲其亲，各子其子，货力为己。大人世及以为礼，城郭沟池以为固。礼义以为纪，以正君臣，以笃父子，以睦兄弟，以和夫妇，以设制度，以立田里，以贤勇知，以功为己。故谋用是作，而兵由此起。禹、汤、文、武、成王、周公，由此其选也。此六君子者，未有不谨于礼者也。以著其义，以考其信，著有过，刑仁讲让，示民有常。如有不由此者，在势者去，众以为殃。是谓小康。"意思是说，相比于"天下为公"的"大同"社会，在所谓的"小康"社会，"大道"已经消失不见，天下成为私家的。人们只敬爱自己的父母，只疼爱自己的子女，财物和劳力都为私人拥有。诸侯天子的权力都世袭传承并成为礼制，以护城河来防守城市，以礼义来维护社会秩序和国家法纪，君臣关系不偏斜、父子关系纯厚、兄弟关系和睦、夫妻关系和顺，按照礼义来制定典章制度、划分田产和住宅、尊重有勇有谋的人、

---

① 毛泽东：《毛泽东选集（第四卷）》（2 版），北京：人民出版社 1991 年版，第 1471 页。

② 中共中央文献研究室编：《十八大以来重要文献选编（中）》，北京：中央文献出版社 2016 年版，第 695 页。

③ 兰红光：《国家主席习近平发表二〇一七年新年贺词》，《人民日报》，2017 年 1 月 1 日。

人人都为自己建功立业。所以，阴谋和战乱由此兴起，禹、汤、文、武、成王、周公也由此成为杰出人物。他们莫不严守礼义，总是以礼义来彰显正道、考察诚信、指明过错、效法仁爱、体现辞让，让百姓有规可循。如果不严守礼义，在位的也会被罢免，百姓把这看成祸害。可见，与"大同"不同，"小康"表达的是一种在现实中可以企及的理想境地，是一种物质生活无忧、社会比较安定平稳的状态，是传统儒家在"大同"理想难以实现的情况下退而求其次的目标选择。

两汉以后，"小康"一词在历史典籍中时有出现，其含义在不断丰富和发展。《三国志·吴志·赵达传》中把"小康"与"酷乱"对举。所谓"酷乱"，是指战乱频仍、民不聊生的局势，与之对应的"小康"自然就是社会相对安定、人民稍得休养的状态了。在《晋书·孙绰传》中，孙绰称中原地区"贫者殖其财，怯者充其勇，人知天德，赴死如归"为"中夏小康"，其实就是把"小康"视为人民生活相对殷实、社会政治相对安定的境况。在《旧唐书·牛僧孺列传》中，唐文宗问宰相牛僧孺："天下何由太平？"牛僧孺不无溢美地说："今四夷不至交侵，百姓不至流散，上无淫虐，下无怨言，私室无强家，公议无壅滞，虽未及至理，亦谓小康。"在这里，"小康"已然与"太平""至理"等理想社会目标相提并论，其基本特征就是国泰民安、社会和谐、政治清明。在《资治通鉴》中，司马光对后唐明宗李嗣源的政绩作了简要记述，称他"在位年谷屡丰，兵革罕用，校于五代，粗为小康"，即与典型意义上的"小康"还有一定距离。北宋的朱熹曾以《礼运》描述的"小康"社会为标准，评价先秦至唐宋的兴衰，认为"千五百年之间……或不无小康"。康有为在《礼运注》中也提出，两千年来中国历史上出现的文景之治、贞观之治、开元之治、康乾之治等所谓的盛世景观，"总总皆小康之世也"。

纵览中国历史，"大同"思想固然深入人心，但动乱、灾荒、饥馑如影相随，国家安宁、社会丰裕、人民幸福的局面是何等匮乏和短暂，实现"小康"也是中国人民千百年来绵延不断的梦想。

1978年中共十一届三中全会后，在开创中国特色社会主义道路和制定国家现代化发展战略的过程中，邓小平对"小康"这一充满中国传统文化意蕴的概念进行了创造性转化，将"中国式的现代化"称为"小康之家""小康的状态"，并初步解释了其内涵，"就是虽不富裕，但日子好过"[1]。进而，邓小平把人均国民生产总值达到1 000美元，"进入小康社会，把贫穷的中国变成小康的中国"[2]确定为中国基本实现现代化的"三步走"战略的第二步目标，这一构想被1987年党的十三大所接受。2000年，在人民生活总体上达到小康水平后，中国进入了全面建设小康社会、加快推进社会主义现代化的新

---

[1] 邓小平：《邓小平文选（第三卷）》，北京：人民出版社1993年版，第161页。

[2] 邓小平：《邓小平文选（第三卷）》，北京：人民出版社1993年版，第226页。

的发展阶段。2012 年党的十八大之后，中国特色社会主义进入了新时代，中国进入了全面建成小康社会的决定性阶段。2020 年，全面建成小康社会的目标如期实现，中国乘势而上开启了全面建设社会主义现代化国家新征程。中国人民将在全面建成小康社会的基础上，向着"大同"社会的政治理想迈出新的步伐，到 2035 年基本实现社会主义现代化时，全体人民共同富裕取得更为明显的实质性进展，到 21 世纪中叶建成社会主义现代化强国时，全体人民共同富裕基本实现。

图 6-2　高质量发展促进共同富裕（漫画）（刘志永 / 人民视觉）

第二节　中国脱贫攻坚的历程和成就

在中国数千年的历史上，尽管有"大同""小康"的美好梦想，但一代又一代人胼手胝足，也没能让劳动人民从根本上摆脱生活的贫困。中国共产党成立后，给中国人民世代畅想的"大同""小康"注入了马克思主义的新鲜血液，把消灭剥削、消除贫困、实现共同富裕作为始终不变的奋斗目标，在不同时期提出了不同的减贫措施，不断推进扶贫脱贫工作取得重大成就。特别是党的十八大以来，全面打响脱贫攻坚战并取得全面胜利，完成了消灭绝对贫困的艰巨任务，创造了又一个彪炳史册的人间奇迹。

一、中国共产党领导脱贫攻坚的历史进程

翻开中国史册，中华民族虽然有让世人惊叹的繁华和盛世，但底层人民群众长期处于贫困状态。尤其是近代以后，在封建腐朽统治和西方列强侵略下，中国沦为半殖民地半封建社会，贫困的梦魇更为严重地困扰着中国人民。摆脱贫困、过上幸福美好的生活，成为中国人民孜孜以求的梦想。但是，一次又一次的抗争、一种又一种的尝试均以失败告终，都没能改变旧中国的社会性质和中国人民的悲惨命运。直到 1921 年中国共产党成立，中国人民才从精神上由被动转为主动，才在中国共产党领导下，为创造美好生活而进行艰辛探索和伟大斗争。

新民主主义革命时期，毛泽东最先认识到，中国是一个农业人口占绝大多数的国家，农民问题主要是土地问题，只有解决了土地问题，实现了"耕者有其田"，农民才能彻底改变受剥削、受压迫的地位，进而积极地支持革命、投身革命，成为无产阶级可靠的同盟军、中国革命的主力军。从土地革命战争时期的土地革命到抗日战争时期的减租减息，再到解放战争时期的土地改革，毛泽东把马克思主义基本原理同中国具体实际相结合，制定了没收封建地主阶级的土地归农民所有、变封建地主的土地私有制为个体农民的土地所有制的方针政策。到中华人民共和国成立后的 1952 年冬，除台湾和部分少数民族地区以外，全国的土地改革基本结束，3 亿多无地或少地农民分得了约 7 亿亩土地和其他生产资料，免除了过去每年要向地主交纳的约 700 亿斤粮食的巨额地租，彻底消灭了在中国延续几千年的封建制度的基础——地主阶级土地所有制。这是中国共产党在解决中国农民土地问题上的一大创造，适应了当时生产力发展的要求，结束了中国农民长期以来受剥削、受压迫的惨痛历史，为他们摆脱贫困状态、过上幸福生活创造了根本政治条件。

但是，广大农民翻身得解放只是消除了造成中国贫困问题的主要制度因素，当时的中国依然是世界上最贫穷的国家之一。根据联合国"亚洲及太平洋经济社会委员会"统计，1949 年中国人均国民收入只有 27 美元，不足亚洲平均水平 44 美元的三分之二，也不足印度 57 美元的一半。面对这样的现实，刚刚站立起来的中国人民开始在中国共产党领导下，艰辛探索消除贫困、逐步实现共同富裕的正确道路。其实，早在抗日战争时期，毛泽东就指出，中国农村"几千年来都是个体经济，一家一户就是一个生产单位，这种分散的个体生产，就是封建统治的经济基础，而使农民自己陷入永远的穷苦。克服这种状况的唯一办法，就是逐渐地集体化"①。中华人民共和国成立后，随着土地改革的全面完成，广大农民的生活比以前有所改善或者大为改善，但他们中间的许多人仍然处于贫困状态。毛泽东意识到，"对于他们说来，除了社会主义，再无别的出路"，"为了摆脱贫困，改善生活，为了抵御灾荒，只有联合起来，向社会主义大道前进，才能达到目的"。②随即，中国共产党引导和帮助广大农民通过互助合作的方式走上了社会主义道路，这无疑是从根本上解决中国贫困问题的伟大变革。此后，国家在计划经济体制下出台了一系列改善农业生产条件、提高农民生活水平的政策措施，为缓解农村普遍存在的绝对贫困问题创造了基础条件。比如，开展大规模的农村基础设施建设、农田水利建设、农业科技服务网络建设，使农村的交通状况和灌溉设施明显改善，有力保障了农业生产的大发展；大力发展农村信用社，通过信贷活动为农民生产生活提供服务，初步建成了覆盖全国农村的合作信用体系；大力发展农村基础教育和基本医疗事业，建设农村小学校和乡村卫生所，实施免费教育和乡村合作医疗、赤脚医生等政策，稳固保障和促进了农村人口的发展；建立五保供养制度和特困群体救济制度，使缺乏或丧失劳动能力、生活无依无靠的老弱病残鳏寡孤独者等都能得到适当的安排照顾，他们的吃、穿、烧（燃料）、教（儿童和少年）、葬都有了可靠的保障。当时，国家推出这些政策措施，都是针对全国所有农村地区的，具有很强的普惠性，可以说是计划经济体制下的广义扶贫战略。随着这一战略的实施，中国历史上第一次出现了农村贫困问题的大规模缓解。

尽管如此，在当时的计划经济体制下，由于国家实行工业化优先发展战略，由于城乡人口自然增长，由于农业生产体制上的弊端，人民的温饱问题尚未完全解决，整个国家还处于普遍贫穷状态。按照当年价现行农村贫困标准衡量，1978 年末全国有农村贫困人口 7.7 亿，农村贫困发生率高达 97.5%。严峻的现实要求中国共产党必须通过改革开放来解放和发展生产力，尽快实现全体人民共同富裕。为此，邓小平反复强调，"贫

① 毛泽东：《毛泽东选集（第三卷）》，北京：人民出版社 1991 年版，第 931 页。
② 中共中央文献研究室编：《毛泽东文集（第六卷）》，北京：人民出版社 1999 年版，第 429 页。

穷不是社会主义，社会主义要消灭贫穷"①，"我们坚持社会主义，要建设对资本主义具有优越性的社会主义，首先必须摆脱贫穷"②，"社会主义的本质，是解放生产力，发展生产力，消灭剥削，消除两极分化，最终达到共同富裕"③。

正是基于这样的认识，改革首先从农村开始。通过实施以家庭联产承包为主的生产责任制和统分结合的双层经营体制，理顺了农村最基本的生产关系，调动了农民的生产积极性，使农业生产迅速扭转了长期徘徊不前的局面。通过实施农产品流通体制改革，大力发展乡镇企业，促进了农村收入水平的整体提高，带动了农村贫困人口的急剧减少。改革开放初期实施的这一系列改革措施，可以说是从国家层面开展的大规模、有计划、有组织的扶贫开发，不仅基本解决了中国人民的温饱问题，而且为世界范围内消除饥饿和贫困作出了重大贡献。而随着整个农业生产形势、农民生活状况的好转，由自然、历史等因素导致的区域性贫困问题逐渐显现。于是，国家开始制定有针对性的扶贫政策，支持那些经济发展明显落后、贫困人口较为密集的地区加快脱贫进程。1982 年

图 6-3　1988 年，河南洛阳，人们抢购冰箱（董力男 /FOTOE/ 视觉中国）

---

① 邓小平:《邓小平文选（第三卷）》，北京：人民出版社 1993 年版，第 116 页。
② 邓小平:《邓小平文选（第三卷）》，北京：人民出版社 1993 年版，第 225 页。
③ 邓小平:《邓小平文选（第三卷）》，北京：人民出版社 1993 年版，第 373 页。

12 月，国家启动"三西农业建设计划"，提出用 10 年到 20 年的时间，解决甘肃定西、河西和宁夏西海固地区因长期干旱缺水而形成的贫穷落后问题，这实际上是中国专项扶贫计划的雏形。1984 年 9 月，中共中央、国务院发布《关于帮助贫困地区尽快改变面貌的通知》，这是中国开展有计划扶贫的基础性文件，标志着国家探索专项扶贫工作的全面开始。

进入 20 世纪 80 年代中后期，随着改革开放全面推进，农村区域发展不平衡问题日益凸显，贫困人口主要集中在老少边穷地区，致贫原因复杂，需要特殊政策、特殊对待。与这些特点相适应，国家开始实施区域开发式扶贫战略。一是把扶贫开发纳入国家发展总体规划，明确把解决大多数贫困地区贫困人口的温饱问题作为政府扶贫工作的长期目标；二是中央政府成立专门的扶贫机构——国务院贫困地区经济开发领导小组及其办公室，把原来的道义式扶贫转变为制度性扶贫，为扶贫开发的规范化、制度化进行机构安排；三是实施区域发展带动和开发式扶贫，通过加大贫困地区工业化项目投资、开发贫困人口人力资源，促进贫困地区经济增长，带动贫困人口脱贫。尽管这一时期的措施发挥了一定效果，但由于同期农村经济增速减缓，加之剩余贫困人口的脱贫难度增加，与前一时期相比，贫困人口下降速度有所减缓，返贫现象有所增加。

为了解决扶贫开发中的新问题，1994 年 3 月，国务院颁布《国家八七扶贫攻坚计划（1994—2000 年）》，要求集中人力物力财力，用 7 年左右时间，基本解决 8 000 万农村贫困人口的温饱问题。为此，提出以贫困村为基本单位，以贫困户为主要工作对象，坚持扶持到村到户，坚持多渠道增加扶贫投入。与此同时，国家将扶贫到户与促进中西部地区经济发展的宏观政策相结合，建立东部沿海地区支持西部欠发达地区的扶贫协作机制，推行项目入户、最低生活救助、劳动力转移、生态移民等多元化扶贫措施。2000 年，中国宣布"八七扶贫攻坚计划"确定的目标基本实现，全国农村贫困人口的温饱问题基本解决。

进入 21 世纪，扶贫开发在取得重要阶段性进展的基础上，继续向纵深推进。2001 年和 2011 年，国务院先后印发了两个《中国农村扶贫开发纲要》（以下简称《纲要》）。第一个《纲要》把中西部地区作为扶贫工作的重点区域，在 592 个国家扶贫工作重点县的基础上，选定 15 万个贫困村作为扶贫对象，实施参与式"整村推进"扶贫，大力推进产业扶贫和劳动力培训转移，积极开展易地搬迁扶贫和生态移民。在此期间，随着农业税的取消和新型农村合作医疗制度的建立，农民负担过重的问题也得到了根本解决。第二个《纲要》在继续坚持开发式扶贫的同时，在全国确定 14 个集中连片特困地区，将扶贫开发的主要任务从解决温饱转入巩固温饱成果、加快脱贫致富、改善生态环境、提高发展能力、缩小发展差距。按照当时的扶贫标准，2010 年底，中国农村贫困人口减少到 2 688 万人，贫困发生率降为 2.8%；2011 年，中国将扶贫标准提高到 2 300 元，在新的扶贫标准下，中国贫困人口为 1.22 亿。

2012 年党的十八大的召开，标志着中国特色社会主义进入了新时代。在新时代，以习近平同志为核心的党中央把扶贫开发摆在治国理政的突出位置，把贫困人口脱贫确立为全面建成小康社会、实现第一个百年奋斗目标的底线任务和标志性指标，将脱贫攻坚纳入"五位一体"总体布局和"四个全面"战略布局，明确到 2020 年现行标准下农村贫困人口实现脱贫、贫困县全部摘帽、解决区域性整体贫困的目标任务，汇聚全党全国全社会之力打响了脱贫攻坚战。2021 年 2 月 25 日，习近平在全国脱贫攻坚总结表彰大会上庄严宣告，中国脱贫攻坚战取得了全面胜利，完成了消除绝对贫困的艰巨任务，创造了又一个彪炳史册的人间奇迹。

二、新时代脱贫攻坚的伟大成就

随着中国特色社会主义进入新时代，经济社会快速发展，综合国力明显增强，社会保障体系更加健全，国家治理体系和治理能力现代化加快推进，为减贫事业发展奠定了坚实的人力财力物力基础，提供了有力的制度支撑，但同时，中国仍面临着严峻的贫困形势，剩下的都是贫中之贫、坚中之坚，减贫进入啃硬骨头、攻坚拔寨的冲刺阶段，采用常规思路和办法、按部就班推进难以完成任务，必须以更大的决心、更明确的思路、更精准的举措、超常规的力度，众志成城地实现脱贫攻坚的目标。

由此，习近平总书记把消除贫困、实现共同富裕视为社会主义的本质要求和中国共产党的初心使命，把扶贫开发工作提到了前所未有的战略高度和重要地位。党的十八大召开后不久，他就到河北省阜平县考察，提出"全面建成小康社会，最艰巨最繁重的任务在农村，特别是在贫困地区。没有农村的小康，特别是没有贫困地区的小康，就没有全面建成小康社会"①。2013 年 11 月，他在湖南省花垣县十八洞村考察时，首次提出"实事求是、因地制宜、分类指导、精准扶贫"的理念。2015 年 11 月，他主持召开中央扶贫开发工作会议，指出"要立下愚公移山志，咬定目标、苦干实干"，吹响了脱贫攻坚战的冲锋号。2020 年 3 月，他主持召开决战决胜脱贫攻坚座谈会，对新冠肺炎疫情冲击下如期完成脱贫攻坚目标任务进行再部署再动员，要求全党全国以更大的决心、更强的力度，做好"加试题"、打好收官战，信心百倍向着脱贫攻坚的最后胜利进军。

经过全党全国人民持续 8 年的不懈奋斗，到 2020 年底，中国如期完成了新时代脱贫攻坚的目标任务，现行标准下 9 899 万农村贫困人口全部脱贫，832 个贫困县全部摘帽，12.8 万个贫困村全部出列，区域性整体贫困得到解决，在中华民族历史上首次整体消除了绝对贫困，实现了中国人民的千年梦想、百年夙愿。

① 中共中央党史和文献研究室编：《习近平扶贫论述摘编》，北京：中央文献出版社 2018 年版，第 4 页。

图 6-4　美丽乡村（人民视觉）

（一）贫困人口生活水平显著提升

贫困是全世界共同面临的重大问题。2000 年 9 月，在联合国千年首脑会议上，世界各国领导人就消除贫穷、饥饿、疾病、文盲、环境恶化和对妇女的歧视，商定了一套有时限的目标和指标，并将其置于全球议程的核心，统称为联合国千年发展目标（Millennium Development Goals，MDGs）[1]。无独有偶，2011 年 12 月，中共中央、国务院印发《中国农村扶贫开发纲要（2011—2020 年）》，提出到 2020 年稳定实现农村贫困人口不愁吃、不愁穿和义务教育、基本医疗、住房安全有保障，即"两不愁、三保障"。实际上，在 2015 年 11 月脱贫攻坚战全面打响之际，联合国千年发展目标在中国已经基本实现。经过脱贫攻坚战，贫困人口的收入和福利水平进一步提升，教育、医疗、住房、饮水等条件明显改善，既满足了基本生存需要，也为后续发展奠定了基础。

就贫困地区农村居民人均可支配收入而言，从 2013 年的 6 079 元增长到 2020 年的 12 588 元，年均增长 11.6%，增长持续快于全国农村，增速比全国农村高出 2.3 个百分

---

[1] 联合国千年发展目标（MDGs）是 2000 年 9 月联合国首脑会议上由 189 个国家签署《联合国千年宣言》一致通过的一项行动计划，该计划共分 8 个目标，旨在将全球贫困水平在 2015 年之前降低一半。中国提前完成多个千年目标，受到联合国的肯定。2015 年联合国大会通过《变革我们的世界：2030 年可持续发展议程》，将"在全世界消除一切形式的贫困"列为首要可持续发展目标，提出"2030 年在全球所有人口中消除极端贫困"，为全球减贫事业指明方向。中国如期完成脱贫攻坚任务，提前 10 年实现《变革我们的世界：2030 年可持续发展议程》的减贫目标。联合国秘书长古特雷斯评价中国的减贫成就："精准扶贫方略是帮助最贫困人口、实现 2030 年可持续发展议程设定的宏伟目标的唯一途径，中国的经验可以为其他发展中国家提供有益借鉴。"

点。特别是贫困人口工资性收入和经营性收入占比逐年上升，转移性收入占比逐年下降，自主增收脱贫能力稳步提高。其中，少数民族和民族地区脱贫攻坚成效显著。2016年至2020年，内蒙古、广西、西藏、宁夏、新疆五个自治区和贵州、云南、青海三个多民族省份贫困人口累计减少1 560万人。28个人口较少民族全部实现整族脱贫，中华人民共和国成立后，一些直接由原始社会跨越几种社会形态过渡到社会主义社会的"直过民族"，又实现了从贫穷落后到全面小康的第二次历史性跨越。

贫困人口收入水平持续提高的同时，生活也发生了巨大变化，"两不愁、三保障"全面实现。根据国家脱贫攻坚普查结果，就吃而言，贫困户平常都能吃得饱且适当吃得好；就穿而言，贫困户一年四季都有应季的换洗衣物和御寒被褥；就义务教育而言，贫困人口受教育机会显著增多、水平持续提高，贫困家庭子女辍学现象实现动态清零，2020年贫困县九年义务教育巩固率达到94.8%；就基本医疗而言，县乡村三级医疗卫生服务体系持续完善，贫困人口全部纳入基本医疗保险、大病保险、医疗救助的保障范围，大病能够集中救治、慢病可以签约管理、重病有了兜底保障，看病难、看病贵问题得到有效解决；就住房而言，通过实施农村危房改造，790万户2 568万贫困人口告别了破旧的泥草房、土坯房等危房，住上了安全房，同时大力改善村容村貌，推进村内道路、绿化、垃圾污水治理等设施建设，使农村整体人居环境显著提升。此外，还实施了农村饮水安全和巩固提升工程，累计解决了2 889万贫困人口的饮水安全问题，饮用水量和水质全部达标，自来水普及率从2015年的70%提高到2020年的83%。

可以说，"两不愁、三保障"的全面实现带动了联合国千年发展目标设定的促进人类发展的八个目标在中国的全面实现。其中，"不愁吃、不愁穿"实现了第一个目标"消灭极端贫穷和饥饿"；"义务教育有保障"实现了第二个目标"普及初等教育"；"基本医疗有保障"实际上保障了第四至第六个目标的实现，即"降低儿童死亡率""改善产妇保健""与艾滋病毒、疟疾和其他疾病作斗争"；"住房安全有保障"实际上解决的是居住环境问题，实现的是第七个目标"确保环境的可持续能力"；至于第三个目标"促进男女平等并赋予妇女权利"，在中华人民共和国成立之后即被确定为基本国策并已建成了可靠的法律保障；第八个目标"制定促进发展的全球伙伴关系"，已经在中国与各国携手共建没有贫困、共同发展的人类命运共同体的实践中得到了充分彰显。

（二）贫困地区落后面貌根本改变

长期以来，贫困地区之所以贫困，主要是因为自然条件恶劣、基础设施薄弱、公共服务匮乏、经济社会发展滞后。脱贫攻坚战对中国农村的改变是全方位的，堪称中国农村的又一次伟大革命，它不仅使农村贫困人口全部脱贫，而且使贫困地区的经济社会发展大踏步赶了上来，整体面貌发生了历史性巨变，补齐了全面建成小康社会最突出的短板，为全面建设社会主义现代化国家、实现第二个百年奋斗目标奠定了坚实基础。

现实中，出行难、用水难、用电难、通信难是长期以来制约贫困地区发展的主要瓶颈。于是，基础设施建设成为脱贫攻坚的基础工程，集中力量，加大投入，全力推进，补齐了贫困地区基础设施的短板，加快了贫困地区经济社会的发展。截至 2020 年底，全国贫困地区新建改建公路 110 万公里、新增铁路里程 3.5 万公里，具备条件的乡镇和建制村全部通硬化路、通客车、通邮路，推动着贫困地区因路而兴、因路而富。2016 年以来，新增和改善农田有效灌溉面积 8 029 万亩，新增供水能力 181 亿立方米，使水利支撑贫困地区发展的能力显著增强。实施无电地区电力建设、农村电网改造升级、骨干电网和输电通道建设等电网专项工程，把电网延伸到更多偏远地区，农村地区基本实现了稳定可靠的供电服务全覆盖，供电能力和服务水平明显提升。推进通信设施建设，贫困村通光纤和 4G 比例均超过 98%，远程教育、远程医疗、电子商务覆盖所有贫困县，贫困地区信息化建设实现了跨越式发展。基础设施的极大改善，从根本上破解了贫困地区脱贫致富的难题，畅通了贫困地区与外界的人流、物流、知识流、信息流，为贫困地区发展提供了有力的硬件支撑。

以甘肃为例，2015 年全省人均国内生产总值 4 208 美元，为全国最低。造成甘肃贫困的主要原因是恶劣的自然条件，一面是高寒的青藏高原，一面是寸草不生的戈壁沙漠，很多地方根本就不适合人类生存，可偏偏有人在那里世代生存。比如，在嘉峪关市的讨赖河峡谷，想种庄稼是很难的，因为这里几乎没有降雨。即便农民奇迹般地种出了小麦，也得开车五个多小时到最近的城市去卖，但价格大概是每吨 150 美元，而把小麦从山区运出来的成本已经超过每吨 100 美元，再加上其他成本，农民基本上只能赔钱。怎么解决这个问题？脱贫攻坚战中，中央政府投入大量资金在山区修建了公路、铁路和桥梁。有了这些，当地农民就能以更快的速度、更低的成本把自己的产品运到最近的城市，再转运到更远的地方，卖出更高的价格，农民终于可以在自己的土地上挣钱了。同样是因为有了路，当地农民从淘宝上买一部手机，从 3 500 公里外的深圳运过来大概只需 2.2 美元，最快 3 天运到。而同样的物品、同样的距离，在美国的运输成本是 26.13 美元，是中国的 13 倍！此外，甘肃还开发了当地取之不竭的绿色资源——风能和太阳能，建成了世界上最大的陆上风力发电基地和亚洲最大的光热发电站。如此这般，政府的有效投资极大地释放了贫困地区蕴含的发展潜力，促进了电子商务、光伏、旅游等新业态、新产业蓬勃兴起，推动了贫困地区经济多元化发展，厚植了脱贫致富、乡村振兴的基础。

再以云南、贵州为例，2015 年两省人均国内生产总值仅略高于甘肃。造成两省贫困的主要原因也是恶劣的自然条件，贫困人口就生活在高耸的山脉和幽深的峡谷之间，很多地方几乎不可能修路。脱贫攻坚战全面打响以后，中国政府以坚定的决心、巨额的投入，硬是为两省贫困地区的人民建起了一条又一条与外界连通的路。从目前来说，全世界最高的 100 座桥，几乎都在云南和贵州！在公路逐渐成网的同时，两省还在加快推进 4G 网络建设。目前，4G 信号已覆盖贵州 100% 的村庄、云南 65% 的村庄。得益于此，两省农民很便捷地用上了廉价的不限流量的 4G 套餐，足不出户就可同外部世界实现信息和物资的互联互通。而开通网络离不开电力，两省就大力开发自己丰富的水电资源。目前全世界大型的水坝和发电厂，大多数都位于云南和贵州，它们为中国贡献了 30% 的水电，不仅满足了本省需要，还通过高压电网直接输送到广东和香港。由于水电资源丰富，贵州又成为中国最重要的数据中心基地。腾讯、苹果、阿里巴巴、华为、中国移动等 IT 企业，都已在贵州设立了数据中心。这就是脱贫攻坚战为贫困地区发展注入的强大动力，它促进了地区生产总值和人均可支配收入的持续稳定增长，激发了贫困群众提升生活品质、丰富精神文化生活的需求，拉动了庞大的农村消费，为促进国内大循环提供了支撑。

图 6-5　贵州省北盘江大桥——世界第一高桥（人民视觉）

（三）贫困群众精神面貌焕然一新

脱贫攻坚既是一场深刻的物质革命，也是一场深刻的思想革命；既取得了物质上的累累硕果，也取得了精神上的累累硕果。在脱贫攻坚中，贫困群众的精神世界得到了充实和升华，信心更加坚定、脑子更加灵活、心气更加充足，发生了从内而外的深刻改变。

一是脱贫致富的热情高涨。脱贫攻坚不仅使贫困群众拓宽了增收渠道、提高了收入水平，而且唤醒了他们对美好生活的追求，提振了他们自力更生、自强不息，勤劳致富、勤俭持家，创业干事、创优争先的精气神，增强了他们脱贫致富的信心和劲头，推动他们争先恐后地把日子往好里过。比如，位于大巴山腹地的重庆市城口县北坡村，过去由于交通不便，农产品运不出去，村民长期生活在贫困状态。2015 年脱贫攻坚战打响后，全村每个社都通了公路。交通的改变，让村民们怨气少了，干群关系和谐了。怎样加快产业发展、实现劳动致富，就成了全村上下最关心的话题。2017 年，村里试点规模化种植花菇，贫困户脱贫致富的主观能动性被激发出来了，他们不少人主动申请，积极投身到产业脱贫中来。正是靠着"精神扶贫"这条新思路，到 2019 年 9 月，城口县共有 456 户贫困户主动递交了"自愿不当贫困户申请书"，实现了从"争当贫困户"到"争做脱贫户"的转变。

二是脱贫致富的主人翁意识增强。贫困群众既是脱贫攻坚的对象，更是脱贫致富的主体。脱贫攻坚为贫困群众参与集体事务搭建了新的平台。扶贫项目实施、资金使用等村级重大事项决策，普遍实行村党支部会提议、村"两委"会商议、党员大会审议、村民代表会议或村民会议决议，做到决议公开、实施结果公开。同时，村民议事会、扶贫理事会等制度得到推广，贫困群众参与脱贫攻坚的议事管事空间不断拓展。这些都大大提高了村民参与集体事务的积极性，增强了乡村发展的凝聚力。比如，地处高寒山区的贵州省惠水县长岩村，过去由于交通条件差，无产业发展支撑，经济极其落后，村民人心涣散。在脱贫攻坚中，政府先给每家门口修通了水泥路，接着为村里引进了龙头企业，决定采取"公司＋合作社＋农户"的模式，发展茶叶种植加工产业。这就打消了村民长期以来形成的"等靠要"思想，主动申请加入合作社、进入茶园劳动，以自己的双手增收致富。

三是文明新风得到广泛弘扬。在脱贫攻坚中，贫困地区文明村镇和文明家庭、"五好"家庭创建不断深化，新时代文明实践中心建设持续推进，村规民约作用充分发挥，道德评议会、红白理事会等做法得到推广，移风易俗、弘扬好家风、"星级文明户"评选等活动普遍开展，这些都极大地激发了贫困群众奋发向上的精气神，使俭朴节约、绿色环保、讲究卫生的科学生活方式成为他们的新追求，显著地提升了贫困地区文明程度，使婚事新办、丧事简办、孝亲敬老、邻里和睦、扶危济困、扶弱助残等文明风气成为当地的新时尚。比如，湖北省十堰市张湾区把培育文明乡风作为脱贫攻坚的内涵支撑，引导各村订立村规民约，补齐"精神短板"。狮子沟村制定了共 7 章 43 条的村规民约，每季度村里都进行评比，对前十名给予奖励和表扬，对排位倒数的通报批评，对触及"红线"的拉入"黑名单"，不再享受优惠政策，直至整改到位。花园村将村规民约与爱心美德公益超市相结合，每年提取村集体收入的 20% 用于村规民约的积分制管理，对传递正能量的加分奖励，对违反村规民约的扣分惩罚。

（四）贫困地区基层治理能力显著提升

脱贫攻坚是国家治理体系和治理能力现代化在贫困治理领域的成功实践。打赢脱贫攻坚战，促进了国家贫困治理体系的完善，贫困地区基层治理体系进一步健全、治理能力显著提升。

一是农村基层党组织更加坚强。2013年以来，各级党组织坚持抓党建促脱贫攻坚、抓扶贫先强班子，累计选派25.5万个驻村工作队、300多万名第一书记和驻村干部，同近200万名乡镇干部和数百万名村干部一道奋战在扶贫第一线，把农村致富能手、退役军人、外出务工经商返乡人员、农民合作社负责人、大学生村干部等群体中的优秀党员，选配到村党组织书记岗位上，使基层党组织真正成为带领农民脱贫致富、维护农村稳定的坚强领导核心，真正发挥战斗堡垒作用。正如有的村干部所说："只要我还干得动，我就永远为村里的老百姓做事！""我是一个共产党员，我必须带领群众拔掉穷根。"铮铮誓言下，农村基层党组织得到了锻造，凝聚力、战斗力不断增强；贫困地区的广大群众也听党话、感党恩、跟党走，说"党员带头上、我们跟着干、脱贫有盼头""吃水不忘挖井人，脱贫不忘共产党"。由此，党群、干群关系更加密切，群众对党和政府的信赖、信任、信心进一步增强，党在农村的执政基础得到极大巩固和发展。

二是农村基层社会治理明显改善。在脱贫攻坚中，贫困地区的基层民主政治建设有力推进，贫困群众自我管理、自我教育、自我服务、自我监督不断加强，很多贫困村的集体经济收入从无到有、从少到多。比如，湖南省江华县一直依托村委会，把发展壮大村级集体经济作为巩固脱贫攻坚成果、落实乡村振兴战略的重要抓手。涔天河镇排楼村整合近百亩闲置山坡，建立"村级工业园"，吸引来八家小型木材加工厂落户；界牌乡木浪村流转荒山近千亩给温氏集团办种猪场，一次性收取五年租金近百万元；桥市乡南冲村与浙江的一个村联合发展白茶产业，使本村良好的土壤、气候条件与浙江先进的种植加工技术、通达的销售渠道实现了互补双赢。至2020年8月，江华县全面消除了"空壳村"现象，这就改变了很多村级组织过去没钱办事的困境，增强了自我保障和服务群众的能力，使农村社会更加和谐、稳定、有序。

三是懂农业、爱农村、爱农民的"三农"工作队伍不断壮大。脱贫攻坚是党和政府的工作，也是全民全社会共同的责任。2013年以来，投入脱贫攻坚的300多万名第一书记和驻村干部，广大基层干部和扶贫干部，大批教育、科技、医疗卫生、文化等领域的专业人才，大批企业家以及很多高校毕业生都积极响应党中央号召，满腔热情地为贫困地区办实事、解难题。他们爬过最高的山，走过最险的路，去过最偏远的村寨，住过最穷的人家，哪里有需要，就战斗在哪里，树立起了一座座脱贫攻坚战场上的精神丰碑。广西百色市委宣传部干部黄文秀，放弃大城市的工作机会，毅然回到家乡，倾情投入脱贫攻坚第一线，美好青春最终定格在了30岁，定格在了扶贫路上；贵州晴隆原县委书记姜仕坤，扎根一线访贫问计，大力发展特色产业，用46年的短暂生命兑现了"只为老百姓过上好日子"的庄严承诺；河北农业大学林学院教授李保国，35年如一日扎根太行山，用科技把荒山秃岭抛进历史、用真情把绿水青山留给未来……他们把自己对脚下土地、身边人民的热爱，对肩上责任、心中信念的执着，书写在了祖国大地，铭刻在了人民心间，激励着越来越多的有识之士热爱农村、扎根农村、建设农村，为农业发展、农村振兴、农民富裕贡献力量。

第三节　中国脱贫攻坚的方略、路径和意义

消除贫困是全球性难题。各国的国情不同、发展阶段不同，消除贫困的方式方法、路径手段也不同。中国在脱贫攻坚实践中，立足本国国情，创造性地提出并实施了精准扶贫方略，走出了一条中国特色减贫道路。中国在这条道路上取得的宝贵经验，拓展了人类反贫困思路，为人类消除贫困探索了新的路径。

一、中国脱贫攻坚的基本方略

对于贫困人口规模庞大的国家来说，找准贫困人口、实施扶真贫是一个普遍性难题。放眼中国，从雪域高原到戈壁沙漠，从悬崖绝壁到大石山区，每个贫困地区的环境和条件都不尽相同；从因病致贫到因学致贫，从因残致贫到因灾致贫，每个贫困户致贫的原因也不尽相同；从缺技术到缺劳动力，从缺资金到缺水缺电，每个人摆脱贫困的需求还不尽相同。要让脱贫攻坚的阳光照耀每一个角落，扶贫措施必然要有针对性，不能搞"大水漫灌"，也不能搞"手榴弹炸跳蚤"。2015 年 11 月召开的中央扶贫开发工作会议发出了打赢脱贫攻坚战的总攻令，创造性地提出并实施了精准扶贫方略，要求做到扶持对象、项目安排、资金使用、措施到户、因村派人、脱贫成效"六个精准"，实施发展生产、易地搬迁、生态补偿、发展教育、社会保障兜底"五个一批"，解决好扶持谁、谁来扶、怎么扶、如何退、如何稳"五个问题"，由此增强了脱贫攻坚的目标针对性，提升了脱贫攻坚的整体效能。

（一）精准识别、建档立卡，解决"扶持谁"的问题

扶贫必先识贫。中国贫困人口规模大、结构复杂，实现精准扶贫首先要精准识贫，就是要把扶贫对象搞清楚。如果连谁是贫困人口都不知道，扶贫行动从何入手？过去多年来，中国的贫困人口总数是国家统计局在抽样调查基础上推算出来的，没有具体落实到人头上。这么多贫困人口究竟是谁、具体分布在什么地方，说不大清楚。脱贫攻坚战打响以来，各地都制定了贫困识别的标准和程序，组织基层干部进村入户，摸清贫困人口分布、致贫原因、帮扶需求等情况，把不清不楚变成一清二楚。在贵州省威宁县迤那镇，社区干部在实践中总结出了"四看法"：一看房，二看粮，三看劳动力强不强，四看家中有没有读书郎。看房，就是通过看农户的居住条件和生活环境，估算其贫困程度；看粮，就是通过看农户的土地情况和生产条件，估算其农业收入和食品支出；看劳动力强不强，就是通过看农户的劳动力状况、劳动技能掌握状况和有无病残人口，估算

其务工收入和医疗支出；看家中有没有读书郎，就是通过看农户的受教育程度和家中在校生现状，估算其发展潜力和教育支出。这样就做到了精准识别，既不遗漏真正的贫困人口，也不把非贫困人口纳入扶贫对象。

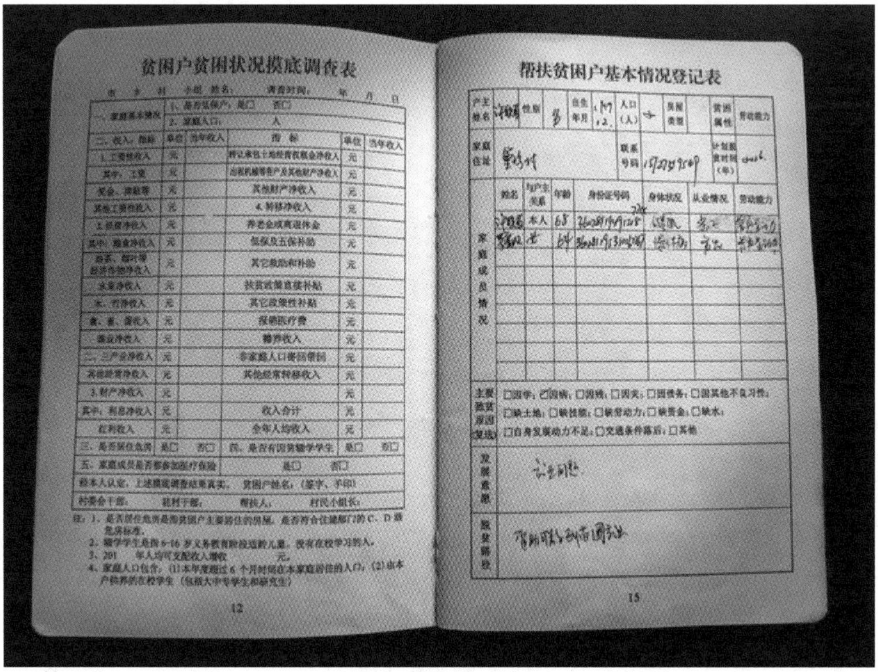

图 6-6　江西省乐平市精准脱贫帮扶干部手册中记录的帮扶对象基本信息

对于识别出来的贫困村和贫困人口，各地都按规定建档立卡，把贫困程度、致贫原因等如实记录下来，以便在后续工作中因村施策、因户施策、因人施策。比如，甘肃等地在建档立卡的基础上绘制出了贫困地图，即利用 GIS 平台的资料信息，叠加展示多种扶贫基础信息。该地图可以直观反映贫困人口的规模、分布和居住条件、就业渠道、收入来源、致贫原因等情况，做到挂图作业，按图销号，一户一本台账、一户一个脱贫计划、一户一套帮扶措施，倒排工期，不落一人。而随着脱贫攻坚的推进，各地还组织开展"回头看"，以实行动态管理，及时剔除识别不准人口、补录新识别人口。建档立卡、精确瞄准脱贫攻坚对象，这在中国扶贫史上第一次实现了贫困信息精准到村到户到人，第一次做到了逐户分析致贫原因和脱贫需求，第一次构建起国家扶贫信息平台，为实施精准扶贫、精准脱贫提供了有力的数据支撑。

（二）加强领导、建强队伍，解决"谁来扶"的问题

脱贫攻坚任务艰巨、时间紧迫、涉及面广、关注度高，需要坚强有力的组织领导和贯彻执行。中国共产党作为中国特色社会主义事业的领导核心，始终冲锋在脱贫攻坚的最前列。2012 年 11 月 15 日，习近平刚刚当选为中共中央总书记即明确表示："人民

对美好生活的向往，就是我们的奋斗目标。"同年 12 月，他第二次国内考察就选择了河北省阜平县革命老区，进村入户看真贫。八年来，从大山深处到棚户陋室，从黄土高坡到雪域高原，从革命老区到民族地区，从地震灾区到祖国边陲，从茫茫林海到草原牧区，他风尘仆仆、跋山涉水，走遍了全国 14 个集中连片特困地区，以"不获全胜决不收兵"的决心，以"不让一个少数民族、一个地区掉队"的担当，以"我将无我、不负人民"的情怀，亲自部署、亲自挂帅、亲自出征、亲自督战，团结带领全国人民向贫困发起总攻。

面对摆脱贫困这个千年梦想，从最高指挥部到基层最后一公里，党政军民学劲往一处使，东西南北中拧成一股绳。在以习近平同志为核心的党中央坚强领导下，中国共产党的政治优势、组织优势充分发挥出来。中央统筹、省负总责、市县抓落实的脱贫攻坚管理体制得以建立，省市县乡村五级书记一起抓的局面得以形成；中西部 22 个省份党政主要负责同志向中央签署了责任书、立下了军令状；贫困县党委和政府承担起脱贫攻坚的主体责任，县委书记和县长是第一责任人，在脱贫攻坚期内保持稳定；普遍建立起干部驻村帮扶工作队制度，按照因村派人、精准选派的原则，选派政治素质好、工作能力强、作风踏实的干部驻村扶贫；广大驻村干部牢记使命、不负重托，倾心倾力帮助贫困群众找出路、谋发展、早脱贫，扎扎实实把脱贫攻坚战推向前进。

"公主殿下：请饶恕臣今日又不辞而别，殿下尚在襁褓，未成满月，臣本不应早早辞别……"这是贵州省遵义市汇川区农业农村局的余永流下乡扶贫时给不到一岁的女儿写下的"请罪书"。2020 年 12 月，在脱贫攻坚即将奏响凯歌之际，余永流积劳成疾，生命永远定格在了 33 岁。争资争项 200 余万元，把自来水管网接通入户，让贫困户用上"安全水"；先后协调多个单位，投资 390 余万元，新建圩镇公共停车场、整体改造圩镇农贸市场；整合资金 230 万元，打造美丽乡村建设示范点……江西崇义县铅厂镇铅厂村驻村第一书记王忻的民情笔记上，清晰地记录着他为百姓办实事的每个细节。

在脱贫攻坚这个没有硝烟的战场上，党中央统筹谋划、强力推进，各级干部合力攻坚、尽锐出战，社会各方面齐心协力、共同参与，无数人把心血和汗水洒遍了祖国千山万水、千家万户，用实际行动展现着勇于脱贫、敢于脱贫的精气神，用点滴付出书写着脱贫攻坚的壮阔征程。

（三）区分类别、靶向施策，解决"怎么扶"的问题

开对了"药方子"，才能拔掉"穷根子"。中国贫困的类型和原因千差万别，在脱贫攻坚中，中国政府找到"病根"后对症下药、靶向治疗，因人因地施策、因贫困原因施策、因贫困类型施策，通过实施"五个一批"，实现了精准扶贫、精准脱贫。

一是发展生产脱贫一批。扶贫不是慈善救济，而是要引导和支持所有有劳动能力的人依靠自己的双手开创美好明天。在脱贫攻坚中，对有劳动能力、有耕地或其他资源但

缺资金、缺产业、缺技能的贫困人口，引导他们立足当地资源，宜农则农、宜林则林、宜牧则牧、宜商则商、宜游则游，扶持他们发展特色产业，实现就地脱贫。2013 年以来，陕西柞水的小木耳做成了大产业，云南丘北的万寿菊盛开"致富花"——全国累计建成 30 多万个各类产业基地，形成了覆盖面最广、效果最好、可持续性最强的扶贫主导产业，这不仅成为脱贫致富最直接、最有效的办法，也成为增强贫困地区造血功能、帮助贫困群众就地就业的长远之计。

二是易地搬迁脱贫一批。有些贫困人口生活在自然环境恶劣、生存条件极差、自然灾害频发的地区，通水、通路、通电的成本都很高，很难实现就地脱贫，这就需要实施易地搬迁了。2013 年以来，通过全面摸排搬迁对象、精心制订搬迁规划、合理确定搬迁规模、有计划有步骤组织实施，960 多万生活在"一方水土养不好一方人"地区的贫困人口通过易地搬迁实现了脱贫。在四川大凉山，在悬崖绝壁上生活了数百年的"悬崖村"阿土列尔村人，如今陆续搬迁到昭觉县城集中安置点的新家，几千年来压在村民头上的"贫困大山"成为历史。

三是生态补偿脱贫一批。"绿水青山就是金山银山"，脱贫攻坚战打响以来，一些生存条件差但生态系统重要、需要保护修复的地区，结合生态环境保护和治理，探索出了一条生态脱贫的新路。在加大贫困地区生态保护修复力度的同时，增加重点生态功能区的转移支付，让有劳动能力的贫困群众就地转身为生态保护人员，这不仅拓宽了他们的增收渠道，也明显改善了贫困地区的生态环境。在"有水赛江南，无水泪亦干"的宁夏西海固，盲目开垦—生态破坏—干旱少雨—贫困落后的恶性循环曾让这里一度"不适宜人类生存"，但实施生态脱贫以来，山绿了、水清了、天蓝了，特色产业也发展起来了。

四是发展教育脱贫一批。治贫先治愚，扶贫先扶智。在一些贫困地区，教育发展严重滞后，特别是贫困家庭儿童辍学失学的比例还比较高，"读书无用论"还有一定市场，这样教育扶贫就成为阻断贫困代际传递的治本之策。2013 年以来，国家持续提升贫困地区学校、学位、师资、资助等保障能力，20 多万名义务教育阶段的贫困家庭辍学学生全部返校就读，同时实施职教脱贫、定向招生等倾斜政策，帮助 800 多万名贫困家庭初高中毕业生接受职业教育培训、514 万名贫困家庭学生接受高等教育。这些都让贫困家庭的孩子感受到了党和政府的温暖，看到了自己和家乡未来发展的希望。

五是社会保障兜底一批。贫困人口中有一些是完全或部分丧失了劳动能力的人，这个特殊贫困群体就需要由社会保障兜底了。在脱贫攻坚中，国家统筹协调农村扶贫标准和农村低保标准，把农村低保标准从 2012 年每人每年 2 068 元提高到 2020 年的 5 962 元，统筹衔接农村最低生活保障和城乡居民养老保险、五保供养等社会救助制度，实现了贫困人口的"应保尽保"。此外，国家还对因灾造成的临时困难群众及时给予救助，

图6-7 扶贫先扶智（人民视觉）

2020年新冠肺炎疫情发生后又制定了就业稳岗、消费扶贫等一系列帮扶举措，有效缓解了疫情对特殊贫困群体的影响。

（四）严格标准、有序退出，解决"如何退"的问题

精准扶贫是为了精准脱贫。建立贫困退出机制，明确贫困县、贫困村、贫困人口退出的标准和程序，既是为了防止数字脱贫、虚假脱贫等"被脱贫"问题，也是为了解决已达到标准但不愿退出等"该退不退"问题。

为此，一是设定了时间表，实现有序退出，即制订脱贫摘帽规划和年度减贫计划，对每年退出多少心中有数，既要防止拖延病，又要防止急躁症。二是留出了缓冲期，在一定时间内实行摘帽不摘政策，目的是对贫困县扶上马、送一程，培育和巩固其摘帽后的自我发展能力。三是实行严格评估，按照摘帽标准验收，通过民主评议决定贫困人口退出，通过审核审查决定贫困村、贫困县退出，退出结果都要公示公告，让当地群众自己评价或请第三方评估。四是实行动态管理，脱贫了逐户销号，返贫了重新录入，做到政策到户、脱贫到人、有进有出，保证各级减贫任务和建档立卡数据对得上、扶贫政策及时调整、扶贫力量进一步聚焦。

（五）跟踪监测、防止返贫，解决"如何稳"的问题

稳定脱贫不返贫，是贫困人口脱贫后一些干部群众新的隐忧。为了消解这个隐忧，中国政府对贫困县自脱贫之日起设立五年的过渡期，在过渡期内主要帮扶政策保持总体稳定，并通过优化调整，逐步由集中资源支持脱贫攻坚向全面推进乡村振兴平稳过渡。在这个过程中，坚持和完善驻村第一书记与工作队、东西部协作、对口支援、社会帮扶等制度，继续支持脱贫地区乡村特色产业发展壮大，进一步做好易地搬迁的后续扶持。比如，安徽省金寨县在靠着茶叶种植实现脱贫之后，又开发出生态茶园两万多亩，使得茶叶品质大大提升。随着产品进入欧盟市场，群众稳定脱贫就更有底气了。贵州省望谟县在五万多贫困人口搬出大山、走进城市、成为"新市民"之后，探索实施"新市民计划"，从产业、教育、卫生等多方面支持他们搬得出、稳得住、快融入、能发展，以全面达到稳定脱贫、持续增收的目标。

同时，中国政府还建立健全了防止返贫动态监测和帮扶机制，对脱贫不稳定户、边缘易致贫户，以及因病因灾因意外事故等导致基本生活出现严重困难户，开展定期检查、动态管理，做到早发现、早干预、早帮扶，防止返贫和产生新的贫困。

二、中国为人类减贫探索的新路径

中国共产党创造性地提出并实施的精准扶贫方略，不仅使中国的脱贫攻坚战取得了全面胜利，而且为人类减贫事业作出了重大贡献。中国在减贫实践中走出的中国特色减贫道路、形成的中国特色反贫困理论，既属于中国也属于世界，它拓展了人类反贫困思路，为全球减贫事业探索了新的路径。

（一）坚持以人民为中心

世界上没有哪个政党比从救亡图存的纷飞战火中一路走来的中国共产党更明白，人民才是历史的创造者，人民才是一切发展的不竭动力。100 年来，中国共产党始终秉持以人民为中心的价值理念，以坚定不移的信念和意志，团结带领人民与贫困进行不懈斗争。进入新时代，中国共产党更加突出地强调，发展为了人民、发展依靠人民、发展成果由人民共享，使全体人民朝着共同富裕方向稳步前进，绝不能出现"富者累巨万，贫者食糟糠"的现象。为此，党和政府采取了一系列超常规举措推进脱贫攻坚，努力让贫困群众有更好的收入、更好的教育、更好的医疗卫生服务、更好的居住条件，彻底消灭在中国存在了几千年的绝对贫困现象。

在 2015 减贫与发展高层论坛上，习近平深情指出，40 多年来，他最关注的是脱贫攻坚，最牵挂的是困难群众，"他们的生活存在困难，我感到揪心。他们生活每好一点，我都感到高兴"[1]。在脱贫攻坚主战场上，广大党员、干部以热血赴使命、以行动践诺

---

[1] 中共中央党史和文献研究院编：《习近平扶贫论述摘编》，北京：中央文献出版社 2018 年版，第 8 页。

言。他们有的长期奋战在扶贫一线，舍小家为大家；有的为群众脱贫四处奔波，爬山涉险，不辞劳苦；有的常年加班加点，积劳成疾。正如墨西哥工业发展与经济增长研究院院长何塞·德拉克鲁兹所感叹，"中国的成就表明，始终把人民利益放在第一位，就能让减贫事业有源源不断的动力"。

（二）把减贫摆在治国理政突出位置

古今中外，凡追求善治者，大都致力于解决贫困问题，但真正能解决好贫困问题的却少之又少。中华人民共和国成立后，中国共产党把消除贫困作为定国安邦的重要任务，从国家层面部署、用国家力量推进。进入新时代，中国共产党更是把脱贫攻坚摆在治国理政的突出位置、作为全面建成小康社会的底线任务，采取了许多具有原创性、独特性的重大举措。中央印发《关于打赢脱贫攻坚战的决定》，相关部门出台配套文件和实施方案，各地制定和完善"1+N"的系列配套措施，由此形成了上下联动、统一协调的政策体系，为脱贫攻坚的顺利推进提供了有力支撑。

在中央扶贫开发工作会议上，习近平指出："新中国成立前，我们党领导广大农民'打土豪、分田地'，就是要让广大农民翻身得解放。现在，我们党领导广大农民'脱贫困、奔小康'，就是要让广大农民过上好日子。"[1] 把"脱贫困、奔小康"与"打土豪、分田地"并提，深刻凸显了脱贫攻坚在中国共产党奋斗坐标中的历史地位。正如美国库恩基金会主席罗伯特·劳伦斯·库恩所说，中国"为世界各国做好减贫工作提供了一条关键经验：只有真正把脱贫攻坚摆在治国理政的突出位置，沉下心来、真干实干，才能获得人民信任，汇聚更强大的力量推进乡村振兴"。

（三）用发展的办法消除贫困

贫困问题说到底是发展问题，发展是解决包括贫困问题在内的中国所有问题的关键。新中国成立之初，时任美国国务卿艾奇逊就断言："中国历朝历代都没有解决老百姓的吃饭问题，中国共产党也解决不了。"然而，执政后的中国共产党牢牢把握发展这一执政兴国的第一要务，带领人民不懈探索适合中国国情的社会主义建设和发展道路，不仅成功解决了 14 亿人的温饱问题，使中国甩掉了积贫积弱的"穷帽子"，而且创造了世所罕见的经济快速发展奇迹和社会长期稳定奇迹，使中国全面建成了小康社会。发展中取得的这些成就，既对减贫形成了强大的带动效应，也为大规模扶贫开发奠定了坚实基础、提供了有力保障。2013 年以来，中央、省、市县财政专项扶贫资金累计投入达 1.6 万亿元。

中国减贫实践表明，发展是消除贫困最有效的办法。唯有发展，才能为改善民生提

---

[1] 中共中央党史和文献研究院编：《习近平扶贫论述摘编》，北京：中央文献出版社 2018 年版，第 13 页。

供持久动力；唯有发展，才能不断满足人民对美好生活的热切向往。正如波兰民主左翼联盟党副主席安杰依·舍依娜认为，中国在推进脱贫攻坚过程中最值得借鉴的是科学合理的规划以及大力推进基础设施建设，各个国家、各个政党都应该认真研究中国的发展经验，并科学地利用这些经验。

（四）立足实际推进减贫进程

贫困问题具有多样性和复杂性，致贫原因也呈现差异性和多元性。中国立足本国国情，根据不同发展阶段和经济社会发展水平，根据贫困人口规模、分布、结构等的变化，科学制定减贫标准、目标、方略，不断创新减贫理念、方法、手段，循序渐进、持续用力、滴水穿石。中华人民共和国成立后，中国主要是通过社会制度变革和大规模社会主义建设减缓贫困。改革开放后，主要是通过农村经济体制改革和经济增长带动减贫，同时启动区域开发式扶贫。进入新时代，在已有开发式扶贫的基础上，实施精准扶贫方略，使扶贫路径由"大水漫灌"转为"精准滴灌"，扶贫模式由偏重"输血"转为注重"造血"。经过八年的不懈努力，脱贫攻坚战取得全面胜利。

环视世界，各国的贫困问题复杂多样，但都是地理、经济、政治、历史等诸多因素综合影响的结果。中国在脱贫攻坚中形成的行之有效的好做法、好经验，为世界提供了一种可资借鉴的中国方案。2018年，"精准扶贫"等理念被写入第73届联合国大会通过的关于消除农村贫困问题的决议。正如联合国秘书长古特雷斯表示，精准扶贫方略是帮助贫困人口、实现2030年可持续发展议程设定的宏伟目标的唯一途径，中国的经验可以为其他发展中国家提供有益借鉴。

（五）发挥贫困群众主体作用

国际减贫界长期将贫困个体看作受困于社会结构的被动受害者，认为经济发展的"滴漏效应"能自然而然地解决贫困问题。中国特色反贫困理论认为，贫困群众是脱贫致富的主体，"摆脱贫困首要并不是摆脱物质的贫困，而是摆脱意识和思路的贫困"[①]。据此，中国脱贫攻坚的一个重要特点就是把扶贫与扶志扶智结合起来，既富口袋，更富脑袋，高度重视精神脱贫、教育脱贫的作用，增强贫困群众自我"造血"的信心与能力，让他们既有脱贫致富的想法，又有脱贫致富的办法。这样，贫困群众的内生动力被激发出来了，他们依靠自己的勤劳双手和坚强意志，不仅成了减贫的受益者，也成了发展的贡献者。

中国的减贫奇迹，实际上验证了诺贝尔经济学奖获得者阿马蒂亚·森的经典判断：贫困不单是一种供给不足，更多是一种权利不足。从产业扶贫、电商扶贫、生态扶贫，

---

① 中共中央党史和文献研究院编：《习近平扶贫论述摘编》，北京：中央文献出版社2018年版，第137页。

到完善农村公共设施、改善乡村人居环境，中国减贫实现了困难群众生存权与发展权的双重保障、生活方式与生产方式的双重变革、物质生活与精神文明的双重提升，堪称全世界最大的人权工程、最好的人权实践，对各国减贫都有启示价值。

（六）汇聚各方力量形成强大合力

多元主体共同参与是国家治理现代化的重要特征。扶贫减贫是一项艰巨复杂的系统工程，需要调动各方共同参与。在这场前所未有的脱贫攻坚战中，中国各地区各部门、各个行业、各条战线全面出击、合力攻坚，大家心往一处想、劲往一处使，彰显出万众一心、同甘共苦的团结伟力，构建起政府、社会、市场协同推进，专项扶贫、行业扶贫、社会扶贫互为补充的大扶贫格局，创造了一项项让世界惊叹的壮举。在东西部扶贫协作中，东部9个省14个市结对帮扶中西部14个省区市，全国支援西藏和新疆，东部343个经济较发达县市区与中西部573个贫困县携手奔小康；在定点扶贫中，307家中央单位定点帮扶592个贫困县，军队定点帮扶4 100个贫困村；在"万企帮万村"行动中，12.7万家民营企业精准帮扶13.91万个村，带动和惠及1 803.85万贫困人口。

图 6-8　江苏省连云港市的乡村扶贫工厂生产线（王春／视觉中国）

正是中国共产党的领导和中国特色社会主义制度的显著优势，才汇聚起各方力量，形成了强大合力，推动各种资源和要素在960多万平方公里的土地上重新配置、集中流向贫困地区。中国减贫实践表明，只有动员和凝聚各方力量，引导全社会关心减贫事业、投身脱贫行动，形成共同意志，采取共同行动，才能最终战胜贫困顽疾。

三、中国减贫和发展的世界意义

世界好，中国才能好；中国好，世界才更好。中国始终把自身命运与世界各国人民命运紧密相连，在致力于消除自身贫困的同时，积极参与国际减贫合作，做国际减贫事业的积极倡导者、大力推动者和卓越贡献者，与各国携手共建没有贫困、共同发展的人类命运共同体。

（一）中国的减贫和发展加快全球减贫进程

纵观历史，贫困是人类社会的顽疾，反贫困始终是古今中外治国安邦的一件大事。在原始时代，贫困产生的原因主要是生产力水平低下，人类从自然界获得的物质生活资料不足以维持人类生命的生产和再生产。进入文明时代后，人类的生产力水平有了很大提高，但贫困问题依然存在。近代工业革命以来，欧美国家率先实现工业化、现代化，但贫困问题并未随着物质财富的急剧增长而得到解决，相反贫富分化、发展鸿沟等更加突出，至今贫困仍然是一个全球性的重大问题。根据世界银行主编的《2000/2001年世界发展报告·与贫困作斗争》，21世纪初，全世界60亿人口中有28亿人每天仅靠不足2美元维持生计，其中12亿人每天的生活消费不超过1美元。根据联合国人居署《2016年世界城市状况报告》，发展中国家贫民窟居民数量一直在上升，1990年约为6.9亿，2000年约为7.9亿，2014年达到8.8亿。同时，发达国家的贫富差距也呈扩大趋势。2018年，联合国极端贫困与人权问题特别报告员菲利普·奥尔斯顿发表的访美报告显示，美国约有4 000万人生活在贫困中，1 850万人生活在极端贫困中。2020年，世界银行行长马尔帕斯警告，新冠肺炎疫情的发生可能导致1亿人重新陷入极端贫困，如果疫情持续恶化下去，这个数字还会更高。

中国是世界上人口最多的国家，极端贫困人口一度占到世界极端贫困人口的40%以上。中国共产党成立100年来，领导中国人民从翻身解放到解决温饱、从基本小康到全面小康，中国以自己的发展为人类减贫事业作出了重大贡献。据世界银行测算，按照人均每天支出1.9美元的国际贫困标准，改革开放以来中国累计减少贫困人口8.5亿多，对全球减贫贡献率超过70%。也就是说，全球范围内每100人脱贫，就有70多人来自中国。按照中国现行贫困标准，从2012年到2019年，中国每年有1 000多万人稳定脱贫，相当于一个中等国家的人口脱贫，其总量比英国或法国的总人口还要多出三分之一。如此巨大的脱贫规模，不仅在中国历史上前所未有，在世界历史上也从未出现过，中国创造了迄今为止人类最成功的减贫奇迹。

在近年来世界减贫事业遭遇瓶颈、全球贫困人口不降反增、一些国家贫富分化进一步加剧的情况下，中国实现了经济快速发展与大规模减贫同步、建成全面小康社会与消除绝对贫困现象同步，如期完成了新时代脱贫攻坚的目标任务。这一历史性成就的取得，大大加快了全球减贫事业的发展进程，显著缩小了世界贫困人口的总体规模，促进了人类福祉的整体性提升，谱写了人类反贫困历史的新篇章。正如 2021 年 3 月联合国秘书长古特雷斯在致习近平的信函中表示，中国成功消除绝对贫困"为实现 2030 年可持续发展议程所描绘的更加美好和繁荣的世界作出了重要贡献"，"中国取得的非凡成就为整个国际社会带来了希望，提供了激励"。可以说，中国的减贫和发展为国际减贫事业提供了生动鲜活的中国范例和中国注解。

（二）国际社会对中国减贫提供支持和援助

中国是国际社会的一员，中国的发展离不开世界。早在新民主主义革命时期，毛泽东就多次强调要在自力更生的基础上努力争取外援。中华人民共和国成立后，中国最初曾从苏联争取到大笔援助，后来又努力打破西方国家的封锁，积极开展对外交流与合作，通过全面建设社会主义，为缓解农村普遍存在的绝对贫困问题创造了基础条件。

改革开放后，尽管中国的扶贫开发主要依靠自己的力量，但中国政府也非常重视在扶贫开发领域开展国际交流与合作。1981 年，联合国所属国际农业发展基金会与中国农业部合作，在黑龙江、河北和内蒙古等地启动实施了"中国北方草原与畜牧发展项目"，这是改革开放后中国利用国际多边贷款的第一个减贫援助项目。随后，联合国开发计划署、联合国儿童基金会、世界粮食计划署等国际机构和一些双边发展援助机构相继参加到中国的扶贫开发中。这些机构在华开展的减贫项目涉及产业、生态保护、教育、医疗卫生、科技、金融、就业、文化、政策制定和能力建设等众多领域，其中占比最高的是产业扶贫项目。比如，联合国开发计划署 1979 年至 2019 年在中国共开展 198 个减贫项目，其中产业项目 123 个，总金额 1.75 亿美元，分别占 62.12% 和 34.02%；澳大利亚国际发展署从 1987 年起支持中国贫困地区农业和畜牧业项目开发；德国技术合作公司于 1988 年在山东省沂蒙山区实施大规模粮食援助项目，内容包括人畜饮水、节水灌溉、水土保持及修路、架电等基础设施建设；世界银行从 1995 年起在华连续实施多个重大减贫项目，以至于成为与中国政府合作项目最多、合作资金规模最大的国际组织。这些项目的实施，有效缓解了项目区贫困人口的贫困程度，推动了中国减贫的制度创新和管理水平提升。对于国际社会给予中国的宝贵支持和帮助，中国人民永远铭记在心。

（三）中国积极开展国际减贫交流合作

中华民族是懂得感恩、投桃报李的民族，在接受国际社会对中国支持和援助的同时，也始终在力所能及的范围内为其他国家的减贫发展提供支持。中华人民共和国成立伊始，在国家百废待兴、财力紧张的情况下，即向有关国家提供援助，为发展中国家争取民族独立、促进经济社会发展提供支持。改革开放后，中国对外援助的内容更加丰富、形式更加多样，促进了与其他发展中国家的共同发展。进入新时代，中国担负起大国责任，积极参与全球贫困治理，不断深化同联合国、世界银行以及广大发展中国家在减贫领域的交流合作，推动建立相互尊重、合作共赢的新型国际减贫交流合作关系，携手增进各国人民福祉。

2013 年以来，中国发起共建"一带一路"倡议，推动更大范围、更高水平、更深层次的区域经济社会发展合作，支持相关国家开展基础设施互联互通建设，帮助它们增强内生发展动力，更好实现减贫发展。在亚洲，中国与东盟国家共同开展乡村减贫推进计划，在老挝、柬埔寨、缅甸三国乡村基层社区实施"东亚减贫示范合作技术援助项目"。在非洲，中国为非洲国家援建水利基础设施、职业技术学校、社会保障住房等设施，打造农业合作示范区，推进实施中非菌草技术合作、中非友好医院建设、非洲疾控中心总部建设等项目。在南太平洋地区，中国推动落实对太平洋岛国无偿援助、优惠贷款等举措，开展基础设施建设和农业、医疗等技术合作援助项目。在拉丁美洲，中国援建农业技术示范中心，帮助受援国当地民众摆脱贫困。目前，中国已经为 120 多个发展中国家实施联合国千年发展目标提供了帮助。根据世界银行研究报告，共建"一带一路"将使相关国家 760 万人摆脱极端贫困、3 200 万人摆脱中度贫困。

图 6-9　博鳌亚洲论坛 2021 年年会举办"面向 2030 年的减贫与乡村可持续发展"分论坛
（人民视觉）

在实施民生项目、支持相关国家减贫发展的同时，中国还通过搭建平台、组织培训、智库交流等多种形式，开展国际减贫交流，分享中国减贫经验。比如，发起中国—东盟社会发展与减贫论坛、人类减贫经验国际论坛，举办中非减贫与发展会议、"摆脱贫困与政党责任"国际理论研讨会、改革开放与中国扶贫国际论坛；与联合国驻华机构合作，在国际消除贫困日举办减贫与发展高层论坛；与东盟秘书处和有关国家合作，面向东盟基层村官（社区官员）实施"东盟 + 中日韩村官交流项目"；与有关国家和地区组织合作，开展国际减贫培训，2012 年以来共举办 130 多期，116 个国家（组织）的官员参加。这一系列研讨交流活动，推动中国的对外援助向国际发展合作转型升级，为破解全球发展难题、落实联合国 2030 年可持续发展议程提供了中国方案、贡献了中国智慧、注入了中国力量。

当前，世界正处于百年未有之大变局，新冠肺炎疫情仍在全球蔓延，国家间的"信任赤字"不断扩大，西方国家为了维护自身霸权而不择手段地打压和遏制他国，部分发展中国家因担心"被抛弃"而对未来发展疑虑重重，中国依靠自身发展解决了绝对贫困问题，使广大发展中国家看到了脱贫减贫的曙光。展望未来，在全面建设社会主义现代化国家新征程上，中国将一如既往地加强同各国在减贫发展上的交流合作，携手推进国际减贫进程，为构建没有贫困、共同发展的人类命运共同体作出新的更大贡献，让公平正义的阳光冲破贫困落后的阴霾，照亮全人类幸福美好的光明未来！

小 结

"大同"和"小康"是中国人民关于幸福生活的古老梦想，被中国共产党人赋予全新的时代内涵。让贫困人口和贫困地区同全国一道进入全面小康社会，是中国共产党的庄严承诺。为兑现这一承诺而打赢的脱贫攻坚战，生动体现了中国共产党领导的政治优势和中国特色社会主义的制度优势。在向着第二个百年奋斗目标进军的新征程上，中国共产党一如既往地坚持为人民谋幸福、为民族谋复兴、为世界谋大同的初心使命，把全面实施乡村振兴战略作为现代化建设的一项重大任务，把包括亿万农民在内的全体人民共同富裕作为现代化强国建成的一项重要指标，这既是在为中华民族伟大复兴书写农业农村农民的新篇章，也是在为全球解决贫困问题贡献中国智慧和中国方案。

讨论题

1. 为什么中国能够取得脱贫攻坚的重大历史性成就？

2. 中国在推动全球减贫事业发展中作出了哪些重大贡献？

3. 在全面建设社会主义现代化新征程上，海外华侨华人如何继续发挥积极作用？

推荐阅读

1. 中共中央党史和文献研究院编：《习近平扶贫论述摘编》，北京：中央文献出版社 2018 年版。

2. 中华人民共和国国务院新闻办公室编：《人类减贫的中国实践》，北京：人民出版社 2021 年版。

3. 国务院扶贫办政策法规司、国务院扶贫办全国扶贫宣传教育中心编写：《脱贫攻坚前沿问题研究》，北京：研究出版社 2019 年版。

4. ［美］罗伯特·劳伦斯·库恩、汪三贵著：《脱贫之道：中国共产党的治理密码》，重庆：重庆出版社 2020 年版。

第七章
中外民族政策比较与中华民族共同体意识

中华民族包括全体海内外同胞，既是政治共同体，也是文化共同体，在内部结构上有 56 个族群①，具有"多元一体"属性。中华传统文化的"大一统""和而不同"价值观引领古代中华大地上各民族交往交流交融，形成中华民族共同体，这些历史传统，在今天升华成各族同胞团结统一的中华民族精神。

当代中西方的少数民族权利保护各有特色，中国主要通过确认全体公民 56 个民族成分，承认少数民族政治文化权利，在此基础上通过民族区域自治和保护传承少数民族语言文化政策，保障少数民族政治文化权利。中国民族事务治理的突出特色是在国家统一的前提下，保障每个公民族群的政治权利和文化权利，这种"统"与"分"的辩证统一，有效地避免了中国出现苏联因过分强调"民族加盟共和国"的"分治"导致的国家解体，也避免了西方国家放任文化多元发展可能给社会分裂带来的隐患。当今世界正处于百年未有之大变局，全体海内外中华儿女共同承担维护国家核心利益的责任，共同致力于中华民族伟大复兴和构建人类命运共同体的伟业。

---

① 中国学界关于民族和族群的定义有争论，大多数学者认为族群主要指文化共同体，民族兼有文化和政治共同体两层含义，笔者认同这一观点。本书对两个概念的使用是：在阐述民俗文化共同体时候使用"族群"，在国家政治文化共同体层面使用"民族"；引文时尊重学者的表述。

第一节　中华民族共同体的内涵

"民族"这个概念具有政治和文化两重属性。西方国家一般将语言文化共同体称作"ethnic group"，中文译作"族群"，比如"犹太族群"；将公民共同体称作"nation"，中国称为"民族"，比如"中华民族""法兰西民族""美利坚民族"。

一、中华民族在结构上是"多元一体"的

> 中文语境中的"民族"，主要指的是英文语境中的文化共同体，也就是"ethnic group"（族群），不具有"nation"（国家）的含义。

在 2005 年召开的中央民族工作会议上，中国政府对"民族"概念作出如下阐释：一般说来，民族在历史渊源、传统生产方式、语言、文化、风俗习惯以及心理认同等方面具有共同的特征。

中华民族指的是古往今来生活在中华大地上的各民族及其先民，以各民族共同缔造统一多民族国家的历史为基础，以中华文化为纽带，以中华各民族心理认同为基础形成的、具有国家形态的"民族共同体"，也就是英文语境中的"nation"。换句话说，中华民族是以历史文化共同体为基础形成的"政治文化共同体"。自从 1988 年费孝通先生在香港中文大学发表了"中华民族多元一体格局"理论的演讲以来，中国学术界对中华民族"多元一体"的认识已经形成共识。在 2014 年召开的中央民族工作会议上，习近平总书记系统阐述了国家战略中的"中华民族'多元一体'"论。把握好中华民族在结构上"多元一体"的属性，需要我们从以下三个方面进行理解：

（一）中华民族是多民族组成的大家庭

中华民族是一个大家庭，有 56 个民族成分。中华民族的"多元"既指中华民族的起源具有多元性，也指今天中华民族包括大陆各民族同胞、香港同胞、澳门同胞、台湾同胞和海外侨胞，不同民族在语言文字、风俗习惯和宗教信仰等方面具有差异性，显示出文化的多样性。中华民族与各民族的关系，形象地说，就是一个大家庭与家庭成员的关系，各民族是构成中华民族的成分和要素，是推动中华民族繁荣发展的动力，中华民族一体性是主线，也是发展方向。这里可以看出，中华民族大家庭中的 56 个民族是文化共同体，也就是英文中的"ethnic group"，不具有国家民族"nation"的政治属性。

与此同时，中华民族的各部分及其先民在长期的历史发展过程中，共同开拓了中华民族的生存空间，共同缔造了统一的多民族国家，共同书写了悠久的中国历史，共同创

造了灿烂的中华文化，共同培育了团结统一的中华民族精神。在这一过程中，各民族之间相互依存、荣辱与共、命运相连，结成统一而不可分割的命运共同体。这种不可分割性在当代具体表现为各民族在分布上的交错杂居、文化上的兼收并蓄、经济上的相互依存、情感上的相互亲近，56 个民族"你中有我，我中有你，谁也离不开谁"。换句话说，56 个民族之间在血脉上是骨肉兄弟、同胞手足的关系，在文化上是"交融互鉴"的关系，在政治社会交往上是平等团结互助和谐的关系。

图 7-1　中华民族大家庭（人民视觉）

（二）历史上各民族交往交流交融形成中华民族共同体

中华民族辽阔的疆域是各民族共同开拓的，中华民族悠久的历史是各民族共同书写的，中华民族灿烂的文化是各民族共同创造的，中华民族伟大的精神是各民族共同培育的。中华民族拥有两个重要文化遗产，一是悠久的历史，历经 5 000 年而不中断；二是"团结统一"的大一统的价值观内化为中华各族儿女的心理共识。这种民族文化特点与特殊的地理环境、大一统的政治治理模式、内部成员共生互补的经济关系等密切相关。

一部中国史，就是一部各民族交融汇聚成多元一体中华民族的历史，就是各民族共同缔造、发展、巩固统一伟大祖国的历史。

地理因素。中国位于亚洲东部、太平洋西岸，陆地面积约为 960 万平方千米。这片辽阔的疆域，北部地势平坦开阔但气候严寒，西北、西南边疆高山湖泊形成自然屏障，东部面朝大海，地势西高东低。其中，黄河流域、长江流域气候温和、土壤肥沃、资源丰富。这就决定了在这个地理范围活动的诸多古代文明集团，以黄河中下游为中心进行交往交流交融，最终汇聚成中华民族。

政治因素。秦始皇统一六国后，将疆域内各民族置于一个国家的统一管理之中，正式形成了中央集权制度，奠定了大一统的国家治理基础。此后，从汉、唐到元、明、清，历代中央王朝在加强中央集权的同时，加强了对边疆和少数民族地区的管辖，逐步深化了对边疆和少数民族地区政治一体化治理，推动我国统一多民族国家不断巩固和发展。纵观中国数千年历史，统一始终是中国历史发展的主流，历史上无论哪个民族问鼎称尊，都以中华正统自居；历史上边疆民族在边疆地区建立的政权，都不自外于中国。清代最终实现了全国空前的大统一，完成了各个民族共同融合成为中华民族的历史过程。中国的历史是中国境内各民族书写缔造的，中国的版图也是中原与边疆共同组成的，统一的中央政权的长期存在和发展，为形成中华民族奠定了政治基础。

经济因素。由于生产和生活的需要，古代中国各地区各民族之间物质上互通有无成为经济生活中的重要内容。通过"茶马互市"，边疆地区名目繁多的畜牧产品进入中原，满足了中原农业、交通和军事对马匹等的需求；中原地区诸如造纸、酿酒、制陶、纺织等生产技术和农产品传入边疆地区，深化了边疆与内地的经济联系，促进了各地区共同发展。历史上各民族之间的经济互补关系，为中华民族的形成奠定了经济基础。

社会因素。由于战争、屯垦、商贸、婚嫁等多种原因，中国历史上曾经发生四次较大规模的民族交融。第一次是春秋战国时期，中原大地各民族交往交流交融，形成中华民族的主体——华夏，汉族的前身。第二次是魏晋南北朝时期，长城以外的大量少数民族迁徙中原，中原汉族除了被迫大量南迁，也向周边少数民族地区迁徙。第三次是宋辽金元时期，主要在边疆地区进行，不仅大量少数民族融入汉族，而且大量汉族融入少数民族。第四次是在清代时期，各民族交往范围不断扩大，融合程度不断加深，逐步形成今天 56 个民族"大散居、小聚居、交错杂居"的分布格局。

> 各民族"休戚与共、荣辱与共、生死与共、命运与共"的共同体意识日益成熟，中华民族从自在的民族共同体，开始走向自觉的民族实体。

心理因素。历史上各民族之间在政治、经济、社会、文化等方面的交往交流交融过程，也是各民族对中央政权的向心力不断增强、对中华民族的认同感日益深化的过程。在近代反侵略、反分裂的斗争中，各族人民对中华民族独立和发展进步的责任感被激发出来。各民族"休戚与共、荣辱与共、生死与共、命运与共"的共同体意识日益成熟，中华民族从自在的民族共同体，开始走向自觉的民族实体。

（三）边疆各民族史是中华民族发展史的缩影

在中央王朝治理边疆的大历史格局中，边疆古代民族与中原各民族交往交流交融，形成了今天多民族共居的格局，边疆各民族发展演变史是中华民族大家庭发展历程的局部表现。

以新疆为例，新疆自古是多民族地方。据文献记载，汉代新疆主要有塞、月氏、乌孙、羌、匈奴和汉人。魏晋南北朝时期，各民族迁徙往来频繁，又有许多古代民族进入新疆，如鲜卑、柔然、高车、嚈哒、吐谷浑等。隋唐时期，突厥、吐蕃、回纥等古代民族对新疆历史进程产生了重要影响。宋辽金元为新疆各民族进一步发展时期，1124 年，辽朝皇族耶律大石率众西迁，建立西辽政权，一批契丹人由此进入新疆。十三世纪初，成吉思汗率军进入新疆后，把他征服的地方分封给其子孙。明清时期，新疆多民族共居格局基本形成。维吾尔族主要是由原蒙古草原上游牧的维吾尔（古称"回纥"）部落于公元 840 年西迁以后，与今新疆塔里木盆地各绿洲上的原土著居民会合以后逐渐融合而成的。清朝初期，维吾尔族主要聚居在南疆及吐鲁番、哈密等地区，后由于清政府招募维吾尔人赴伊犁地区屯田，逐渐分布于南北疆各地。在长期的交往交流交融中，新疆各民族文化扎根于中华文明沃土，既推动了各民族文化发展，也丰富了中华文化内涵。

总之，千百年来，边疆各族先民在中华大地上，与其他兄弟民族及其先民一起，共同开发了祖国辽阔的疆域，共同创造了祖国悠久的历史和灿烂的中华文化。在这个历程中，中华各族儿女频繁接触、密切往来、彼此渗透、交往交流交融，形成了"你中有我，我中有你，血脉相连，不可分割"的有机整体，共同缔造了伟大的中华民族。

二、中华民族具有全民一体的"命运共同体"属性

（一）近现代以来的中华民族自觉

从政治学的视角考察，当今世界一切具有独立主权的国家都是"民族国家"（nation-state），民族国家是针对王朝国家而言的，以主权在民为主要特征。国家对全体国民进行语言文字、思想文化、法律制度等方面的制度文化整合，比如法国建设的法兰西民族，美国建设的美利坚民族。法兰西民族、美利坚民族是国家的民族身份，也被称为国族[①]。

现代主权国家形态，首先出现于欧洲，特别是 1648 年的《威斯特伐利亚和约》，结束了 1618—1648 年在欧洲发生的 30 年战争，确定了同一文化共同体的民族国家作为现代主权国家的合法性。随后这种主权国家形态逐步向全球扩张，成为当今世界国家的基本形态。以欧美为代表的主权国家建设的历史路径是，国族建构与公民建构同步进

---

① 参见周平：《中国何以须要一个国族？》，《思想战线》2020 年第 1 期。

行。亚、非和东欧地区多族群、多宗教、多语言的传统国家，大体经历了从"族群国家"建构到"民族国家"建构的过程。

当近代中国遭遇西方资本主义列强入侵，被迫打开国门的时候，西方"民族国家"和"国族"概念也随之进入国人的视野。各民族（族群）共同的历史命运催生了"中华民族"意识。1902 年在大清王朝土崩瓦解之际，梁启超率先提出了"中华民族"概念，主张以"中华民族"统领汉满蒙回藏等各族群，将王朝中国转型为现代国际法视野下的民族国家。以孙中山为首的革命党人，将"中华民族"概念运用到民族国家建设实践中，以"中华民族"身份进行了中华民国的国族建构。在 1912 年元旦就任中华民国临时大总统时，孙中山发表就职演讲，指出："国家之本，在于人民。合汉、满、蒙、回、藏诸地为一国，即合汉、满、蒙、回、藏诸族为一人。是曰民族之统一。"① 这就正式提出了统一"汉满蒙回藏"为一体的国族建构。1923 年他在《中国国民党宣言》中，论证了"民族主义就是国族主义"，他说，"吾党所持民族主义，消极的为除去民族间之不平等，积极的为团结国内各民族，完成一大中华民族"②。

孙中山逝世后，国民党和蒋介石主张"中华民族是一个"，其他民族只能称为"宗族"。1943 年蒋介石在《中国之命运》一书中指出："我们中华民族是多数宗族融和而成的"③，在中华民族之下的各个族群共同体，都是宗族，具有文化属性，不具有现代民族属性。对此，第一代中国共产党人给予了严厉驳斥，周恩来指出："蒋介石的民族观是彻头彻尾的大汉族主义，在名义上，他简直将蒙、回、藏、苗等称为边民，而不承认其为民族。在行动上，实行民族的歧视和压迫。"④1939 年，毛泽东在《中国革命和中国共产党》一文中指出："中国是一个由多数民族结合而成的拥有广大人口的国家……中华民族的各族人民都反对外来民族的压迫，都要用反抗的手段解除这种压迫。他们赞成平等的联合，而不赞成互相压迫。"⑤ 这段话表明，以毛泽东为代表的第一代中国共产党人摒弃了国民党的"中华民族是一个"的国族观，认为中国是一个多民族的国家，中华民族是由各族人民共同组成的，主张各族人民在平等的基础上联合起来。

---

① 孙中山：《中华民国临时大总统宣言书》，参阅张苹、张磊：《中国近代思想家文库：孙中山卷》，北京：中国人民大学出版社 2015 年版，第 49 页。
② 孙中山：《中国国民党宣言》，载中山大学历史系孙中山研究室、广东省社科院历史研究室、中国社会科学院近代史研究所中华民国史研究室：《孙中山全集（第七卷）》，北京：中华书局 2011 年版，第 3 页。
③ 蒋中正：《中国之命运》，南京：正中书局 1943 年版，第 1 页。
④ 周恩来：《论中国的法西斯主义——新专制主义》，载中共中央文献编辑委员会：《周恩来选集（上卷）》，北京：人民出版社 1984 年版，第 147 页。
⑤ 毛泽东：《中国革命和中国共产党》，参阅《毛泽东选集（第二卷）》，北京：人民出版社 1991 年版，第 622-623 页。

中华人民共和国成立后，古老的中国转型成为新兴的民族国家，中华民族具有国家形式，毛泽东庄严地宣告：中华民族站起来了。中华人民共和国成立初期，中国共产党人按照"中华民族是多个"的思想，借鉴了苏联共产党的民族理论，展开了民族识别。民族识别工作从20世纪50年代开始，直到1979年第56个民族——基诺族被正式确认，完成了"中华民族"是由56个民族组成的"大家庭"的多元性建构，中华民族进入各民族平等团结互助和谐发展的新阶段。经过70多年的砥砺前行，"中华民族大家庭"

> 民族识别工作从20世纪50年代开始，直到1979年第56个民族——基诺族被正式确认，完成了"中华民族"是由56个民族组成的"大家庭"的多元性建构，中华民族进入各民族平等团结互助和谐发展的新阶段。

的各民族同胞共同团结奋斗，共同繁荣发展，中华民族逐步实现了从站起来到富起来的飞跃，今天正昂首阔步走向繁荣富强。与此同时，中华民族大家庭的56个民族在广泛的领域里交往交流交融，共同性因素日益增多，各民族共同当家作主，共同走向社会主义现代化，共同建设中华民族共有精神家园，共同维护国家主权、安全和发展的核心利益。

（二）中华民族包括海内外全体中华儿女

党的十八大以来，中共中央总书记习近平在多个场所论述的"中华民族伟大复兴"，都落脚到海内外全体中华儿女。比如，2012年他在参观《复兴之路》展览时说"中华民族伟大复兴中国梦"是每一个中华儿女的心愿[1]；2013年他在全国人大闭幕式上说，中国梦是国家的、民族的，也是每一个中国人的，中华民族伟大复兴关系每个中华儿女的命运[2]；在2014年"庆祝中华人民共和国成立65周年招待会"上，习近平总书记指出，"加强海内外中华儿女的大团结，……用共同理想信念凝聚民族意志，用中国精神激发中国力量，动员全体中华儿女共同创造中华民族新的伟业"[3]。2015年9月30日，习近平总书记在中南海接见民族地区基层民族团结优秀代表时强调："我国56个民族都是中华民族大家庭的平等一员，共同构成了你中有我、我中有你、谁也离不开谁的中华民族命运共同体。"[4]

---

[1] 习近平：《承前启后继往开来继续朝着中华民族伟大复兴目标奋勇前进》，《人民日报》，2012年11月30日，第1版。

[2]《习近平在十二届全国人大一次会议闭幕会上发表重要讲话》，http://cpc.people.com.cn/n/2013/0317/c64094-20816352.html，2013年3月17日。

[3]《习近平在庆祝中华人民共和国成立65周年招待会上的讲话》，《人民日报》，2014年10月1日，第2版。

[4]《习近平：中华民族一家亲 同心共筑中国梦》，http://www.xinhuanet.com//politics/2015-09/30/c_1116727894.htm，2015年9月30日。

> 新时代"中华民族伟大复兴"战略中的"中华民族共同体",包括大陆各民族同胞、香港同胞、澳门同胞、台湾同胞及海外侨胞等全体中华儿女。

新时代"中华民族伟大复兴"战略中的"中华民族共同体",包括大陆各民族同胞、香港同胞、澳门同胞、台湾同胞及海外侨胞等全体中华儿女。换句话说,中华民族具有全民一体的"命运共同体"属性,这一点在政治学界基本上取得共识。[①]2020年颁布的《中国共产党统一战线工作条例》指出,"统一战线,是指中国共产党领导的、以工农联盟为基础的,包括全体社会主义劳动者、社会主义事业的建设者、拥护社会主义的爱国者、拥护祖国统一和致力于中华民族伟大复兴的爱国者的联盟"[②]。这段话表明,新时代统一战线就其范围而言,涵盖了十三亿致力于中华民族伟大复兴的海内外中华儿女,就具体工作对象而言,包括了民主党派和无党派人士、党外知识分子、少数民族人士、宗教界人士、新的社会阶层人士、港澳台海外爱国人士等数以亿计的成员,显示出新时代的统一战线联盟是海内外全体中华儿女的联盟,在共同致力于中华民族伟大复兴事业中具有"命运共同体"的属性。

三、中华民族共同体意识的核心是中华文化认同

"中华民族"是以中华文化为纽带,以中华文化认同为基础形成的"人民共同体"。中华民族虽然是国家形态的民族实体,但是从中华民族演进的历程看,既有历代统治阶层推崇的儒家思想辐射中华大地,形成中华思想文化主干,也有边疆与中原民族文化交往交流交融锻造中华文化兼收并蓄的品格,更有历史上不同时期加入中华民族大家庭的成员,在经历本族群文化中华文化化的过程中,发展了中华文化包容开放的品格。中华民族从自在的文化民族共同体,经历各族同胞的自觉,发展为取得国家形态的现代民族,既有全民"命运共同体"的"政治民族共同体"属性,也有"各民族文化兼收并蓄"的"文化民族共同体"属性。后者主要指的是中华民族大家庭的各族儿女对共同开发祖国锦绣河山、共同书写祖国悠久历史、共同创造灿烂的中华文化、共同培育伟大的中华民族精神的共有历史文化记忆,以及在此基础上形成的对中华文化作为各民族共有精神家园的认同,这就是中华文化认同。

中华文化是中华民族的文化,广义的中华文化指古往今来生活在中华大地上的各民族及其先民共同创造的物质文化与精神文化的总和,狭义的中华文化主要指各民族的语言、文学、艺术及包括一切意识形态在内的精神产品。

---

① 周平:《中华民族的"全民一体"属性》,《思想战线》2021年第1期。

② 《中国共产党统一战线工作条例》,http://www.gov.cn/zhengce/2021-01/05/content_5577289.htm,2021年1月5日。

文化的精粹是文明，中华文明包括各民族优秀传统文化、各民族共同创造的革命文化和社会主义先进文化三部分。其中，从各民族传统文化价值共识中凝练成的社会主义核心价值观是中华文化的灵魂，国家通用语言文字是多样性的中华文化交流交融的载体，儒释道文化是中华传统文化的主干，各民族传统民俗文化是中华文化的底色。

在 2016 年中国共产党建党 95 周年大会上，中共中央总书记习近平指出，"中华优秀传统文化、革命文化和社会主义先进文化是中华民族最深层的精神追求，代表着中华民族独特的精神标识"。这就表明，海内外各族儿女的中华民族认同，主要表现为对在 5 000 多年文明发展中孕育的中华优秀传统文化的热爱和坚守；对中国共产党领导各族同胞投身伟大斗争孕育的革命文化和社会主义先进文化的认同；对弘扬以爱国主义为核心的民族精神和以改革创新为核心的时代精神的认同。在中国内地（大陆）范围内，主要表现为对中国特色社会主义道路自信、理论自信、制度自信和文化自信的认同。

> 中华文化在结构上具有"多元一体"性，"多元"表现为各民族、各地区丰富多彩的文化特色，"一体"表现为各民族、各地区文化在历史发展中逐步交融、整合形成的文化共性。

图 7-2　家国情怀（人民视觉）

中华民族共同体意识的核心是以爱国主义为核心内容的团结统一意识。表现在个体层面上主要是对中国历史、对中华文化的归属感，也就是家国情怀；在族体层面上主要是各族同胞共有的团结统一的中华民族意识；在国家层面上主要是各族同胞共同维护国家核心利益意识。

（一）个体层面的家国情怀

个体（包括海内外全体中华儿女）跟中华民族的关系，使每一个海内外中华儿女都对中华民族这个"共同体"具有强烈的归属感、荣誉感和责任感，具有为中华民族繁荣发展这一共同理想团结奋斗的行动意愿和奉献精神。海内外全体中华儿女理解并认同中国共产党的领导是中华民族的根本所在、命脉所在，是各族同胞的利益所在、幸福所在。这种意识可以概括为"家国情怀"或爱国主义精神。

（二）国家层面的团结统一意识

国家统一、民族团结是中华文化的核心价值，是中华民族的光荣传统，维护祖国统一、民族团结是中华民族的最高利益。早在先秦时代，华夷五方之民共称天下的"大一统"理念已经深入人心。秦汉开创支配中国两千余年的大一统的政治格局后，维护统一逐步成为各族同胞共同的心灵归宿。在维护统一的价值观引领下，历史上各民族之间，在政治、经济、社会、文化等方面交往交流交融，各民族对中央政权的向心力不断增强，对中华民族的认同感日益深化。近代以来在中华民族面对外敌入侵、面临生死存亡关头之时，各族同胞团结统一的中华民族共同体意识得到理性升华，转化成各族同胞共同投身中华民族独立解放的斗争中。在缔造新中国这一波澜壮阔的历程中，各族同胞奋不顾身地投入其中，付出了巨大牺牲。

海内外中华儿女来自中华民族大家庭的 56 个民族，海外中华儿女无论是汉族，还是少数民族侨胞，都是中华民族大家庭的一分子。海外各族侨胞，特别是少数民族侨胞，认同中华民族大家庭，就是认同各民族"你中有我，我中有你，谁也离不开谁"的命运共同体关系。海外各族儿女共同的中华共同体意识，就是"休戚与共、荣辱与共、生死与共、命运与共"的命运共同体认同；是对维护国家统一、民族团结、社会和谐、共同团结奋斗、共同繁荣发展的认同，是对"中华民族一家亲，同心共筑中国梦"的认同。这种认同内化为爱国主义的家国情怀，外化为维护国家主权、安全和发展的核心利益的自觉行动。

（三）国际层面的合作共赢意识

中华民族共同体是构建人类命运共同体的中国维度，既是对国际社会期待的积极回应，也是对中国方案的自信表达。中国外交政策的宗旨是维护世界和平、促进共同发展。中国始终是世界和平的建设者、全球发展的贡献者、国际秩序的维护者，愿扩大同各国的利益交汇点，推动构建以合作共赢为核心的新型国际关系，推动形成人类命运共同体和利益共同体。

合作共赢是中华民族共同体对国际社会的期望。习近平总书记指出，中国主张各国人民同心协力，变压力为动力，化危机为生机，以合作取代对抗，以共赢取代独占。什么样的国际秩序和全球治理体系对世界好、对世界各国人民好，要由各国人民商量。中国将积极参与全球治理体系建设，努力为完善全球治理贡献中国智慧，同世界各国人民一道，推动国际秩序和全球治理体系朝着更加公正合理方向发展。

总之，中华文化认同是形成中华民族共同体意识的最稳固、最核心的精神力量。在中国大陆主要表现为以爱国主义和社会主义为旗帜的祖国认同、中华民族认同、中华文化认同，对中国共产党领导以及中国特色社会主义道路认同，对中华文化符号的热爱、归属、美好想象等心理过程的总和。在港澳台和海外侨胞中主要表现为以中华民族伟大复兴为旗帜的祖国认同、中华民族认同、中华文化认同，以及对中国共产党领导和中国特色社会主义道路的理解和认同。

> 中华文化认同是形成中华民族共同体意识的最稳固、最核心的精神力量。

第二节　中西方国家民族关系和民族政策比较

通常我们所说的西方国家，主要指的是欧美发达国家。西方国家一般将语言文化共同体称作族群，中国称为民族。中西方国家由于历史文化传统不同，族群（民族）结构不同，在保护少数族群个体公民权和群体文化权利方面的族群（民族）政策各有特点。

一、中西方民族国家和民族政策演进的历史比较

（一）中国民族国家演进的历史路径与欧洲民族国家有所不同

中国是 2 500 年前春秋战国时代诸多小国在公元前 221 年被秦朝统一后形成的、以后逐渐发展演变为统一的多族群国家。西欧民族国家是西罗马帝国在公元 476 年被攻破后逐渐裂变成的以某单一族群为主体的民族国家。中西方民族国家演进的历史路径在以下几个方面有所不同：

第一，国家观念不同。中华民族较早就孕育了"大一统"的思想。中国古代社会伦理是家国一体、家国同构，这种观念反映在国家观念上，中国人很早就建立了中央集权制国家，秦汉 400 年不仅奠定了版图大一统，奠定了郡县制的政治治理大一统，而且奠定了儒家思想统摄道德文化的思想大一统。隋唐 300 年发展了这种大一统，蒙元 100 年继承了大一统，清朝 300 年巩固了大一统格局。古代西方社会以个体为本位，强调个体权利高于一切，重视契约伦理，把个体之间的契约关系推广到社会政治生活中，使得西方各族群间不论经济文化交流，还是战争征服活动，始终强调各自的独立性，难以实现多民族对统一国家的认同。在这样的社会伦理主导下，西方没有孕育出"大一统"的国家观念。罗马帝国靠武力征服实现版图统一，但各行省长期停留在封建社会阶段，没有发展出"大一统"的国家治理体系，这为其后欧洲发展为各自相对单一的"民族国家"奠定了政治基础。

第二，语言文字不同。中国人很早就发明了汉字，秦始皇"书同文"统一了汉字，汉字是表意文字，具有超越方言差异的稳定结构，因此，虽然各地方言千差万别，但写出来的书面文字都是一样的。中国在秦汉四百年的统一后，进入魏晋南北朝 300 多年的混乱，少数民族先后入主中原，但都选择使用汉字和中原王朝制度进行政治社会治理。欧洲的民族国家是以语言统一为基础形成的。罗马帝国虽然实现军事政治上的统一，但没有完成语言上的统一。由于拉丁语是表音文字，罗马帝国解体后欧洲逐渐分化出不同的方言集团，最终法语、德语、英语等单一方言集团发育成为单一语言集团，以此为基

础形成单一民族国家。

第三，国家主导意识形态不同。中国自从汉武帝公元前134年确立"罢黜百家，独尊儒术"后，儒家思想逐渐成为历代王朝国家的官方意识形态。儒家思想核心是"仁恕中道"，这种价值观对各种民间文化和外来文化具有深广的包容性与开放性。这种包容性、开放性直接引领了中华大地上不同族群、不同宗教文化交融互鉴，不仅锻造了中华文化兼容并蓄的特征，而且形成了中华文化海纳百川的品质。

孔子有三句话最能表达儒家官方意识形态的开放性：一是"天下殊途而同归"；二是"四海之内皆兄弟"；三是"有朋自远方来，不亦乐乎"。正是由于儒家官方意识形态的包容性、开放性，在中国古代社会，有政治意识形态的独尊，没有社会民俗文化的独断。

图7-3 孔庙中的孔子名句（人民视觉）

中国古代社会几千年来一直是多种风俗并存。《礼记·王制》说："中国戎夷，五方之民，皆有性也，不可推移。""中国，夷、蛮、戎、狄，皆有安居、和味、宜服、利用、备器。五方之民，言语不通，嗜欲不同。"中国虽然经历魏晋南北朝、五代十国等分裂动乱时期，但中国统一多民族国家多元一体、和而不同的格局一直延续下来，像滚雪球一样越滚越大。中国中央政权采取"因俗施政"，如羁縻制度、土司制度等民族政策，对中国多民族多元一体、和而不同格局的存续发展起了重要作用。

中国古代从未产生过像基督教会那样势力强大、与世俗政权相对立的教权组织，从未发生过大规模的宗教战争，也从未因为宗教分歧而发生国土分裂。

中国古代从未产生过像基督教会那样势力强大、与世俗政权相对立的教权组织，从未发生过大规模的宗教战争，也从未因为宗教分歧而发生国土分裂。这与主导西方社会意识形态的基督宗教"唯我独尊"的排他性神学思想完全不同。

由于基督宗教一元文化的排他性，欧洲中世纪各个封建邦国君权弱小，罗马教廷凌驾于各国君主之上。导致1517年欧洲掀起宗教改革，不仅打破了基督教一统天下的格局，而且不同教派开启了百余年的战争冲突，1648年签订的《威斯特伐利亚和约》，确认了碎片化的欧洲主权国家版图。由于排他性，罗马教廷不仅与欧洲各国世俗王权冲突斗争，还以宗教名义，在200余年间对伊斯兰教世界发动9次战争，造成数千万人生灵涂炭。正是基督教一元文化排他性，近代西方民族国家对外殖民扩张，或经济掠夺，或军事征服，或文化同化，没有建构起合作共赢的国家共同体。

总之，西方国家是在古罗马帝国不断分化的过程中以单一语言、单一宗教文化共同体为基础形成的单一族群国家，中国是将各个语言和宗教族群聚合为以汉语为共同交流工具的中华民族共同体。中西方国家不同的演进道路折射了中西文明的深刻差异，西方文明是"分"的逻辑，不断把大帝国切割成小国家；中华文明是"和"的逻辑，通过"和而不同"的方式，把小民族文化统一在中华民族共同体内。

（二）近现代西方民族国家创建对少数族群主要采取同化政策

近现代西方民族国家创建有欧洲和美洲两种模式。两种模式都涉及如何处理少数族群权益保护问题。"少数族群"这一概念，在国际法层面，主要指一个国家之内，"种族或民族、宗教和语言上的少数人"以及土著民或原住民，少数族群权利主要指个体公民权利和群体政治文化权利。

欧洲民族国家创建过程中的族群问题，大体可划分为四个时期：从16世纪的宗教改革运动到1789年法国大革命为第一个时期，这一时期主要是不同宗教信仰少数群体地位问题；从法国大革命到"二战"为第二个时期，这一时期主要是共和国创建如何对待少数语言群体文化地位问题；从"二战"结束到20世纪60年代末为第三个时期，主要是少数族群个体人权问题；从20世纪70年代特别是80年代末90年代初东欧剧变至2000年是第四个时期，这一时期中东欧地缘政治的变化使欧洲国家的民族构成发生巨大变化，主要是欧洲各地隐形少数族群歧视问题。

欧洲近现代民族国家创建，是以某一族群传统地理分布为主，以某一族群语言文化为主将境内其他族群整合为统一政治文化共同体的过程。这个过程伴随着境内外不同族群间大厮杀。一方面，在国家之间持续发生了欧洲三十年战争、普法战争、巴尔干战争等，直至 20 世纪的两次世界大战，既有领土的争夺，也有语言宗教文化的对抗。这些战争导致了不同民族国家之间持续的紧张、对立、仇恨和战争，如德法世仇、英法对抗、波兰与德国的仇恨。

特别是在 19 世纪和 20 世纪初的几次战后和会上，战胜国对传统民族社会的强行肢解和分割，成为现代世界国与国之间关系紧张、地区冲突甚至局部战争持续不断的一个重要根源。如德法在阿尔萨斯和洛林归属问题上的争夺，德国对捷克苏台德德语居民区的领土要求，由此引起的收复领土运动，都是引起两次世界大战的重要原因。

另一方面，在国家内部，自宗教改革以来，欧洲国家就力图对境内的居民实行一种强制性的宗教、语言和文化的同化，如西班牙的宗教裁判、法国推广强化法语的行为、英国的效忠法案，以及 17 世纪末和 18 世纪在宗教、教育、土地和就业领域针对天主教徒的严刑峻法，等等。

一直以来，生活在西方国家境内的少数族群不甘于被同化和边缘化的命运，通过各种形式进行抗争。有些抗争带有分离主义和泛民族主义倾向，如法国的布列塔尼运动、科西嘉岛独立运动，西班牙的加泰罗尼亚、巴斯克和加利西亚的民族主义运动等。

在美洲，美国和加拿大的国家创建，是以白种人对原住民印第安人的血腥屠杀，甚至种族灭绝为代价的。比如在美国，1492 年白人殖民者到来之前，美国估计有 500 万印第安人。"在 19 世纪的近百年时间里，美国军队通过西进运动大肆驱逐、杀戮印第安人，侵占了印第安人几百万平方公里土地，攫取了无数自然资源。到了 1900 年，全美一度仅剩下 25 万印第安人。"[①] 但是，这些同化运动都没有获得统治者们所追求的人口和文化均质化的目标，这些国家始终存在着没有被同化的少数族群。

加拿大历史上曾有过试图融合印第安人的极端做法。如根据 1876 年颁布的《印第安人法》(Indian Act)，所有 7 到 15 岁之间的学龄儿童必须到政府资助的基督教教会的寄宿学校接受教育。从 1863 年到 1998 年前后，超过 15 万名土著儿童从他们的家庭被带走，安置在这些学校。这些儿童往往不被允许说他们的语言或实践他们的文化，许多儿童受到身体和心理上的残忍虐待与侮辱。寄宿学校不仅虐待、歧视、同化印第安人，违反人权，而且涉嫌实施种族灭绝。2015 年加拿大真相与和解委员会发布了一项报告。报告显示，印第安人寄宿学校实施系统的"文化灭绝"。2021 年 5 月，加拿大真相与和解委员会确认曾有 4100 余名土著儿童在加拿大寄宿学校中死去。[②]

---

① 参见《美国发展史就是一部印第安人血泪史》，https://baijiahao.baidu.com/s?id=17178426544629108 16&wfr=spider&for=pc，2020 年 3 月 18 日。

② 参见《加拿大寄宿学校内，挖出 215 具儿童遗骸，最小的仅 3 岁》，http://www.hereinuk. com/556817.html，2021 年 5 月 30 日。

总体看，西方近现代民族国家创建历程充满了对少数语言和宗教族群的歧视、迫害，比如在欧洲对犹太人的迫害，对罗姆人、萨米人的种族歧视；在美洲对印第安人的种族灭绝、对黑人的种族歧视等。所以，在西方国家，很多少数族群不愿意在公共生活中暴露自己的族群身份。虽然1789年法国大革命时期的国民除了绝大多数说法语外，还有说日耳曼语、意大利语等少数语言族群，以及传统上的布列塔尼人和罗姆人等少数文化族群，但法国大革命后这些少数族群都统一使用"法兰西民族"称谓，久而久之，法国境内的不同族群逐渐"法兰西化"，也有人把这种不承认公民民族成分的做法称作"同化"。

（三）近现代中国民族国家创建对少数民族采取平等联合政策

近代中国是汉满蒙回藏等多民族组成的国家，各族同胞饱受帝国主义、封建主义和官僚资本主义的剥削与压迫。以孙中山为首的革命者主张"五族共和"，他在《中国国民党宣言》中指出："吾党所持之民族主义，消极的为除去民族间之不平等，积极的为团结国内各民族，完成一大中华民族。"[①]孙中山逝世后的中华民国政府主张"中华民族是一个"，不承认少数民族权利。蒋介石认为，"中华民族是多数宗族融和而成的"[②]。对此，周恩来指出，蒋介石的民族观是"彻头彻尾的大汉族主义"[③]。与国民党的主张完全不同，中国共产党自成立之日起，就十分重视团结争取各民族同胞，在平等联合基础上共同致力于缔造各民族平等团结的社会主义新中国。

> 1939年，毛泽东在《中国革命和中国共产党》一文中指出，"中国是一个由多数民族结合而成的拥有广大人口的国家"。

1939年，毛泽东在《中国革命和中国共产党》一文中指出，"中国是一个由多数民族结合而成的拥有广大人口的国家"；"他们赞成平等的联合，而不赞成互相压迫"[④]。以此为基础，抗日战争时期中国共产党探索培养少数民族干部，在少数民族地区实施区域自治，1947年内蒙古自治区的成立，为中华人民共和国实行民族区域自治制度奠定了基础。

与西方国家不承认少数民族集体政治权利有所不同，中国共产党在新疆和西藏等少数民族聚居区，通过和平解放、平等联合，民族区域自

---

① 孙中山：《中国国民党宣言》，参阅中山大学历史系孙中山研究室、广东省社科院历史研究室、中国社会科学院近代史研究所中华民国史研究室：《孙中山全集（第七卷）》，北京：中华书局2011年版，第3页。

② 蒋中正：《中国之命运》，南京：正中书局1943年版，第1页。

③ 周恩来：《论中国的法西斯主义——新专制主义》，参阅中共中央文献编辑委员会：《周恩来选集：上卷》，北京：人民出版社1984年版，第147页。

④ 毛泽东：《中国革命和中国共产党》，参阅《毛泽东选集（第二卷）》，北京：人民出版社1991年版，第622-623页。

治完成了传统民族社会向社会主义新社会的民主变革。在西藏，1951 年中央人民政府与西藏地方政府签署和平解放西藏的 17 条协议。随后的 1959 年西藏进行了民主改革，1965 年西藏自治区建立，从此，西藏社会各界人士有了参与国家事务管理的权利。1959 年 7 月，区、地两级行政机关含上层人士 565 人，其中贵族、官员和宗教界人士 415 人。在后来的西藏自治区人民政府中，曾有两位副主席吉普·平措次登和拉巴平措，都出生在吉普庄园，但在旧西藏，前者是农奴主，后者是农奴，而在人民政府里都当选为自治区副主席，成了共同参与人民政府决策的同事。西藏的民主改革还使妇女获得了政治权利，广大妇女通过参加各级人民代表大会选举、担任各级领导干部、成立妇女组织等积极履行职责。这些都表明，社会主义中国的缔造与近现代西方国家创建中对少数族群普遍歧视、同化的历史路径完全不同。

二、当代少数民族（族群）人权保护政策的中西比较

当今世界有 3 000 多个族群分布在 200 多个国家和地区。随着移民在世界范围日益频繁的流动，移民族群越来越成为世界各国的普遍现象，西方国家族群多样性也越来越普遍。比如英国以英格兰人为主，还有土耳其人、阿拉伯人等少数族群；瑞士有法语、德语、意大利语等多个语言族群。法国境内，除说法语的高卢人，还有黑人、犹太人、穆斯林和吉卜赛人（欧洲人称为罗姆人），以及亚裔族群共同体。所以，西方民族国家不是单一族群（民族）国家。

（一）西方国家对少数族群的人权保护政策

给予少数族群"公民权利保障"原则，在"二战"后逐渐成为国际社会处理族群关系的基本模式。《联合国宪章》《世界人权宣言》《经济、社会、文化权利国际公约》《公民权利和政治权利国际公约》等国际人权公约，明确而具体地阐述了少数族群公民与多数族群公民一样，平等地享有公民基本权利。

基于这样的国际共识，绝大多数西方国家不在法律层面确认公民的族群身份，政府不对所有公民进行族群身份认定，不依据公民民族成分确认族群权利，国家法律上也没有涉及族群平等的相关法律条款。西方自由主义的公民平等观认为，每个公民有平等参政权、就业权、受教育权以及医疗保险养老等社会保障权。保护公民个体的公民权利，自然也就保护了族群的集体权利。同理，实现公民个体的平等权利也就意味着实现由公民个体组成的族群集体权利。因此，在西方绝大多数国家，虽然国内有多个族群，但国家宪政体系强调公民个体权利保护，既没有进行法律意义上的族群（民族）识别，确认族群成分，也没有涉及族群平等的法律规定。

但是，少数族群公民受自身语言文化差异性制约，在实现个体公民权方面存在不同程度的困难。比如一个阿拉伯裔英国公民，英语能力低，就业岗位有限，怎样保护这

一群体实现法律规定的就业、参政、受教育以及社会保障方面的公民权？英国是最早探索解决这个问题的西方国家。第二次世界大战后，大量移民进入英国逐渐形成移民族群。比如，2011年英国外来移民数占到当年新增人口的55%，换句话说，假如当年新增人口100万，其中55万是外来移民。① 早在1965年英国就通过了《种族关系法》（*Race Relation Act*），重点解决就业领域的少数族群歧视问题。随后又多次修订，将保护少数族群的"公民权"涵盖到公共政治生活的很多方面，比如在议会上院设计少数族群席位；在军队和警察机构设立清真食堂、礼拜室等。随后，欧洲的比利时、瑞典、丹麦、挪威、法国、意大利和葡萄牙等国，也借鉴这种模式，强调全体公民不分种族、语言、宗教，一律平等，旨在制止族群就业遭遇的各种社会歧视。但是所有这些法案执行的依据，是以族群投诉为前提，假如受歧视的族群没有能力投诉，相关保护法案也无法落实。

如今，欧盟出台的文件中并没有专门使用民族（族群）政策这一词汇，但其制定的公约、标准、条约等正式文件包含关于少数族群权益的规定。这些规定大体有如下三个特点：一是采用平等的原则赋予少数族群均等化权利，不对少数族群进行特别优待；二是大多数涉及少数民族权益保障的法规，都是关于文化传承保护方面的，较少涉及政治权益；三是对少数族群权利的保护多为原则性的规定，既没有具体落实的举措，也没有对违反行为强制性的纠正措施。

西方国家宪政价值理念强调"人人平等"。但是西方国家的"人人平等"观主要指的是"机会的均等"和"公平竞争"，不考虑竞争者在自身条件方面具有的差异。以美国为例，一个由于家庭贫寒而仅有小学文化程度的墨西哥裔青年，在就业市场上无法与一个大学毕业的白人青年竞争。在这种"公平竞争"机制下，社会地位高、收入丰厚的工作和低收入工作在很大程度上将分别由不同的族群（如白人和黑人）"世袭"下去。不同族群受教育权利主要体现为给予"平等的准考资格"，不考虑许多族群历史文化背景，这就无法保障那些由于文化背景不同的少数族群因语言宗教习俗等导致的学习困难。这种法律形式上的平等和社会系统性的种族、族群歧视在美国社会随处可见。随着中国经济的快速发展，美国社会出现"黄祸"和排华的舆论，要在美国真正实现林肯、马丁·路德·金的种族和族群平等之梦，还有相当长的路要走。

因此，西方国家口中喊出来的少数族群人权保护，实际上是"人人平等"的形式平等，是禁止歧视的个体公民权保护，没有针对少数族群的语言文化特点和经济社会发育程度，以及基于不同语言文化背景的少数族群公民的具体困难，采取有针对性的扶持

---

① 任梦格、常晶：《英国多元文化主义政策的困境与反思》，《贵州师范大学学报（社会科学版）》2013年第4期。

政策，提高少数族群社会政治地位和就业能力。更没有在法律上确认族群群体政治文化权利，并加以保护。学者倾向于认为，这种禁止歧视的人权保护模式，是一种消极的人权观。

（二）中国的少数民族权利保护政策

《中华人民共和国宪法》规定："中华人民共和国是全国各族人民共同缔造的统一的多民族国家；各民族一律平等。"①《中华人民共和国宪法》规定，国家保障各少数民族的合法权利和利益，维护和发展各民族的平等团结互助和谐关系。禁止对任何民族的歧视和压迫，禁止破坏民族团结和制造民族分裂的行为。国家根据各少数民族的特点和需要，帮助各少数民族地区加速经济和文化的发展。各少数民族聚居的地方实行区域自治，设立自治机关，行使自治权。各民族自治地方都是中华人民共和国不可分离的部分。各民族都有使用和发展自己的语言文字的自由，都有保持或者改革自己的风俗习惯的自由。

> 与世界上绝大多数国家不在法律和政策层面承认民族权利不同，中国法律承认少数民族的民族权利。

1. 公民有民族身份

要落实宪法赋予的少数民族的各项权利，必须进行法律和政策层面的民族成分认定，确认有哪些民族以及各民族人口、地理分布等基本情况。因此，从中华人民共和国成立初期到1979年，国家组织力量，进行大规模的民族识别，将语言、传统生产方式、历史族源、风俗习惯等方面有着一致性的公民群体识别为56个民族。由于汉族人口处于绝对多数，其他55个民族人口相对较少，习惯上把汉族以外的55个民族称作"少数民族"。②

《中国公民民族成份登记管理办法》第六条规定："公安部门在办理新增人口户口登记时，应当根据新增人口父母的民族成份，确认其民族成份。"③所以，每个中国公民从出生开始，在户口本上、身份证上都有民族成分信息。

2. 通过扶持政策，确保55个少数民族参政、受教育和就业权利

中华人民共和国法律对少数民族人权的保护，既包括个体公民权保护，也包括民

---

① 《中华人民共和国宪法》，http://news.12371.cn/2018/03/22/ARTI1521673331685307.shtml，2018年3月22日。

② 1953年第一次普查汉族人口5.47亿，占总人口93.94%，各少数民族人口0.35亿，占总人口6.06%；2010年第六次普查汉族人口12.26亿，占总人口91.51%，各少数民族人口1.14亿，占总人口8.49%。数据来自国家统计局网站，http://www.stats.gov.cn/。

③ 《中国公民民族成份登记管理办法》，http://www.gov.cn/gongbao/content/2015/content_2953946.htm，2015年6月16日。

族群体权利保护。《中华人民共和国宪法》第四条规定："中华人民共和国各民族一律平等。"①

第一，各族公民法律面前一律平等，享有同等公民权利，承担相同的公民义务。比如《中华人民共和国全国人民代表大会和地方各级人民代表大会选举法》（以下简称《选举法》）第三条规定："中华人民共和国年满十八周岁的公民，不分民族、种族、性别、职业、家庭出身、宗教信仰、教育程度、财产状况和居住期限，都有选举权和被选举权。"②《中华人民共和国教育法》第九条规定："公民不分民族、种族、性别、职业、财产状况、宗教信仰等，依法享有平等的受教育机会。"③《中华人民共和国劳动法》第十二条规定："劳动者就业，不因民族、种族、性别、宗教信仰不同而受歧视。"④

第二，各民族政治地位一律平等，主要体现在法律确保少数民族参与国家事务和地方事务的管理。比如，全国人民代表大会和地方各级人民代表大会，是中国的立法机关和权力机关。《选举法》规定，人大代表按照人口比例选举产生。但有些少数民族人口少，达不到产生人大代表的比例。因此，《选举法》规定少数民族代表的人口比例可适当降低，确保每个民族至少有一名人大代表。⑤ 实践中，历届全国人民代表大会，少数民族代表人数占全国人民代表大会代表总人数的比例，均高于同期少数民族人口占全国总人口的比例。比如第十三届全国人大代表共 2 980 名，少数民族代表 438 名，占代表总数的 14.70%，高于少数民族人口占全国人口 8.49%⑥ 的比例。⑦

第三，以按民族人口比例分配名额的方式保障少数民族就业、受教育等方面的群体权利。政策规定，各民族在党政机关、国有企事业单位任职比例要与各民族人口比例大体相当。在享有高等教育权利方面，各省区都制定和实施了高考降分政策，确保各民族按比例享有接受高等教育权利。在保障少数民族语言文化方面，西藏、新疆、内蒙古、

①《中华人民共和国宪法》，http://news.12371.cn/2018/03/22/ARTI15216733331685307.shtml，2018 年 3 月 22 日。

②《中华人民共和国全国人民代表大会和地方各级人民代表大会选举法》，http://www.gov.cn/xinwen/2015-08/30/content_2922115.htm，2015 年 8 月 30 日。

③《中华人民共和国教育法》，http://www.moe.gov.cn/s78/A02/zfs__left/s5911/moe_619/201512/t20151228_226193.html，2015 年 12 月 28 日。

④《中华人民共和国劳动法》，http://www.mohrss.gov.cn/wap/zc/fgwj/201601/t20160119_232110.html，2016 年 1 月 19 日。

⑤《中华人民共和国全国人民代表大会和地方各级人民代表大会选举法》，http://www.gov.cn/xinwen/2015-08/30/content_2922115.htm，2015 年 8 月 30 日。

⑥《2010 年第六次全国人口普查主要数据公报》，http://www.gov.cn/test/2012-04/20/content_2118413.htm，2012 年 4 月 20 日。

⑦《2980 名十三届全国人大代表资格经审查全部有效》，http://www.81.cn/jwgz/2018-02/24/content_7950927.htm，2018 年 2 月 24 日。

广西、四川等省地市都有民族语言授课的中小学和大学。此外，国家还在西藏、新疆等少数民族地区，采取扶持政策，确保少数民族就医、养老保险等各项社会保障权利的落实。

与西方社会少数族群不愿意在公共生活中暴露自己的族群身份不同，中国 55 个少数民族，积极地以自己的少数民族身份参与国家各类政治社会文化生活。许多少数民族人大代表穿上本民族传统服饰，活跃在各级人大的政治生活中，积极参政议政，履行当家做主、管理国家事务的权利。

图 7-4　少数民族人大代表

2010 年前后，中国社会有些人主张学西方国家，废除公民民族成分政策，因为公民的民族身份，既是落实各项民族政策的依据，也可能是社会隐形歧视的来源。但这种废除公民民族成分政策的主张遭到少数民族人士的强烈反对。

中国少数民族自豪地以少数民族身份活跃在中国的政治社会、各种文化生活领域，这一现象非常清楚地说明，中国少数民族不因自身的民族身份，遭遇到社会不公正待遇，更没有遭遇到西方许多国家少数族群经历的种族歧视、种族迫害的历史经历。假如存在西方人所谓的强迫维吾尔族劳动、种族灭绝的问题，中国的少数民族一定会像今天的西方国家一样，都把自己的民族身份隐藏起来。

上述中国政府基于公民民族成分，在少数民族就业、受教育、参政以及社会保障等方面的扶持政策，提高了少数民族社会政治地位，积极促进少数民族社会融入，被学者们认为是一种积极的少数族群人权保护模式。

三、少数族群文化保护政策的中西比较

冷战后，世界各国对少数族群文化权利保护的认识和行动大大向前迈进了一步。联合国 1992 年通过《在民族或种族、宗教和语言上属于少数群体的人的权利宣言》，2007 年通过《土著人民权利宣言》以及其他重要的宣言和公约，例如《生物多样性公约》《世界人类基因组与人权宣言》《世界文化多样性宣言》《保护和促进文化表现形式多样性公约》等，明确肯定了保障和发展少数族群文化的权利。这些权利主要有：在统一的政治制度和政治秩序内，应允许或者鼓励各文化群体在文化领域自主传承和发展多元文化，允许在社会领域不同文化部落共生共存，大家各美其美，美美与共。进入 20世纪 80 年代以后，这种多元文化主义理念逐渐受到许多西方国家追捧，有的国家发布多元文化政策，有的虽没有发布多元文化政策，但实际上采取保护、尊重的态度。

（一）西方国家的多元文化政策

> 在欧洲各国，多元文化政策主要表现为政府对各少数族群文化采取自治或者半官方扶持政策。

在欧洲各国，多元文化政策主要表现为政府对各少数族群文化采取自治或者半官方扶持政策。比如瑞典 1975年宣布实施多元文化政策，少数族群可以以文化社团的名义，向政府的文化部门申请传承传统文化的项目经费，用这些经费开展传统语言文化习俗的宣传教育展示等活动，甚至可以建立富有特色的文化社区。

基于这种鼓励和扶持，从 20 世纪 60 年代到 21 世纪初，经过半个世纪的发展，伊斯兰文化在欧洲大陆迅速扩展。在英国，2016 年穆斯林人口突破 300 万[1]，穆斯林女生可在公立学校佩戴与校服颜色不冲突的头巾，政府批准穆斯林修建清真寺，伦敦的街区出现了围绕清真寺形成的穆斯林社区，银行和金融体系开设了专为穆斯林服务的伊斯兰金融部，部队为穆斯林官兵开设礼拜室和清真灶……多元文化政策不仅鼓励移民保留各自的文化与宗教特性，也使移民社团特别是穆斯林社团在英国的政治影响力日益增强，穆斯林文化逐步嵌入欧洲基督教社会文化中。

英国的这些现象在欧洲其他国家相继出现。截至 2016 年，法国有 570 万穆斯林人口，占总人口约 8.8%，是欧洲国家中穆斯林人数最多的。其次是德国，约有 500 万穆斯林人，占总人口 6.1%。[2] 由于文化自治，城市开始出现不同的文化社区，多数穆斯林族群相对聚居于穆斯林文化社区里，文化内闭性强，多数人社会融入能力不足，宗教成

---

① 《英国：穆斯林人口历史性地冲破 300 万》，http://www.muslimwww.com/html/2020/xueshu_0107/35268.html，2020 年 1 月 7 日。

② 周少青：《欧洲穆斯林人口的五个"事实清单"》，《中国民族报》，2018 年 2 月 6 日，第 5 版。

为这个族群在"新的家园"抱团取暖的载体，一定程度阻断了这个群体对基督教社会的融入。近十几年来，涉及伊斯兰教的暴力恐怖事件在英国、法国、德国等国相继出现，欧洲各国实施的包容性多元文化政策遭遇社会分裂的挑战。在此背景下，英、法、德等国领导人先后宣布调整传统的多元文化政策。

与欧洲自由放任的多元文化政策不同，加拿大在20世纪80年代后努力打破各个文化集团之间的"区隔"，促进不同文化群体交流互动。美国是在近二百多年里发展起来的世界上最大的移民国家。美国在尊重文化多样性基础上，出台一系列政策引导少数族群融入美国社会。比如20世纪60年代美国政府提出"肯定性行动"，对黑人、西班牙裔、印第安人等弱势族群在教育、就业、住房、社会保护等领域进行照顾和扶持，后来这一扶持又扩大到其他族群。也就是说"文化多元"并不意味着各族群在政治、地域上实行"割据"而危害国家的统一。美国的"多元"之上有十分强大的"一体"，州和联邦都是很强的政治实体。美国不仅仅有政治上和经济上的统一，在文化层次上也有很强的"一体化"，如使用英语，接受美国社会的基本价值观念和行为规范。所以，"文化多元"并没有保留具有真正独立意义的"文化群体"，只是允许在接受"共同文化"的前提下保留了原有传统文化某些特点的各个"亚文化群体"的存在。

（二）中国的少数民族文化保护政策

与西方国家民间族群文化社团自主传承族群传统语言文化的方式不同，中国的少数民族文化保护，是国家文化建设战略的一部分，以中华文化"多元一体"建设为主要方式，既强调对少数民族传统语言文字、物质文化和非物质文化遗产的保护传承，也强调以社会主义核心价值观引领各民族传统文化创造性转换和创新性发展，推动各民族文化交融互鉴，建设各民族共有精神家园。

1. 保护少数民族语言文字

一是在国家政治生活中，全国人民代表大会、中国人民政治协商会议等重要会议，都提供蒙古、藏、维吾尔、哈萨克、朝鲜、彝、壮等民族语言文字的文件或语言翻译；中国人民币主币除使用汉字之外，还使用了蒙古、藏、维吾尔、壮四种少数民族文字。

二是在民族区域自治地方的自治机关执行公务时，使用当地通用的一种或几种文字。同时，少数民族语言文字

> 中国55个少数民族使用了80多种语言、28种文字。[1]《中华人民共和国宪法》第四条规定："各民族都有使用和发展自己的语言文字的自由。"[2]

---

[1]《我国少数民族中53个民族有自己的语言　数量超过80种》，http://www.gov.cn/zxft/ft181/content_1378322.htm，2009年7月29日。

[2]《中华人民共和国宪法》，http://news.12371.cn/2018/03/22/ARTI1521673331685307.shtml，2018年3月22日。

在教育、新闻出版、广播影视、网络电信等诸多领域，广泛应用和发展。比如《中华人民共和国民事诉讼法》规定："各民族公民都有用本民族语言、文字进行民事诉讼的权利。"①《中华人民共和国刑事诉讼法》《中华人民共和国行政诉讼法》和《中华人民共和国人民法院组织法》均作了类似的规定。

三是使用少数民族语文进行教学。1949年中华人民共和国成立时，中国55个少数民族中，除回族、满族、畲族等通用汉语、汉文以外，有18个民族有自己的文字，其余民族有语言没有文字。国家帮助壮族、布依族、苗族、侗族、哈尼族、黎族等10个少数民族创制了拉丁字母的拼音文字，在一些民族地区建立了民族语授课中小学，大学也建立了相应的民族语言文化专业，如中央民族大学有维吾尔语言文学、蒙古语言文学、朝鲜语言文学、藏缅语族语言文学等专业。

以藏语文保护传承为例。西藏自治区人民代表大会通过的决议、法规，西藏各级政府和政府各部门下达的正式文件、发布的公告都使用汉藏两种文字。地方各级政府和企事业单位组织的大型会议和主要活动中，行文坚持使用汉藏两种文字。司法诉讼活动中，根据藏族诉讼参与人的需要使用藏语文审理案件、制作法律文书，保障藏族公民使用藏族语言文字诉讼的权利。目前，西藏公开发行藏文期刊16种、藏文报纸12种，累计出版藏文图书7 185种、4 009万册。此外，藏语言文字在卫生、邮政、通信、交通、金融、科技等领域都得到广泛使用。②

1984年，国家拨款新建西藏自治区档案馆，保存和收藏了大量珍贵的藏文档案，目前馆藏档案达300多万卷（册、件）。持续支持重要藏文经典的搜集、整理、翻译和出版工作，组织校勘出版《中华大藏经》藏文版，抢救整理《格萨尔王传》，出版《先哲遗书》丛书、《中华大典·藏文卷》、"雪域文库"丛书等众多珍贵藏文典籍。

国家高度重视藏语术语标准化工作。1995年，成立全国藏语术语标准化工作委员会，2018年，工作委员会发布《党的十八

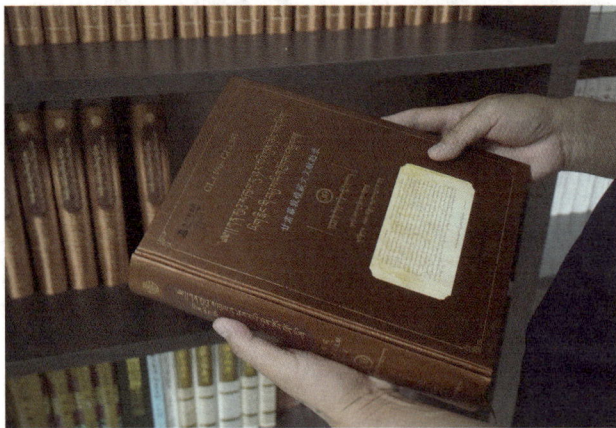

图7-5 《甘肃藏敦煌藏文文献勘录》丛书共30卷，约2 205余万字，收录了6 700余件甘肃藏敦煌藏文文献，系国内外首次以全文录入的方式出版（中新社九美旦增/视觉中国）

① 《中华人民共和国民事诉讼法》，http://www.moj.gov.cn/Department/content/2018-12/25/357_182594.html，2018年12月25日。
② 朵玛多吉，杜倩：《雪域高原奏响春天赞歌》，《光明日报》，2022年3月31日，第4版。

大以来审定的藏语新词术语》，包含近 1 500 条藏语新词术语。藏语文信息化、藏文软件研发推广等工作取得显著成果。1997 年 7 月，藏文编码标准正式获得通过，成为国际标准《信息技术 通用多八位编码字符集》的重要组成部分，藏语言文字成为第一个具有国际标准、获得全球信息高速公路通行证的中国少数民族语言文字。2004 年，西藏自治区人民政府与国家信息产业部签订《关于藏文软件开发和推广应用的合作协议》，研发出输入法、操作系统、办公软件、网页浏览器等一系列基础性藏文软件。

2. 保护少数民族传承文化的权利

比如，国家成立了全国少数民族古籍整理出版规划小组和办公室，对少数民族古籍进行挖掘、整理、保护，已搜集少数民族古籍数百万种，整理 11 万余种；《国家珍贵古籍名录》第一、二批已收录少数民族古籍 377 种；纳西族东巴古籍文献已列入联合国教科文组织"世界记忆遗产名录"；中国政府设立少数民族三大英雄史诗《格萨尔》（藏族）、《江格尔》（蒙古族）、《玛纳斯》（柯尔克孜族）专门工作机构，收集、整理、翻译和研究工作取得重大成果。对于非物质文化遗产，政府投入经费，培养传承人，开展教育培训，组织展演，维吾尔族的"十二木卡姆"说唱艺术、蒙古长调、侗族大歌等都在国内外广为展演、传唱。

> 国家成立了全国少数民族古籍整理出版规划小组和办公室，对少数民族古籍进行挖掘、整理、保护，已搜集少数民族古籍数百万种，整理 11 万余种。

比如，2006 年以来，中央财政累计投入 2.09 亿元，用于西藏国家级非物质文化遗产代表性项目的保护、国家级代表性传承人的抢救性记录、非物质文化遗产传承人群培训以及扶持传承人开展传习活动、非物质文化遗产保护利用项目基地建设等。目前，西藏有联合国人类非物质文化遗产代表作 3 项（格萨〈斯〉尔、藏戏、藏医药浴法）；国家级代表性项目 89 项，国家级代表性传承人 96 名，自治区级代表性项目 460 项，自治区级代表性传承人 522 名。[1]

3. 尊重少数民族的风俗习惯

《中华人民共和国宪法》第四条规定：各民族"都有保持或者改革自己的风俗习惯的自由"[2]。中国政府对少数民族服饰、饮食、居住、婚姻、节庆、礼仪、丧葬等风俗习惯，给予尊重和保护。比如，尊重清真饮食习俗，全国各省（区）直辖市都有地方立法，或者部门规章，确保清真食品的供应和规范管理。再比如，国家保护少数民族传统

---

① 《西藏和平解放与繁荣发展（白皮书）》，http://www.gov.cn/zhengce/2021-05/21/content_5609821.htm?webid=21，2021 年 5 月 21 日。

② 《中华人民共和国宪法》，http://news.12371.cn/2018/03/22/ARTI1521673331685307.shtml，2018 年 3 月 22 日。

节庆习俗，法律规定民族自治地方人民政府可以按照有关习惯制定节庆放假办法，西藏执行全国性法定节假日的同时，将藏历新年、雪顿节等藏族传统节日列入节假日，少数民族职工参加本民族重大节日活动，可以按照国家有关规定放假，并照发工资等。

在广泛开展少数民族传统文化保护传承的同时，国家鼓励和引导各地区各民族文化交往交流，推动各民族文化相互尊重、相互欣赏、相互学习、相互借鉴；强调树立和突出各民族共享的中华文化符号和中华民族形象，增强各族同胞对中华文化共有精神家园的认同。

由此可见，中国在解决少数民族文化保护上关注到了"多"与"一"的统一，是在"中华文化'多元一体'"的格局中开展的文化建设。中国突出社会主义核心价值观对各民族传统文化创新发展的统摄，同时对各民族丰富多彩的传统文化形式采取保护和传承发展的态度，从而达到了"统"与"分"的平衡，这不仅有利于少数族群文化的保护与传承，也有利于中华文化整体的建设与发展。而西方在族群文化保护上，更倾向于放任不同族群文化自主传承、自在发展，在"统"与"一"的整合上做得比较少，这虽然充分体现了西方国家对于各族群文化的尊重态度，但缺乏社会整体价值观对各类文化的整合，也导致社会文化价值越来越呈现多元化倾向，文化多元背后隐含着社会分裂，我们认为这也是西方近年来种族关系频频出现问题的原因之一。

四、基于族群因素的区域自治政策的中西比较

（一）西方基于族群因素的区域自治

西方国家针对族群因素的区域自治各具特色，大体可划分为以下几个类型：一是各种类型的联邦制，比如英国的苏格兰、北爱尔兰和威尔士享有广泛的自治权。二是单一制国家体制下的区域自治，比如：芬兰的奥兰自治省、意大利的 5 个自治区、西班牙的 17 个自治区等。三是各种类型的原住民保留地。美国、加拿大的数量庞大的原住民保留地，广义上可划入区域自治的范畴。这些区域自治有如下几个特点：

第一，区域自治地方政府享有大小不等的地方事务自主权。国家对自治地方整合能力弱。基于族群因素而实施区域自治的地方，国家权力低度干预往往导致自治地方与其他地方经济社会联动发展的某种脱节，比如美国约 300 处地处偏远地方的印第安人保留地[1]，更像是美国社会的"飞地"。

第二，自治主体是自治区域范围内全体居民，不是某一族群。尽管多数自治区域都是某一族群传统聚居地，或以某一少数族群传统聚居区为地域范围，但自治主体不是这

---

[1]《人民网记者走进美国最大的印第安人保留地》，http://world.people.com.cn/n/2013/0827/c1002-22714681.html，2013 年 8 月 27 日。

个聚居地的多数族群，而是区域内全体居民，区域自治的制度设计和政策实践不考虑族群因素。

比如，瑞士是多族群国家，有四种官方语言，按人口比例依次为德语、法语、意大利语和罗曼什语。但瑞士联邦并未按照语言分区设置区域自治，而是以区域为基础建立 26 个州。尽管还可以辨认各州的语言属性，但各州不得建立针对本州的"族群特殊公民权"。芬兰奥兰群岛 95% 居民的母语是瑞典语[1]，根据 1993 年奥兰群岛自治法的规定，行使自治权利的核心机构是奥兰群岛议会，成为议员的资格是拥有奥兰群岛的居住权，与族群身份、使用何种语言无关。

这种区域自治全面渗透了人口多数族群居民的价值和利益诉求。比如西班牙的巴斯克地区，虽然制度设计是全体巴斯克地区居民自治，但由于巴斯克族群人口处于多数，巴斯克政府出台的各项法律政策，基本上能全面反映巴斯克族群的价值和利益。

（二）中国的民族区域自治

中国民族区域自治有三个鲜明特点：

第一，实行区域自治的民族公民担任自治地方主要政权负责人。按照《中华人民共和国民族区域自治法》，自治区各级人大常委会的主任或副主任、自治区主席、自治州州长、自治县县长均从实行区域自治的民族的候选人中选举产生，当地的几个主要民族都有适当数量的人员在地方各级国家机关中担任领导职务。

从 1947 年内蒙古自治区成立开始到 2003 年，中国根据各民族聚居程度，人口、语言文化等方面的特点，建立了 155 个民族区域自治地方，包括 5 个省级自治区，30 个地市级自治州（盟），120 个自治县（旗），还有 1 000 多个民族乡。[2]

比如，新疆维吾尔自治区第十一届（2008—2013）人大常委会 58 人中，少数民族 39 名，占 67.24%；全区 2 125 名县级人大常委会组成人员中，少数民族 1 097 名，占 51.62%；599 名县（市、区）长，副县（市、区）长中，少数民族 271 名，占 45.24%，自治区主席、5 个自治州的州长、6 个自治县的县长均由实行区域自治的民族的公民担任。[3]

2014 年，新疆维吾尔自治区第十二届人大代表名额共 550 名，有 14 个民族成分，

① 沈桂萍：《全球化背景下国际社会处理族群与国家关系的模式研究》，《中央民族大学学报（哲学社会科学版）》2020 年第 3 期。

②《中国的民族区域自治》（白皮书），http://www.gov.cn/zhengce/2005-09/13/content_2615742.htm，2005 年 5 月 27 日。

③《建国 60 年：少数民族干部成新疆改革开放中坚力量》，http://news.sohu.com/20090601/n264257363.shtml，2009 年 6 月 1 日。

其中少数民族代表占 66%，比少数民族人口在新疆总人口中的比例高出 3 个百分点。9
位现任自治区人大常委会主任、副主任中，有少数民族 6 名。2014 年，出席第十二届
全国人大的新疆代表共 60 名，其中少数民族代表 38 名，占 63.33%。还有一批少数民
族干部在中央和国家机关中担任领导职务。①

第二，统一与自治、民族因素与区域因素相结合。《中华人民共和国民族区域自治
法》规定，民族自治地方是中华人民共和国不可分离的部分，自治机关是国家的一级地
方政权机关。

> 中国的民族区域自
> 治制度既考虑民族自治，
> 也考虑区域合作，两个
> 要素缺一不可。

中国的民族区域自治制度既考虑民族自治，也考虑区
域合作，两个要素缺一不可。如 1957 年在筹备建立广西
壮族自治区时曾考虑过两种方案，一种是在原广西壮族
自治区的基础上改建为广西壮族自治区，称为"合"的
方案；一种是把原广西壮族自治区一分为二，汉族人口较
多、经济文化较发达的东部保留广西壮族自治区的建制，
西部建立省一级的壮族自治区，称为"分"的方案。最后确定了"民族因素与区域因
素"相结合的"合"的方案。这种既考虑民族相对聚集、文化结构相对独特的民族因
素，也考虑各民族团结协作的区域因素的方案，一直贯穿民族区域自治的实践过程。

第三，国家实施兴边富民、对口援助、精准扶贫、生态保护、财政转移支付等各
种措施，扶持民族区域自治地方加快发展。比如，西藏自治区自 1965 年成立至今，西
藏财政支出的 94% 以上来自中央财政拨款；②1994 年至 2020 年，对口援藏省市、中央
国家机关及中央企业分 9 批共支援西藏经济社会建设项目 6 330 个，总投资 527 亿元；
2011 年至 2020 年，中央补助资金 172.8 亿元，支持西藏城镇保障性住房开工 35.19 万
套；2019 年以来中央补助资金 2.3 亿元，支持西藏改造城镇老旧小区约 8 900 户。多年
来持续的医疗人才"组团式"援藏，医疗卫生网遍布城乡；教育人才"组团式"援藏，
各级各类现代教育体系纷纷建立起来。③

概括而言，中西方国家的民族政策既有共同点也有不同点：

第一，中西方国家都立法保护全体公民，不论民族、种族一律平等；都对多元文化
进行保护。

---

① 《新疆各民族平等团结发展的历史见证》，http://politics.people.com.cn/n/2015/0925/c1001-
27631743.html，2015 年 9 月 25 日。

② 《西藏财政支出的 93% 到 94% 都来自中央转移支付》，http://www.gov.cn/jrzg/2008-04/01/
content_934007.htm，2008 年 4 月 1 日。

③ 《〈西藏和平解放与繁荣发展〉白皮书（全文）》，http://www.scio.gov.cn/zfbps/32832/
Document/1704531/1704531.htm，2021 年 5 月 21 日。

第二，西方国家没有进行法律和政策层面的"民族识别"，没有基于族群身份的民族区域自治和经济文化扶持政策；西方国家通过文化自治将族群事务"民间化"。

第三，中国立法保护少数民族公民个体和群体政治文化权利。中国政府一方面强调国家集中统一，各民族一律平等；另一方面对公民的"民族身份"进行识别，法律上确认少数民族政治文化权利，实行国家集中统一领导下的、以自治民族公民担任自治地方行政长官的民族区域自治制度；出台一系列传承发展少数民族文化的政策。中国政府还在财政补贴、税收减免等方面给予民族区域自治地方照顾扶持，确保自治地方与其他地方经济社会联动发展。此外，中国政府制定和实施了兴边富民、生态保护、对口援助、脱贫攻坚等一系列加快民族地区经济社会发展的政策措施，确保了少数民族和民族地区与东部发达地区经济社会联动发展。在社会层面，中国政府广泛开展"汉族离不开少数民族，少数民族离不开汉族，各少数民族之间也相互离不开"的民族团结进步教育活动，对于巩固平等团结互助和谐的民族关系发挥了积极作用。

可见，中国的民族事务治理强调在国家集中统一领导前提下，保障每个公民族群的政治权利和文化权利，这种权利保护模式比较好地把握了"一体"与"多元"的辩证统一。这种"统"与"分"的辩证统一，有效地避免了中国出现像苏联那样因过分强调"民族加盟共和国"的"分治"导致的国家解体，也避免了像西方国家那样放任文化多元发展可能给社会分裂带来的隐患。

第三节　海外侨胞与中华民族共同体意识

当今世界正处于百年未有之大变局，中华民族迎来了千载难逢的发展机遇，也面临前所未有的风险挑战。面对纷繁复杂的国际国内形势，自中国共产党十八大以来，习近平总书记在多个场所发表了中华民族伟大复兴、中华民族大家庭、中华民族大团结、铸牢中华民族共同体意识的重要讲话。实现中华民族伟大复兴的中国梦，是连接海内外中华儿女的最大公约数。由于民族关系、宗教关系是统一战线领域两个重要的关系，政党、阶层和海内外同胞等都由各民族同胞组成，全体海外侨胞与大陆各民族同胞具有共同历史文化记忆，都关心中华民族发展，愿意致力于中华民族伟大复兴。因此海外侨胞也应该以增强中华民族共同体意识为主线，加强各族侨胞大团结，共同致力于中华民族伟大复兴。

一、海外各族侨胞反"独"促统、维护国家核心利益的民族责任

随着中华民族伟大复兴进程加快，中国在国际上的影响力越来越大，国际敌对势力加紧利用所谓民主、人权以及民族、宗教、香港、台湾、西藏、新疆等议题对中国实施分化、颠覆和遏制发展战略。近年来，他们在民族、宗教问题上大做文章，明里暗里扶持民族分裂势力、宗教极端势力、暴力恐怖势力制造事端；把香港、台湾作为对中国进行牵制遏制的砝码，妄图破坏港澳繁荣稳定。

比如，2017 年后，美国对新疆骤然关切起来。一方面声称新疆教培中心侵害维吾尔族人权，出台所谓"2020 年维吾尔人权政策法案"，不断制裁中国新疆官员、机构；另一方面大肆污蔑中国在新疆搞"种族灭绝""强迫劳动"和"文化灭绝"等，制造谎言，妖魔化中国治理新疆各项政策，俨然一副新疆人权维护者的面孔。

西藏是美国惯用的一张牌，2020 年特朗普政府通过《2019 年西藏政策及支持法案》，对达赖转世问题提出强硬立场，妄言转世问题中国说了不算，悍然干涉中国内政。新当选的拜登总统，更是强调美国自由主义价值观，大有组团围攻中国之势，因此，随着国际秩序无序化和国际政治格局两极化的势头，涉藏问题斗争会愈加严峻。

香港一直是西方敌对势力反华的"桥头堡"，仅美国在香港领事馆就派出了近1 000 人的工作人员，其目的就是在香港这个"自由港"收集情报，并进行针对中国内地的政治颠覆活动。从 2014 年到 2019 年香港发生的多次动乱，背后都有境内外敌对势力参与和操纵的黑手，所针对的不仅仅是香港，而是中国大局。

与此对应，境外分裂势力出现整合联动倾向。2016 年初，"港独"激进组织"本土

民主前线"头目发动旺角暴动事件后，经达赖在台办事处联系，前往印度与达赖进行会面。2016 年 11 月，"香港民族党"头目陈浩天出席了在日本举办的"南蒙古大呼拉尔台"成立大会。而所谓"大呼拉尔台"（蒙古语的意思即大议会），是由海外蒙古族的政党和团体共同成立，是一个货真价实的"蒙独"组织。

2018 年以来这种联合趋势更加明显。2018 年"港独"分子戴耀廷赴台出席"五独论坛"鼓吹"香港独立"，狂言中国其他族群（藏、蒙、疆）都可建国或组成联邦或邦联，透过"五独"论坛，共同鼓吹分裂国家。2018 年香港"职工盟"组织干事邓建华到印度新德里出席"藏独"组织的所谓国际论坛。

从国内看，由于国内外环境的影响，改革开放 40 多年来，中国越来越深入地融入全球化，在中外文化交融互鉴的同时，我国部分边疆地区，出现民族分裂的逆流，特别是"疆独""藏独"等分裂势力，利用"民族宗教因素"进行社会动员，除了通过"暴恐"活动危害国家安全外，还在意识形态领域进行"去中国化""去中华民族化"的独立话语建构，将民族区域自治歪曲为某个民族独享的自治权，将民族区域自治地方歪曲为某个民族独有的地方，造成思想混乱，民族宗教意识形态分裂与反分裂的斗争形势日益复杂化。

比如，在新疆，一个时期以来，境内外敌对势力，特别是民族分裂势力、宗教极端势力、暴力恐怖势力，为了达到分裂、肢解中国的目的，蓄意歪曲历史、混淆是非。他们抹杀新疆是中国固有领土，否定新疆自古以来就是多民族聚居、多文化交流、多宗教并存等客观事实，妄称新疆为"东突厥斯坦"，鼓噪"新疆独立"，企图把新疆各民族和中华民族大家庭、新疆各民族文化与多元一体的中华文化割裂开来。

海外侨胞是中华民族大家庭的重要成员，中华民族大家庭内每个人的命运都是同祖国的命运紧密连在一起的。海外各族侨胞处于反分化、反分裂、反颠覆、反渗透斗争的前沿，在抵御境外敌对势力利用民族、宗教议题进行渗透破坏，利用台湾、西藏、新疆问题实施分裂活动，利用香港问题发起区域性"颜色革命"，利用民主、人权问题进行攻击等方面，担负着反对国外反华势力的分化策略、铸牢中华民族命运共同体意识的重大责任。

海外侨胞不仅要与国际反华势力作斗争，还要与形形色色的分裂势力作斗争。特别是侨居海外的少数民族同胞及其后代，例如藏族同胞、蒙古族同胞、维吾尔族同胞、哈萨克族同胞、苗族同胞、瑶族同胞等，他们都是中华民族大家庭一员。因此，新时代的海外华侨、出国留学人员，无论是海外汉族侨胞，还是少数民族爱国侨胞，无论是大陆出国人员，还是侨居世界各地的香港同胞、澳门同胞和台湾同胞，都肩负着与"疆独""藏独""港独""台独"等各种分裂势力作斗争的使命。

海外侨领、侨社等组织，要注意团结争取当地的少数民族侨胞，了解他们的动态，关注关心他们的合法权益，加强与他们的沟通、服务、联谊和合作交流，尽可能把他们紧密团结在一起，共同承担起在海外维护国家统一、民族团结，共同反分化、反分裂、反渗透、反颠覆的政治使命，努力形成海外反分裂的中华民族命运共同体联盟，团结争取海外一切对我友好力量，开展争取人心、反"独"促统工作。

在尖锐复杂的国际舆论斗争中，海外中华儿女要主动发声亮剑，担当维护中华民族团结统一的大义，讲好各民族共同缔造中华民族的历史故事；讲好我国民族政策价值理念和少数民族政策；讲好中国保障少数民族合法权益的故事，各族儿女共同团结奋斗、共同繁荣发展的中国故事；讲好各族儿女休戚与共、荣辱与共、生死与共、命运与共的"中华民族一家亲"故事；讲好中华民族与人类合作共赢的命运共同体故事。通过事实，揭穿各种分裂势力的险恶用心，遏制境外分裂势力，维护国家核心利益。

比如，在国际舆论交锋中海外侨胞用语言学、考古、文献等资料讲述西藏自古是中国的一部分，汉藏古代先民不仅在族源上，而且在生产技术、天文历算、宗教文化和语言文字等方面交流交融，为中华民族及其中华文化的形成和发展做出了重大贡献；向国际社会介绍历史上藏传佛教的发展是在中原王朝对藏区治理逐步深化的过程中发生的，是在藏地佛教与中原文化交往交流交融中发展的，是以藏传佛教界高僧大德维护国家统一为主要表现的。

众所周知，藏传佛教从源头上深受中原文化影响。[①]大量史料揭示了西藏佛教主要来自中原的历史事实，特别是公元641年文成公主入藏，不仅带去释迦牟尼佛像、

图7-6　以文成公主入藏和亲为历史背景打造的《文成公主》藏文化大型史诗剧（梁臻／视觉中国）

---

① 参见孙林：《藏传佛教的本地化及其早期特点》，《西藏大学学报（社会科学版）》2008年第1期，第60—68页。孙林等学者认为，吐蕃时期藏地佛教思想来源主要是汉地禅宗与印度佛教，11世纪后逐渐本地化，演变为藏传佛教各教派。

三百六十部佛经，还带去寺院建造法式及寺院法规，文成公主还随松赞干布译经达13年之久。① 公元710年唐朝金城公主入藏，在吐蕃开创了两种佛事活动，即"谒佛之供"和"七期荐亡"，这对吐蕃佛教的制度化，以及深入民俗生活发挥了重要作用。

历经元朝中央政府对西藏的经略，清朝三百年，藏传佛教不仅进入清朝官方文化，而且佛教思想中的慈悲、平等、包容等理念与儒家"仁义礼智信"等交流互渗，逐渐渗透到民俗生活中，渗透到中华民族各个成员的思维深处，沉淀成共同的价值认同，一个以儒释道为文化底蕴的中华民族思想文化逐渐形成。现在，五台山成为汉藏佛教圣地，汉藏蒙等各族信众在此共修，共同诠释着团结统一的中国佛教传统。

正是上述几个方面的需要，2020年下发的《中国共产党统一战线工作条例》提出，加强对海外侨胞的思想政治引领，增进华侨和出国留学人员融入民族复兴伟业；遏制"台独"等分裂势力，维护国家核心利益；发挥促进中外友好的桥梁纽带作用，营造良好国际环境。

二、海外侨胞担负向国际社会讲清楚中国道路的时代使命

早在中华人民共和国成立初期，毛泽东就郑重指出："国家的统一，人民的团结，国内各民族的团结，这是我们的事业必定要胜利的基本保证。"② 习近平总书记也多次强调民族团结就是各族人民的生命线；各民族同胞要手足相亲、守望相助，共同维护民族团结、国家统一。

> 重视中华民族大团结，是中国处理民族关系的重要传统，也是中国民族团结、社会和谐、边疆稳定的重要保障，是有别于世界上很多国家的重要优势。

历史上海内外中华各族先辈共同缔造了伟大的中华民族，共同维护了国家的统一。今天海内外各族侨胞团结一心，共同致力于中华民族伟大复兴，需要注意团结争取海外少数民族侨胞，共担中华民族伟大复兴重任，共享中华民族伟大复兴荣光。

第一，需要海外各族侨胞在世界范围两种道路、两种制度和两种意识形态交锋斗争中，深刻理解近代以来中华各族儿女选择的中国共产党领导的中国道路。回顾近代百年中华民族走过的历程，可以看到，在中国人民和中华民族的伟大觉醒中，1921年中国共产党应运而生，中国产生了共产党，这是开天辟地的大事件，中国革命的面貌从此焕然一新。中国共产党领导中国人民取得的伟大胜利，使具有5000多年文明历史的中华民族全面迈向现代化，让中华文明在现代化进程中焕发出新的蓬勃生机；使具有500年

---

① 参见王丽媛：《试论佛教在汉藏文化交流中的作用》，《法音》2015年第10期，第46—49页。
② 毛泽东：《关于正确处理人民内部矛盾的问题》，载《毛泽东文集（第七卷）》，北京：人民出版社1999年版，第204页。

历史的社会主义主张在世界上人口最多的国家成功开辟出具有高度现实性和可行性的正确道路，让科学社会主义在 21 世纪焕发出新的蓬勃生机；使具有 70 多年历史的新中国建设取得举世瞩目的成就，使中国这个世界上最大的发展中国家在短短 40 多年里摆脱贫困并跃升为世界第二大经济体，创造了人类社会发展史上惊天动地的发展奇迹，使中华民族焕发出新的蓬勃生机。

中华民族百年苦难辉煌的历程说明，历史和人民选择中国共产党领导中华民族伟大复兴的事业是正确的；中国共产党领导中国人民开辟的中国特色社会主义道路是正确的；中国共产党和中国人民扎根中国大地、吸纳人类文明优秀成果、独立自主实现国家发展的战略是正确的。当今世界，要说哪个政党、哪个国家、哪个民族能够自信的话，那中国共产党、中华人民共和国、中华民族是最有理由自信的。

第二，海外各族侨胞要紧密团结起来，捍卫中华民族选择的中国道路、中国模式。在国际范围两种道路、两种制度、两种意识形态舆论交锋中，海外侨胞通过各种形式向住在国政要、智库媒体和民众全面客观介绍中华民族百年苦难辉煌的道路选择，善于用小故事讲清大道理，让中国道路、中国方案、中国主张得到国际社会广泛理解和认同。不仅要发挥好华文媒体的导向引领作用，还要积极在住在国媒体上发声，向住在国的受众群体讲述中国故事；不仅用中文，还要努力用当地人们能读懂的语言讲好中国故事，加强海外华文媒体与当地主流媒体合作，推进本土化传播，提高对国际舆论的影响力。

第三，讲清楚中华民族伟大复兴与构建人类命运共同体的统一性。中华民族伟大复兴的中国梦是与构建人类命运共同体息息相通的。中华文化"兼济天下"的情怀、中华民族爱好和平的精神意味着中国是维护世界和平的重要力量，中华民族的伟大复兴将会为破解人类面临的共同难题提供中国方案。中华民族的伟大复兴，不仅有利于社会稳定、人民幸福，从世界层面上来说，它也有利于推动世界各国的发展。

三、共同传承传播中华文化精神

> 中华文化是海外侨胞的心灵家园，是把全体海外中华儿女凝聚在一起的重要文化纽带。

传承和传播中华优秀文化，加强文化交流，是海外中华儿女的重要文化使命，也是海外文化社团重要工作任务。

从本质上说，"你中有我，我中有你"的中华民族共同体意识，是一种共同历史记忆和共同文化认同。2014 年中央民族工作会议以来，习近平总书记多次论述中华文化与各民族文化的关系。他说，中国有五千年文明史，各民族及其先民共同缔造祖国悠久历史，共同创造了灿烂的中华文化；今天的中华文化是各民族文化兼容并蓄的共同体，"把汉族文化等同于中华文化是错误的，把本民族文化自外于中华文化也是错误的；加强中华民族大团结，长远和根本的是增强文化认同，建设各民族共有精神家园，积极培育中华民族共同体意识"①。

随着改革开放的深化，越来越多的各民族同胞在全国各地流动，各民族传统节庆活动越来越交融互鉴，原来属于某一民族的传统节庆活动，有越来越多其他民族同胞参与和分享。在共享传统节庆活动中，饺子、糍粑、竹叶饭、馓子等各民族花样百出的各种饮食习俗，成为各族同胞共享的饮食文化，羊肉串、馕、奶茶等传统上属于西北民族的饮食，越来越成为全国各族同胞共享的饮食文化。同样，中秋节的月饼、除夕夜的饺子、元宵节的汤圆等"节日饮食"符号，也传播到全国各地。这些饮食文化中孕育的团结统一、和谐圆满等中华文化精神也随之渗入各族同胞的饮食文化中。在共同分享传统节庆文化的氛围里，中华民族文化认同感不约而同、不期而至，沉淀为最浓厚的共同民族文化心理。

因此，海外侨胞的中华文化传承传播，应该树立各民族共创中华文化、共享中华文化、共传中华文化的"中华文化共有精神家园"意识。要将"少数民族文化"放到中华传统文化保护传承的话语中进行叙述，既不要将中华文化等同于汉族文化，等同于汉族传统文化，也不要将少数民族文化自外于中华文化。

> 海外侨胞的中华文化传承传播，应该树立各民族共创中华文化、共享中华文化、共传中华文化的"中华文化共有精神家园"意识。

第一，在华文教材建设上，要有体现中华文化是各民族共有精神家园的内容。比如，我国各族同胞在历史上不同时期接受了佛教、伊斯兰教和基督教，将这些宗教教义教规、宗教礼仪制度、宗教道德等宗教文化植根于中华文化沃土，发展出各具特色的中国宗教文化，都是中华传统文化的一部分。其中，佛教融汇了藏族等少数民族文化，发展出中国特色的藏传佛教文化，成为藏、蒙古等十多个民族传统文化的重要组成部分。此外，佛教扎根中原文化，发展出汉传佛教文化，成为汉族等传统文化的一部分。此外，佛教融汇傣、布朗等少数民族文化，发展出中国南传佛教文化，成为我国云南很多少数民族传统文化的组成部分。

现在分布在全世界的华文教材、华文媒体在叙述中华文化故事中，应该全面呈现古往今来的中华各民族共同创造了多种多样的语言文字、灿烂辉煌的科学技术、闻名遐迩的中华医学、深邃久远的思想宝库等各民族优秀传统文化；反映勤劳、勇敢、智慧的中华各族人民，无论人口多少、历史长短、风俗异同、经济文化水平发展高低，在文化、

---

① 《中央民族工作会议暨国务院第六次全国民族团结进步表彰大会在北京举行》，http://politics.people.com.cn/n/2014/0930/c1024-25763359.html，2014 年 9 月 30 日。

科技、建筑、医药、艺术、体育等方面，都有自己的创造和优良的成果，为创造灿烂的中华文明作出过自己的贡献。

第二，在面向海外侨胞的中华文化展演活动中，反映各民族文化交融互鉴的故事。近年来海外侨社加强了对中华文化本土化传播，这些组织以中华传统节庆和特色文化为载体，开展丰富多彩、面向当地主流社会的中华文化展示活动，不仅在联系和增强海外侨胞与留学人员的中华文化认同方面发挥了积极作用，而且在国际社会大大提升了中华文化的影响力。新时代面对各种分裂势力的干扰破坏，海外中华文化传承传播要团结少数民族侨胞，在海外各族侨胞中讲述中华文化"你中有我，我中有你"的故事。

比如可以讲述我国有 80 多种语言、20 多种文字，用各种语言文字传唱、书写的古典诗歌、戏剧、小说反映了中华各民族的生产、生活和相互交流交融的历程；我国是世界上最早栽培、种植水稻的国家；中华各族儿女建造了故宫、长城、布达拉宫等辉煌的历史建筑；各族人民在实践中创造的中华传统中医、藏医、蒙医、维吾尔医等，是中华传统文化的重要组成部分；中华传统文化中的儒家思想、道家思想、法家思想等，特别是古代辩证法和朴素唯物主义思想，深邃而影响久远……

> 当代中国，各民族文化交往交流交融更趋频繁，共同因素日益增多。

海外中华文化传播，要通过各种形式反映古往今来的中华各族儿女共同维护了国家的统一；反映西藏、新疆和其他省市交往交流交融的故事。当代中国，各民族文化交往交流交融更趋频繁，共同因素日益增多。各民族在许多方面共同分享了彼此文化元素，比如现今旗袍融合了汉族的刺绣工艺和满族袄式服装的特点，吸收现代服饰的元素，改进并成为具有中华民族特色的服饰。再比如，新疆舞源于维吾尔族民间舞蹈赛乃姆，经过艺术家的创造，已经成为富有新疆地域特色和具有新疆各民族文化共性的符号。通过讲述各族儿女共创中华文化故事，让海外各族侨胞体验、分享中华文化共有精神家园，从中凝练出中华民族共同体的团结和归属意识。

但各民族文化共同因素日益增多不等于汉化。随着工业化、城镇化、信息化高歌猛进，民族传统文化也日益现代化，许多富有民族特色的传统民居被一幢幢钢筋混凝土建构的楼房取代，蒙古包等富含民族特色的建筑只有在偏远牧区或旅游景点才能见到。冲击传统文化的是现代工业文化和信息文化，不是汉族文化。传统汉族农业文化也在走向现代化，不能把以工业文化、信息文化为主要表现形式的现代文化等同于汉族文化，更不能把现代文化对少数民族传统文化的冲击看作汉族文化对少数民族文化的威胁和同化。

第三，讲述包容开放的中华传统思想文化是凝聚各民族的重要精神纽带。相较于古埃及文明、古巴比伦文明、古印度文明，中华文明是世界上仍具有强大生机的古老文明，其重要原因在于它的包容性。世界上所有的战争都为两类原因而打：一是为了意识形态，例如中世纪的宗教战争、西式民主的强势推进、文明的冲突等；二是为了资源，例如西方大国在传统工业化时期对殖民地、能源、战略运输通道、规则制订权的争夺。然而，恰恰在这两个方面，中国历史上的大一统王朝即使处于军事和综合实力的优势地位，也绝少主动挑起过大规模对外战争。几千年来，中华文明坚持"礼"的制度与"道义"话语权，始终倡导"和为贵""和而不同""协和万邦""和谐共生"等观念。

与此同时，历史上，古代中国边疆各民族为长期生活在农耕文化状态下的中原各民族增加了一种锐意进取的开拓意识和兼容博纳的文化胸襟，使中原民族的民族性格不断得到丰富与升华。正是周边各民族文化的新鲜注入，中华文化才不断焕发出新的生机活力。特别是每一次民族大融合之后，便会迎来中华文化的空前发展，从而造就了宏阔豪迈的"秦汉雄风"、雍容大度的"盛唐气象"、强健有为的"康乾盛世"，成就中华文明发展的几个辉煌时期。在千百年持续交往交流交融过程中，团结统一的价值观内化为中华各族儿女的共同心理认同，成为古往今来中华大地上各民族紧密联系在一起的重要思想来源。

小　结

中华民族既有全民一体的"命运共同体"属性，也有内部结构上的"多元一体"属性。中国民族事务治理的精髓是"承认差异、包容多样"基础上的"以人民为中心，以发展促团结"理念。这是建构人类命运共同体的中国维度。人类命运共同体的核心是"持久和平、普遍安全、共同繁荣、开放包容、清洁美丽的世界"，这种理念体现了"要尊重世界文明多样性，以文明交流超越文明隔阂、文明互鉴超越文明冲突、文明共存超越文明优越"的文化观，与中华文化"多元一体"观具有内在契合性。

正如联合国旨在促进国家、民族、人民之间的合作、和平、发展一样，任何国家都有责任为全球治理发挥积极作用，为全人类密切关心、共同面临的气候、减贫问题，消除各种不平等，共同繁荣作出努力。一个经济发展、民族关系和谐、社会稳定的中国，更有助于推动全球正义、国际政治经济秩序的良性运行。因此，中国基于"中华民族'多元一体'"结构的"国家集中统一领导下"的"民族区域自治"模式和"少数民族文化保护"模式，与构建人类命运共同体统筹推进，各美其美，美美与共。

讨论题

1. 为什么说中华民族既是政治共同体,也是文化共同体?

2. 中华民族"多元一体"指的是什么?

3. 海外侨胞应该怎样讲述"多元一体"的中华文化故事?

推荐阅读

1. 中华人民共和国国务院新闻办公室:《新疆各民族平等权利的保障(白皮书)》,2021年。

2. 中华人民共和国国务院新闻办公室:《西藏和平解放与繁荣发展(白皮书)》,2021年。

3. 费孝通:《中华民族多元一体格局》,北京:中央民族大学出版社1999年版。

4. 马戎:《民族与社会发展》,北京:民族出版社2001年版。

5. 国家民委研究室:《新时代民族理论政策问答》,北京:民族出版社2019年版。

6. Samuel P. Huntington, Who Are We? The Challenges to America's National Identity, New York : Simon & Schuster, 2004.

7. [美]塞缪尔·亨廷顿著,程克雄译:《我们是谁:美国国家特性面临的挑战》,北京:新华出版社2005年版。

第八章
中外宗教关系比较与中国团结和睦的宗教关系

世界范围宗教与政治互动主要有：政教合一、国教政治、政教分离三种类型。政教分离和公民宗教信仰自由是近代以来世界上许多国家政治现代化变革的主要内容。中国宗教关系的历史传统是"政主教从、多元通和"，中国历史上只有教臣教民，没有教权，各宗教从属世俗政权统摄，维护皇权，中国人的宗教精神是人本和理性。儒家思想的"和而不同""大一统"价值观塑造了多宗教并存，各宗教平等和谐、兼容并蓄的宗教关系。这些历史传统，在今天升华成爱国爱教、团结统一、人本理性的人文精神。

当代中国依法保障宗教信仰自由的实践与世界许多国家的实践大体一致。中国现阶段宗教关系总体上健康和谐，公民个体自由选择信仰或不信仰宗教，宗教平稳有序健康发展。这与中国各宗教维护团结统一、相互尊重、和睦相处的历史传统有关，也与当今中国宗教信仰自由政策有关。当代中国的政教关系，既不是古代那种"政主教从"的统属关系，也不是西方那种以基督教神学为基础的"分离"关系，而是在政教分离基础上，党和政府依法管理、积极引导的政教关系，是公民个体信仰自由，宗教活动规范有序，不同信仰者相互尊重、和睦相处的关系。

宗教是人类社会古老的文化现象。在人类漫长的历史发展过程中，人们创造了各种各样的宗教，其中基督教（包括天主教、基督新教和东正教）、伊斯兰教、印度教、佛教、犹太教，对人类历史产生了深远的影响。不同宗教的存在，必然会发生不同信仰者之间或团结合作或冲突对抗的关系，发生宗教与政治、经济、社会、文化之间复杂的互动关系。我们把宗教与人类社会其他要素之间、不同信仰之间的互动关系概括为"宗教关系"。在各种宗教关系中，政教之间的互动占据主导地位，近现代以来宗教与政治相分离、公民宗教信仰自由的探索成为各国政治社会现代化变革的重要内容。

第一节　中外政教关系的历史比较

> 中国历史上是多宗教的。中国宗教关系的历史传统是政主教从，多元通和。

与伊斯兰教、基督教国家先后经历政教合一、国教政治，逐步走向政教分离的历史不同，中国历史上是多宗教的。中国宗教关系的历史传统是政主教从，多元通和。历史上皇权大于教权，各宗教从属世俗政权统摄，认同皇权，维护皇权；各宗教之间平等、尊重，相互包容，兼容并蓄，在中国形成"和而不同"的文化模式或"多元通和"的关系格局。

一、世界范围几种主要政教关系类型

根据美国皮尤研究中心公布的数据[①]，截至 2010 年，世界人口约 69 亿，各种宗教信徒约 58 亿。其中基督教徒（包括天主教徒、基督新教徒和东正教徒）约 22 亿，占世界总人口的 33%；伊斯兰教徒约 16 亿，占世界总人口的 23%；印度教徒约 10 亿，占世界总人口的 15%；佛教徒约 5 亿，占世界总人口的 7%；其他传统民间宗教和新兴宗教约 4 亿等。此外还有不信仰宗教群体 10 亿多人，主要分布在中国。

中外学者从宗教学和政治学两个视角，对国家政权与宗教之间复杂的互动关系进行了研究。大多数学者探讨的政教关系中的"政"，特指国家政权，在当代主要表现为国家权力机构在特定的地域范围行使的立法权、行政权和司法权，这个权力也可以叫"国家主权"。"教"既包括宗教教义，也包括宗教组织和教职人员。宗教与国家政权的互动关系，主要表现为宗教思想和宗教组织与国家意识形态特别是文化教育的关系、与国家立法和执法的关系；宗教组织、教职人员与政府机构执法实践的互动关系。

中国学者张践概括了四种政教关系类型：政教一体的"神权政治"、政教依赖的"神学政治"、政教主从的"神辅政治"、政教独立的"法制政治"。[②]刘澎提出了政教合

---

① 参见［美］皮尤研究中心著，谢荣谦、雷春芳编译：《2010 年世界主要宗教群体规模和分布报告（一）》，《世界宗教文化》2013 年第 4 期，第 33 页。

② 参见张践：《中国古代政教关系史》，北京：中国社会科学出版社 2012 年版，第 23-49 页；张践：《中国政教关系的结构与特点》，《中央社会主义学院学报》2017 年第 2 期。

一、政教分离、国教政治、国家控制宗教四种类型。[①] 王作安提出政教互动主要表现为：政教合一、政教主从、政教分离三种主要模式。[②] 国外学者比如美国德拉姆（W. Cole Durham, Jr.）和沙夫斯（Brett G. Scharffs）在《法治与宗教：国内、国际和比较法的视角》中，提出政教关系有 10 种模式；而厄本（Hugh B. Urban）则提出 8 种"战略的"政教关系模式。[③] 本文根据学界在研究政教互动方面的主要共识，将世界范围政教互动的基本形态概括为：政教合一、国教政治、政教分离三种基本模式。

（一）政教合一

大多数学者概括的"政教合一"模式主要有这样几个特点：宗教与政治权力结合，宗教领袖直接担任政治领袖，政权和教权由一人执掌；国家法律以宗教教义为依据，宗教教义是处理一切社会事务的基本准则，也可以称作"神权政治"。刘澎指出："在这种模式中，宗教领袖同时又是国家首脑。政教同体，宗教教义与宗教法典同时就是国家的法律，宗教利益与国家利益完全一致。国家的行政、司法、教育完全受宗教指导。宗教领袖对制定国家的内外政策拥有绝对权威，政府的一切活动都要体现宗教原则，维护宗教利益。"[④]

伊斯兰教发展初期的哈里发帝国和中世纪的西欧社会，都有政教合一性。从人类发展的历史过程看，政教一体的神权政治通常是各民族文化的共同开端，随着历史发展，世俗政权与宗教权力逐渐分离。在佛教、伊斯兰教和基督教发展史上，佛教逐渐远离世俗权力；伊斯兰教则经历从政教合一到宗教领袖失去世俗权力，再到伊斯兰教法发挥国家主导意识形态的历程；基督教的发展，经历了从非法走向合法，从民间走向官方意识形态、再从国家意识形态走向个体私人信仰的过程，基督教政教关系经历了世俗政权高于教权—教权高于世俗政权—世俗政权与教权分离这样三个阶段。

（二）国教政治

国教政治的第一个特点是：宗教组织与国家权力机构相对分离，但宗教思想与政治意识形态高度合一，也就是以某个宗教教义教规为国家意识形态，以此规范社会道德；或者宗教经典直接就是世俗法律，司法、教育按照宗教教义和宗教道德开展活动。不属于国教的其他宗教或教派，在政治上受到歧视，往往处于社会的边缘。也有人称这种形态为神学政治。

[①] 刘澎：《世界主要国家政教关系的模式比较》，载刘澎主编：《国家·宗教·法律》，北京：中国社会科学出版社 2006 年版，第 10—11 页。

[②] 参见王作安：《关于当代中国政教关系》，《学习时报》，2009 年 11 月 23 日，第 1 版。

[③] 参见金泽：《西方宗教学视野下的政教模式与张力》，《世界宗教文化》2018 年第 5 期，第 10 页。

[④] 刘澎：《世界主要国家政教关系的模式比较》，载刘澎主编：《国家·宗教·法律》，北京：中国社会科学出版社 2006 年版，第 10—11 页。

历史上伊斯兰教的政教合一源于先知穆罕默德和四大哈里发时期的宗教理念与政治实践，中世纪伊斯兰政权历史演进的态势是政教合一传统渐趋弱化和工具化。[①] 历史上的伊斯兰教与阿拉伯帝国政教合一时期，大体从公元 610 年穆罕默德创立伊斯兰教，到 1055 年塞尔柱突厥人攻破阿拉伯帝国，军政大权落入世俗王权"苏丹"手中，哈里发逐渐失去世俗权力，成为单纯伊斯兰教法官和教义解释者。历经千年政教互动，1923 年奥斯曼帝国解体，在奥斯曼帝国土地上诞生的土耳其共和国，废除了哈里发制度、伊斯兰教法和宗教法庭，实施世俗法律，把教育纳入政府公共事业。一系列改革显示出公共政治努力摆脱伊斯兰教的政教分离趋势。

但伊斯兰教教义仍是当前许多国家的法律和社会道德规范的指导原则。今天，在伊朗、阿富汗、阿联酋、沙特、巴基斯坦、印度尼西亚等 30 多个国家，伊斯兰教被定为国教。虽然这些国家的世俗政权有的是君主制，比如沙特，有的是共和国（总统制），比如伊朗和巴基斯坦，但伊斯兰教教义教规被宣布为国家意识形态，或者国家的刑事法典是与沙里亚法相一致的，宗教领袖具有极高的社会地位。但这些仍然不是政教合一的国家，因为他们的政府首脑不是由职业宗教领袖直接担任，国家的法律是通过议会或者联邦委员会制定，是介于完全的世俗政府与完全的神权（政教合一）政府之间的中间道路。

巴基斯坦在 1956 年颁布的宪法中写上了"伊斯兰共和国"。1973 年新宪法确定伊斯兰教为国教，但巴基斯坦只在公民护照和签证上使用"伊斯兰共和国"字样，所有政府公文都只用"巴基斯坦政府"字样。尽管如此，1973 年宪法特别提到了"伊斯兰共和国"一词。根据如今的《巴基斯坦宪法》第四章第 227 款，所有现行法律都必须与《古兰经》和《圣训》中的伊斯兰教训谕保持一致，所有与这些训谕相抵触的法律都不能颁布。

国教政治的第二个突出特点是：宗教组织与世俗政权之间既相互依赖，又相互争斗，人类历史上政教冲突最严重的时期，大都发生在这种类型的政治体制中，这在中世纪（公元 5 世纪到 15 世纪）的伊斯兰教帝国和基督教帝国都有突出表现。"历史上，一些国家皇权（王权）与教权的斗争十分激烈，双方都想绝对地控制对方，获得世俗和精神两界的完全权力，结果是政权与教权之间无休止地进行争夺，给国家、社会和人民带来无尽的灾难和痛苦。"[②]

以基督教为例。公元前后，基督教脱离犹太教，在罗马帝国范围传播。此后 300 多年间，基督教以主教为核心的教会组织体系逐渐形成，其自身的发展也从地下走到地

---

① 参见刘中民、郭强：《对中世纪伊斯兰社会政教合一传统的历史反思》，《西亚非洲》2019 年第 2 期，第 139—160 页。

② 王作安：《关于当代中国政教关系》，《学习时报》，2009 年 11 月 23 日，第 1 版。

上，从非法走向合法，从民间走向官方意识形态。公元313年，君士坦丁大帝颁布了米兰敕令，宣布基督教合法，免除了基督教教士个人对国家的徭役义务，规定主教拥有审判教会案件等世俗权力。君士坦丁于公元323年统一罗马帝国，自尊为皇帝，皈依了基督教。之后的公元380年①，基督教被正式确立为罗马帝国国教，罗马帝国教育文化意识形态逐步由罗马教会控制。而后东罗马帝国君士坦丁堡的主教起来与罗马主教争夺领导权，最后决裂。君士坦丁堡主教自称"主教长"，他所领导的教会逐渐发展成东正教会。

初期的罗马教会，是罗马帝国的一个机构，受皇帝管辖。西罗马帝国灭亡后，欧洲分裂成10多个国家。罗马教会开始在政治上脱离各国的王权控制，到6世纪获得罗马城的实际统治权，宣称为"教皇"，建立教皇国，其所领导的教会机构被称为"罗马教廷"。基督教以罗马教会为最高权力机构，在欧洲各国纷纷成立教区，建立了教皇、大主教、主教、神父等不同级别的神职体系，逐步形成超越各国世俗王权之上的基督宗教帝国体系。罗马教会还把西欧各国哲学、法律、文化教育、意识形态等上层建筑都置于神学控制之下，各国政权成为负责世俗事务的管理机构。

不仅如此，公元751年，罗马教皇为法兰克王国的宫相丕平加冕法兰克国王；公元800年，再次为法兰克王国国王查理曼加冕，同时赋予查理曼"神圣罗马帝国皇帝"头衔，由此确立了罗马教皇对世俗王权合法性的确认权，开创了欧洲世俗帝王均由教皇加冕的惯例。

国教政治中，宗教除控制意识形态外，还承担部分司法功能。中世纪欧洲著名的"宗教裁判所"以"维持正统"为名，对教义采取统一的官方解释，使主持宗教事务的教皇、主教和教士成为决定世俗王权合法性和普通民众道德合法性的唯一权威。

> 国教政治中，宗教除控制意识形态外，还承担部分司法功能。

基督教与欧洲各国世俗王权的关系，既相互依赖，也相互斗争，既表现在罗马教会、教皇与各国王权的斗争，也表现在一国内部王权与教权的纷争冲突。既有教权大于王权的情形，也有王权大于教权的情形。

历史上著名的"卡诺莎悔罪"是教权大于王权的典型事件。教皇格列高利七世（1073—1085年在位）毕生都在与神圣罗马帝国皇帝、德意志国王亨利四世进行斗争。西罗马帝国灭亡后，罗马帝国时期世俗王权对教皇选举的干预、主导主教任命的传统被神圣罗马帝国皇帝继承。但罗马教会始终宣称，教皇权力高于世俗帝王，反对世俗王权干预教会。

---

① 也有人认为应该是392年基督教成为罗马帝国国教。

图8-1 亨利四世被刺（档案资料／视觉中国）

1059年，罗马教廷趁神圣罗马帝国皇帝、德意志国王亨利四世年幼，颁布教皇选举法，规定世俗君王不拥有干预教皇选举和任命本国红衣主教的权力。1075年教皇又发布了《教皇敕令》，宣布教皇的地位高于一切世俗王权，甚至可以罢免皇帝。对此，亨利四世继续任命辖区内主教，他召集德意志主教会议，宣布废黜教皇。于是，在1076年，教皇格里高

利七世宣布对亨利四世实施破门律，开除亨利四世的教籍。根据教会法，被开除教籍的君王，臣民可以不尽义务。德意志国内各诸侯以此为借口，意图反叛。在这种情况下，亨利四世被迫于1077年底来到卡诺莎城堡，请求居住在卡诺莎城堡里的教皇格列高利七世宽恕。据说他带着妻儿，赤脚在雪地里站了三天三夜，教皇格列高利七世最后赦免了他，取消了破门律。这就是欧洲中世纪著名的教权控制王权的"卡诺莎悔罪"事件。

"阿维农之囚"则是王权控制教权的典型案例。14世纪初，法兰西国王腓力四世在与罗马教皇的权力斗争中，曾派兵将教皇从意大利的罗马城绑架到法国，软禁于南部小城阿维农。此后一百年，教皇一职，持续由法国皇帝操控任命。"阿维农之囚"后，罗马教廷凌驾于世俗君王之上的时代一去不复返。

国教政治类型中，除基督教罗马教皇与欧洲各国世俗王权、欧洲各国内部王权与教权不断发生纷争冲突外，罗马教会还直接调动军队镇压和屠杀异端分子；并且以宗教名义对外发动十字军东征。即使是中世纪的东南亚佛教国家，比如蒲甘王国、素可泰王国等，也都有佛教僧侣卷入国家政治斗争的情形。

（三）政教分离

政教分离发端于欧洲基督教世界，其过程有三个特点：一是民族国家的教会，努力摆脱罗马教皇控制，获得国家主导宗教意识形态主权；二是一国之内，世俗政权努力摆脱宗教控制，获得法律、文化教育等方面的立法权和依法行政主权；三是公民个体，逐步摆脱教会控制，获得宗教信仰自由权利。

由于欧洲中世纪时期罗马教廷对欧洲诸国政治的粗暴干涉、发动"十字军东征"、镇压宗教异端、反对科学技术创新，给欧洲各国人民带来巨大灾难。因此，启蒙时代

（16 世纪前后）的思想家们纷纷主张教权与政治权力分离、各教派一律平等。

政教分离是靠血腥斗争争取来的。1517 年，德国天主教神父马丁·路德提出反对罗马教会的《九十五条论纲》，正式掀起宗教改革运动。随着德意志各诸侯中新教路德宗势力的日益壮大，他们与德意志诸侯的罗马教会信徒（中文语境中被称为天主教徒）[①]，发生宗教冲突。经过多年内战，1555 年，德意志各诸侯签署《奥格斯堡和约》，承认各邦诸侯有权自由决定本地区的臣民信仰天主教或路德宗新教，确立了"教随国定"原则。

图 8-2　《奥格斯堡和约》的颁布（档案资料／视觉中国）

与此同时，英国经过一系列斗争，于 1534 年通过《至尊法案》，确立英国国王为本国教会领袖，基督教新教安立甘宗为英国国教。法国国内，天主教徒与基督教新教加尔文宗教徒于 1562—1598 年前后，展开了 30 多年的宗教战争。1598 年，法国国王亨

---

① 天主教（Catholicism）：指的是马丁·路德宗教改革后，仍然保持罗马教会传统的基督教。"天主"一词，为明末耶稣会传教士进入中国后，借用中国原有名称对所信之神的译称。

利四世颁布南特敕令，宣布天主教为国教，同时宣布宗教信仰自由，承认基督教新教加尔文宗的合法性。

1618—1648 年，欧洲各国几乎都卷入了在德意志版图上展开的，天主教与基督教新教之间发生的，长达 30 年的欧洲宗教战争，战争导致日耳曼各邦国大约 800 万人死亡。结果是参战各方签订《威斯特伐利亚和约》，确定主权国家边界，欧洲新教国家摆脱天主教对本国宗教控制，实现了民族国家对本国宗教意识形态的主权。

随后欧洲各国逐渐向政教分离、宗教信仰自由方向发展。洛克（John Locke）在《论宗教宽容》（1689）中指出："必须严格区分公民政府的事务和宗教事务，并正确规定二者之间的界限"①，这一思想很快在欧洲各国落地。1689 年，英国颁布《宽容法案》，首次肯定各教派内部平等；美国的先民们多饱受宗教迫害，因此，在 1791 年的宪法第一修正案中即正式阐明了"国会不得制定确立国教的法律"，确立政教分离原则，其后在宪政实践中又通过一系列判例确立了宗教活动不得违反法律、宗教活动不享有违反法律的特权等"政教分离"的具体标准。

法国大革命期间，掌权的立宪派于 1789 年至 1792 年间，先后颁布《信仰自由法》《1791 年宪法》等 10 余项法令，废除什一税、剥夺天主教特权，掀起反对天主教神权的政教分离运动。这一运动一直延续到 1905 年，以法国颁布《政教分离法》为标志，最后完成了政教分离的各项宪政目标。其他如德国、意大利等国，也均在其宪法文本中明确规定了政教分离原则。今天，公民宗教信仰自由、政教分离、宗教不得干预行政教育司法等国家职能，成为各国普遍追求的价值目标，反映了人类文明的巨大进步。

> 在目前世界上大约 170 个国家的成文宪法中，除了表明对宗教信仰自由的宪法保障，以明示或者默示的方式确立"政教分离"这一宪法原则的也占了 70%。

在目前世界上大约 170 个国家的成文宪法中，除了表明对宗教信仰自由的宪法保障，以明示或者默示的方式确立"政教分离"这一宪法原则的也占了 70%。②而一些国家宪法中诸如"不得利用宗教进行破坏社会秩序、损害公民身体健康、妨碍国家教育制度的活动"等规定，实际上也是让宗教回归个人信仰之私人领域本位的一种政教分离原则的具体体现。

与伊斯兰教、基督教国家先后经历政教合一、国教政治，逐步走向政教分离的历史不同，中国历史上，政教关系的主流是政教分离，传统中国社会的宗教，从来没有获得国教地位，更没有出现教权大于政权的情形，一以贯之的是政权支配教权，或者说教权服

---

① 转引自金泽：《西方宗教学视野下的政教模式与张力》，《世界宗教文化》2018 年第 5 期，第 9 页。
② 参见王秀哲：《成文宪法中的宗教内容比较研究》，《北方法学》2013 年第 2 期。

从皇权，属于政主教从型。

中国秦汉以后的"大一统"中央集权制，奠定了皇权绝对至上的政治环境，完全不同于西欧中世纪的宗教大一统、政治大分裂的社会环境。在中国，自汉代以来，历代世俗皇权掌握着社会上一切政治、经济、军事、文化权力，历代君主均推崇以儒治国，逐渐培育出了人本理性、入世崇德的意识形态文化。

二、中国政教关系的历史特点

中国历史上是多宗教的，既有土生土长的道教、形形色色的民间宗教，也有外来的佛教、伊斯兰教、天主教、基督教等，还有历史上曾经流传的摩尼教、拜火教等。如此众多的宗教，共同构成了内容丰富而复杂的"中国宗教"。

（一）敬天法祖是古代中国主要宗教性活动

古代中国社会的传统宗教活动，主要有"祭天""祭祖""地方神灵祭祀"等，我们称其为"敬天法祖"，属于"宗法性传统宗教"。"敬天法祖"就是尊重、遵循自然法与习惯法，反映了中国传统伦理的"忠、孝"精神。主持祭祀活动的人往往是世俗帝王、诸侯、士大夫等，没有形成固定的祭祀阶层，这种祭祀既有宗教性，也有民俗性，但不具有组织化的宗教特征。

1. 祭天

"天""上帝"是中国古人对主宰天地万物的神灵的称呼。"上帝"一词始见于甲骨文，最初指的是商朝人氏族部落的始祖。周朝灭商朝后，周王将"上帝"和"天"的概念结合在一起，确立为"昊天上帝"，简称"天帝"，也就是天地万物与人的主宰者和创造者。

图 8-3　北京天坛（苏卫忠／视觉中国）

从周朝开始，中国古代帝王自称"天子"，也就是上天之子，"天子"秉承天意治理天下。为了对"天帝"赋予天子统治天下之权表示感谢，历代帝王都举行"祭天"仪式，由帝王主持。历代帝王祭天，主要是体现"君权神授"，确认其统治天下的合法性和权威性。从夏朝开始到1914年，长达三千多年的国家祭祀活动，都是由皇帝亲自主持，这与基督教、伊斯兰教国家先后出现专业宗教神职人员解释教义、主持宗教仪式和宗教生活的历史完全不同。

图8-4　祭祖

2. 祭祖

中国古代是家族社会，家族又称宗族，是同一个男性祖先的后代，以血缘关系为纽带形成的社会组织，"认祖归宗"是古人头脑中很深厚的观念。与家族社会相对应，古代中国宗族祖先祭祀很普遍，从帝王、诸侯、大臣到地方宗族，都举行宗族祭祀。祭祀的场所从皇帝家的太庙，到各诸侯、王公的宗庙，以及古代大小城镇普遍设立的宗族祠堂。

普通百姓也祭祖，主要有两种形式，一是在家里供奉祖先牌位：对已逝先人像进行供奉祭祀；二是"上坟"：在先人去世的忌日、清明节、农历七月十五日、农历十月一日以及除夕等时节，晚辈准备祭品，到死者坟前进行祭祀，既有宗教性，比如祈求祖先护佑，也有民俗性，比如表达后人对逝者的思念，体现"忠、孝"的伦理精神。

3. 地方神灵祭祀

中国古代民间有众多神灵敬拜，比如西王母、关公、财神、土地神、城隍、妈祖等，地方神灵祭祀活动遍布各地。各乡村社区除了有家族祠堂外，还有土地庙、城隍庙等。各地方神灵祭祀，大都供奉历史传说的人物，比如上海城隍庙中供奉的城隍老爷，是元末明初的士大夫秦裕伯。这些地方神灵祭祀，只要不与政

图8-5　天津妈祖文化园妈祖像
（马可意／视觉中国）

权冲突，各地官府大都采取默认、鼓励、扶持等态度。

（二）古代中国的官方意识形态是儒家思想

与基督教和伊斯兰教长期处于国家意识形态支配地位的历史不同。中国自汉武帝（前 156 年—前 87 年）实行"罢黜百家，独尊儒术"国策开始，儒家思想逐渐成为历代王朝的政治意识形态和社会伦理道德。

汉武帝元朔五年（前 124 年）在长安（今西安）设太学（相当于今天的大学），招收的学生大都是官吏弟子，称为"博士弟子"或"太学弟子"。由博士任教授，初设五经博士，专门讲授儒家经典《诗》《书》《礼》《易》《春秋》等。汉宣帝时博士有 12 人，王莽当政时增至 30 人。太学初建时有 50 个学生，汉昭帝时增至 100 人，王莽时增至 10 000 人。[①]汉武帝还下令各地郡国设立学校，初步建立起地方教育系统。太学和郡国学校主要培养封建官僚，他们"学而优则仕"，养士育才和职官制度相一致，为汉代政治思想统一打下重要基础。

上述历史表明，与公元 313 年古罗马帝国皇权承认、扶持基督教，到 380 年确定基督宗教教义为帝国官方意识形态相比，中国古代帝王远在早于此 400 年之前的公元前，就完成了以德治为核心的政治意识形态建构，而且这种"以儒治国"的意识形态建构，得到后续历代王朝的大力弘扬。

隋朝设立的科举制度是以儒家思想为主要考试内容的各级官吏选拔考试制度，历经 1 300 年，至清光绪三十一年（1905 年）正式废止，1 300 年间的科举考试，产生儒家知识分子进士、举人、秀才数百万，这牢牢奠定了儒家思想在国家政治法律、思想道德、文学艺术、社会风俗等方面的引领作用，以至于以"三纲五常"为核心内容的儒家伦理，奠定了中华传统思想文化的主干。

（三）"政主教从"是中国政教关系的主要传统

秦汉以后，人文化的儒家思想成为国家政治意识形态，各种体制化宗教只能在政教分离前提下，根据皇权的要求，发挥以教辅政的作用。

1. 教权服从政权

中国历史上只有教臣，没有教皇，各种体制化宗教，都绝对臣服于皇权，所有宗教教派的教主，都是帝国的臣民，宗教只有认同国家政权才能得以生存和发展。

古印度佛教大约在东汉末年进入中国，魏晋南北朝时期在北方获得大发展。在古印度的佛教，僧人有"在家不拜父母，出门不拜君王"的特殊权力，进入中国后，在强大的皇权面前，佛教不得不进行调适，虽然东晋慧远和尚提出"沙门不敬王者论"，但同

---

① 参见范忠信：《官与民：中国传统行政法制文化研究》，北京：中国人民大学出版社 2012 年版，第 677-678 页。

时期的佛教高僧道安，也说过："不依国主，则法事难立。"

至于北魏僧人法果，把皇帝说成是佛的化身，把跪拜皇帝视为礼佛，"我非拜天子，乃是礼佛耳"。到了唐朝中期，僧人们的上疏，由自称"贫道""沙门"改为"臣"。《新唐书》将僧道人士致拜君主，以国家制度的形式确立下来。

2. 皇权主导宗教发展状态

中国古代政权对待宗教的态度，主要出于维护统治的目的，只要宗教不威胁到国家政权的稳固，封建君主对宗教一般比较宽容，各宗教在民间可以自主发展。

绝大多数王朝政权对宗教的打压，主要源于宗教与各种"民变"联系在一起。中国古代许多农民起义，大都利用各种宗教性的谶语。从陈胜、吴广起义前，在鱼肚中书写"陈胜王"开始，利用"道谶""佛谶"制造舆论，发动民变的例子不胜枚举。

比如，东汉末年，河北人张角等，经过10余年的创教活动，建立了拥有10余万教徒、遍及全国众多州府的太平道。公元184年，张角以"苍天已死，黄天当立，岁在甲子，天下大吉"为口号，发动了黄巾大起义。统治阶层在严厉镇压起义的同时，对太平道也实施了严厉镇压。

三国和两晋时期的政权，一方面发布禁令，严格查禁各种民间宗教；另一方面对道教高层人士采取"聚禁"政策，引导他们将道教教义转向修炼成仙、长生不老等方面，道教逐渐演变成官府认可的正统宗教。

道教随后的发展，与皇权的扶持有很大的关系。比如，北魏道士寇谦之等按照皇权需要，对五斗米道进行改革，用忠孝等儒家思想，将道教定位为王道的辅佐，维护皇权朝纲。道教由此获得北魏太武帝的大力扶持，太武帝不仅建道场，任命寇谦之为国师，还亲至道场，接受道教符箓；他还根据寇谦之建议，改年号为具有强烈道教色彩的"太平真君"，道教由此获得大发展。

唐朝时期，唐高祖李渊自称是老子李耳的后裔，用"老子度世，李氏当王"的谶语，预告天下将由李姓统治。唐朝建国后，唐高祖尊老子为圣祖，定道教为国教，命令全国各州都要修建道教寺观。他还颁布《先老后释诏》，以道教为首，儒教次之，佛教最后。唐玄宗时期，进一步扶持道教，得到唐朝皇权扶持的道教各派，迅速整合，经书、戒律、符箓等道教体系逐渐成形，道士开始出家，道教进入发展鼎盛时期。

皇权主导宗教的发展，不仅体现在道教上，也体现在佛教上。有人统计，唐朝一共经历289年，21位皇帝中的大多数都不同程度地崇尚佛教。特别是武则天，在她的亲自参与下，佛寺翻译了八十卷本《华严经》，武则天还命天下诸州置大云寺，总度僧千人，佛教由此进入鼎盛时期。

3. 以教辅政

几千年中国封建王朝，以德治国，是以儒为先，佛道辅之。历代王朝尽管主要依靠儒家思想教化民众，但佛教、道教的神圣性、超验性，可以强化统治合法性。因此，佛道教成为封建君主推行政治教化的辅助工具。

在宗教教义层面，中国古代以儒为主的政治意识形态，与各种体制化宗教存在一定矛盾，特别是外来宗教与中国固有的宗法文化存在不同程度的对立。为了在中国社会文化氛围中生存，各种宗教主动适应中国的政治环境，顺应国家君主至上的意识形态解释宗教。

> 几千年中国封建王朝，以德治国，是以儒为先，佛道辅之。

比如，东汉三国时期，佛教徒开始使用教化的概念，向统治者解释自身存在的社会价值。世人也从教化的视角理解佛教。三国西域僧人，译《六度集经》说佛祖："以五戒、六度、八斋、十善，教化兆民。"唐代法琳以佛教"五戒"比喻儒家"五常"，论证了佛教可以成为儒家教化功能的有效补充。宋代高僧契嵩把佛教"五戒"与儒家"五常"贯通。指出，不杀生，仁也；不偷盗，义也；不邪淫，礼也；不饮酒，智也；不妄语，信也。契嵩的《孝论》明确提出"孝为戒先"。

有学者曾概括佛教中国化的三个阶段性标志：东晋时期道安和尚确立"政主教从"思想；唐代六祖慧能提出"佛性人人皆有""顿悟成佛"思想；近代太虚建构"人间佛教"思想。

在伊斯兰教领域，明清之际，一批伊斯兰学者，提出儒伊"二教同源"，主张"以儒释经"。比如王岱舆用儒家"五常"诠释伊斯兰教"五功"，刘智等学者的"以儒诠经"，使伊斯兰文化与儒家文化"融会贯通"，与中国的宗法社会制度相适应。

综上，"政主教从""以教辅政"是中国政教关系的主要传统。由于"宗法性伦理宗教"的基本活动是"敬天法祖"，因此，古代中国社会没有产生独立的教团，在国家政权系统外，民间宗族组织承担部分类似基督教教化社会的职能。

三、中国古代宗教关系的主要特点

与世界上大部分国家和地区宗教冲突的历史不同，在中国历史上，各宗教之间关系的主旋律是和谐，没有宗教战争和宗教裁判所，没有对异端的残酷迫害，摩擦大致保持在思想言论层面。和平传教、多教共生、彼此吸收、相安互益是中国宗教关系的主流。各宗教之间平等尊重、相互包容、兼容并蓄，在中国形成"和而不同"的文化模式或"多元通和"的关系格局。

> 与世界上大部分国家和地区宗教冲突的历史不同，在中国历史上，各宗教之间关系的主旋律是和谐，没有宗教战争和宗教裁判所，没有对异端的残酷迫害，摩擦大致保持在思想言论层面。

这种宗教关系，得益于中华文化的两个重要的价值观："和而不同"和"大一统"。

二者不仅促成了秦汉时期儒道法诸家融合，也促成了魏晋以后儒释道三教融合，促成唐宋以后中华固有文化与伊斯兰教和基督教的融合。同时也形成了宗教不干预政权、遵从政权的政教关系传统。

第一，儒家思想的宗教观具有包容性。如何对待民间各种神灵？孔子有三句话：一是未知生，焉知死；二是未能事人，焉能事鬼；三是敬鬼神而远之。这三句话表明，儒家思想的核心是"人本"，这与西方基督教强调的"神本"思想截然不同。孔子一方面否定彼岸世界的存在；另一方面强调宗教活动的重要性在于参加者的主观感受，形成了"务民之义，敬鬼神而远之"的宗教观。儒家思想的人文性和官方政治意识形态地位，决定了中国历史发展的主流是政教分离的。

"敬鬼神"的态度，形成了中国特有的宗教宽容精神。孔子对各种鬼神虽存疑，但"存而不论""敬而远之"，这就客观上促成中国民间社会多种宗教信仰并存发展。对鬼神"远之"的立场，限制了宗教狂热。孔子要求，"务民者"——也就是各级行政官员要与鬼神保持一定距离，用一种冷静、理智的态度，思考宗教的社会价值，以便管理和利用。在儒家思想影响下，中原地区极少出现全民性的宗教狂热或残酷的宗教迫害。

儒家学者提出了"神道设教"的理性原则。在人神关系上，明确以人为主。无论有神论者，还是无神论者，都不反对以宗教作为治国的工具。比如，唐高祖在旧战场上，建寺超度亡灵，自称为老子后裔，神化李氏王朝，考虑的就是佛道、道教的重大影响。清代几位帝王，尊重、包容藏传佛教，先后在北京建立雍和宫，在承德建立外八庙，以此为手段，争取藏传佛教信众对清朝中央政府的认同，也就是乾隆皇帝所说的万法归一。历经元明清三朝，藏传佛教教主对中央政府，都保持了密切的合作关系，为维护藏区稳定和国家统一作出了贡献。

第二，儒家思想主导各宗教交融互鉴。儒家思想核心是"仁恕中道"。"仁者，爱人也"，这是一种"以德治国"的方略，不仅影响了历代统治者，而且影响了中国人的思维和行为方式，形成了中国人谦恭的性格。"有礼貌""讲道理""以理服人"是中国人处理人与人关系的主要方式，反映了儒家思想对各种文化深广的包容性。

> 在对待外来民族、外来文化的态度上，孔子有三句话最能表达儒家文化的开放性：一是"四海之内皆兄弟"；二是"天下殊途而同归"；三是"有朋自远方来，不亦乐乎"。

在对待外来民族、外来文化的态度上，孔子有三句话最能表达儒家文化的开放性：一是"四海之内皆兄弟"；二是"天下殊途而同归"；三是"有朋自远方来，不亦乐乎"。这与产生在阿拉伯半岛的犹太教、基督教的"唯我独尊"，以及伊斯兰教的"认主独一"的神学思想完全不同。中国历史上，和平传教、多教共生、彼此吸收、相安互益是宗教关系的主流。在中国，形成

"多元通和"的和谐格局，最典型的是儒释道合一，既有同一寺庙里共同供奉儒释道三教神像，也有三教共用同一殿堂。

中国历史上有三次大的思想交融：第一次是佛教中国化。在中原，佛教在东汉末年从西域传入，魏晋南北朝获得大发展，隋唐时期出现天台、华严和禅宗等宗派，经与宋明理学磨合，在明清以和平与和谐的方式逐渐完成了中国化，在教义、建筑、文学、艺术等方面与儒、道取长补短，共同构筑人本理性、入世崇德的中华传统伦理。在藏区，佛教融汇藏族等少数民族文化，发展出中国特色的藏传佛教文化，成为藏、蒙古等十多个民族传统文化重要组成部分；在云南等地，佛教融汇傣、布朗等少数民族文化，发展出中国南传佛教文化，成为中国云南很多少数民族传统文化的组成部分。

第二次是伊斯兰教中国化。伊斯兰教自公元七世纪诞生于阿拉伯半岛，唐宋进入中国至今已有 1 400 多年的历史。由于历史发展进程不同，伊斯兰教在新疆和内地呈现出鲜明的地域和民族特色。内地伊斯兰教在明末清初，通过王岱舆、刘智等"以儒诠经"运动，从"仁义礼智信"等儒家思想中汲取养分，发展出"敬主忠君孝亲"的中国伊斯兰教思想，实现了从"认主独一"到"爱国是信仰一部分"的中国化转型。

新疆地区伊斯兰教与维吾尔等少数民族传统文化融汇，形成了中道和平宽容的主流思想。特别值得一提的是在 1759 年清朝平定南疆大小和卓叛乱后，在南疆推行"政教分离"模式。当时南疆各级各类世俗官吏——"伯克"有 30 余种，270 人左右。[①] 清朝政府规定，阿訇（伊斯兰教教师）由伯克推荐并作担保，由清朝驻在大臣任命；严禁伊斯兰教和卓（伊斯兰教对有威望的人的尊称）、阿訇干预行政，剥夺他们监督批评世俗官吏——伯克的权力；禁止任用阿訇为伯克，禁止伯克兼任阿訇，禁止驻在大臣与阿訇交往。在民事纠纷领域，清朝任命伊斯兰法裁判官"哈孜"调停民事纠纷、处理遗产分配、登记婚姻手续等，但严格禁止伊斯兰法干预刑法和司法。这就使得中国新疆地区从清代开始，没有发展出类似周边中亚各国政教合一的政教关系，而是逐渐与内地相一致，形成了政教分离的政教关系模式。

第三次是基督教进入中国。1840 年鸦片战争后天主教、基督教大规模传入中国，一代代中国天主教、基督教的有识之士，通过推行"耶儒合流"，寻求基督教与中华民族文化相结合路径，建设中国本土化基督教神学，努力推进基督教教义教规、礼仪习俗方面中国化。比如，1601 年至 1610 年间，天主教传教士利玛窦，用中国传统文化会通天主教教义习俗。他直接将儒家的"仁"与基督教的"爱"等同起来；还将中国传统宗教——天神崇拜中的"昊天上帝"，与基督教的"天主"等同。更为突出的是，利玛窦

---

① 参见胡小鹏、李晓英：《西北边疆民族研究：政策与法律》，兰州：甘肃文化出版社 2013 年版，第 46—47 页。

对中国宗法性传统宗教中的祭天、祭祖、祭孔等活动，采取了宽容和尊重的态度。利玛窦附会儒家的孝道说：孝道要尽三方面的义务，即向至高无上的天父——上帝尽孝；向一国之父——君主尽孝；向生身之父尽孝。

> 正是由于儒家官方意识形态的包容性和开放性，历史上不同时期的中华各民族成员，先后接受了佛教、伊斯兰教和基督教，将这些宗教教义教规、宗教礼仪制度、宗教道德等宗教文化植根中华文化沃土，发展出各具特色的"中国宗教文化"。

正是由于儒家官方意识形态的包容性和开放性，历史上不同时期的中华各民族成员，先后接受了佛教、伊斯兰教和基督教，将这些宗教教义教规、宗教礼仪制度、宗教道德等宗教文化植根中华文化沃土，发展出各具特色的"中国宗教文化"，在中国历史上推动了各宗教的交融与发展，使得宗教"混血"现象普遍存在。

最典型的是儒释道合一，"所谓儒释道三教，并不是后人所说的宗教，而是教化之教。中国宗教的首要特点就是人文和宗教之间不是紧张的，而是互相融通的"。这里需要指出的是，宗教概念在传统中国社会并未一神化、体制化和意识形态化。中国话语体系下的"宗教"，通常指的是"教化"，许多学者将儒家思想概括为"儒教"①，就是从这个意义上说的。这也显示出，中国人更看重宗教服务社会、道德教化的入世功能，并不在意有神无神、一神多神。中国宗教关系实质是人与人的关系，不是人与神的关系。

---

① "儒教"一词首先出现于《史记》，其《游侠列传》道："鲁人皆以儒教，而朱家用侠闻。"关于"儒教"是不是宗教，参见楼宇烈：《儒家、儒教与宗教》，《北京日报》，2016 年 9 月 19 日。

第二节　中外保障宗教信仰自由的当代比较

进入 20 世纪，随着全球化深入发展，各国宗教多元发展日益深入，助推世界各国积极探索消除宗教歧视、不容忍，保障公民宗教信仰自由、保障不同信仰者之间和睦相处的法律实践。我们把保障公民宗教信仰自由、保障不同信仰者之间和睦相处的公共事务称为"宗教事务"。各国无论是立法机关单独就宗教事务立法，还是一般法律中协调宗教与社会其他关系的法律行为，抑或是政府有关宗教事务的行政法规和政策措施，主要内容都是围绕政教关系、公民宗教信仰自由的保护或限制而展开的。

一、国外关于宗教的主要立法精神

（一）大部分国家没有关于宗教的专门立法

对宗教事务专门立法的国家并不多，占 5% 左右，如俄罗斯的《信仰自由与宗教组织联邦法》、日本的《宗教法人法》、泰国的《僧伽法》、西班牙的《宗教自由组织法》等。绝大多数国家虽然没有专门的宗教立法，但是在民法、刑法、行政法等一般法律中，却有大量涉及宗教的条款。比如新加坡虽然没有对"宗教"本身进行定义，但是新加坡出台了《维护宗教和睦法》。根据这一法律，宗教组织可以依据社团法令、慈善法令、产业税法令、消费税法令、古迹保留法令与建筑条例五种法律来完成注册，开展活动。新加坡《社团法》规定：宗教社团是指举行敬拜活动或者研究有关神性和宗教教义的团体。《社团法》还规定，所有公众敬拜和示威都要事先得到政府的批准，违反要受刑事处罚。所有团体敬拜都要由已注册登记的社团主办或赞助，禁止一切私自的团体敬拜。除了社团法有专门涉及宗教组织和行动的法律规制，新加坡出台的其他一般性法律，比如《公司法》（1967 年）、《捐赠法》（1994 年）、《所得税法》、《刑法典》等都涉及某一方面宗教事务的规范，有些条款承认某些宗教团体是法人；还有一些涉及宗教事务规范的公法，包括《新加坡主教法》（1991 年）、《印度锡克教谒师所中央法规》（1981 年）、《卫理公会派主教场所法规》（1908 年）、《新加坡主教会议法》（1959 年）和《新加坡长老会财务法规》（1899 年）等。

值得一提的是，各国关于宗教事务的法律规制，如果与其他一般法律规定不一致时，一般法律统摄宗教事务。比如日本《宗教法人法》第九章第八十六条规定："在宗教团体发生违反公共福利行为时，本法律的所有规定不得妨碍其他法令规则的解释。"[1]

除了一般法律涉及宗教事务，有的国家政府与国际国内某个宗教团体也会签订协议。比如 1979 年，西班牙政府与罗马教廷签订了双边协议，约定了天主教在社会中的地位及可享受的特权。1992 年，西班牙政府同国内的新教、犹太教和伊斯兰教团体的代表签署双边协定，给予签约宗教团体税收地位、教职人员地位以及在学校中开设宗教课等方面的权利，包括确定教职人员主持婚礼的民事合法性，允许其向公立学校派驻教师、向医院和监狱派驻牧师，由政府预算内的财政买单，提供某些税务上的便利和优惠，等等。

许多国家的政府还发布行政法令，协调宗教与社会某一方面的关系，这些行政法规对规范宗教方面的社会秩序也有很重要的意义。比如 2000 年美国总统克林顿签署的《宗教土地使用及囚犯（信仰）法》，要求各级法院在审理涉及宗教团体设施使用相关的案件时，要与其他非宗教团体一视同仁，并为该宗教团体寻找可以进行适当传教活动的机会，管理和限制该宗教团体的活动范围和内容。

（二）许多国家仍然保留"国教"

根据不完全的统计，目前世界上至少有 65 个国家保留有"国教"或官方宗教，其中伊斯兰教在中东，以及巴基斯坦、印度尼西亚等 30 个国家，罗马天主教在阿根廷、秘鲁、巴西、摩纳哥等 15 个国家，基督教路德派在冰岛、丹麦、挪威、芬兰、瑞典等 5 个国家，基督教新教的某些教派在博茨瓦纳、汤加等 4 个国家，基督教圣公会在巴巴多斯和英国，东正教在希腊、保加利亚，佛教在泰国、斯里兰卡、不丹，印度教在印度、尼泊尔等，均为国教或官方宗教，在这些国家中，宪法对国教享有政治、法律与财政上的各项特权作了规定。[2]例如，丹麦宪法规定："福音派基督教路德宗是丹麦的国教，受国家的支持。"挪威宪法规定："福音派基督教路德宗为国教。信奉基督教路德宗的国民应当培养其子女信奉基督教路德宗"；"国王必须信奉福音派基督教路德宗，并维护基督教路德宗"。

传统上以伊斯兰教为国教的国家，除了土耳其 1928 年从宪法中删除了伊斯兰教为国教的条文外，其他多数人信仰伊斯兰教的国家，基本上都规定伊斯兰教为国教，《古兰经》和"圣训"在社会意识形态和社会道德规范方面具有支配地位。比如沙特阿拉伯以《古兰经》和"圣训"为立法、司法的依据；伊朗伊斯兰共和国宪法规定伊斯兰教什叶派为国教，并规定：禁止利用各种社会活动以及言论、出版自由等来反对伊斯兰教，等等。还有一些传统伊斯兰教国家尽管已经世俗化，实行共和制，但国家的世俗立法仍

---

① 参见黄晓林：《日本宗教法人制度》，北京：北京大学出版社 2019 年版，第 230 页。

② 参见刘澎：《宪法比较：宗教自由与政教分离》，http://www.pacilution.com/ShowArticle.asp?ArticleID=376，2004 年 11 月 1 日。

或多或少体现着伊斯兰教法的因素。比如埃及1971年宪法修正案的第二条款规定："伊斯兰沙里亚法是埃及立法的主要来源之一"，1980年第二条款又修正为"伊斯兰沙里亚法是埃及立法的唯一来源"。

（三）大多数国家的宪政体现了公民宗教信仰自由的精神

宗教信仰自由历史悠久，在自由权的发展史中居于先驱地位。近代立宪主义国家皆明文规定保障宗教自由。美国是最早在宪法中确认宗教自由的国家。美国联邦宪法第一修正案规定："国会不得制订设立宗教或者限制其自由实践的法律。"也就是说，政教分离、宗教自由。

根据对世界上110个国家现行宪法的统计，89个国家的宪法采用了"宗教自由"或"宗教活动自由"的表述。[①] 在宪法中不提"宗教自由"或"宗教活动自由"的国家，只有21个。各国在确认宗教信仰自由的同时，还规定了对宗教活动的限制。如西班牙《宗教自由法》规定："宗教信仰自由不得妨碍他人自由、基本权利、公共安全、健康及道德。"多数国家通过法律明确禁止利用宗教进行破坏国家安全、统一、稳定的活动，

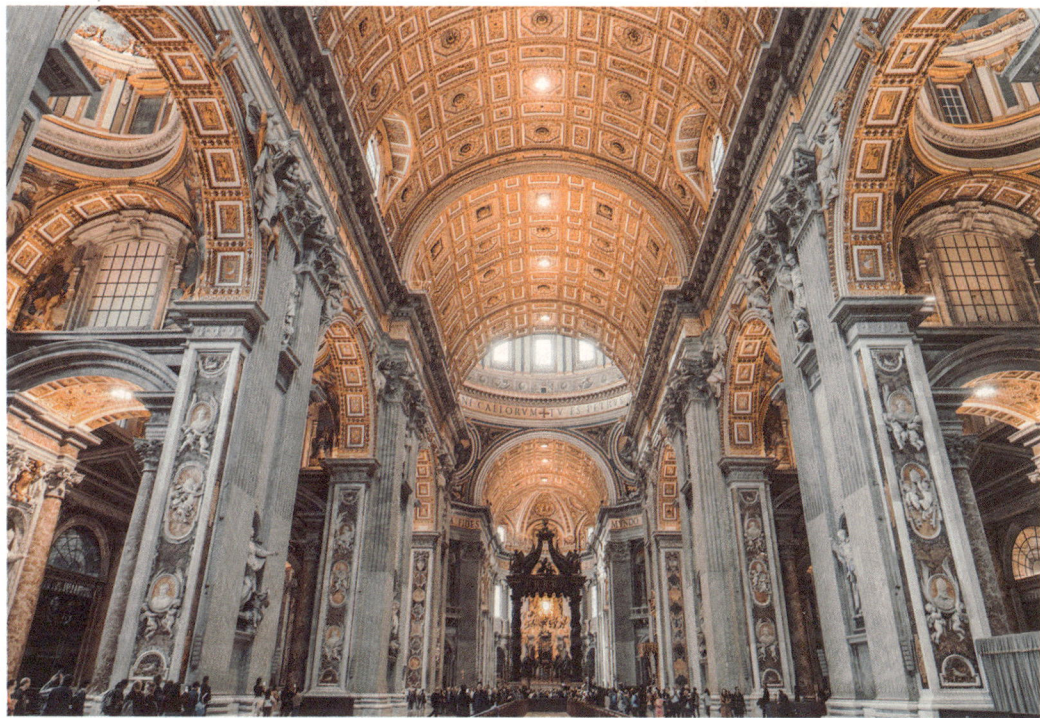

图8-6　梵蒂冈圣彼得大教堂（Sean Ma/ 视觉中国）

[①] 参见刘澎：《宪法比较：宗教自由与政教分离》，http://www.pacilution.com/ShowArticle.asp? ArticleID=376，2004年11月1日。

如《波兰宪法》第七十条第三款："凡滥用良心与宗教之自由，以损害波兰人民共和国之利益为目的者，皆受法律的惩罚。"美国最高法院称："信仰自由是绝对的，但按照一个人所信仰的宗教行事的自由不能是绝对的。"

（四）许多国家探索了"宗教与教育相分离"的原则

许多国家的宪法或者宗教立法中都明确规定了宗教与教育相分离或者宗教不得干预教育的内容。法国早于1886年就确立了公立教育的世俗化。1905年"政教分离法"颁布后，公立学校的教学不应带有任何宗教色彩已成为整个法国社会的共识。

日本不允许公立学校开展宗教教育，也不允许公立学校举行宗教活动。美国历经半个世纪的探索，确立了公立学校不得开展宗教教育的规定，但自20世纪80年代美国逐渐放开学校学生自主进行宗教活动的限制。法国2004年颁布"罩袍禁令"，禁止在公共教育机构出现明显反映宗教信仰的标志。之后，比利时等许多欧洲国家纷纷出台类似的禁令。新加坡也规定，废除国立学校中的宗教教育。国立学校学生必须穿校服，禁止女孩戴头巾（穆斯林方巾），如果坚持就会被开除；要戴头巾的女孩必须上穆斯林学校。进入20世纪，随着英国宗教多元发展日益深入，英国也在探索宗教教育改革。从1994年秋季入学开始，英国各级公立学校的宗教教育不仅开展基督教知识教育，还开展伊斯兰教、佛教等多种宗教的知识教育。

（五）消除宗教歧视和不容忍是大多数国家的宪政精神

进入20世纪下半叶，信仰不同宗教的移民群体在全球流动，各国宗教多元发展日益深入，关于宗教宽容的呼声在国际社会也日益高涨，消除宗教歧视和不容忍，逐渐成为一条公认的国际法准则。联合国1981年11月25日通过的《消除基于宗教或信仰原因的一切形式的不容忍和歧视的宣言》明确规定：任何国家、机关、团体或个人都不得以宗教或其他信仰为理由对任何人加以歧视。该宣言同时宣称，人与人之间由于宗教或信仰原因进行歧视，这是对人的尊严的一种侮辱，是对《联合国宪章》原则的否定；同时也为国与国之间建立和平友好关系设置了障碍。

美国目前共有近2 000种独立的宗教或教会（仅浸礼派就有75个不同的独立教会），36万座教堂、清真寺、犹太教会堂和其他宗教活动场所[1]，美国已出现多种宗教和教派并存的局面。美国一方面通过强化宪法修正案的"国会不得制定设立宗教或者限制其自由实践的法律"；另一方面根据宗教多元发展实际，出台旨在消除宗教歧视和不容忍的法案和行政措施。比如，1997年克林顿总统签署的《联邦工作场所宗教实践与宗教表达指导》，规定联邦各机构应最大限度地提供宽松的环境以满足员工宗教表达的需要；在工作场所，各机构不得组织宗教活动，也不得强制或禁止员工参加宗教活动；员

---

① 参见张训谋：《欧美政教关系研究》，北京：宗教文化出版社2002年版。

工的宗教表达不得妨碍该机构的工作秩序。

但是也有一部分国家保留了某些宗教不宽容的规定，如丹麦宪法第六条规定："国王必须信奉福音路德教。"挪威宪法第十二条规定："在内阁成员中，信奉国教者占半数。"英国《王位继承法》也规定："英国国王应同法律规定的英国教会交往，为国教会的世俗领袖；凡同罗马教廷或者教会和好，或者保持交往，或者信奉罗马天主教，或者与罗马天主教徒结婚，即失去做国王的资格。"

二、国外通过社团法人制度保障宗教信仰自由的探索

把宗教组织行为纳入社团法人制度范畴进行法律规制和依法管理，是世界大多数国家保障宗教信仰自由的通行做法。这种方式主要通过对宗教团体进行登记，予以法律认可，使被登记组织在承担相应义务的同时，得到法律的充分保护，享受法律规定的权利甚至优惠。许多国家规定，登记注册需要一定的条件，如人数要达到一定数目；国家对已登记的宗教团体提供财政资助。值得关注的是，越来越多的国家对具有危险特性的宗派活动进行了某种程度的限制。

根据丹麦的《宗教自由法》的规定，申请登记的宗教团体至少要有20名成员，其目的必须是宗教活动，而且还要有一套规章制度来约束团体和成员的行为。

比利时政府规定宗教团体登记要符合五条标准：①该宗教必须有其组织结构或教阶体制；②该宗教团体必须有一定数量的信徒；③该宗教必须在比利时存在了相当长的时间；④该宗教必须能为公众提供一种社会价值；⑤该宗教团体必须遵守国家法律并尊重公共秩序。

法国法律规定，宗教团体可注册为"礼拜协会"或"文化协会"。法律规定这两类协会要接受政府的某些管理和财务监督。礼拜协会享有免税地位，但只能组织宗教活动，而不可以进行诸如开办学校、印刷出版物等活动。文化协会则是营利性机构，其目标是促进某一特定团体的文化；虽然不享有免税地位，但它享有政府对其文化和教育运作活动的资助。实践层面，法国的宗教团体在这两档协会中都有注册。

西班牙1980年通过的《宗教自由组织法》赋予宗教团体一定的特权，但为了享有这些特权，宗教团体必须进行宗教实体登记。负责登记事务的机构是西班牙司法部宗教事务总署。宗教实体登记有几种，第一种是特别类，包括天主教会附属的一些实体机构和一些与政府签订协议的非天主教宗教团体。第二类是普通类，包括还没有同政府签订协议的非天主教宗教团体及其附属机构。第三类是天主教宗教基金。目前，共有大约11 600个宗教实体登记为第一类实体，第二类实体大约有330个，第三类大约有150个。法律规定，被拒绝登记为宗教团体的组织可向法院提出诉讼，如果仍不被视为宗教团体，它仍可以向内政部申请进行协会登记，登记认可为社会团体或公民协会。未经登

记认可的新兴宗教如科学学教会是作为文化协会进行登记的。

1998 年奥地利《关于宗教信仰团体的法人地位的联邦法律》规定，宗教信仰团体在申请登记时需提供证据表明该宗教信仰团体拥有至少 300 名登记在册的奥地利居民，而且不是已具有法人地位的某宗教信仰团体或合法认可的教会或宗教修会的成员。宗教团体可申请法人资格，除了提供有关章程等必要材料，还要符合以下条件：①作为宗教协会存在至少 20 年，而且其间作为依据本联邦法所指的具有法人地位的宗教信仰团体存在至少 10 年；②追随者的数量应至少占奥地利居民人口的千分之二；③收入和资产用于宗教目的（包括福利和慈善）；④对社会和政府持积极的基本态度；⑤对与现存合法认可的教会和宗教修会或其他宗教协会之间的关系没有不合法的干扰。教育与文化事务部宗教团体法人登记记录应包括宗教信仰团体的名称、法人地位分类、营业编号和依据第二条第三款进行财税评估的公告日期、代表机构和签字权力，在终止法人地位的情况下要包括终止原因。

罗马尼亚政府要求所有宗教团体向政府有关部门申请登记。根据登记规定，申请登记的宗教团体必须向宗教事务国务秘书处提交有关申请，提供成员名单，列出姓名、年龄、身份证号码、住址并签名。对于未被认可为独立宗教的团体，政府将其登记为宗教基金会或慈善基金会或文化协会。登记认可的宗教团体有权享受免税地位、开办学校、在公立学校教授宗教课、在修建教堂时申请政府资助、由政府支付教职人员的薪水和住房补贴、使用电台和电视台播放宗教节目等。

俄罗斯 1997 年通过的《良心自由和宗教协会》联邦法规定，宗教组织要由"不少于 10 个年满 18 岁并永久居住在一个地区"的俄罗斯公民组成。中央宗教组织在申请登记时，它应在俄罗斯联邦境内合法活动不少于 50 年（地方宗教组织不少于 15 年）。中央宗教组织在申请登记时要在章程中包括名称、地点、宗教组织的类型、宗教信仰及其从属的现存的中央宗教组织的名称；目的、任务及基本的活动形式；创建和终止活动的程序；组织的构成，包括管理机构、管理机构的组成程序和权限；组织的资金及其他财产的构成来源；修改和补充章程的秩序；活动终止时财产的处理方法；属该宗教组织的活动特点的其他说明；证明宗教组织成立不少于 50 年的文件。地方宗教组织申请登记除在章程中包括以上各点外，还要指出所属中央宗教组织的名称，证明宗教组织成立不少于 15 年的文件。

日本是以专门的宗教法进行登记管理的国家。1951 年，日本公布了《宗教法人法》（此后又经过十多次修改）。该法共计十章 89 条，对宗教法人的设立、管理、变更、合并、解散、登记、财务管理、认证等都作了详细的规定。《宗教法人法》规定了几项重要的制度，如认证制度、责任役员制度、公告制度、宗教法人审议会制度等。认证制度规定宗教法人在设立、合并、变更、自行解散时，都必须将规定的文件、手续提交所辖厅申请认证。《宗教法人法》严格按照宗教自由与政教分离原则，建立了一套宗教法人管理的认证制度，对于宗教法人合法权益的保护作了明确规定，是一部比较成熟的调整宗教团体的法律。①

大体上，各国关于宗教信仰自由的立法实践具有以下三个方面的重要特点：

第一，通过立法进行宗教自由的保障和宗教行为的规制是各国普遍选择，但宗教事务是社会公共事务的一部分，涉及政治、经济、教育、文化、公共慈善各个方面。因此，大部分国家都不对"宗教"进行法律意义上的界定。涉及宗教事务的立法，一方面通过宪法确认保障宗教信仰自由的基本原则，另一方面在民法、刑法、行政法等一般法律中对涉及宗教事务进行具体规制，这些法律规制基本上是基于政教分离原则，以保障宗教信仰自由实践为出发点，同时限制宗教自由可能被滥用，维护社会公共秩序。

> 概括世界范围主要国家保障宗教信仰自由的立法精神，总的来看，"宗教信仰自由是国际社会公认的准则，但不同的国家和地区，由于文化传统、社会制度、宗教状况以及政教关系上的差异，实践宗教信仰自由各有自身的特点"②。

第二，绝大多数国家的政府没有单独的宗教事务部门，政府对宗教事务的依法管理，主要通过政府各职能部门运用普通法律中涉及宗教事务的法律规制来进行。

第三，社团法人制度建设是许多国家探索的保障宗教信仰自由、规范宗教关系的最主要方式。基于现代社团制度，设立不同法人的运作机制，既覆盖宗教场所的管理方法，同时也适应了现代社会中宗教活动的运作机制，把场所管理与法人自治结合起来，是世界上大多数国家公民宗教信仰自由实践的重要方式。

三、中国宗教信仰自由的法律保护与规制

中国与世界上大多数国家一样，在近现代国家政治现代化转型过程中，致力于政教分离和尊重公民宗教信仰自由的宪政建设，1912 年 3 月 11 日由中华民国临时大总统孙中山颁发的《中华民国临时约法》第六条规定："人民有信教之自由。"这是中国现代国家第一次以宪法形式宣布各宗教一律平等，第一次宣布信教自由，具有划时代的意义。其后国民党南京政府一直延续了宗教信仰自由的主张。中华人民共和国成立后，中国政府逐步探索出一条具有中国特色的保障宗教信仰自由、促进宗教关系和谐、发挥宗教界积极作用的中国特色协调宗教关系的法律政策体系。改革开放以来，随着中国全面依法

---

① 《亚洲佛教国家宗教立法》，http://www.pacilution.com/ShowArticle.asp?ArticleID=307，2004 年 10 月 8 日。

② 参见王作安：《我国宗教立法的回顾与思考》，《世界宗教研究》2008 年第 3 期，第 1—11、157 页。

治国的深入推进，用法律保护公民宗教信仰自由、调节涉及宗教的各种社会关系，越来越成为宗教事务治理的突出特点。

（一）中国保障宗教信仰自由的法律体系

第一，宗教信仰自由权利的宪法保障。《中华人民共和国宪法》第三十六条规定："中华人民共和国公民有宗教信仰自由。"同时规定："国家保护正常的宗教活动。""任何国家机关、社会团体和个人不得强制公民信仰宗教或者不信仰宗教，不得歧视信仰宗教的公民和不信仰宗教的公民。""任何人不得利用宗教进行破坏社会秩序、损害公民身体健康、妨碍国家教育制度的活动。""宗教团体和宗教事务不受外国势力的支配。"这些规定为国家保障宗教信仰自由权利、依法管理宗教事务、构建积极健康的宗教关系提供了宪法依据。

第二，国家基本法律关于宗教信仰自由权利的一般保障。《中华人民共和国刑法》《中华人民共和国国家安全法》《中华人民共和国反恐怖主义法》等法律均有保护公民宗教信仰自由的相关规定。《中华人民共和国全国人民代表大会和地方各级人民代表大会选举法》《中华人民共和国人民法院组织法》《中华人民共和国人民检察院组织法》《中华人民共和国城市居民委员会组织法》《中华人民共和国村民委员会组织法》《中华人民共和国刑事诉讼法》《中华人民共和国教育法》《中华人民共和国劳动法》《中华人民共和国就业促进法》《中华人民共和国工会法》等法律贯彻平等保护原则，规定公民在各级人民代表大会和基层群众性自治组织中的选举权和被选举权、法律适用上的平等权、受教育权、平等就业权和自主择业权、依法参加和组织工会的权利等不因宗教信仰而有区别，不因宗教信仰而受歧视。

> 《中华人民共和国民族区域自治法》规定，民族自治地方的自治机关保障各民族公民有宗教信仰自由。

《中华人民共和国民族区域自治法》规定，民族自治地方的自治机关保障各民族公民有宗教信仰自由。《中华人民共和国未成年人保护法》规定，未成年人不分宗教信仰，依法平等享有生存权、发展权、受保护权、参与权、受教育权等权利。《中华人民共和国广告法》规定，广告不得含有宗教歧视的内容。《中华人民共和国刑法》规定，国家机关工作人员非法剥夺公民的宗教信仰自由，情节严重的，追究刑事责任。

第三，宗教信仰自由表达权利的法律保护。2017年修订公布的《宗教事务条例》，规定了宗教团体、宗教活动场所和信教公民在设立宗教活动场所、举行宗教活动、开办宗教院校、申请法人资格、出版发行宗教书刊、接受宗教捐献、管理宗教财产、开展公益慈善和对外交流活动等方面的权利和义务。规定各级地方人民政府应当为宗教团体、宗教院校和宗教活动场所提供公共服务；各级地方人民政府应当将宗教活动场所建设纳入土地利用总体规划和城乡规划；任何组织或者个人不得在信教公民与不信教公民之间制造矛盾与冲突；出版物、互联网不得发布歧视信教公民或不信教公民的言论。

中国还就外国人在中国境内的宗教自由进行立法保护。《中华人民共和国境内外国人宗教活动管理规定》强调，中国政府尊重中国境内的外国人的宗教信仰自由，保护外国人在宗教方面同中国宗教界的友好交往和文化学术交流活动。境内外国人可以在寺庙、宫观、清真寺、教堂等宗教活动场所参加宗教活动，经省、自治区、直辖市以上的宗教团体邀请可以在宗教活动场所讲经、讲道，可以在县级以上人民政府宗教事务部门认可的场所举行外国人参加的宗教活动，可以邀请中国宗教教职人员为其举行洗礼、婚礼、葬礼和道场法会等宗教仪式，可以携带符合规定的宗教印刷品、宗教音像制品和其他宗教用品入境。同时规定，外国人在中国境内进行宗教活动，应当遵守中国法律、法规。外国人和外国组织不得在中国境内成立宗教组织、设立宗教办事机构和宗教活动场所、开办宗教院校、擅自招收留学生，不准在中国公民中发展教徒、委任宗教教职人员或进行其他传教活动。《中华人民共和国境外非政府组织境内活动管理法》规定，境外非政府组织在中国境内不得非法从事或者资助宗教活动。

　　总之，中国已经初步建成以《中华人民共和国宪法》第三十六条为核心，其他法律为支持，《宗教事务条例》为主体，其他行政法规和规章为补充的，覆盖宗教组织、宗教活动、教职人员、宗教院校、宗教财产等多个方面的保障宗教信仰自由的法律法规体系。

图 8-7　拉萨布达拉宫（钮一新／视觉中国）

（二）国家立法调整宗教与社会关系的主要内容

第一，公民有信仰宗教和不信仰宗教的自由。每个公民既有信仰宗教的自由，也有不信仰宗教的自由；有信仰这种宗教的自由，也有信仰那种宗教的自由；在同一宗教里面，有信仰这个教派的自由，也有信仰那个教派的自由；有过去不信教而现在信教的自由，也有过去信教而现在不信教的自由。既保护信教的自由，也保护不信教的自由，是宗教信仰自由最基本的内容。

信教的公民与不信教的公民享有同等的权利和义务，任何国家机关、社会团体和个人不得强迫公民信仰宗教或者不信仰宗教，不得歧视信仰宗教的公民和不信仰宗教的公民。由于历史的原因，有些少数民族绝大多数信仰某种宗教。因此，在多数群众信教的地方，要特别注意保护不信教群众的权利；在多数群众不信教的地方，要特别注意保护信教群众的权利。

第二，宗教必须在宪法、法律和政策范围内活动。公民在行使宗教信仰自由权利的同时，有遵守宪法和法律的义务。任何国家机关、社会团体和个人不得损害宗教界的合法权益，干预正常的宗教活动；任何人也不能利用宗教破坏社会秩序，更不允许利用宗教进行反对中国共产党的领导和社会主义制度，破坏国家统一和民族团结的活动。宗教活动应当在法律法规规定范围内开展，不得损害公民身体健康，不得违背公序良俗，不得干涉教育、司法、行政职能和社会生活。

第三，政教分离。各宗教在法律面前一律平等，国家政权不能被用来推行或禁止某种宗教，既不能用行政力量扶持发展某个宗教，也不能用行政力量打压某个宗教。任何宗教都不能超越其他宗教享有特殊地位。在中国，政教分离已经成为约定俗成的共识。有一种说法，中国的宗教组织是"官办教会"，这种说法并不属实。因为宗教活动场所（寺庙、宫观、清真寺、教堂）不是由国家财政拨款修建的，不是国有资产，宗教神职人员（牧师、神父、和尚、道士、阿訇）不是国家公务员。宗教组织的经济来源，主要依靠房租、教徒奉献和神职人员自己的产品。国家财政每年拨出一定的费用，通过文物保护等方式用于具有文物价值的宗教活动场所的修缮等行为，构不成"官办宗教"。

但中国的政教分离与西方的政教分离有所不同。中国的政教分离，除了强调宗教不得干预行政、司法、教育等国家职能外，还强调发挥宗教界人士和信教群众的积极作用。因为，在社会主义条件下，信教和不信教以及信仰不同宗教的群众在信仰上的差异是次要的，他们在政治、经济上的根本利益是一致的，信教群众也是社会主义国家建设的重要力量，要尊重群众宗教信仰，保护信教群众宗教信仰自由权利，发挥宗教界人士和信教群众在促进经济社会发展中的积极作用。目前，中国约有 2 万名宗教界人士担任了各级人民代表大会代表和政治协商会议委员，积极履行职责，参政议政，实施民主监督。

第四，国家保护一切在宪法、法律和政策范围内的正常宗教活动。确定公民有宗教信仰自由的权利，也就包括承认各教依法成立的宗教组织及其正常的宗教活动，承认经政府批准登记的宗教活动场所。各宗教团体自主地办理各自的教务，并根据需要开办宗教院校，印发宗教经典，出版宗教刊物，举办各种社会公益服务事业。在登记的宗教活动场所内和按宗教习惯在教徒自己家里进行的正常宗教活动，受到国家法律保护，任何人不得加以干涉。国家保护宗教团体的合法权益，保护宗教教职人员履行正常教务的权利。政府运用法治思维和法治方式处理宗教领域矛盾和问题，促进我国宗教健康传承，积极引导宗教与社会主义社会相适应、与新时代中国特色社会主义相适应。

第五，坚持我国宗教中国化方向。主要鼓励支持宗教界以社会主义核心价值观为引领，建设与中国特色社会主义法律制度体系相适应的中国特色宗教思想文化和组织制度。

以上五个方面的内容可以简单概括为：个人思想信仰绝对自由，宗教行为依法进行，政教分离，宗教中国化。

> 个人思想信仰绝对自由，宗教行为依法进行，政教分离，宗教中国化。

（三）宗教不得妨碍教育

当今世界大多数国家都在努力探索"宗教与教育"相分离。20 世纪 80 年代，随着穆斯林移民的不断涌入，校园里"伊斯兰教头巾"在欧洲各国引起诸多争议。

中国"宗教与教育相分离"的探索始于中华人民共和国成立前。1917 年北京大学原校长蔡元培先生提出"以美育代替宗教"的口号，主张把教育与宗教分离开来。中国共产党一贯坚持教育与宗教相分离的原则，在 1923 年召开的中国共产党第三次全国代表大会通过的《中国共产党党纲草案》第十二条就有"实行义务教育，教育与宗教相分离"的规定。

图 8-8　宗教与政治、教育相分离

　　中华人民共和国成立后,《中华人民共和国宪法》第三十六条指出:"国家保护正常的宗教活动。任何人不得利用宗教进行破坏社会秩序、损害公民身体健康、妨碍国家教育制度的活动。"《中华人民共和国教育法》第八条规定:"国家实行教育与宗教相分离。任何组织和个人不得利用宗教进行妨碍国家教育制度的活动。"《中华人民共和国义务教育法》规定,凡是中华人民共和国公民,无论其民族、宗教信仰如何,只要达到适龄年龄都必须接受义务教育。这既是公民的神圣权利,也是公民应尽的义务。总体看,中国的"教育与宗教相分离"原则,符合世界教育现代化发展的潮流。

第三节　当代中国团结和睦的宗教关系

当代中国社会，信教和不信教公民和睦相处。不信教公民尊重信教公民的宗教信仰，不歧视和排斥信教公民；信教公民尊重不信教公民的信仰选择。在多数公民不信教的地方，少数信教公民的合法权利得到尊重和保护；在多数公民信教的地方，少数不信教公民的权利同样得到尊重和保护。

一、中国公民的宗教信仰生活

中国作为发展中的人口大国，有自己特殊的宗教国情。当代中国信教公民近 2 亿。[①] 主要有五大宗教，即佛教、道教、伊斯兰教、天主教、基督教。此外，还有一些原始宗教、民族宗教和民间信仰，如萨满教、妈祖信仰等。中国公民可以自由地选择、表达自己的信仰，表明宗教身份。

佛教于公元 1 世纪前后开始传入中国，迄今在中国已有 2 000 多年的历史。由于所译经典的语言文字、流传地域和民族等的不同，中国佛教分为三大语系，即汉语系佛教、藏语系佛教、巴利语系佛教，或分别称为汉传佛教、藏传佛教、南传佛教。经过 2 000 多年的发展，佛教已经成为中国传统文化的重要组成部分，深入中国传统文化的各个领域、各族同胞社会生活的各个方面。由于佛道教民俗性很强，没有精准的统计数据，根据 2018 年中国政府发表的《中国保障宗教信仰自由的政策和实践》白皮书，中国有佛道教徒 1 亿多人。

道教发源于中国，是中国特有的宗教，起源于春秋战国时期，正式创立于东汉末年，其标志是太平道和五斗米道的出现，到现在已有 1 800 多年历史。道教承袭了中国古代的自然崇拜和祖先崇拜，是多神教，主要分为全真道和正一道两大派。道教作为一种土生土长的宗教，在中国有深厚的传统文化根基，在普通民众中具有很强的影响力。

伊斯兰教在唐朝永徽年间传入中国，在元朝以后大规模进入中国，至今有 1 300 多年的历史，现在为中国回、维吾尔等 10 个少数民族中的近 2 000 万人所信仰。伊斯兰教有各种教派，最主要的是逊尼派和什叶派两大教派，中国穆斯林大多属于逊尼派。

天主教是基督教的三大宗派之一，亦称罗马公教。基督教产生于公元 1 世纪，脱

[①] 参见《中国保障宗教信仰自由的政策和实践（白皮书）》，http://www.scio.gov.cn/ztk/dtzt/37868/38146/38148/Document/1626659/1626659.htm，2018 年 4 月 3 日。

胎于犹太教，与佛教、伊斯兰教一起构成世界三大宗教。基督教包括罗马公教（天主教）、东正教、基督新教以及一些较小的派别。天主教自公元 7 世纪起几度传入中国，1840 年鸦片战争后大规模传入。中国天主教的一个重要特点是教徒家庭世代相传，稳定性比较强。中国现有天主教徒约 600 万人，教堂及祈祷场所达 6 300 余所。①

由于历史的原因，基督新教② 在传入中国时被称为基督教。基督教于公元 19 世纪初传入中国，并在鸦片战争后大规模传入，目前大约有 3 800 万信众③。

> 目前，全国共有各级宗教团体 5 500 多个，其中全国性宗教团体 7 个。

目前，全国共有各级宗教团体 5 500 多个，其中全国性宗教团体 7 个，即中国佛教协会、中国道教协会、中国伊斯兰教协会、中国天主教爱国会、中国天主教主教团、中国基督教三自爱国运动委员会、中国基督教协会。宗教团体的基本任务是反映维护宗教界的合法权益，组织正常的宗教活动，办好教务。宗教组织的经济来源主要是教徒捐献、房地产收入、生产劳动收入。宗教团体是信教群众的组织，不是政府宗教事务部门的下属机构。

宗教团体还办有培养宗教教职人员及其他宗教专门人才的各级宗教院校。截至 2017 年，中国大约有宗教院校共 91 所，其中全国性宗教院校 6 所，分别为中国佛学院、中国藏语系高级佛学院、中国道教学院、中国伊斯兰教经学院、中国天主教神哲学院、金陵协和神学院。宗教院校在校学生 1 万多人，历届毕业生累计 4.7 万余人。④

中国与世界许多国家一样，实行宗教教育与国民教育分离的原则，在国民教育中，不对学生进行宗教教育。宗教院校不完全等同于过去传统的"灵修院""隐修院""丛林""经堂"等，其主要任务是培养有宗教学识、立志从事宗教事业的宗教教职人员。

宗教教职人员是对各宗教专门从事教务活动人员的通称。就中国五大宗教而言，主要包括：汉传佛教的比丘、比丘尼，藏传佛教的活佛、喇嘛、觉姆，南传佛教的长老；道教的道士、道姑（全真派称乾道、坤道）；伊斯兰教的阿訇、伊玛目、专职哈提甫；基督教的主教、牧师、长老；天主教的主教、司铎（神甫）、修士、修女。佛教、道教的宗教教职人员一般称"出家人"，常住寺院从事宗教修行和教务活动（但道教的"正一派"道士可以成家，不住宫观）；天主教和基督教的神职人员在本宗教内部分别称为

---

① 马英林：《同心同德谱写中国天主教爱国爱教事业新篇章——在中国天主教第八届全国代表会议上的工作报告》，《中国天主教》2011 年第 1 期，第 6 页。
② 基督新教是 1517 年西欧宗教改革运动后陆续产生的一批脱离天主教会各个新宗派的总称。
③ 参见《中国保障宗教信仰自由的政策和实践（白皮书）》，http://www.scio.gov.cn/ztk/dtzt/37868/38146/38148/Document/1626659/1626659.htm，2018 年 4 月 3 日。
④ 参见《中国保障宗教信仰自由的政策和实践（白皮书）》，http://www.scio.gov.cn/ztk/dtzt/37868/38146/38148/Document/1626659/1626659.htm，2018 年 4 月 3 日。

"神职人员"和"教牧人员"。宗教教职人员的职责主要是主持宗教活动、宣讲教规教义、参与宗教活动场所管理、为信教群众提供宗教礼仪服务等。他们不但同信教群众在精神上有密切联系，而且还进行着许多服务性劳动和社会公益方面的工作。中国现有宗教教职人员 38 万余人，其中佛教教职人员约 22.2 万人，道教教职人员 4 万余人，伊斯兰教教职人员 5.7 万余人，基督教教职人员约 5.7 万人，天主教教职人员约 0.8 万人①。

当代中国公民在宗教活动场所内以及按照宗教习惯在自己家里进行的一切正常的宗教活动，如礼拜、封斋、拜佛、祈祷、讲经、讲道、诵经、烧香、弥撒、受洗、受戒、终傅、追思、过宗教节日等，受法律保护。比如，西藏大多数人信奉藏传佛教，信众婚丧嫁娶仪式中与宗教有关的习俗都受到完全尊重；信众家中几乎都设有小经堂或佛龛；在西藏处处可以看到善男信女悬挂的经幡、堆积的玛尼堆。每年到拉萨朝佛敬香的信教群众均达百万人次，在大昭寺等一些著名的寺院内外，挤满了磕长头、转经、朝佛的信教群众。每年藏传佛教寺庙学经、辩经、受戒、灌顶、修行等传统宗教活动和寺庙学经考核晋升学位活动有序进行，每逢重大宗教节日都循例举行各种宗教活动。中国佛教协会西藏自治区分会于 1983 年创办了西藏佛学院，并在各教派的一些寺庙中开办了学经班，现有学僧近 3 000 名。另外每年还推荐一定数量的活佛、学僧到北京，进入中国藏语系高级佛学院进修深造。

二、中国宗教关系的新面貌

宗教关系本质上是一种社会关系。唯物史观认为，所谓社会关系，就是人们在共同的实践活动中结成的相互关系的总称。物质资料的生产是人类社会赖以存在和发展的基础，所以，人在社会生产中结成的相互关系是一切社会关系的基础，社会生产关系决定其他社会关系的性质。宗教关系亦是如此，它建立在社会生产关系基础之上，其性质由社会生产关系的性质决定。

（一）中华人民共和国成立以来宗教关系的新变革

中华人民共和国成立前，我国宗教关系的性质受旧的社会生产关系——半殖民地半封建生产关系的影响和制约，带有深刻的"封建宗法性"和"洋教性"，宗教方面的矛盾既涉及人民内部矛盾，也涉及阶级对抗性矛盾。

中华人民共和国成立后，中国天主教、基督教通过反帝爱国运动，摆脱了帝国主义、殖民主义的控制，走上了独立自主自办教会的道路，成立了由中国宗教徒独立自主自办的宗教事业，洗刷了百年来"洋教"特征。佛教、道教、伊斯兰教通过宗教制度的

---

① 参见《中国保障宗教信仰自由的政策和实践（白皮书）》，http://www.scio.gov.cn/ztk/dtzt/37868/38146/38148/Document/1626659/1626659.htm，2018 年 4 月 3 日。

民主改革，废除了宗教封建特权和压迫剥削制度，去掉了长期存在的"封建宗教法"特征。各宗教在神学思想建设方面也作出了有利于社会主义社会的变化，创造了适应新社会的神学体系。中国宗教由此成为在社会主义条件下存在和发展的宗教，成为摆脱帝国主义势力控制和剥削阶级利用的宗教，成为爱国守法并能积极适应社会主义社会的宗教。宗教关系也由此主要转变为信仰和不信仰宗教群众的关系，以及信仰这种宗教和信仰那种宗教群众的关系。

图 8-9　赵朴初等爱国宗教人士照片亮相中国共产党历史展览馆（郭海鹏／人民视觉）

（二）改革开放以来中国宗教关系的新变化

中华人民共和国成立以来特别是改革开放 40 多年来，中国宗教关系总体保持了健康和谐的局面。中国各大宗教都在以各种方式调整自己，以便更好地适应社会主义社会。在中国更加深刻融入国际社会的形势下，中国宗教关系呈现出一些新情况和新变化。主要表现在：

1. 宗教发展速度较快

近年来，中国各宗教都以不同形式得到了不同程度的发展。汉传佛教、道教除了正式皈依者增加外，在家信教的善男信女也大量增加，各地香火日盛。伊斯兰教、藏传佛教、南传佛教是民族性较强的宗教，历史上就有约 20 个少数民族的绝大部分民众信仰。随着这些少数民族人口的稳步增长，信教群众的数目也不断增加。五大宗教中，基督教的发展最为引人注目，目前基督教有 3 800 多万的信众，其中 1993 年以来信教的基督徒占信徒总数的 70% 以上，表明近年来中国基督徒人数不但增长迅速，而且发展速度呈加快上升态势。

天主教尽管由于体制严密性的限制，教徒数量的增长速度不能与基督教相提并论，但其目前 600 万的教徒数量与中华人民共和国成立初期的 300 万教徒相比，也有了较大幅度的增长。此外，一些民间的宗教信仰也有发展，国外的一些宗教也开始进入中国。

随着信教人数人员增加，宗教的社会影响日益增强，表现在：宗教活动场所增多，各类宗教活动日益频繁；宗教书刊越来越多，表现宗教内容的文艺作品日益增加；新闻媒介中宗教方面的信息量日渐增多，旅游文化中的宗教成分日益浓厚。

2. 传统宗教分布格局和信仰方式发生新变化

中华人民共和国成立以来，中国宗教在分布上呈现出比较明显的区域特点：汉传佛教主要分布在汉族地区，藏传佛教主要分布在青藏高原和内蒙古地区，南传佛教分布在云南。穆斯林聚居区主要分布在西北各省、自治区，在中部和东部有一定数量的穆斯林散居。道教和天主教、基督教也主要分布在中东部地区。

改革开放 40 多年来，随着各族同胞跨区域流动日益频繁，中国各宗教也随之广泛交往交流，出现了"藏密东渐""福音西进""伊斯兰教东南行"。各宗教伴随着人员的大量流动相互碰撞、融合，宗教关系出现了"我中有你，你中有我"的新局面。

除了宗教地域格局被打破，传统宗教信仰方式也在发生变化。为了让更多的人认识宗教，各宗教在传教过程中，尽可能运用简明、通俗的形式，解读各自的宗教，将宗教精神深入民众之中，宗教在中国的表现形式由过去以教会为中心、注重外在形式的"有形宗教"向注重宗教内在意义的"无形宗教"转变，由"民族宗教""国家宗教"向"公民宗教"转换，由"集体宗教"向"私人宗教"转换，由"虔信的对象"向"消费的对象"转换。在这个过程中，宗教的神秘性和神圣性逐步受到消解。

3. 信众年龄、阶层结构日益均衡化

多年来中国各阶层民众信教人数都有增加。中青年信教人数越来越多，在中国信教群众中的比例持续上升。由于中青年信教群众的文化程度普遍比老年信教群众高，加上一些高学历人员信教，中国信教群众的平均文化程度逐步提高。随着农村人口向城市迁移和城市居民信教人数增多，城乡信教群众分布"一头沉"的格局正在被打破。中国信教群众的职业分布更加广泛，除工人、农民外，在新经济组织和社会组织中的非公有制经济人士、自由择业的知识分子当中，也有人陆续加入信教者队伍。在区域分布上，经济发展较快的东部沿海地区，宗教也呈现出较快增长势头。

4. 宗教服务社会的意识越来越强

在漫长的历史发展中，中国各宗教都倡导服务社会，造福人群，如佛教的"庄严国土，利乐有情"，天主教、基督教的"荣神益人"，道教的"慈爱和同、济世度人"，伊斯兰教的"两世吉庆"等。

当代中国各宗教通过积极参与世俗生活来体现其宗教价值。主要表现在宗教团体和信教公民参与政治经济和社会活动热情高涨。比如，西藏和平解放以来，很多著名的宗教界人士同中国共产党和政府合作共事，参政议政，为国家和西藏的建设事业发挥积极的作用。特别是十世班禅额尔德尼·确吉坚赞一直坚持爱国主义立场，在和平解放西藏、反对分裂等斗争中，为维护祖国统一，增强民族团结，作出了重大贡献。各宗教积极参与社会公益活动，在社会募捐、救济等公益事业中发挥了越来越大的作用，有的宗教团体还兴办经济实体，为自养提供更好的条件。

各宗教努力适应社会，阐述传统宗教教义，使之在实践中越来越适应世俗化的社会生活。各宗教团体纷纷出版发行多语种、多版本的宗教经典以及记载、阐释、注解宗教教义、教规的印刷品、音像制品和电子读物。各大宗教都重视挖掘、整理宗教经典教义中与时代发展、社会进步相适应的内容。比如佛道教界整理出版《大藏经》《中华道藏》《老子集成》等大型宗教古籍文献。西藏寺庙的传统印经院得到进一步建设，现有布达拉宫印经院等传统印经院 60 家，年印经卷 6.3 万种。伊斯兰教界翻译出版发行汉、维吾尔、哈萨克、柯尔克孜等多种文字版的《古兰经》等伊斯兰教经典，编辑发行《新编卧尔兹演讲集》系列读物和杂志，总量达 176 万余册。中国基督教教会组织印刷《圣经》约 8 000 万册，包括汉语和 11 种少数民族文字以及盲文版。[1] 许多宗教团体和活动场所开设了网站，中国伊斯兰教协会开通中文版和维吾尔文版网站。

在市场经济大潮的影响下，不少教职人员将会更多地关注自己的世俗利益，享受现代化的世俗生活，信仰上的虔诚和修持上的严格均可能进一步减弱。另外，为适应现代社会的发展，各传统宗教均会不断调节自身，进一步加大社会服务的力度。

5. 宗教领域的去极端化

20 世纪 90 年代以来，特别是美国"9·11"事件后，受国际局势变化和恐怖主义、极端主义在全球蔓延的影响，在中国新疆出现"东突厥斯坦独立运动"，旨在通过发动"圣战"在新疆建立"东突厥斯坦"国家。这些分裂组织打着宗教的幌子，利用群众朴素的民族宗教感情，煽动宗教狂热，大肆散布宗教极端思想，蛊惑煽动群众，实施暴力恐怖活动，使一些人走上违法犯罪的道路。

打着伊斯兰教旗号的宗教极端主义并不是伊斯兰教。从 20 世纪 90 年代到 21 世纪初的 20 多年时间里，打着伊斯兰旗号的宗教极端分子把极端思想与宗教捆绑在一起，

---

① 参见《中国保障宗教信仰自由的政策和实践（白皮书）》，http://www.scio.gov.cn/ztk/dtzt/37868/38146/38148/Document/1626659/1626659.htm，2018 年 4 月 3 日。

与广大信教群众捆绑在一起，与社会生活捆绑在一起，煽动群众"除了真主以外不能服从任何人"，教唆信教群众抵制政府管理；鼓吹把一切不遵循极端做法的人都视为异教徒、宗教叛徒、民族败类，煽动辱骂、排斥、孤立不信教公民、党员干部和爱国宗教人士；否定和排斥世俗文化，宣扬不能看电视、听广播、读报刊，强迫葬礼不哭、婚礼不笑，禁止人们唱歌跳舞，强制妇女穿戴蒙面罩袍；泛化"清真"概念，不仅在食品上，而且在药品、化妆品、服装等物品上都打上清真标签……据不完全统计，自 1990 年至 2016 年底，宗教极端势力在新疆等地制造了数千起暴力恐怖案（事）件，造成大量无辜群众被害，数百名公安民警殉职，财产损失无法估算。

2017 年新疆维吾尔自治区人民代表大会通过了《新疆维吾尔自治区去极端化条例》。根据这一条例，新疆开展了宗教领域去极端化工作，集中治理非法宗教活动、非法宗教宣传品、非法宗教网络传播，有效遏制了宗教极端思想的滋生蔓延。通过几年来的治理，宗教极端主义干预行政、司法、教育、婚姻、医疗等现象得到有效遏制，学生入学率、巩固率大幅上升，民众对宗教极端思想危害性的认识明显提高。在依法去极端化的同时，新疆也加大对合法宗教活动的保护力度，相继出台或修订了《新疆维吾尔自治区宗教事务条例》等有关宗教事务管理的地方性法规。这些地方性法规明确了宗教团体、宗教活动场所、宗教教职人员的权利和义务，明确了合法宗教活动与非法宗教活动的界限，为各族群众进行合法宗教活动提供了法治保障。

三、中国宗教的独立自办与国际友好交流

（一）中国鼓励宗教界在平等友好基础上开展国际交流

自改革开放以来，中国宗教对外交流日益频繁，开始走上国际宗教舞台。2000 年，中国宗教领袖代表团参加世界宗教领袖千年和平大会，提出了中国宗教界维护世界和平的主张，在国际社会上产生了较大的影响。宗教性的留学及民间往来也日益活跃，改革开放以来，各宗教团体选派出国留学人员超过千人[①]；境外宗教书籍报刊更容易传到国内，出国人员接受宗教影响并反馈国内也是常见现象。此外，对外文化、经济交流也会涉及宗教因素，旅游传教、探亲传教、文化传教、网络传教等各种渠道都在传播着国际宗教的思想与文化。

> 自改革开放以来，中国宗教对外交流日益频繁，开始走上国际宗教舞台。

目前，在独立自主、平等友好、相互尊重的基础上，中国宗教界已经与超过 80 个

[①] 参见《中国保障宗教信仰自由的政策和实践（白皮书）》，http://www.scio.gov.cn/ztk/dtzt/37868/38146/38148/Document/1626659/1626659.htm，2018 年 4 月 3 日。

国家的宗教组织建立了友好关系，积极参加涉及不同文明、信仰与宗教的国际性会议，广泛参与世界基督教教会联合会、世界佛教徒联谊会、伊斯兰世界联盟、世界宗教者和平会议等国际性组织的活动，参加联合国人权理事会会议，参与多个双边和多边人权对话。积极响应"一带一路"倡议，促进民心相通，文化交融。

佛教界举办了4届世界佛教论坛，道教界举办了4届国际道教论坛，这两个论坛已成为海内外佛教、道教重要的国际交流平台。中国伊斯兰教协会分别于2012年、2014年赴土耳其、马来西亚举办伊斯兰文化展演活动。中美基督教会2013年在上海举办"第二届中美基督教领袖论坛"，2017年在美国举办"中国教会事工"交流会。2016年，中国伊斯兰教协会、中国基督教协会和中国天主教"一会一团"共同与德国新教联盟在德国联合举办"中德宗教对话——和平与共享"跨宗教对话。

在区域方面，中国佛教协会西藏分会和一些寺庙组织宗教人士出国进行友好访问、参观、考察和学术交流，每年都要接待几十个国家前来西藏朝佛、参观、考察的团体和个人。新疆宗教界代表多次参加国际学术交流会和研讨会；教职人员和宗教院校学生多次在国际上举办的《古兰经》诵读比赛中获奖。2001年以来，中国先后选派70多名经学院校的学生和教职人员赴埃及、巴基斯坦等国高校留学深造，并设立奖学金奖励优秀学员。组织有宗教界人士参加的出访团多次赴国外访问交流，向国际社会介绍新疆经济社会发展、宗教信仰自由状况，增进相互了解和友谊。

总之，当今世界，多元宗教的接触、碰撞均前所未有地频繁和深入，需要各宗教开展多层次的对话交流，互学互鉴，不仅要在宗教义理方面交融互鉴；还应该在伦理、慈善、生态环境、社会和谐等方面寻求共同的努力方向。此外还要加强社会层面的对话，

图 8-10　博鳌亚洲论坛举行"宗教领袖对话"分论坛（中新社韩海丹）

鼓励各宗教互学互鉴在自身建设及服务社会方面的好经验好做法，从而共同推进构建人类命运共同体。

（二）全球化时代，世界宗教对中国的影响越来越复杂化

全球化时代在加快宗教传播和蔓延的同时，也使宗教对社会各个层面的影响复杂化。这种复杂化集中表现为三个方面：第一，宗教意识形态的作用越来越强。冷战结束后，意识形态的表现形式发生了很大变化，宗教的价值观成为那些意识形态发生重大变化的国家、地区和民族重要的精神归宿。宗教充当意识形态的角色，不仅加大了宗教在社会生活中的影响和作用，也促使了宗教的政治化。宗教不仅是一个信仰的问题，而且越来越成为国际政治事务中的重要因素。第二，宗教越来越成为全球化时代人们身份认同的重要手段。也就是说，在不同国家的有共同宗教信仰的人们会形成联合体。这种宗教身份认同的增强在一定程度上削弱了国家的认同感和民族的认同感，从而对国家主权、民族凝聚力等造成冲击，并且在现实中形成潜在的威胁。第三，宗教越来越成为国际政治斗争的重要工具。冷战结束后，国际意识形态对立下降，民族矛盾和宗教矛盾上升，第三次民族主义运动兴起，在西方霸权主义的刺激下，宗教极端主义和暴力恐怖主义活跃起来，宗教问题和民族问题更加紧密地交织在一起，当前世界发生的各种冲突，宗教承担了精神的支撑作用。宗教与政治越来越紧密地联系在一起，宗教为政治服务，政治也使宗教发生变化。

在日益深入的对外开放中，世界宗教对中国的影响越来越呈现复杂化的态势。一方面，境外宗教组织加大对中国传教的力度。对外开放的环境为宗教传播提供了极为便利的条件，伴随经济全球化而来的，不仅是资金、项目和技术，还有文化、思想、观念和宗教信仰的大交流大碰撞。国外许多宗教组织把中国看作当今世界最大的信仰市场，通过各种渠道和方式传教布道，提高对"中国信仰市场"的占有率。目前，境外宗教组织除了通过宗教交流或派遣传教士的传统方法和途径，还利用经商、投资、教育、旅游、文化、体育、慈善等非宗教交流和合作渠道传教，形成了各式各样的新型传教模式。其中，最有代表性的是境外宗教组织和机构针对中国内地开展远程宗教教育和培训，现代计算机技术在宗教领域中的应用，电子网络的形成，极大地推动了境外宗教组织在中国传教的速度、广度和深度。另一方面，一些西方国家以"人权卫士"自居，以"普世价值"为武器，运用舆论优势，污蔑中国压制宗教自由和迫害宗教人士，毁损中国的国际形象。这种活动与正常的宗教文化交流混杂在一起，加深了中国宗教关系的复杂性。所有这些，使得中国的宗教关系面临着日益复杂的外部环境。

（三）中国宗教的独立自办原则

中国的宗教事务由中国人自己来办，不受境外势力的干涉和控制，是中国各宗教共同遵循的一个原则。中国宗教的这一原则立场，已越来越得到世界上其他国家宗教

组织和人士的理解与尊重。中国的宗教团体在坚持独立自主自办的方针下，实行自养、自治、自传。独立自主自办的方针并不排斥在相互尊重、平等友好的基础上与各国宗教组织或宗教人士进行交往。国家相关法律法规规定，对出于宗教感情的外来援助、捐赠等，只要不附带干涉中国内部事务包括宗教事务的条件，宗教组织可以接受，但是中国宗教的对外交流不得损害国家主权，任何境外势力不得插手中国宗教内部事务。

活佛转世制度是藏传佛教特有的，历经几百年的发展演变，已经形成了一整套严谨而又严密的宗教仪轨和历史定制，包括转世灵童的寻访、认定、坐床等诸多环节。其中对有影响的大活佛采取金瓶掣签和报请中央政府批准继任不仅早已成为历史定制，而且早已成为藏传佛教各大活佛转世系统遵循的共同规则，成为广大信教僧俗群众心目中的信条。

比如，1989年十世班禅圆寂，按照传统宗教仪轨，中国藏传佛教界开展了灵童寻访、认定工作，1995年在拉萨大昭寺举行了由国务院代表等主持的金瓶掣签仪式确认了转世灵童，随后在日喀则的扎什伦布寺举行了十一世班禅坐床典礼。学者李德成指出，"从十世班禅转世灵童的寻访认定，到十一世班禅坐床的全过程，充分体现了中国中央政府对藏传佛教的尊重、对历史定制的尊重、对藏传佛教信众感情的尊重"[1]。

但是，2020年美国国会通过了粗暴干涉藏传佛教事务的"2020年西藏政策及支持法案"。对此，中国西藏自治区人大常委会发表声明严重抗议，认为此法案违背国际法根本原则和国际关系基本准则，粗暴干涉中国内政，并向"藏独"分裂势力发出严重错误信号。声明指出，"活佛转世是藏传佛教特有的传承方式，有固定的宗教仪轨和历史定制。中国政府颁布有《宗教事务条例》和《藏传佛教活佛转世管理办法》，尊重和保护藏传佛教这一传承方式。达赖喇嘛活佛转世系统已有几百年的历史，十四世达赖本人就是按照宗教仪轨和历史定制寻访认定，报请当时的中央政府批准继位的。因此，美方没有任何权力利用宗教问题插手中国内政，其险恶用心昭然若揭"[2]。

---

① 叶晓楠、陆培法：《藏传佛教活佛转世制度今昔》，《人民日报（海外版）》，2012年8月30日，第5版。

②《西藏自治区人民代表大会常务委员会对美国国会通过"二〇二〇年西藏政策及支持法案"的声明》，《人民日报（海外版）》，2020年12月31日，第2版。

小 结

与伊斯兰教、基督教国家先后经历政教合一、国教政治，逐步走向政教分离的历史不同，中国历史上，政教关系的主流是政主教从。在近现代世界各国政治现代化转型历程中，中国与世界上大多数国家一样，致力于政教分离和尊重公民宗教信仰自由的宪政建设，逐步探索出一条具有中国特色的保障宗教信仰自由、促进宗教关系和谐、发挥宗教界积极作用的中国特色协调宗教关系的法律政策体系。

中国现阶段宗教关系总体表现是团结和睦，公民个体自由选择信仰或不信仰宗教，宗教平稳有序健康发展。在中国，各种宗教地位平等，和谐共处，未发生过宗教纷争；信教的与不信教的公民之间彼此尊重，团结和睦。这与中国各宗教维护团结统一、相互尊重、和睦相处的历史传统有关，也与当今中国宗教信仰自由政策有关。当代中国的政教关系，既不是古代那种"政主教从"的统属关系，也不是西方那种以基督教神学为基础的"分离"关系，而是在政教分离基础上，党和政府依法管理、积极引导的政教关系，是公民个体信仰自由，宗教活动规范有序，不同信仰者相互尊重、和睦相处的关系。

值得一提的是，经过千百年传承，儒家"和而不同""大一统"价值观不仅成为当代中国社会各宗教和睦相处、人民安居乐业的重要文化基础，而且给世界范围内不同宗教、不同文明的和睦共存提供了宝贵的借鉴。

讨论题

1. 中国宗教关系的历史传统与西方国家有什么不同？

2. 为什么说中国走出了一条符合本国历史与现实，又与国际社会宗教自由人权保护相似的道路？

3. 中国现阶段宗教关系总体上是健康和谐的，主要体现在哪些方面？

推荐阅读

1.《中国保障宗教信仰自由的政策和实践（白皮书）》，http://www.scio.gov.cn/ztk/dtzt/37868/38146/38148/Document/1626659/1626659.htm，2018 年 4 月 3 日。

2. 徐家玲主编：《世界宗教史纲》，北京：高等教育出版社 2007 年版。

3. 赵林：《基督教思想文化的演进》，北京：人民出版社 2007 年版。

4. 张训谋：《欧美政教关系研究》，北京：宗教文化出版社 2002 年版。

5. 牟钟鉴、张践:《中国宗教通史（修订本）》，北京：社会科学文献出版社 2003 年版。

6. 何光沪:《宗教与当代中国社会》，北京：中国人民大学出版社 2006 年版。

7. ［英］麦克斯·缪勒著，金泽译:《宗教的起源与发展》，上海：上海人民出版社 1989 年版。

第九章
中西侨民政策比较与华侨华人的世界贡献

因应近年来西方国家炒作的"海外华人威胁论"和"中国统战干涉论"等论调，本讲从中西侨民政策比较、华侨华人对祖（籍）国和住在国贡献的视角作出深入解析，并对相关问题予以回应。内容主要包括：比较全球化时代中国和西方主要国家侨民政策的共性与个性；阐述晚清以来中国侨务政策如何推动华侨华人促进中国和平发展与对外交往，彰显华侨华人对中国发展作出的重要贡献；梳理华侨华人对世界发展所作出的积极贡献，增进侨领们对中国侨务政策在世界移民治理与构建人类命运共同体中的重要意义的理解，以进一步发挥其桥梁和纽带作用，回到住在国后加强与华人社区和当地社会的沟通交流。

第一节　中西侨民政策的同与异

制定侨民战略及政策已经成为世界各国发挥海外侨民积极作用的普遍共识和习惯做法。各国移民政策法规的要点既着眼于主动积极维护本国海外侨民的切身利益和人身安全，又注重发挥海外侨民的特殊作用，吸引他们参与祖（籍）国建设，充当祖（籍）国与住在国之间的桥梁。

当今世界处于全球化时代，人口迁移现象日益普遍，国际移民以空前规模在全球流动。历史实践证明，移民对世界的发展具有重要影响，并愈加受到移民输出国和接受国的重视。世界银行、欧洲委员会、欧盟等曾经对侨民在经济发展和国际交往方面的作用进行过形象的描述，认为侨民就像导管一样，充当着资源交换的中介。正是基于对侨民作用的正面反应，各国政府愈益重视制订有效方案，将那些侨居在海外的人纳入本国经济发展的计划当中，侨民政策的内容已扩展到社会、文化、政治、经济、教育、金融等领域。目前，制定并实施侨民政策的国家不仅包括发达国家，也包括发展中国家，例如美国、新西兰、爱尔兰、南非、加拿大、澳大利亚、新加坡、以色列、印度、亚美尼亚等国均制定了侨民战略或政策。但国际移民大潮也让越来越多的国家面临从人权正义到国家安全等一系列问题，移民政策法规已经不是单一国家可以自话自说的内政，而是需要国际社会共同面对的一个重要课题。不过，尽管各国侨民政策因为各自侨情和国情的不同而有所差异，甚至实践的手段方式和效果也不尽一致，但相互之间仍存在一定的共通性。各国政府无不以本国利益为主导，促使移民流动朝着有利于本国利益的方向发展。中国对外移民历史悠久，侨务政策源远流长。长期以来，中国政府重视海外华侨华人工作，尤其是改革开放以来，中国侨务政策以人为本，维护海外侨胞合法权益，进一步凝聚了海外侨心。

一、全球化时代的跨国移民潮与海外华侨华人社会

（一）全球化时代国际移民快速增长

第二次世界大战后风起云涌的民族独立解放运动，开创了人类历史的新纪元，也改变了国际移民的结构与趋向。20世纪80年代后，全球化更是成为当今世界的核心特征，其主要表现为生产空间重新组合、产业跨界相互渗透、金融市场日益扩大、人口迁移愈加频繁等等[①]，尤其是全球化进程的加速与科学技术的进步发展推动了人口的

[①] ［美］詹姆斯·H. 米特尔曼著，刘得手译：《全球化综合征》，北京：新华出版社2001年版，第40页。

跨境迁移。克里奥·斯穆巴（Cleon Tsimbos）曾经指出，20世纪的最后25年，移民以史无前例的庞大规模和复杂多变性而把世界带到了"移民时代"。[①]2006年6月6日，时任联合国秘书长安南在关于世界移民趋势的报告《国际移徙与发展》中也指出，自20世纪末开始，人类便进入了横跨19世纪末和20世纪初的"移徙时代"之后的第二个"移徙时代"。国际移民组织最新发布的《2020年世界移民报告》显示世界移民总数为2.72亿人，约占全球人口的3.5%。[②]如果过去20年中的增长速度得以延续，那么到2050年，国际移民总数将达到4.5亿人。鉴于此，21世纪是"移民的世纪"（age of migration）也成为国际移民学界的基本共识。

当今世界的国际人口迁移较之以往任何时期都呈现出多样化的状态。随着跨国移民的目的、原因、路径的新变化，其类型也不断多元化。仅以迁移者的身份为标准，就可以划分为独立迁移、依附迁移；或工作迁移、家庭团聚迁移、避难迁移、投资迁移和学习迁移等，而不同类型的迁移也可能相互转化。值得关注的是，通过跨国迁移改善个人的生存状况，实现理想和希望，是众多普通民众走上移民道路的基本动因。因此，经济收入高、就业机会多、社会福利好的国家，自然具有强烈的吸引力。从1990年到2015年的25年间，北美国家接纳的外来移民数从2 760万增加到5 450万，欧洲同期也从4 920万增加到7 610万。发达地区的国际移民在同期所占人口比重从1990年的7.2%增长到2015年的11.2%，即平均每10个人当中就有一个是国际移民。

表 9-1　国际移民人口总量（1990—2015年）

（单位：人）

地区	年份					
	1990 年	1995 年	2000 年	2005 年	2010 年	2015 年
全世界	152 563 212	160 801 752	172 703 309	191 269 100	221 714 243	246 700 236
发达地区	82 378 628	92 306 854	103 375 363	117 181 109	132 560 325	140 481 955
欠发达地区	70 184 584	68 494 898	69 327 946	74 087 991	89 153 918	106 218 281

资料来源：United Nations，Department of Economic and Social Affairs（2015）. Trends in International Migrant Stock: The 2015 revision（United Nations database，POP/DB/MIG/Stock/Rev. 2015）.

跨国移民的快速发展推动了全球移民治理进程。2018年12月19日，联合国大会正式通过《移民问题全球契约》（全称为《安全、有序和正常移民全球契约》），是首份

---

① Cleon Tsimbos，The Impact of Migration on Growth and Ageing of the Population in a New Receiving Country: The Case of Greece，International Migration，2006，44（4）：p.231.

② *World Migration Report 2020*，https://publications.iom.int/system/files/pdf/wmr_2020.pdf，2020-04-10.

涵盖国际移民各方面问题的综合性政府间协议。契约设定了 23 个目标，涵盖移民驱动因素、合法渠道、打击贩运和走私以及移民回归等多个方面，但契约不具法律约束力。时任联合国秘书长古特雷斯当天发表声明表示，契约的通过为移民问题的国际合作提供了一个良好的平台。

图 9-1　2018 年委内瑞拉涌向秘鲁的移民潮（Manuel Medir/ 视觉中国）

（二）海外华侨华人社会发生深刻变化

中国自秦汉时起便有移居海外现象，距今已有两千多年的历史。但由于交通工具落后等因素制约，移民人数较少。晚清时期，中国面临"三千年未有之大变局"，沦为半殖民地半封建时代。1860 年，第二次鸦片战争失败，清政府被迫同英法等国签订《北京条约》，其中第 4 点规定："准许中国人与英国人立约，赴英法属地或'外洋别地'作工。"自此，掀起了以华工为主的中国近代第一次海外移民大潮。1893 年，清政府废除禁海令，允许私人出海，标志着近代侨务政策发生了根本性的变化。据估计，近代以契约华工名义被外国招收、贩卖至海外的华工逾 600 万人，分布遍及世界五大洲，"有海水之处皆有华人足迹"。辛亥革命推翻了清朝封建统治，提高了民族资产阶级的社会地位。国民政府对移民政策整体上比较宽松，国人大量向海外迁徙。据估算，国民政府时期，以契约华工形式向世界各地迁移的人数在 400 万以上，还有 300 多万人由境外亲友担保出境或以自由移民身份移居海外。中华人民共和国成立后，由于国际冷战格局和西方阵营对中国的封锁，直至改革开放前，从中国大陆出去的移民非常少。1949 年至 1979 年，因私出国出境者只有 21 万人，主要是从 70 年代初开始，归侨侨眷出国出境探亲。再加上历次运动，特别是"文革"期间极"左"路线的干扰与破坏，海外关系被视为"反动关系"，海外华侨华人与中国的联系基本中断。但改革开放后，国内外形势发生了深刻变化，中国对外移民迎来新一波高潮，40年期间，移民海外的中国人超过了1 000万。20世纪90年代以来，特别是21世纪以来，海外华侨华人社会也发生了巨大变化，海外侨情呈现出诸多新特点。

一是海外侨胞数量稳步增长、分布更加广泛、来源地遍及全国各地。目前全球华侨华人总数超过6 000万，分布于198个国家和地区，不仅东南亚、北美、澳洲等传统移居地华侨华人数量激增，非洲、拉丁美洲、欧洲等地的中国移民也日益增多；移民目的地也不再局限于发达国家和地区，发展中国家和地区同样吸引着中国移民的目光。对外移民现象不再局限于闽粤等地区，而是遍布全国各地。①

二是华人社会构成发生了根本变化，新华侨华人和华裔新生代日益成为华侨华人社会的主体。其中新华侨华人约占15%，华裔新生代约占30%以上。几千万华侨华人中大多数具有所在国国籍，属于外籍华人，保留或持有中国国籍的华侨仅为十分之一左右。2018年，国务院侨办在有关华侨权益保护的报告中指出，目前海外华侨人数约600万。

三是海外侨胞职业向上流动，经济科技实力进一步增强。当前的华人经济早已突破了传统的"三把刀"领域，经营范围涉及贸易、工业制造、房地产、金融、法律、医疗卫生、信息网络、高科技产业等领域，实力和社会地位大幅提升。

四是海外侨胞着眼于在当地的长期生存发展，更加注重融入当地主流社会。华侨华人的教育水平普遍提高，甚至超过当地的平均水平，新移民的文化程度普遍提高，通过留学而留居者多是高学历人才，技术移民包括不少投资移民，也都是高层次人才，更容易融入当地社会。

五是随着中国国力的提高，海外侨胞的民族认同感和自豪感大大增强，与中国经济、科技、文化等领域的交流越来越密切。②与此同时，海外华文学校、华文媒体等蓬勃发展，增进了华人群体的中华文化传承和内部交流。

六是华人群体内部差异性日益显著。几千万华侨华人虽然具有相同的族群背景，但他们并不是一个高度同一性的群体，各种差异性越来越显著。这些差异性包括来源地差异、居住地差异、语言差异、阶层差异、代际差异、新老移民差异等多个方面。因此，我们不应过多强调华侨华人社会的同一性，而忽视了这种差异性。

---

① 《海外华人华侨已超6 000万分布于198个国家和地区，2014全国两会》，http://www.china.com.cn/news/2014lianghui/2014-03/05/content_31685623.htm，2021年5月20日。

② 《国务院侨办主任李海峰：海外侨胞始终和祖国荣辱与共》，http://www.taiwan.cn/wxzl/tbtj/200909/t20090930_1013473.htm，2009年9月30日。

七是华人认同的变迁与多元化发展。国际移民的认同问题十分复杂，既包括对祖（籍）国的认同，也包括对住在国的认同，不仅涉及国家认同、政治认同，也涉及文化认同、民族认同等多层面认同。海外华侨华人的认同问题同样如此，具有复杂性与多元性并存、持续性与变动性交织等特点。

图9-2　19世纪美国旧金山唐人街和21世纪初美国旧金山唐人街对比图

二、中西侨民政策的"同"

（一）制定侨民政策，发挥海外侨民积极作用是国际社会的普遍共识和习惯做法

侨民战略最初主要关注海外侨民与祖（籍）国发展之间的关系和相关政策，近年来有了新的发展：一是关注对象不仅仅局限在海外侨民，也包括外来移民；二是侨民战略目标不仅停留在经济和社会发展方面，也包含国家安全和总体外交战略内容。

20世纪90年代以来，随着全球化进程的不断推进，人口国际迁移现象越来越频繁，国际移民人数不断增加。侨民向来受到侨民输出国和接受国的重视。据初步统计，目前，建立官方机构并不同程度地开展侨务工作的国家已达70多个，其中既有发展中国家也有发达国家，既有移民输出国也有传统的移民输入国。其中有三分之一的机构是在2005年以后才建立的，可见侨务战略越来越多地融入各国的国家级战略规划当中。对于发展中国家而言，在传统上主要是通过海外移民引进资金和技术，促进国家经济发展，但近年来也重视海外移民在提升国家形象、增强国家软实力方面的作用。而发达国家在传统上吸引移民，主要是强调人才竞争，但近年来也重视移民在民间外交、提升国际形象等方面的作用。2009年，来自澳大利亚、智利、印度、爱尔兰、牙买加、立陶宛、新西兰、苏格兰等国家的政府官员和政策制定者召开了一次题为"探索侨民战略"的研讨会，探讨建立侨民研究网络，分享制定和实施侨民战略的经验。因此，中国政府将华侨华人视为中国发展的宝贵资源，从各方面加强与华侨华人的联系与合作，鼓励华侨华人积极参与中国的经济社会发展与改革开放进程，不应受到"中国政府索取论""海外华人威胁论"的指责。中国开展侨务工作不是所谓的通过海外侨胞"干涉"别国内政，中国也从来没有，并且今后也不会这样做。"中国统战干涉论"纯粹是少数西方政客别有用心地对中国侨务工作的"污名化"。①

（二）各国侨民政策目标不一，但都服务于国家利益与国家战略发展

侨民政策作为国家政策的组成部分，尽管各国目标表现不一，但始终是为国家战略发展服务的。美国作为超级大国，其侨民战略是：以服务主导和称霸全球的美国国家发展大战略为宗旨，以"国际侨民接触联盟"组织为根本，把（全球）所有侨民社群动员起来，与加入"国际侨民接触联盟"的私人机构、公共机构和市民组织一道共同努力，推动（全球）社会与经济的发展，促进民主、平等、政治参与等。而爱尔兰、加拿大和新西兰等国在世界上的地位与美国不一样，因而所制定的侨民战略追求的目标也不一样。新西兰希望借助侨民的力量，将自己有别于美国的市场经济发展模式在亚洲传播开来；加拿大则希望借助侨民扩展其对人权理念的坚持；而像爱尔兰那样处于发达国家较低层次的国家则把侨民战略的重点放在帮助自己发展经济上。近几十年来，侨民输出国已在渐渐改变观念，将迁出的侨民从过去视作"叛徒"到如今捧为"英雄"。侨民输出国在政策上也采取措施保护身在海外的侨民，或鼓励侨民与祖（籍）国保持密切联系。很多国家通过立法确保政策连续性，为身在海外的侨民提供领事保护和其他支持。有些侨民的祖（籍）国政府也在侨民客居国推广其国家或地区的文化，意在重塑侨民社群与其祖（籍）国的文化联系，支持侨民社群组织的建立。纵观各国在这方面的实践，可以发现，虽然这些侨民政策因为各国侨情和国情的不同而有所差异，侨民参与祖（籍）国的实践与效果也不尽一致，但仍存在一定的共通性，即各国政府无不以本国利益为主导，力图通过立法规范、行政控制甚至武力护卫等，促使移民流动朝着有利于本国利益的方向发展。② 例如，爱尔兰侨民政策就主要集中在七个领域：提供行政服务；扩大商业联络；促进信息交流；扩展慈善福利；巩固侨民爱国心；争取侨民归国；培养亲和侨民等。这些共通性成为各国制定侨民政策的参考，并隐藏或体现在各国的侨民政策实践中，形成了侨民参与祖（籍）国经济发展的一般模式，既可以帮助祖（籍）国更好地促进与侨民之间的发展，也为其他侨民国家的分析和研究提供了借鉴。

---

① 张秀明：《21世纪以来海外华侨华人社会的变迁与特点探析》，《华侨华人历史研究》2021年第1期。

② 李明欢：《各国移民政策法规比较研究》，广州：暨南大学出版社2018年版，第325页。

（三）侨民政策关注侨民认同问题，国际移民认同复杂多元，是"多元共存"而不是"非此即彼"

> 对祖（籍）国的关注、认同以及情感维系，是国际移民群体普遍具有的现象，也是人类共有的情怀。

侨民作为一个国家的特殊群体，在交通运输和信息技术高度发展的现在，已有了和祖（籍）国保持密切联系的物质基础。而祖（籍）国通过制定有效的侨民政策，培养和巩固与侨民之间的联系，则有利于侨民在感情上形成对祖（籍）国的认同，最终成为帮助祖（籍）国经济发展的重要资源和条件。祖（籍）国和侨民之间的这种互动现在已得到了世界上很多侨民国家的一致认同，并纷纷制定了大量的侨民政策来引导本国侨民参与到本国经济发展过程中。事实上，在全球化时代，移民同时爱两个国家是很正常的现象，比如美国犹太人就同时热爱美国和以色列两个国家，在美国的非洲黑人可以同时热爱美国和自己在非洲的祖国两个国家，在新西兰的印度移民、澳大利亚移民或英国移民，也几乎不大可能反对祖国。他们可以同时爱两个国家，为什么我们华人就必须在"爱新西兰"和"爱中国"之间二选一？这是不是种族歧视？在全球化时代非要把新西兰和中国两个友好国家对立起来，这是不是冷战思维？

值得强调的是，国际移民不仅是祖（籍）国也是住在国的财富。对祖（籍）国的认同和情感并不意味着对住在国的"不忠"。海外华人对祖（籍）国的民族认同和文化认同不应该继续遭受质疑。在人口国际迁移越来越普遍的时代，在双重国籍甚至多重国籍现象日益盛行的时代，不应该再用"非此即彼"的二元对立法看待国际移民的双重或多重认同。

三、中西侨民政策的"异"

（一）部分西方国家侨民政策对象范围比中国侨民政策所指更加广泛

中国侨民政策对象主要为海外中国侨民，而部分西方国家侨民政策不仅针对海外侨民，还包括国内外来侨民。如上文提及的 2009 年"探索侨民战略"研讨会中，部分西方国家就已将侨民战略对象延伸至国内移民。这与中国侨务政策对象存在重要区别，更容易涉及借助侨民干涉别国主权内政问题。例如美国的海外侨民不过百万，但美国是一个由移民组成的国家，第一代和第二代移民就有 6 200 多万，这些人与其祖（籍）国大多还保持比较密切的联系。美国侨民战略所仰赖的主体来往于美国与其祖（籍）国，并且与祖（籍）国保持紧密联系。这些"侨民"具有全球性质，而且他们在美国所习得的自由、民主与平等价值观念令其有"鲜明的美国性"。美国侨民战略则充分利用了其侨民的"全球性"和"美国性"，将其投资、志愿者行为、文化交流等活动与美国国务院及其外交机构合作，并使其目标与美国国家对外战略目标——创造经济繁荣、价值输出——高度契合。美国"侨民"利用所拥有的语言、学识、资金和社会网络的优势，通过对在美侨民祖（籍）国的投资、志愿者和慈善活动等，促进了其祖（籍）国的经济、社会和政治等各方面的发展。对美国而言，侨民对其祖（籍）国的发展所发挥的积极作用，其实也促进了美国对全球经济、政治、社会、文化事务在这些侨民祖（籍）国当地的渗透。

（二）中国对外移民历史悠久，侨务政策源远流长

中国自秦汉时期开始，便有移居海外现象，距今已有两千多年的历史。但由于交通工具落后等因素制约，移民人数较少，加之封建王朝对海外移民多持鄙视、敌对态度，视之为"弃民"，更遑论制定管理政策。不过，尽管虽无侨务立法之说，但确有涉侨法律内容之实。汉武帝曾一度令"废边关之卡""筑驰道""设驿亭""行屯田"，以便利人们出境，在广东"番禺"设黄门官，掌海上经贸及出入口岸等方面的事宜。此外，在封建社会时期制定的以律、典、例、格、式、敕、诰等不同形式出现的法律、法规中有所体现。如唐朝永徽年间制定的封建法典——《唐律疏议》中的"禁物私渡关""私渡及越渡关""越渡缘边关塞"等法条都规定了有关中国居民出入境方面的内容。

晚清时期，中国面临"三千年未有之大变局"，西方列强在全世界大肆推行殖民主义政策，并以武力和鸦片打开清朝闭关锁国的大门，逼迫清政府签订一系列不平等条约，强行逼迫清政府与欧洲等西方国家进行商贸活动。中国侨务政策由此开始发生根本转变。这一方面是因为当时的海外华侨规模已经壮大，经济实力不容小觑；另一方面则是晚清政府国力日衰，希望借助海外华侨力量实现变革。1893 年，清政府废除禁海令，允许私人出海，标志着近代侨务政策发生了根本性改变。1909 年《大清国籍条例》的颁布更是我国法制建设史上的重要成就，反映了清政府对华侨由歧视、迫害、抛弃到采取保护政策的彻底转变。辛亥革命推翻了清朝封建统治，提高了民族资产阶级的社会地位，民主共和思想深入人心，国民政府的侨务政策整体上比较宽松，对海外华侨社会发展有一定促进作用。

1949 年 10 月 1 日，中华人民共和国成立，掀开了中国历史的崭新一页，也为中国侨务事业的发展带来了新的机遇。中国共产党一直高度评价海外侨胞在民族独立和人民解放进程中作出的卓著贡献。早在 1945 年，毛泽东在党的第七次全国代表大会上就表示"海外华侨输财助战"[①]，为抗日战争取得胜利发挥了积极作用。海外侨胞与国内各阶层人民一道，是"极其广泛的全民族统一战线"的重要组成部分。中华人民共和国成立后，中国共产党成为执政党，对侨务工作高度重视，考虑和制定有关华侨的各种政策，将其作为国家总的政策中不可分割的一部分。国内成立专门侨务机构，明确了侨务政策

---

① 国务院侨办侨务干部学校：《毛泽东周恩来朱德论侨务（内部资料）》，2003 年，第 1 页。

宗旨与指导方针，制定了一系列具体政策法规，奠定了新中国侨务政策的基础。

之后侨务事业因"文革"受到一定挫折，但党的十一届三中全会重新确立了解放思想、实事求是的思想路线，停止"以阶级斗争为纲"的基本路线，做出了"把全党工作的着重点和全国人民的注意力转移到社会主义现代化建设上来"的重大战略决策。侨务工作正是在此形势下得以逐渐恢复并发展成为配合国家发展战略的核心工作之一。21世纪以来，侨务工作强调在更广领域、更高层面、更深层次为国家大局服务和为侨服务，充分发挥海外华侨华人的作用，开展侨务公共外交，为我国"走出去"营造良好的国际环境服务，积极推进海外侨胞在更广领域参与我国经济社会建设，海外华文教育和侨务文化外宣工作都取得显著成绩，各项依法护侨和为侨服务工作均取得重大进展。

党的十八大以来，我国进入"全面建设小康社会的关键时期和深化改革开放、加快转变经济发展方式的攻坚时期"[1]。与此同时，国内外形势发生深刻复杂变化[2]。世界多极化与全球化交织发展，中国在国际上的地位不断提高，在国际事务中的影响力不断增大，已经进入日益走近世界舞台中央、不断为人类作出更大贡献的新时代。[3]新时代侨务工作最突出的特色就是加强了整体谋划布局。国家在2011年和2016年先后颁发了《国家侨务工作发展纲要》，这在侨务工作历史上是第一次，体现了党中央、国务院从全局和战略高度重视侨务工作，将侨务工作推向一个新的发展阶段。[4]2018年，为加强党对海外统战工作的集中统一领导，更加广泛地团结联系海外侨胞和归侨侨眷，更好发挥群众团体作用，国务院侨务办公室并入中央统战部。侨务政策将进一步结合国家发展大局和工作重心，注重整体谋划布局，在推动"一带一路"建设和构建人类命运共同体等国家重大战略方面，更加广泛地凝聚侨心侨力，同圆共享中国梦。

（三）中国侨务政策坚持以人为本，为侨服务，维护海外侨胞权益

> 与西方主要移民国家不同，中国一直以来主要是移民输出国，因而侨民政策始终关注海外侨民的生存与发展。

与中国对外移民历史悠久相比，部分西方国家如加拿大、澳大利亚等国近年来才出现了开展海外侨民工作的呼声。同时，由于移民流向的变化，部分西方国家由移民移出国转为移民移入国，因而主要关注国内外来移民，而对自身国外侨民关心相对较少。中国一直以来主要是移民输出国，因而侨民政策始终关注海外侨民。自晚清移民大量

---

① 《胡锦涛在庆祝建党90周年大会发表讲话》，http://news.sina.com.cn/c/2011-07-01/121322740351. shtml，2011年7月1日。

② 习近平：《习近平谈治国理政（第三卷）》，北京：外文出版社2020年版，第2页。

③ 习近平：《习近平谈治国理政（第三卷）》，北京：外文出版社2020年版，第9页。

④ 《李海峰临别寄语：〈侨务工作舞台广阔大有作为〉》，http://www.chinanews.com/zgqj/2013/05-07/4794956.shtml，2013年5月7日。

出现后，清政府先后与英国、法国签订了《北京条约》《续定招工章程条约》，与古巴、秘鲁、西班牙、美国签订了《通商条约》《会订古巴华工条款》和《檀香山商董与檀香山官员的酌议允行事宜》等条约和文件规定，保护华侨通商自由以及侨民出入国境、在国外的财产权益、生命安全权益等。1909年3月28日，清政府颁布《大清国籍条例》及《大清国籍条例施行细则》规定，凡中华种族之人，不论是否生于中国，均属中国国籍，这从法律上正式明确了华侨的中国国民身份，使海外护侨有了法律依据。之后民国北洋政府、南京政府等先后颁布新《国籍法》和《国籍法施行条例》，采用血统主义与出生地主义的混合制确定中国国籍，同时还大规模增设了驻外使领馆，向华侨颁发了国籍证书，保护海外华侨权益。

新中国更是重视海外华侨权益保护问题。早在1935年8月1日，中国共产党发表了著名的《八一宣言》，即《为抗日救国告全体同胞书》，承诺"保护侨胞在国内外生命、财产、居住和营业的自由"。1945年，毛泽东在中国共产党第七次全国代表大会上的政治报告《论联合政府》中首次提出，"保护华侨利益，扶助回国华侨"。[①]一方面，侨务工作要保护华侨在海外的正当权利和利益；另一方面，侨务工作要扶助回国定居或居住的华侨，为早期制定保护华侨权利和利益的具体政策奠定了基础，指明了工作方向。1949年的《中国人民政治协商会议共同纲领》第58条规定："中华人民共和国中央人民政府应该尽力保护国外华侨的正当权益。"1954年，《中华人民共和国宪法》进一步明确规定："保护国外华侨的正当的权利和利益"，进而奠定了中国侨务政策的法律基础。

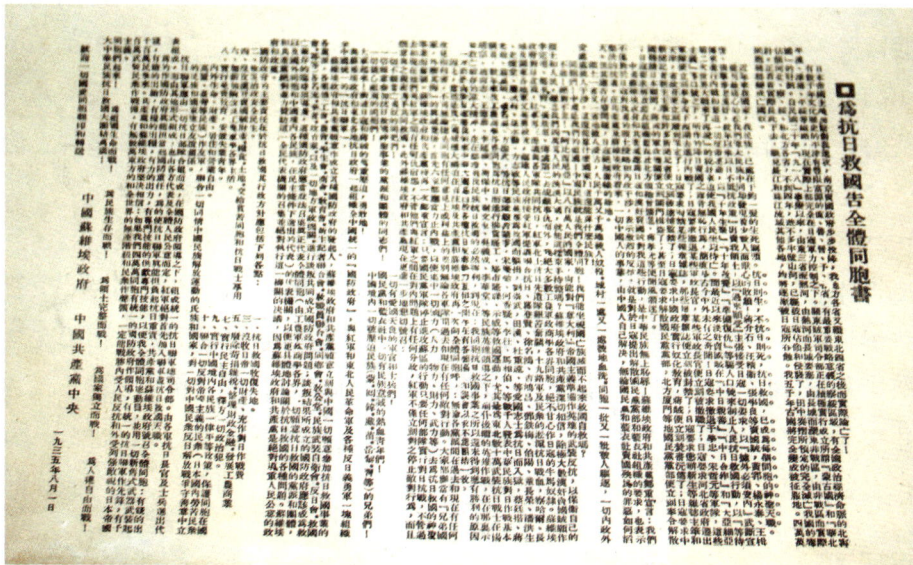

图9-3 《为抗日救国告全体同胞书》（读图时代／视觉中国）

---

① 毛泽东：《毛泽东选集（第三卷）》，北京：人民出版社1991年版，第1064-1065页。

与此同时，晚清至国民党政府以来的血统主义国籍原则与许多华侨所在国的出生地主义国籍原则冲突，导致大多数海外华侨具有中国和住在国的双重国籍，加之当时东南亚国家与我国关系紧张，给海外侨胞在当地社会的生存与发展带来极大负面影响。1955年4月，中国政府同印尼政府正式签订《中华人民共和国政府与印度尼西亚政府关于双重国籍问题的条约》，规定凡属同时具有中华人民共和国和印尼国籍的人，都应根据本人自愿的原则在两种国籍中选择一种，选择一种国籍后即丧失另一种国籍。之后，以此为基础，我国又相继同东南亚其他国家妥善地解决了华侨的双重国籍问题，改善了海外侨胞的生存与发展环境。

"文革"期间侨务工作受挫，华侨和归侨侨眷权益受到不同程度的损害。但之后，中央在思想上拨乱反正，强调侨务工作的重要性，肯定了华侨、归侨侨眷的历史功绩，重申了中华人民共和国成立以来行之有效的各项侨务政策，彻底推翻了"海外关系复杂论"，为侨务工作的拨乱反正扫清了思想障碍。① 邓小平、廖承志等多次指出海外关系"是个好东西，可以打开各方面的关系"。1978年初，国务院侨务办公室正式设立，地方各级政府的侨务办公室也相继恢复或建立。国家重新确定"一视同仁、不得歧视、根据特点、适当照顾"的基本原则，全面落实党的侨务政策，恢复、肯定和保障侨胞的政治权利，平反、解决历史遗留问题，包括：平反冤假错案，维护归侨侨眷政治权益；维护侨房业主权益；制定新的侨汇政策；落实归侨侨眷干部和知识分子政策等。摘掉许多归侨侨眷头上的"右派分子""地主分子""资产阶级分子""特务""特嫌""里通外国"等各式政治帽子，全面平反涉侨冤假错案。据不完全统计，"文革"时期共发生涉侨冤假错案34 539起，完全平反昭雪的有33 056起，约占96%。"文革"前的遗留案复查了10 156件，占应复查案件的96%。这一期间，侨办、中组部以及公安部对归侨侨眷以往的万件政治案件进行重新审查，其中得到平反的冤假错案64 000多件，清退了被占侨房4 000多万平方米，清理了60多万归侨侨眷职工人事档案。

1985年11月22日全国人民代表大会常务委员会颁布的《中华人民共和国公民出境入境管理法》和《中华人民共和国外国人入境出境管理法》（简称"两法"）放宽了包括华侨和归侨侨眷在内的中国公民出入境的限制，意味着对中国公民出国观念的转变和法律的完善。② 1989年，国务院侨务工作会议明确了"保护华侨和归侨、侨眷的正当合法权益，广泛团结海外华侨和归侨、侨眷，增进同外籍华人的友好情谊，为振兴中华、统一祖国、发展同各国人民的团结友好与合作交流而奋斗"③ 是侨务工作的基本

---

① 任贵祥：《海外华侨华人与中国改革开放》，北京：中共党史出版社2009年版，第146页。

② 张秀明：《改革开放以来侨务政策的演变及华侨华人与中国的互动》，《华侨华人历史研究》2008年第3期。

③ 国务院侨务办公室：《侨务法规文件汇编（1995—1999）》，1999年，第82页。

任务。同时，为进一步凝聚侨心、汇聚侨力，国家加强侨务法制建设，维护侨益。1983年，全国人大成立了华侨委员会，专门研究、审议和拟定有关的侨务议案，对各项侨务法规实施监督。1990年《中华人民共和国归侨侨眷权益保护法》的制定和颁布，标志着新中国政府的"侨务工作"由"政策性"推动向"法律性"推动的根本性转变，是新中国政府"依法治国、依法护侨"战略的具体体现。1993年7月，国务院又制定了《中华人民共和国归侨侨眷权益保护法实施办法》。这两部法律、法规成为保护归侨侨眷合法权益的主要依据，也成为侨务部门制定出台侨务政策的法律基础。之后，国家根据发展需要和国内侨情发展变化，又在2000年和2004年分别对这两部法律法规进行了重新修订。与此同时，近年来广东、福建、上海、广西、四川、海南、南京等一些省、市还颁布了专门的法规与规章制度，包括华侨国内权益保护条例等；设立"维护侨商投资权益行动年"，组织修订《涉侨经济案件协调处理工作暂行办法》，进一步规范和提高了侨务部门执法水平，建立和完善了侨商投诉协调机制，处理了一批重大涉侨经济纠纷和案件。此外，国家进一步强调各级侨务部门要协助我国驻外使领馆，做好领事保护工作，维护海外侨胞的正当合法权益。

2013年9月25日，习近平总书记在致第十二届世界华商大会的贺信中强调，全面建成小康社会，实现中华民族伟大复兴，为广大华商施展抱负提供了广阔舞台。我们将进一步深化改革、完善政策、强化服务，依法保护华商投资兴业权益，鼓励和支持广大华商为中国发展献智出力。2014年9月21日，在庆祝中国人民政治协商会议成立65周年大会上的讲话中，他再次强调要加强同海外侨胞、归侨侨眷的联系，维护他们的合法权益，支持他们积极参与和支持祖（籍）国现代化建设与和平统一大业，促进中国同世界各国的文化交流。2017年2月，习近平总书记再次对侨务工作作出重要指示，要求侨务战线的同志当好海外侨胞和归侨侨眷的贴心人，成为侨务工作的实干家，最大限度把海外侨胞和归侨侨眷中蕴藏的巨大能量凝聚起来、发挥出来。这不仅体现出党中央对侨务工作和华侨华人的高度重视，更为新时期侨务工作指明了前进方向，提供了基本依循。

第二节 华侨华人对祖（籍）国的贡献

中国制定实施侨务政策的初衷是"有利于海外侨胞在当地社会的长期生存和发展，有利于发展我国同海外侨胞住在国的友好合作关系"，而不是像"中国政府索取论"等某些西方错误舆论所指责的那样。借助海外侨民作用，为祖（籍）国发展做贡献，是世界各国侨民政策的普遍做法。同时，国际移民对祖（籍）国的认同和情感并不意味着对住在国的"不忠"。对祖（籍）国的关注、认同以及情感维系，是国际移民群体普遍具有的现象，也是人类共有的情怀。

随着海外侨民实力的壮大，他们对祖（籍）国发展的积极作用逐渐彰显，因而也日益受到祖（籍）国的重视。华侨华人在中国革命、建设、改革开放各个历史时期都做出了积极贡献、发挥了独特作用，是中国发展的独特优势和宝贵资源。中国政府高度重视侨务工作，加强与华侨华人的联系与合作，鼓励他们积极参与中国的经济社会发展，实现互利合作共赢。但需要强调的是，海外华人对祖（籍）国的民族认同和文化认同不应该继续遭受质疑。中国政府从来没有通过海外侨胞"干涉"别国内政，今后也不会这样做。"海外华人威胁论""中国统战干涉论"等纯粹是"欲加之罪何患无辞"，是少数西方国家个别政客对中国的偏见，是对中国在海外影响力日益增强的过度解读，是从心理上不能接受中国发展的事实而引发的焦虑，进而别有用心地对中国统战侨务工作的"污名化"。这也是部分国家保守派智库的一贯伎俩，是他们对华战略性竞争政策的"组合拳"之一。

一、移民与祖（籍）国发展

在国际交流渠道不畅通，世界交往还很狭窄的年代，侨民往往处于尴尬的境地。他们一方面被祖（籍）国看作是本国人口与资源的一种外流，认为远离即是一种抛弃；另一方面，又被住在国视为一种沉重的负担，认为侨民是贫困的象征。但如今，随着交通运输与信息技术的发展，国际交往已经大大突破了时间与空间的局限，侨民即使身在异国他乡也可以轻而易举地与祖（籍）国保持紧密联系。各个国家不再将居住在他国的本民族人看作国家的损失，而是通过积极的措施将那些身在异乡的人笼络起来，甚至将其视为本国发展不可或缺的重要资源之一。伴随着祖（籍）国与侨民联系的加深，祖（籍）国逐渐发现，侨民已不再是本国人口与资源的单纯外流，在有效政策的吸引和支持下，侨民不仅可以是本国经济和社会发展的外来资源，还可充当本国开展国际交往的重要桥梁。世界各国政府开始制订积极的方案将那些侨居在海外的人纳入本国经济发展计划中。

事实上，侨民在海外历经几代人的发展，很多已经取得了显耀的经济、政治和社会地位，具备了帮助祖（籍）国发展经济的财力，也拥有帮助祖（籍）国参与国际市场、提高国际地位的人脉与影响。移民的社会侨汇、经济侨汇、专业知识和技术、跨文化交流能力、信息传递与沟通能力构成其不可替代的"关键性外交资源"。同时，其利用互联网等现代信息手段集聚经济、社会与政治资源有可能成为支持祖（籍）国发展不可忽视的重要因素。祖（籍）国要做的就是摆正自己的姿态，肯定侨民成就的同时也为他们提供坚强的后盾，并在需要的时候积极争取他们的关心和支持。鉴于侨民与祖（籍）国不仅存在空间上的隔断，甚至可能因为移出时间较长，还存在时间带来的疏离感，这就使得侨民参与祖（籍）国经济发展有了必然的屏障，因此如何有效地破除屏障、发展和侨民之间的关系就成为祖（籍）国制定侨民政策的前提和目的。

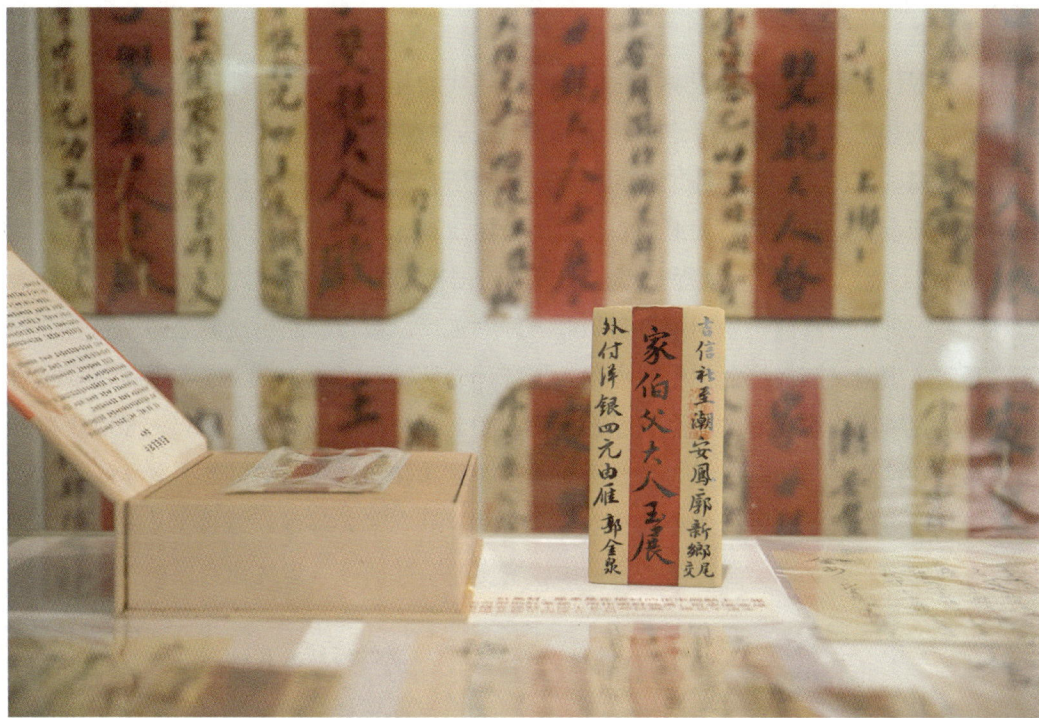

图9-4　广东省档案馆展出的侨批（谭庆驹／南方都市报／视觉中国）

二、华侨华人推动中国和平发展

近百年来，海外侨胞为了挽救民族危机，振兴中华，始终与祖（籍）国人民同命运、共荣辱。从孙中山先生1894年创立兴中会以来，海外侨胞积极参加辛亥革命、五四运动、北伐战争、抗日战争以及解放战争，与祖国人民一道，出钱出力，甚至献出了自己的生命，留下了无数参加和支援历次革命和爱国运动的光辉篇章。同时，近代中国经济落后，对外贸易向来是进口多、出口少，对外贸易长期处于入超态势。贸易入超部分主要是靠侨汇来弥补，因而侨汇成为平衡国际收入或对外贸易入超的重要法宝，对弥补国家外贸入超起到非常重要的作用。此外，海外华侨华人一贯热情关怀和支持家乡的经济建设事业，在中国大陆兴办工业、农业、矿业、交通运输业、金融业、商业、房地产业及其他企业，对侨乡的经济建设和社会进步发挥了重要的作用。中华人民共和国成立后，华侨回国投资仍然踊跃，对中国、对家乡经济的繁荣和进步发挥了积极作用。改革开放以来，中国步入建设和发展的黄金时期，海外华侨华人更是发挥了至关重要的作用。他们不仅对中国经济发展、科技进步贡献巨大，而且热心捐资兴办各种文化教育公益事业，关心和资助祖（籍）国和家乡的文化教育、卫生、医疗、体育、赈济及各种慈善事业，表达了海外赤子对桑梓的热爱。

（一）华侨华人既是中国现代民族工商业的开拓者，也是当代改革开放的重要参与者、贡献者

中国现代企业的创办始于晚清19世纪60年代的洋务运动。海外华侨资本的形成壮大和华侨的爱国情怀是晚清引进侨资政策形成的客观社会条件，而政府对海外华侨的保护与重视则更加激发了海外华侨的民族主义热情，增强了中国意识和家国情怀。1901年清政府推行"新政"后，相继颁布《奖励公司章程》《奖给商勋章程》《华商办理实业爵赏章程》《推广农林简明章程》等鼓励华侨回国投资的法令，华侨回国投资条件更为有利。一大批华侨富商纷纷回国投资兴业，开办工厂、银行、路桥交通公司、百货公司等，开启了中国民族经济近代化的进程。据统计，从1862年起至1895年甲午中日战争止，华侨投资国内企业有67家，投资总额447.11万元，年均13.55万元。1862年秘鲁华侨黎氏在广东创办万兴隆商行，揭开了华侨投资国内的序幕。1887年南洋商人陈启沅在广东南海创办的继昌隆缲丝厂则被认为是中国民族资本主义的发端。[①]民国时期历届政府也提倡、鼓励和奖励爱国华侨回国投资实业，并通令各省区切实保护归侨和侨资

图9-5　中国第一家民族资本经营的机器缲丝厂——继昌隆缲丝厂

① 孙建：《中国经济通史》，北京：中国人民大学出版社1999年版，第801页。

企业，给予优待和奖励。这一时期回国投资的知名侨资企业包括：澳洲华侨马应彪先施公司，澳洲华侨郭乐等人的永安公司，南洋华侨马玉山的国民制糖公司，印尼华侨黄奕住的中南银行，澳洲华侨郭乐、郭顺兄弟的永安纺织公司，澳洲华侨刘锡基的新新百货公司，香港简照南、简玉阶的南洋兄弟烟草公司，等等。

中华人民共和国成立后，尤其是改革开放以来，面对国际经济竞争的大环境，中国首先是从吸引华侨华人资本开始发展国内急需的资本，而后才是外资，并且很大一部分外资也是通过华侨华人的穿针引线和桥梁作用进入中国。1979 年 1 月，邓小平在邀请胡子昂、荣毅仁等工商界知名人士座谈时说："现在搞建

> 华侨华人不仅是中华民族解放事业的重要贡献者，而且是中国建设与改革事业的参与者和受益者。

设，门路要多一点，可以利用外国的资金和技术，华侨、华裔也可以回来办工厂。"[①] 同时，国家制定了一系列吸引外资侨资的法规条例。1979 年 7 月 1 日，全国人大通过了《中华人民共和国中外合资经营企业法》（后来两次修订）；1985 年 4 月 2 日颁布了《国务院关于华侨投资优惠的暂行规定》；1986 年 4 月 12 日，全国人大通过实施《中华人民共和国外资企业法》；1990 年 8 月 19 日发布了《国务院关于鼓励华侨和香港澳门同胞投资的规定》。海外华商是中国投资的先行者。当外商还在犹疑观望时，是海外华商果断回国（来华）投资，兴建了一大批外资企业，缓解了国内经济发展的资金短缺问题；引进了先进的技术与管理经验，提高了生产效率；增加财政和外汇收入，扩大对外贸易规模；推动产业调整升级，促进经济结构合理化发展；加速侨乡的城市化进程，促进内陆地区经济发展，助力中国企业"走出去"，践行"一带一路"倡议，为中国的改革开放和经济现代化发展作出了重要贡献。据统计，在中国改革开放的前十年，有 80% 以上的外资来自华侨华人。1979 年至 2017 年，中国的外国直接投资项目总计超过 90 万家，累计利用外资额近 2 万亿美元。其中，海外华商（包括华侨华人和港澳同胞）投资一直占中国吸收外资的 60% 以上。

华侨华人是中国改革开放的建设者、参与者，同时也是受益者。在这一过程中，华侨华人与中国的关系实现了良性互动、互利共赢。一方面，华侨华人积极参与中国的改革开放进程，为中国经济社会发展作出了重要贡献；另一方面，中国的发展也为他们提供了广阔的空间与机遇，其自身事业也得到了发展。比如，最早在中国投资的泰国华人企业正大集团，作为改革开放后第一家进入中国大陆的外资企业，40 年来，正大集团在中国设立企业 600 多家，员工 9 万人，是中国外商投资规模最大、投资领域最多的跨国集团之一。

---

① 邓小平：《邓小平文选（第二卷）》，北京：人民出版社 1994 年版，第 156 页。

（二）华侨华人和港澳同胞是推动中国慈善事业发展的重要力量

华侨华人向来有爱国爱乡的传统。辛亥革命与抗战期间，海外华侨华人纷纷捐款捐物，在经济方面为中华民族的独立和解放作出了重大贡献。当前，随着中国综合实力逐步提升，海外华侨华人与中国的关系日益紧密，越来越多的华侨华人投身中国的慈善公益活动。华侨华人和港澳同胞兴办慈善事业涉及方方面面，包括倾资办学，大力兴办教育事业，提高国民素质；捐助医疗卫生事业，救死扶伤，提高全民健康水平；举办文化体育事业，活跃群众文化生活；修桥筑路、改善交通，兴修水电工程，改善人民生活；捐款献物，赈济灾民，共同抵御自然灾害等，为家乡和中国社会经济发展贡献了力量。特别是在改革开放初期，中国慈善事业还未复兴，华侨华人和港澳同胞的慈善捐赠格外显著。

据统计，改革开放40年来，海外侨胞、港澳同胞向国内公益事业的捐款累计超过1 000亿元人民币。[①] 华侨华人和港澳同胞的慈善具有明显的阶段性发展特点，呈现出捐赠热情和数额持续高涨、捐赠地域和领域不断扩大、捐赠方式和主体多样化、对突发灾

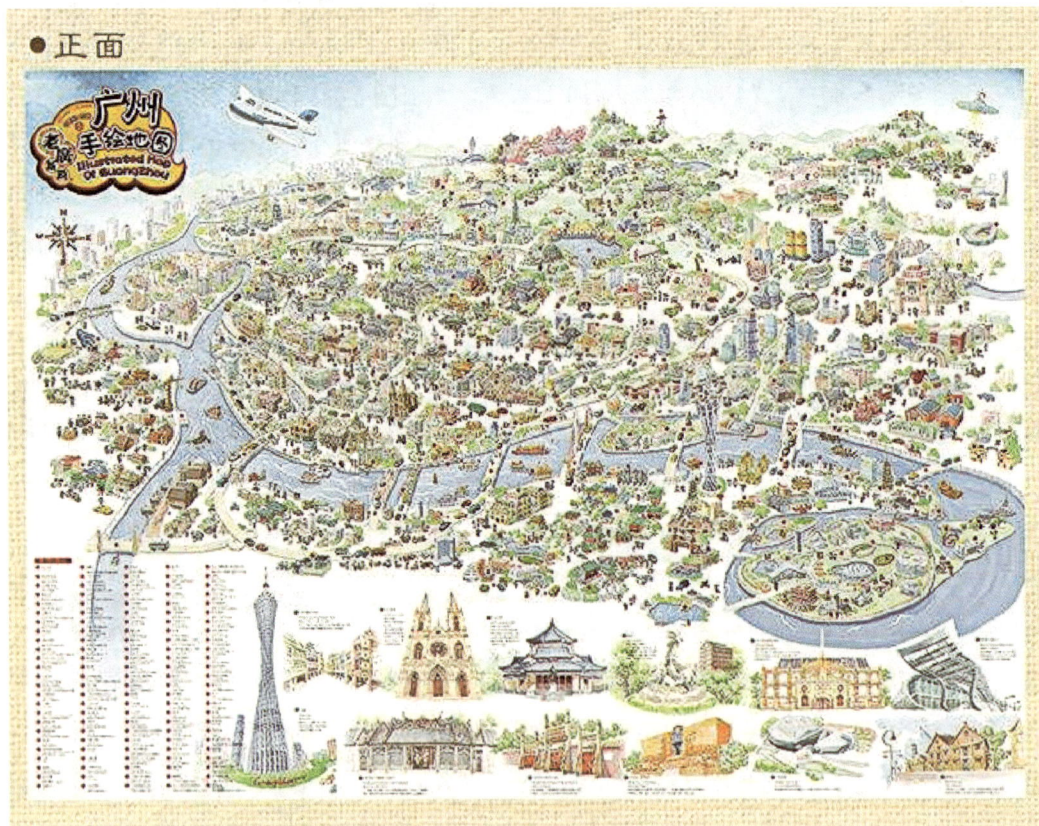

图9-6 《侨爱颂》：以广州地图为底，按地理位置标识华侨和港澳同胞捐赠项目共121个

---

① 新华网：《2017年华侨华人等慈善捐赠29.71亿元》，http://www.xinhuanet.com/gongyi/2018-05/15/c_129871615.htm，2018年5月15日。

害和重大事件的捐赠引人注目等特点。改革开放以来华侨华人和港澳同胞捐助中国慈善事业功不可没。他们的善行义举，不仅直接推动了中国社会、经济、文化等各项慈善事业的发展，而且为中国慈善事业的进一步发展提供了经验和借鉴。[1]华侨捐赠是我国慈善事业重要组成部分，在我国构建和谐社会的历史进程中发挥了巨大作用。一方面华侨的捐款往往用于改善家乡的教育、医疗设施，发展民生以及赈济自然灾害等，直接改善了家乡的教育医疗条件和人民生活水平；另一方面，通过捐赠间接促进了社会主义物质文明、政治文明、精神文明的进步。为此，国家也非常重视侨捐事业的发展。诸多法律法规规章中都有涉侨捐赠规定，包括1999年《中华人民共和国公益事业捐赠法》，以及各地方省市华侨权益保护条例的出台，都为侨务政策的实施、侨捐工作的开展和侨捐权益的保护提供了有力保障。

（三）华侨华人是重要的人才资源宝库和国家科技创新的贡献者

一直以来，以留学人才为主体的海外人才在社会主义现代化建设进程中发挥了积极作用，是我国高层次人才队伍建设的重要组成部分。中华人民共和国成立之初，以钱学森、李四光、邓稼先、吴文俊等杰出科学家为代表的海外留学人才回到祖国，为发展新中国的工业、科研、教育和国防建设事业立下了卓越功勋。目前，海外华裔专业人才规模超过400万。在发达国家，约有一半的海外华裔具有本科以上学历。从地区分布来看，华裔人才主要在发达国家和地区，以美国（33%）、澳大利亚（15%）、加拿大、欧洲为主。在欧洲，以英国占比最大（9%），其次是法国（4%）和俄罗斯（2%）。在亚洲，以新加坡占比最大（9%），其次是日本（5%）和韩国（2%）。从学科分布来看，学科分布比较广泛，但以理工科特别是工程学科居多。在美国，20世纪70年代至今，中国留美学生人数一直保持全球中国留学生规模的20%~30%以上。[2]在美国128所研究型大学里，在中国大陆出生，目前在美国大学工作的教授、副教授和助理教授一共有4 631人。[3]截至2015年，美国国家科学院与工程院有超过147名华裔院士；而在欧洲、大洋洲等其他国家担任院士的华人科技精英超过50人。在欧洲、日本、加拿大和澳大利亚等发达国家数百所一流大学当中，起码也有上千名华裔终身教授，至少1万名高精尖人才。[4]

海外华侨华人专业人士运用在海外学到的先进技术和管理经验，在促进国家改革开

---

① 张秀明：《改革开放以来华侨华人对中国慈善事业的贡献探析》，《华侨华人历史研究》2008年第4期。

② 李其荣、谭天星、邵元洲：《华侨华人与湖北经济发展——华创会研究集成》，武汉：崇文书局2012年版，第92页。

③ 王贤文：《美国128所国家一、二级大学华人学者资料数据库的建设与分析》，国务院侨办2011年至2012年度课题。

④ 王辉耀等：《海外华侨华人专业社团发展报告》，国务院侨办委托研究课题（2010），第37页。

放和现代化建设，扩大科技、教育、文化、经贸等领域的交流合作方面，可以发挥重要作用。国家也很早就意识到，"在国外智力资源中，华侨华裔人才应当是我们的引进重点"①。1999 年 1 月的全国侨务工作会议把吸引人才的工作放到了加强引进外资工作的前面，指出"科教兴国是国务院提出的首要工作任务，为这一战略服务是侨务工作最具潜力和前景的优势"②，强调"以侨引外"，要求地方侨办"要努力开展多形式的引智工作，应当把兴办高新技术企业、以高新技术投入与国内合办企业和改造传统产业，作为引智工作的重要内容"③。

之后，国家通过"海外高层次人才引进计划""长江学者奖励计划""百千万人才工程""国家杰出青年科学基金"等一系列人才工程，吸引大批专家学者回国或来华交流合作、创新创业，对中国的经济发展和科技进步起到了积极的促进作用。据统计，国家重点项目学科带头人中的 72% 是"海归"，81% 的中科院院士、54% 的工程院院士也是"海归"。2006 年，国家自然科学奖获奖项目的第一完成人中的 67%、国家技术发明奖第一完成人中的 40%、国家科技进步奖项目第一完成人中的 30% 是海外留学回国人员。到 2009 年，全国各类留学人员创业园已经达到 148 家，留学人员创业园在孵企业达到了 6 000 余家。④ 目前，超过 81% 的中国科学院院士，54% 的中国工程院院士，都有在海外学习、工作的经历。自 2008 年以来，我国引进高端科技人才中的 95% 以上是华侨华人。⑤

众多华侨华人专业人士及其社团不仅为促进我国与外部世界的科技、经济和文化交流发挥了重要作用，而且也为我国在海外发现和引进人才提供了重要的渠道，成为我国联系华侨华人专业人士的重要桥梁，发挥着海外"人才资源库""联络站"的独特作用，对于我国招才引智、经济转型、产业结构优化升级和创新体系建设具有特别重要的价值。多年来，海外华人专业人士一直关心和支持我国科技、经济和社会发展，表现出对科学的执着和对祖（籍）国的热爱。他们运用在海外学到的先进技术和管理经验，以多种形式参与我国现代化建设各项事业，促进我国改革开放和现代化建设，扩大我国同住在国在科技、教育、文化、经贸等领域的交流和合作，增进我国人民同住在国人民的了解和友谊。华侨华人专业社团则在协调、动员和组织其成员在各自专业领域等方面与我国相关部门开展交流和合作，具有独特的优势，发挥了重要作用。

---

① 《中共中央、国务院关于引进国外智力以利四化建设的决定》，中发〔1983〕30 号，1983 年。

② 国务院侨务办公室：《侨务法规文件汇编（1995—1999）》，1999 年，第 107 页。

③ 国务院侨务办公室：《侨务法规文件汇编（1995—1999）》，1999 年，第 109 页。

④ 王芳、赵冰：《中国留学人员创业园 15 年辉煌发展之路》，《神州学人》2009 年第 12 期。

⑤ 陈伟英：《华人华侨在深化改革开放中的优势与定位》，《广东省社会主义学院学报》2018 年第 4 期。

当前中国经济已由高速增长阶段转为高质量发展阶段，中国经济发展的战略目标就是要在质量变革、效率变革、动力变革的基础上，建设现代化经济体系，提高全要素生产率，不断增强经济创新力和竞争力。党的十九大提出，要加快建设创新型国家，强化基础研究，加强应用基础研究，为建设科技强国、质量强国、航天强国、网络强国、交通强国、数字中国、智慧社会提供有力支持，到 2035 年跻身创新型国家前列。华侨华人人才荟萃、智力密集、联系广泛，蕴藏着丰富的智力资源和巨大的发展潜能，必将成为中国提升自主创新能力、实现创新驱动发展、推动中国科技进步和经济发展的宝贵资源和重要力量。

三、华侨华人促进中国对外交往

在国际环境和区域局势日益复杂化的大背景之下，和平与否的国际环境、稳定与否的区域局势，与华侨华人的生存境遇和前途命运休戚相关。而中国与华侨华人住在国的关系和华侨华人的生存状况及境遇息息相关。长期以来，以华侨华人为桥梁的民间交流，作为官方交往的有效补充，对中国与世界各国之间建立稳固、互信的合作关系发挥了重要作用。邓小平同志提出著名的"海外关系论"，指出华侨华人一个独特的作用就是促进中国对外关系，海外关系是"好东西，可以打开各方面的关系"[1]。华侨华人迅速增长且遍及全球各地，为华侨华人在世界各国广泛地促进中国与住在国关系、助力中国外交提供了最基本的条件。华侨华人既了解中国，也熟悉住在国的政治、经济、法律和社会状况；既熟练掌握中国及住在国的语言系统，又了解两国文化环境和民众心理差异，是连接中国与住在国的"天然桥梁和纽带"，在传播中国文化、向世界说明中国、推动民间交流、化解偏见、降低风险等对外交往方面，发挥了不可替代的作用。[2] 为数众多、分布广泛的海外侨胞作为中华文明和民族精神的重要继承者、传播者和展示者，他们不仅是中华民族的重要组成部分，也是沟通中国与世界的桥梁与纽带，是凝聚中国力量不可或缺的重要成员。

（一）华侨华人是联通中国与世界的民间大使

公元前 100 多年，中国就开始开辟通往西域的商务丝绸之路。汉代张骞于公元前138 年和公元前 119 年两次出使西域，向西域传播了中华文化，也引进了葡萄、石榴、胡麻、芝麻等西域特产。西汉时期，中国的船队就到达了印度和斯里兰卡，用中国的丝绸换取琉璃、珍珠等物品。中国唐代是中国历史上对外交流的活跃期。据史料记载，在

---

① 国务院侨务办公室、中共中央文献研究室编：《邓小平论侨务》，北京：中央文献出版社 2000 年版，第 6 页。

② 廖小健、黄剑洪：《新时代开展华侨华人工作的路径探析》，《中央社会主义学院学报》2019 年第 4 期。

唐朝，与中国通使交好的国家多达 70 个，首都长安内世界各国的使臣、商人、留学生云集成群，促进了中华文化远播世界，也促进了各国文化和物产传入中国。15 世纪初，中国明代航海家郑和 7 次航海远洋，到了东南亚很多国家，一直抵达非洲东海岸的肯尼亚，留下了中国同沿途各国人民友好交往的佳话。明末清初，中国人积极学习现代科技知识，欧洲的天文学、医学、数学、几何学、地理学知识纷纷传入中国，开阔了中国人的知识视野。之后，中外文明交流互鉴更是频繁展开，这其中有冲突、矛盾、疑惑、拒绝，但更多的是学习、消化、融合、创新。当今世界，人类生活在不同文化、种族、肤色、宗教和不同社会制度所组成的世界里，各国人民形成了你中有我、我中有你的命运共同体。[①] 从现实来看，世界各国所见到的和了解的中国文化，很多是通过在海外的中华文化载体，包括无处不在的中餐馆、各种武术班或者团队，还有像舞龙、舞狮等海外侨团侨社采取的节日庆祝文化形式。目前，侨务部门通过举办香港回归、澳门回归、国庆庆典等大型活动和世界社团联谊大会等专题活动，增进了与港澳同胞和海外侨胞的广泛联系；成立国家海外华文教育工作联席会议和中国华文教育基金会，构建了较为完善的海外华文教育教材体系和海外华文教师培训机制；打造"中国寻根之旅"夏（冬）令营、华文作文比赛等海外华裔青少年品牌活动，鼓励华裔青少年来华接受学历教育和短

图 9-7　2015 年，"文化中国·四海同春"大型演出在洛杉矶登场（毛建军 / 中新社 / 视觉中国）

---

① 习近平：《在联合国教科文组织总部的演讲，2014 年 3 月 27 日》，载《习近平同志侨务工作论述摘编（内部资料）》，北京：中国华侨华人历史研究所 2015 年版，第 26-27 页。

期培训，增进了华裔新生代对祖（籍）国的文化认同感；通过"文化中国·四海同春"等系列活动，慰藉了海外侨胞的思乡恋祖之情，扩大了中华文化对当地主流社会的影响；通过"世界华文传媒论坛""世界华文媒体合作联盟"等平台，建立了海外华文媒体交流合作机制，团结凝聚了世界主要华文媒体力量；以"以侨为桥——沟通中国与世界"为主线，加强侨务公共外交，增强中国文化软实力和国际影响力。据不完全统计，目前庙会、巡游、灯节、广场庆典、新年音乐会、春节晚会、烟火表演等多种类型的春节文化活动已在世界范围内 100 多个国家和地区全面展开，有 10 余个国家已立法将中国春节列为公众假日。"文化中国·四海同春"活动每年派出数十个国家级艺术团体到海外演出，观众达数百万，网络及电视观众数以亿计，不仅体现出博大精深的中华文化是海内外中华儿女共同的魂，同时也为中华文化走出去奠定了坚实的基础。

党的十九大报告指出，遍布世界各地的广大海外侨胞拥有丰厚的资源，具备对住在国和祖（籍）国的双重情感、双重认同，同时拥有沟通中国与世界的双重语言优势、广泛的人脉优势以及雄厚的经济实力和智力资源，是实践和推进"一带一路"倡议、促进中外"民心相通"、推进构建人类命运共同体的民间大使。华侨华人是弘扬中国精神的重要载体。海外华侨华人是中华文明和民族精神的重要继承者、传播者和展示者。随着中国综合国力和国际地位的提升，华侨华人与祖（籍）国的联系更加紧密，民族认同和文化认同显著增强，展示中华文化魅力的愿望也更加强烈。遍布世界各地的上万所华文学校，两万多个华侨华人社团，一千多家华文媒体，独具特色的唐人街等，都直观地向世界传递着中华文化气息，成为展示中华文化和中国形象的重要平台和窗口，对弘扬自强不息、厚德载物、诚实守信、吃苦耐劳的伟大民族精神，对增强中华文化的亲和力、感召力和影响力，都具有十分重要的意义。[1]

（二）华侨华人是推动中外交流，塑造中国和平友好形象的参与者

华侨华人在中外友好合作交流方面发挥着重要的桥梁纽带作用。民间外交是外交工作的重要组成部分，是官方外交重要的和有益的补充。从某种意义上讲，几千万拥有住在国国籍的华侨华人本身就是我们开展民间外交的对象。他们在促进住在国与中国友好交往与合作方面具有天然的政治资本，日益成为我国扩大对外影响、促进中外和平友好事业的民间使者。一是作为中国形象宣传的民间大使。海外华侨华人积极继承和发扬中华民族文化，主要通过社团组织开展各类中华文化活动，例如通过积极发展华文教育事业、通过华文媒体、通过各种中华传统文化活动宣传中国，扩大住在国民众对中国的正面认知，为中国在海外树立良好形象。二是积极通过民间外交、院外外交活动等手段，

---

[1] 袁援平：《华侨华人与中国梦》，http://www.chinaqw.com/sqfg/2014/09-02/16381.shtml，2014 年 9 月 2 日。

协助中国对外政策的贯彻和实施。许多国家的华侨华人还纷纷成立旨在促进住在国政府与我国发展政治、经济等关系的组织和机构，在促进我国同一些国家建立外交关系，缔造友好城市、友好省州，发展政府和民间的多领域的合作与交流，以及在扩大我国对外影响等方面，都做了大量的工作。此外，中国在世界上与一些国家建立外交关系，与华侨华人的努力是分不开的。即使是一些还未建交的国家，华侨华人也通过民间的形式推动该国改善与中国的关系，例如 20 世纪 90 年代，华侨华人曾经对推动中国与印度尼西亚复交、与新加坡建交，以及 2017 年与巴拿马建交，都付出了极大的努力。

当前中国国际话语权与大国地位严重不符，国家形象有待提升。中国综合国力逐年上升，但并未赢得相应的国际话语权。长期以来，西方个别国家由于对中国存有偏见，从心理上不能接受中国发展的事实，往往在媒体和舆论中对中国进行刻意歪曲、丑化和妖魔化，如"中国威胁论"在不少国家具有市场。而国内媒体实力远不及西方媒体，且传播方式明显单一，构建中国良好国家形象成效不佳。同时，中华文化走出去面临困难和挑战。尽管中国的孔子学院以友善、和谐的姿态为全世界爱好汉语、喜爱中华文化的人们提供了学习的平台和机会，但近年来其在海外的发展遭遇挑战，美国和加拿大几所大学陆续宣布终止与中国孔子学院合作，更有西方批评者对其进行无端的指责。

十九大报告中提出，中国坚定奉行独立自主的和平外交政策，尊重各国人民自主选择发展道路的权利，维护国际公平正义，反对把自己的意志强加于人，反对干涉别国内政，反对以强凌弱。中国决不会以牺牲别国利益为代价来发展自己，也决不放弃自己的正当权益，任何人不要幻想让中国吞下损害自身利益的苦果。中国奉行防御性的国防政策。中国发展不对任何国家构成威胁。中国无论发展到什么程度，永远不称霸，永远不搞扩张。中国政府涉侨部门在海外开展工作时，遵守当地法律法规、严格履行不干涉他国内政的原则，与他国进行协商和交流，以尊重他国意愿为前提，这些都是中国和平外交的重要表现。这些积极正面的声音需要通过华侨华人等各种渠道予以对外传播。近年来，华侨华人积极参与中国公共外交，产生了积极的影响。一是华文传媒发挥媒体舆论形成与引导作用，为中国提供各种舆情，适时进行舆论引导，提升中国国家形象，发挥华侨华人的桥梁作用。例如针对西方媒体歪曲报道中国在东海、南海问题上的立场和做法，海外华文传媒进行了坚决抵制和有力批驳。二是海外华人社团领袖积极开展国际公关。他们熟悉当地文化，利用与当地政府和主流社会的人脉关系，有力地维护中国国家形象。三是海外华人在住在国积极开展各种文化活动，推广中华文化，塑造文化中国形象，增进文化互信，让更多的当地民众了解和理解中国。

（三）华侨华人是反独促统，促进中国和平统一事业的重要力量

中华民族在五千多年的历史发展进程中，始终把国家统一作为共同追求的价值观。党的十九大报告中明确把"坚持一国两制和推进祖国统一"纳入新时代坚持和发展中国

特色社会主义的基本方略，是站在中华民族伟大复兴的历史高度来考虑和处理台湾问题，是从中华民族整体利益的角度来思考和把握两岸关系。实现中华民族伟大复兴，是近代以来中华民族最伟大的梦想，是中国共产党一经成立就肩负的历史使命。今天我们比历史上任何时期都更接近、更有信心和能力实现中华民族伟大复兴的目标。①过去几十年中，面对海内外"台独""藏独""疆独""港独"等势力分裂中国的主张和猖獗的活动，海内外侨界态度非常鲜明，利用自身的优势，多方面、多渠道、全方位地沟通和协调两岸关系，大力维护港澳的稳定和繁荣。他们纷纷成立反"独"促统组织，开展形式多样、声势浩大的反独促统活动，沉重打击了各种分裂势力的气焰，也充分显示了华侨华人强烈的爱国主义热情。就近三十年全球反独促统组织的发展来看，21世纪初期是发展的高峰期，尤其是2000年至2005年的六年间就成立了130多个统促会，约占总数的75%，2006年到2009年间有40多个统促会成立。目前，在中国大陆以外且能经常性开展活动的统促会组织共计170多个，广泛分布于五大洲的80多个国家，以及我国的港澳台地区。实践表明，海外侨界是中国最广泛的反"独"促统的统一战线，他们积极支持关于和平统一的政策、讲话和活动，驳斥"台独"言行，谴责外国干涉中国内政，召开反独促统大会，发表反独促统宣言，是促进中国统一的重要力量，对祖（籍）国的和平统一起到重大推动作用。

（四）华侨华人是中国梦的重要实践者和传播者

中国梦就是实现中华民族伟大复兴，是中华民族近代以来最伟大的梦想。它是2012年11月29日习近平总书记所提出的重要指导思想和执政理念。中国梦的阐释和宣传，要与当代中国价值观念紧密结合起来。中国梦意味着中国人民和中华民族的价值体认与价值追求，意味着全面建成小康社会、实现中华民族伟大复兴，意味着每一个人都能在为中国梦的奋斗中实现自己的梦想，意味着中华民族团结奋斗的最大公约数，意味着中华民族为人类和平与发展作出更大贡献的真诚意愿。中国梦不仅仅是中国人的梦，更是追求和平、奉献世界的梦。中国梦需要和平，只有和平才能实现梦想。天下太平、共享大同是中华民族绵延数千年的理想。历经苦难，中国人民珍惜和平，希望同世界各国一道共谋和平、共护和平、共享和平。历史将证明，实现中国梦给世界带来的是机遇而不是威胁，是和平而不是动荡，是进步而不是倒退。中国已经并将继续尽己所能，为世界和平与发展作出自己的贡献。②要争取世界各国对中国梦的理解和支持，中国梦是和平、发展、合作、共赢的梦，我们追求的是中国人民的福祉，也是各国人民共同的福祉，同各国人民的美好梦想息息相通。中国发展必将寓于世界发展潮流之中，也

---

① 刘军川：《中华民族伟大复兴必然要求实现祖国完全统一》，《学习时报》，2017年11月25日，第A1版。

② 习近平：《论坚持推动构建人类命运共同体》，北京：中央文献出版社2018年版，第84—85页。

将为世界各国共同发展注入更多活力、带来更多机遇。

中国梦的远播需要华侨华人的力量。海外华侨华人是沟通与理解的桥梁。他们多数拥有双语双文化，甚至多语多文化的背景，使得他们拥有独特的声望和地位，在各国关系中具有充当桥梁纽带和正确传递声音的角色优势。习近平主席强调，当前中国人民正在为实现"两个一百年"奋斗目标、实现中华民族伟大复兴的中国梦而奋斗。在这个伟大进程中，广大海外侨胞一定能够发挥不可替代的重要作用。广大海外侨胞有着赤诚的爱国情怀、雄厚的经济实力、丰富的智力资源、广泛的商业人脉，是实现中国梦的重要力量。只要海内外中华儿女紧密团结起来，有力出力，有智出智，团结一心奋斗，就一定能够汇聚起实现梦想的强大力量。我们的同胞无论生活在哪里，身上都有鲜明的中华文化烙印，中华文化是中华儿女共同的精神基因。希望大家继续弘扬中华文化，不仅自己要从中汲取精神力量，而且要积极推动中外文明交流互鉴，讲述好中国故事、传播好中国声音，促进中外民众相互了解和理解，为实现中国梦营造良好环境。[1] 近些年来积极推动侨务公共外交，说到底就是通过华侨华人让世界更多的人认识中国，了解中国，进而愿意与中国交朋友，结伴而行，实现共同发展、共同进步。[2] 通过华侨华人将中国梦远播出去，让世界人民了解和认识到，中国梦与世界和平发展紧密联系在一起。中国好，世界会更好。

（五）华侨华人是维护中国海外利益的独特优势和重要依托

21世纪以来，随着中国国际化进程的进一步发展，中国海外利益保护问题日益复杂严峻。据中国外交部统计，2012年至2018年领保中心和驻外使领馆受理的领事保护和协助案件数量分别为26 821件、41 703件、59 526件、86 700件、100 000余件、73 132件、80 000余件，呈现出"量率齐升"加速发展的态势。实践表明，海外华侨华人不仅是中国海外利益的承载者、拓展者，更是海外利益的维护者。每当中国海外利益遭遇严重侵犯，开展权益保护时，都有海外华侨华人的身影。一是直接参与中国海外利益维护行动。每当海外中国企业和公民的人身财产安全遭到严重威胁时，我们的海外华侨华人往往团结一心，充分发挥其各种人脉资源和社会资本，互帮互助，克服重重困难，更好地维护自身以及祖（籍）国的海外利益。2011年1月，利比亚内战爆发时，约有3万中国人在利比亚，华侨华人志愿者服务队给予了极大支持。中国驻希腊大使馆组织成立了华侨华人志愿者服务队，并聘用当地华侨华人导游协助工作，在每家安置旅店安排工作人员，协助照料被撤离人员。二是广大海外华商侨企守法经营，努力塑造良好中国形象。分布在世界各地的侨胞中，绝大部分都从事商贸工作，他们在海外的拼搏奋斗过程能够帮助当地人民了解中国，同时也塑造了海外中国形象，对于海外利益维护

---

① 王龙、冯大鹏：《关于中国梦，习近平总书记是这样描绘的》，http://www.xinhuanet.com/
politics/2016-11/29/c_1120016588.htm，2016年11月29日。

② 林宏宇：《中国特色大国外交理念对侨务公共外交的影响简析》，《侨务工作研究》2020年第4期。

有着重要影响。三是广大侨胞积极反击各种舆论抹黑，努力维护中国海外形象。随着中国经济持续的高速增长，"中国威胁论""强国战略"等歪曲言论充斥西方媒体，有人认为"中国比欧美的体制和发展模式更有效，中国将取而代之"。而随着"一带一路"倡议得到越来越多国家的响应，诸如"'一带一路'殖民主义"等新的"中国威胁论"论调不断出现。其背后有多重因素，核心是通过一环扣一环的对华战略性"组合拳"，形成所谓的"中国威胁论"的舆论环境，遏制中国的崛起与发展。针对不同形式的错误舆论，海外华侨华人积极借助各类舆论媒体平台，为祖（籍）国发声，不断讲好中国故事，尤其是从中国发展和人类命运共同体视角讲清统一战线求同存异、合作共赢的追求，向世界说明中国的和平崛起之路，维护中国国际形象。

正确认识华侨华人的贡献与作用，是我们做好海外统战工作的基本前提。在中国革命、建设和改革开放各个历史时期，海外侨胞为实现中华民族的独立和解放、推动中国现代化建设、促进中国和平统一大业、传承和弘扬中华文化、增进中国人民和世界各国人民友好关系都作出了重大贡献，发挥了独特作用。尤其是在改革开放 40 年的伟大历史进程中，华侨华人与祖（籍）国同频共振，积极参与中国经济社会各方面建设，谱写了改革开放 40 年壮丽辉煌的"侨务篇章"。习近平总书记指出，在世界各地有几千万海外侨胞，大家都是中华大家庭的成员。长期以来，一代又一代海外侨胞，秉承中华民族优秀传统，不忘祖国，不忘祖籍，不忘身上流淌的中华民族血液，热情支持中国革命、建设、改革事业，为中华民族发展壮大、促进祖国和平统一大业、增进中国人民同各国人民的友好合作作出了重要贡献。祖国人民将永远铭记广大海外侨胞的功绩。

2021 年 4 月 19 日，国务院侨办主任潘岳在博鳌亚洲论坛圆桌会议上的讲话也表示，海外华商身在商海、心系天下，以诚信经营和家国情怀诠释了中华商道的现代转型，是促进中国和住在国以及国际社会共同发展的独特力量。衷心希望广大华商在支持和参与祖（籍）国现代化建设、传播中华文明、支持华文教育、密切中外交流、推动构建人类命运共同体等方面做出更大贡献。

四、华侨华人传承爱国爱乡精神

2020 年 10 月 12 日至 13 日，习近平总书记在广东省潮州、汕头考察时说："华侨一个最重要的特点就是爱国、爱乡、爱自己的家人。这就是中国人、中国文化、中国人的精神、中国心。中国的改革开放，中国的发展建设跟我们有这么一大批心系桑梓、心系祖国的华侨是分不开的。"[①] 习近平总书记的讲话肯定了华侨华人对改革开放的作用和

---

① 《潮汕，原来你是这样的侨乡！》，https://baijiahao.baidu.com/s?id=1680603419879551187&wfr=spider&for=pc，2020 年 10 月 15 日。

贡献，在当下全球疫情肆虐的时期，体现了党和国家对海外华侨、侨胞的关爱和呵护，也是对广大华侨华人在祖（籍）国的建设中所做出的重要贡献的肯定和鼓励。

（一）爱国爱乡是华侨华人永恒的精神

> 华侨华人的爱国文化，是中华民族爱国传统的分支，是华侨华人对故乡和祖国山河的爱恋。

中国侨联常委、香港华侨华人总会会长陈进强曾经说道："华侨华人移居海外历史悠久，华夏子孙以勤劳、智慧、诚实等优秀品格，在世界各地工作并生活着，大多数华侨华人对祖国感情深厚。"华侨华人爱国从来不需要宣扬，他们心灵深处就爱国，说爱国也不是一种时髦，他们的爱国心从小就有。爱国主义精神是中华儿女与自然抗争中凝结的精神产物。

自古以来，"土地图腾""立命与土地""入土为安"等就体现了中华传统文化的基本价值。中华儿女在自己热爱的土地上，抵御外敌、保卫家园，开疆拓土、惊天动地，在历史的影响下，升华为中华民族的爱国情怀，促进了祖国的统一和发展。经过战火洗礼、悲欢离合的中华民族，热爱故土、爱恋祖国的情怀真挚且源远流长。一旦远离了故土，远离了祖国，远离了亲人，成为游子、海外华侨华人，这种感情会更加强烈。

乡亲同族是早期海外华侨华人增进感情、同心团结的基础。早期的华侨华人很多来自农村的同宗族。他们一起漂泊到海外，举目无亲，只有靠乡情、同族宗亲来维系感情，共同缅怀祖国，思念故乡。华侨华人依赖乡土感情和宗族关系作为团结的主要力量，产生了各种同乡会以及侨团。海外的"唐人街""唐山"是海外华侨华人民族凝聚力的重要表现，也是早期华侨华人眷恋祖国的一种民族意识。[1]

无论是民族企业，还是广大侨胞，都有爱国爱乡的传统，都有对祖国的深

图 9-8　伦敦唐人街（蓝天／视觉中国）

---

[1]《爱国是华侨华人永恒的精神》，https：//ishare.ifeng.com/c/s/7vMZBqurYOH，2020 年 4 月 3 日。

厚感情。民族企业以实业兴国的爱国情怀应该传承，侨胞们积极参与祖国和家乡的发展建设，他们身居海外，心系祖国，这种强烈的爱国精神和爱国情怀值得永远铭记。

（二）新侨对祖（籍）国家乡情感淡薄，中华文化认同多元化

与广大老侨忠贞不渝的爱国爱乡之情相比，以华裔新生代群体为主体的新侨对祖（籍）国的情感可能是另一番景象。他们多数成长环境好，受教育程度高，融入主流社会程度深，成就令人瞩目，已经成为海外华侨华人社会的中坚力量，是推动中外交流发展的重要桥梁和纽带。不过，由于家庭、地域、成长环境等因素影响，不同国家与地区的华裔新生代的特征也呈现出一定的差异性。一般而言，华裔新生代在异国环境中学习成长，从小受当地语言、文化、环境的影响，其人生的社会化过程完成于住在国，在心理和思想上都已经融入住在国，认同并效忠于住在国，对祖（籍）国传统文化的记忆模糊，民族心理情感淡薄，文化认同感较弱，并且代际越大，认同程度越低。例如，东南亚华裔新生代已基本实现本土认同。但这种认同衰减度也与其家庭背景、父母文化程度、成长社区环境等因素有较大关系。例如，有调查显示，美欧华裔青少年对自己身为"中国人"的身份意识十分明确。很多华裔新生代在家庭、婚姻、伦理道德等社会层面，既接受西方平等自由的基本价值观念，又保留了部分中国传统。此外，中国国际影响力的提升和华人新移民的到来对华裔新生代的中华文化维系也有正面影响。中国国际投资的全球化，增进了不少国家华裔新生代与中国的互动联系。比如在柬埔寨、老挝、缅甸等国，华人学习华文的热情高涨，原本日渐淡薄的中华文化自信和族群身份认同在一定程度上有所恢复。同时，不断到来的华人新移民给当地带来了中国文化新元素，为住在国维系华人的中华文化认同注入了新的活力。

从世界范围来看，基于共同的文化渊源以及族群身份，华人对中国多持有好感，或者说和当地族群相比，好感度普遍要高一些，并希望各自所在国家与中国发展友好关系。这已是不争的事实，但这种好感度也存在一定的国别地区差异，它与年龄、个人经验、家庭背景、文化水平、代际差异、政府政策、融入程度等诸多因素有关。一般而言，东南亚地区华裔新生代的对华好感度普遍要高于欧美地区的华裔新生代。不过，在政治认同方面，华裔新生代与老侨则大相径庭，普遍对中国政治制度的认可度较低，其对中国的感情更多的是经济动机和寻根问祖的乡土动机。

（三）老侨"传帮带"，积极引导新侨发展

与初期华人社会不同，当今华侨华人综合实力大幅提升，素质不断提高，海外侨团也发生深刻变化。以前侨团大多以地域或政治阵线为营，老死不相往来，甚至互相对立。如今，侨社体系发展更加多元化，很多社团在维护当地华侨华人权益时互相配合、互相支持、不分你我，不以地域划界，商业、科技、文化、福利等各种各类业缘性的侨团也逐渐增多，呈现出一片生机勃勃的景象。但是，侨团发展也面临一定挑战，主要包

括：侨团成员老年化，有很多会馆多年缺乏互动，导致没有新侨加入；内部分散化，个别侨团内部尚不团结，领导层自以为是，谁也不服谁，恶性博弈导致"窝里斗"，没有凝聚力；管理陈旧化，部分侨团管理混乱，章程落后，办事无章可依。

爱国爱乡是海外华侨华人的核心价值，海外侨团是侨胞在住在国生根发芽、开枝散叶的共同家园，是维系民族情感、故土情怀的重要依托。当前海外侨团的发展亟须更多新血液和新理念，这也需要老侨进一步发挥"传帮带"的角色功能。第一，老侨领要率先垂范、以身作则，重视培养人才、重用人才，让一些有能力、有实力、有热情的中青年才俊加入，调动他们的积极性，为社团的可持续发展培植新的力量。第二，新老华侨华人之间，不同祖（籍）地华侨华人之间，要求同存异，加强团结合作，侨团负责人要以识大体、顾大局、能为侨胞服务为荣，以维护华社共同利益和民族大义为荣，用宽广的胸襟去团结一切可以团结的力量，为构建和谐华社做出应有的贡献。第三，海外侨团要对新侨情况进行摸底分类，点面结合，有针对性和层次性地精准开展"四有"（政治上有影响，社会上有地位，经济上有实力，专业上有造诣）代表性华裔新生代工作，重点发掘培养一批素质较高、对中华民族和中华文化有一定认同感与亲近感、有一定影响力和号召力、责任意识较强的华裔新生代，尤其是华二代和1.5代青年，助其成为海外侨社未来之星。第四，要引导欧美同学会、国内青年团体与海外华裔新生代社团构建长效联络机制，挖掘和甄选一批对华友好的海外统战新军，并以他们为"桥头堡"，进一步壮大对我友好力量。第五，重视民间华文教育。国家在主导海外华文教育的基础上，积极引入民间华文教育并将其作为补充，通过设立专项资金、提供教材、委派师资等方式，鼓励和支持民间资源参与海外华文教育活动。鼓励老侨引导新侨在节假日把子女送到中文学校学习，让自己和下一代都牢记中华传统文化。第六，希望老侨积极融合当地多元文化，以农历春节等中华传统节日为载体，精心编制节目，同时协助国内文艺团体与华裔新生代艺术家和团体合作，联合创作艺术作品、举办文艺活动，增进海外华裔新生代等新侨对中华文化的适应度和认同感。

五、祖国永远是海外华人的坚强后盾

新冠肺炎疫情暴发初期，海内外侨界持续关注中国疫情，捐款捐物，支援祖（籍）国抗疫。随着疫情的全球蔓延，海外侨胞也身陷囹圄。祖（籍）国时刻牵挂海外儿女，不断推出"暖侨行动"，支持侨胞疫后发展。

（一）华侨华人支援祖（籍）国疫情防控

2020年初，新冠肺炎疫情发生后，中国政府号召海外侨胞"支持武汉地区抗击疫情"，为"打赢疫情防控阻击战"贡献力量。广大海外侨胞心系祖国、情牵家乡，尽己所能捐款捐物，拳拳赤子心、浓浓桑梓情感人至深。捐款捐物是责任，说真相、辟谣言是义务。截至 2020 年 6 月 1 日，中国华侨公益基金会共收到捐赠款人民币 260 382 563.40 元、美元 2 046 072.23 元和港币 2 104 463.16 元，充分体现了海外侨胞支援祖（籍）国抗击疫情的爱国爱乡情怀。

图 9-9　2020 年 2 月 1 日，莫斯科华侨华人联合会向重庆发出医用物资抗击疫情
（王修君／中新社俄罗斯分社）

（二）祖（籍）国支持海外侨胞参与当地抗疫行动

随着疫情在世界各地的蔓延，许多国家的疫情形势日趋严峻，这也引起了祖（籍）国政府和人民的高度关注与时刻牵挂。为支持海外侨胞共同抗疫，各级涉侨部门一方面呼吁华侨华人做好自身防护，另一方面积极向侨胞和当地政府、机构捐赠各类抗疫物资和健康包。据不完全统计，截至 2020 年 5 月 12 日，广东各级侨联累计向海外 80 多个国家和地区、200 多个侨团捐赠了 200 多批次防疫抗疫物资。上海侨联与十余个国家侨领侨社建立物资募捐、采购微信群，为海外侨界参与募捐、采购紧缺物资等工作建立了沟通渠道，做好海外防疫物资运输保障工作，组织多场抗疫爱心视频连线活动，向马来西亚、意大利、塞尔维亚、瑞典、美国、英国、澳大利亚等多国侨胞捐赠防疫物资合计 242.73 万元。此外，上海侨联还发放超过百万元的"侨爱心健康包"和"爱心包裹"，及时寄给各区侨界留学人员家庭及 24 个国家和地区的百余家海外侨团，建立"侨领与留学人员关爱群"，宣传政策并提供帮助。

（三）"暖侨行动"：中国多措并举支持海外侨胞疫后发展

自 2020 年秋冬季以来，全球第二波新冠肺炎疫情卷土重来，海外侨胞深受影响。中国国务院侨务办公室和中华海外联谊会会同有关部门及时发起"暖侨行动"，针对各国侨界的实际困难开展精准帮扶，为侨胞们送去祖（籍）国的温暖和关怀。

图 9-10 2022 年春节期间，中国驻韩国使馆向在韩中国侨胞发放"春节包"
（刘旭 / 中新社韩国分社）

1. 精准帮扶，为困难侨胞"雪中送炭"

疫情肆虐令华人经济中的餐饮、旅游、国际贸易等行业雪上加霜，处境艰难。在疫情严重的国家，一些侨胞还不幸染疫。多重因素叠加，出现了因疫致贫而生计无着的困难侨胞群体。为此，国务院侨办通过多种渠道了解情况，并统筹指导全国各地侨务部门对困难侨胞开展针对性帮扶工作。浙江、福建、山东等地探索设立助侨专项基金，用于困难和弱势侨胞群体的药品、食品及生活救济等支出。浙江省还支持海外侨团设立"失住侨胞关爱驿站""互助小屋"等，为疫情期间居住困难的侨胞解决燃眉之急。针对海外侨胞们对防疫物资的需求，各地侨务部门急侨所急、帮侨所需，积极应对。广东省多方筹集了 700 万只医用外科口罩，并打包 4 000 份健康防疫物资，克服物流障碍并成功送抵 75 国侨社。

2. 万里传情，人文关怀抚慰侨心

疫情之下，海外侨胞虽与祖（籍）国山海相隔，但关爱不因距离而阻隔。"暖侨行动"突出一个"暖"字，切实抚慰了海外侨心，也为各国侨胞增添了抗疫信心。2020年 12 月中旬，国务院侨办、中华海外联谊会发表公开慰问信，向全球华侨华人致以深切慰问和衷心祝福。各级侨务部门还与海外侨领定期电话联络，询问当地疫情，传达祖

（籍）国的关心问候。新春佳节，中华海外联谊会联合部分重点侨乡及驻外使领馆为侨胞们寄赠新春"暖心包"。这份"暖心包"中，不仅有防疫中成药，还精心搭配了中国结、冬奥纪念品、丝绸、茶叶等饱含着家乡气息的特色小礼物。与此同时，多台线上云端新春文艺晚会邀请侨胞熟悉的艺术家登台献艺，慰藉海外游子思乡之情。各类线上交流活动也密集开展。河南省遴选了医疗、心理等方面专家组建专家服务团，入驻海外侨胞互助微信群，提供在线医疗咨询和心理辅导。天津市开展"云上侨联"心连心行动，密切与海外侨胞沟通。山东省召开"庆新年防疫情视频交流会"，向海外侨胞提出各类疫情防控建议。广东省通过微信等平台设立防疫政策及科普专栏，推送侨界抗疫感人故事，为侨胞们抗疫加油鼓劲。新冠肺炎疫情在全球持续蔓延，中国国内侨务部门通过协助开通网上医院、捐赠防疫物资、微信群指导防疫等方式，为海外侨胞提供实在有用的帮助。家乡的侨务部门还通过微信群建立起了与海外侨团的联动机制，向他们提供防疫指导、政策咨询、信息告知等服务。

3. 携手克难，助力侨界打好抗疫"持久战"

随着国外疫情不断反复，抗疫成为旷日持久的全球战"疫"。国务院侨办着力推动海外侨界抗疫自救，共渡难关，建立因应疫情发展的生活、工作及商业新模式。

针对海外侨社有序复工复产，各级侨务部门多措并举引导华商转型升级。山东省充分发挥行业协会、商会等侨团组织的引领作用，引导侨胞抱团取暖，用好、用足当地政府的现金补贴、税费减免、定向贷款、失业保险等政策资源，积极开展行业自救和转型升级。广东省指导部分海外粤籍侨胞成立抗疫自助小组，并推出"商务通"电子黄页App，为广大会员们提供精准的信息对接服务。上海侨联积极宣传《上海市全力防控疫情支持服务企业平稳健康发展的若干政策措施》，走访侨资企业，了解企业复工复产情况和实际困难，开展疫情防控指导。

针对海外华文学校实际困难，国务院侨办进一步加大帮扶力度，通过网络教学、远程师资培训、网上文化体验等方式予以支持。广西侨办推出"华裔留学生中华文化线上体验营"以及"爱上华文"互联网平台，打造面向东盟国家的一体化云上交互空间，让广大华裔学生足不出户即可体验壮乡之美，感受祖（籍）国发展和中华文化的博大精深。[①]

疫情未止，真情常在，祖（籍）国对海外侨胞的关心、帮扶也将不断延续。这份陪伴和关爱，将伴随侨胞们"疫"路攻坚克难，勇往直前。

---

① 《"疫"路多艰"暖侨行动"多措并举帮扶海外侨胞》，https：//baijiahao.baidu.com/s？id=16912083 28776331199&wfr=spider&for=pc，2021 年 2 月 9 日。

第三节　华侨华人与住在国的和谐互融

长期以来，华侨华人对祖（籍）国和住在国两地发展的贡献不言而喻。他们的生存发展与住在国社会发展紧密相连，他们在谋求自身发展的同时，也为当地社会的繁荣作出了积极贡献。拥有雄厚实力的华侨华人是住在国的宝贵财富，而非负担包袱，更不是"威胁"和"黄祸"。

历史证明，中国人移居海外的历史是一部和平移民史。当前，不仅华侨华人在教育科技、文化艺术等领域的杰出成就日益获得主流社会的肯定，而且华侨华人的历史贡献也不断得到越来越多住在国的认可，社会政治地位大幅提升。随着高层次新移民的增多和华裔新生代的成长，华侨华人融入当地社会程度进一步加深，并积极参与住在国国家政治和社会治理，推动与当地社会的和谐共融。

中国侨务政策始终关心和扶持侨胞在海外的长期生存和发展，推动构建和谐侨社；教育侨胞遵守住在国法律，尊重当地社会、民族习俗，并与当地人民和睦相处；鼓励他们融入当地主流社会，传承民族文化，为住在国发展以及住在国与我国的友好合作发挥积极作用。这也是中国侨务工作的立足点和出发点。当前海外疫情环境下，侨务工作更加关注海外侨胞在当地的生存发展，支持他们转型发展，与住在国共度时艰；也更加关心侨胞面临的困境与挑战，支持他们积极通过各种渠道维护自身合法权益，主动化解当地社会的误解，发挥华侨华人独特的"中间人"优势，争取更加有利的生存发展环境。习近平总书记特别指出，广大海外侨胞要运用自身优势和条件，积极为住在国同中国各领域交流合作牵线搭桥，更好地融入和回馈当地社会，为促进世界和平与发展不断做出新贡献。

一、移民与住在国发展

在当今全球化的时代，侨民与世界各国发展的联系越来越紧密。过去二十年以来，侨民对世界发展的贡献越来越多地被认识和承认。比如，侨民通常都会寄钱给祖（籍）国的家庭成员和其他亲戚，这些侨汇越来越被视作发展中国家重要的外汇来源之一，在很多情况下甚至超越了海外发展援助和外国直接投资的金额。除此之外，大量的侨民也积极主动参与诸如投资祖（籍）国社区发展项目等，越来越多地参与到祖（籍）国的发展当中。侨民的短期或永久的回流，成为祖（籍）国技术工人和专家的潜在来源。侨民社群的富人也成为外国直接投资的潜在来源，有时也担当中介，让祖（籍）国有机会进入新市场。从另一个角度来看，通过投资、社区发展项目、思想交流和侨民回流与环流、推动住在国与祖（籍）国关系等途径，侨民对促进住在国的发展起着越来越巨大的作用。尤其是一些传统移民国家，对侨民与发展之间关系的认识也越来越深刻，他们越来越重视本国侨民与祖（籍）国之间的各种关系，不断扩展延伸侨民战略的内涵，纷纷推出自己的侨民战略与政策，力图最大限度地利用侨民，为本国利益的发展服务。

二、华侨华人对住在国发展作出巨大贡献

从宋、明时代逐浪而出的几叶扁舟，到如今整合全球资源的华商巨子，华侨华人带着"以和为贵"的民族文化基因繁衍于世界各地，与侨居地各族裔人民和平相处，共同生存和发展。华侨华人开拓的足迹遍布东南亚、美洲、澳洲、欧洲甚至非洲等多个大洲的国家和地区，无论是美国、加拿大的国家铁路项目，还是巴拿马运河的开凿事业，均有华侨华人勤恳辛劳的身影。伴随着中国的改革开放，大批中国人通过家庭团聚、技术移民、留学移民、劳工移民、投资移民等方式移居海外，这是一种升级的、深化的和平移民方式。新华侨华人群体具有较好的教育背景和知识层次，更加积极地参与当地社会的各种事务。时至今日，继往开来的华侨华人，以始终如一的辛劳和智慧，为住在国的经济发展、科技进步、社会繁荣、文化多元和中外关系做出了重要贡献。

（一）华侨华人勤劳创业，积淀深厚，促进了住在国经济社会繁荣

海外华商规模庞大，巨贾如云，实力雄厚。华商经济总量在全球经济中占有重要地位。据福布斯发布数据，2015 年全球富豪榜中，新上榜人数为 181 人，其中逾 40% 是华人富豪；370 位华人富豪的净资产总额高达 11 519 亿美元，在全球富豪总人数中的比重也首次超

> 海外华侨华人实力雄厚，是住在国的宝贵财富，而不是负担和威胁。

过了 20%。[①] 另据报道，2014 年、2015 年的全球华商资产则分别可以推估为 5.1 万亿美元、5.2 万亿美元，[②] 在全球 GDP 中的占比达到 6.5%。华商行业分布广泛，从劳动密集型到资本、技术集约型皆有涉足。无论从行业构成还是从实力来看，世界华商经济存在一定的区域差别。东南亚华商在海外华商中资本最为雄厚。世界华商 500 强中约 1/3 分布在东南亚。在东南亚地区证券交易市场上市的企业中，华人上市公司约占 70%，多集中于制造业、金融业、商业和房地产业等领域。除了实力雄厚、资产额巨大的企业集团外，还有在各国生产和流通领域扮演重要角色的大量中小企业。在北美，传统的商贸、餐饮、服装制造等行业仍是不少华侨华人赖以生存的支柱行业，专业技术精英创办

---

① 福布斯：《2015 年华人富豪榜》，http://www.forbes.com/lists/#963718c47f6e，2021 年 4 月 25 日。
②《海外侨情观察》编委会编：《海外侨情观察（2015—2016）》，广州：暨南大学出版社 2017 年版。

的高科技企业在美国也异军突起，显示出相当的实力。在欧洲，华侨华人所从事的行业主要有餐饮业、皮革业和贸易业等传统行业，近年来也不断涉足房地产、计算机、生物医疗、电子科技、金融、法律等领域。

海外华侨华人在谋求自身发展壮大的同时，同样为住在国各方面的发展作出了巨大贡献。近日，美国华人组织百人会委托经济学人智库（Economist Intelligence Unit）打造的综合性研究报告《从基础到前沿：华人对美国的贡献》通过量化分析指出，美国华人一直是美国社会的一分子，他们在过去 170 多年里对美国的经济与文化作出了不可磨灭的贡献。目前全美有 530 多万华人，其中 75% 为华裔美国公民。全美有大约 16 万华裔掌控或拥有企业，他们每年的营收超过 2 400 亿美元，支撑了 130 万个就业机会。2019年，华人为美国的 GDP 贡献了 3 000 亿美元，支撑了 300 万个就业机会。随着华侨华人整体实力的增强，他们对住在国经济社会发展的价值进一步凸显。同时，随着中国国际影响力和地位的提升，华侨华人可以进一步发挥其连接两地的独特优势，促进住在国和中国关系全面发展，越来越多的国家将会更加重视华侨华人的作用与贡献。

（二）华侨华人是住在国的财富而非负担，更不是"威胁"和"黄祸"

从移民规模看，2020 年 1 000 多万的中国海外新移民，无论与全球国际移民总量（2.72 亿）相比，还是与第一人口大国的 14 亿总人口或中国国内每年 2.5 亿以上的国内人口流动相比，都是"细枝末节"。国际迁移并不是中国人口流动的主流，中国也从未将输出移民作为解决劳动力就业和经济发展的途径。从移民性质来看，近代历史上，与西方殖民者的武力殖民或日本政府支持日本人移民不同，历史上的中国移民既没有祖（籍）国政府的支持，也没有住在国政府的支持，反而还受到了种种歧视与排斥。他们在异域他乡靠自己的勤劳和智慧艰苦拼搏，闯出了一番天地。中国的移民是和平移民，是经济移民。就当代来看，中国移民是国际移民的一个组成部分，是为了追求更好生活而移民，中国没有真正意义上的难民，中国移民与当地人民友好相处，是"模范少数民族"。从移民贡献来看，中国移民自雇水平高，中国移民通过"自我剥削"进行创业与发展，中餐、中医等中国传统文化丰富了当地的文化。中国移民为住在国经济、社会、文化等各方面的发展以及中外友好交流都作出了积极贡献。[①] 就住在国而言，华侨华人对住在国的贡献得到当地政府和民众一定的认知与肯定。特别是新冠肺炎疫情暴发后，尽管华侨华人在世界各地遭到的种族主义歧视越来越多，甚至成为被抹黑和"甩锅"的对象，但他们仍然遵守当地社会防疫规则，主动捐资捐物，为住在国抗击疫情做出积极贡献，赢得了住在国政府的高度赞扬。

---

① 张秀明：《21 世纪以来海外华侨华人社会的变迁与特点探析》，《华侨华人历史研究》2021 年第 1 期。

（三）华侨华人的贡献得到住在国越来越多的认可，部分国家为历史上的排华行为道歉

历史上，华人不但从来没有发动过战争，而且积极声援维护世界和平，足以显示华人爱好和平的本性。第二次世界大战爆发后，居住在世界各地的华侨华人纷纷行动起来，投身于反抗法西斯的洪流之中。他们不仅通过各种形式捐款捐物，为中国抗日前线源源不断地输送战略资源，而且通过各种形式向住

> 华侨华人是维护世界和平、追求正义的重要力量。

在国人民讲述中国人民的遭遇和抗日事迹。在世界各地，华侨华人与各国反法西斯的正义力量并肩作战，成为世界反法西斯战争中唯一全程参与、活动范围最广泛的国际民间力量，最终迎来了世界反法西斯战争的胜利。近年来，不少国家重新审视华侨华人对当地的贡献，并且通过多种形式予以表彰和肯定。一是通过设立专门节日，肯定和表彰华人对当地所做的贡献。例如，2017 年 5 月 8 日，美国加州众议院全票通过决议案，将每年 5 月 10 日定为铁路华工纪念日。2019 年横跨美国大陆的太平洋铁路竣工 150 周年，旧金山市议会也通过提案，将每年的 5 月 10 日定为旧金山"铁路华工日"。2019 年 8 月 22 日，加州正式通过了设立"美国华裔日"的议案，旨在肯定华人对加州和美国的重要历史贡献。2018 年，巴西正式将每年的 8 月 15 日设立为"中国移民日"，彰显华人对巴西社会建设做出的贡献。二是肯定华侨华人的创业精神及其为中外友好所做的贡献。世界各地华侨华人的自雇率和就业率普遍很高。以西班牙为例，西班牙经济、就业和财政部部长恩格拉西亚·伊达尔戈赞扬，没有一个外来移民可以像中国移民那样，通过自己的勤劳和智慧积极创业。2008 年全球金融危机发生后，西班牙华人经济逆势上扬。2008 年至 2017 年间，华人老板从 2.3 万人左右增长到 5 万人左右，增长率为 110%。2017 年中国新年，法国前总理拉法兰盛赞华侨华人对法国社会发展、法中友谊与交往所做出的卓越贡献，并向 40 余位华侨华人和媒体代表颁发了参议院"法中友谊贡献纪念奖章"。

图 9-11　1866 年，修筑美国太平洋铁路的广府劳工

图 9-12　19 世纪 50 年代修建巴拿马运河的华工群体

在华侨华人贡献不断得到认可的同时，部分国家也对过去的涉华事件进行反思。历史上，美国、加拿大、澳大利亚、新西兰等国家，都曾在国家层面和法律层面有过排华行为。虽然后来相继废除了排华法，但一直没有就这种对华人的歧视与不公平公开道歉。进入 21 世纪以后，这些国家相继就历史上的排华行为向华人进行道歉。这是华人不断融入当地、政治社会地位提升、积极争取自身权益以及中国影响力不断增强等因素共同促成的结果。2002 年 2 月 12 日，新西兰政府正式就征收人头税等不公平政策向华人道歉，并承认早期华人对新西兰发展作出的历史贡献。之后，政府又拨出 500 万元，设立"华人人头税遗产信托基金会"，资助新西兰华人历史研究、文化保护等工作。加拿大联邦、省、市三级政府先后为排华而道歉。2006 年 6 月 22 日，时任加拿大总理斯蒂芬·哈珀就种族歧视性"人头税"和《排华法案》向华人道歉，加拿大政府还为健在的"人头税"受害者和其他受害者遗孀共约 400 人每人补偿 2 万加元。2011 年、2012 年，美国联邦国会参议院、众议院先后通过法案，为《排华法案》等歧视华人的法律向华人公开道歉。2014 年，加拿大不列颠哥伦比亚省就排华政策正式道歉，并承诺设立"传承基金"，把相关历史及华侨华人的贡献写进教科书。2017 年，澳大利亚维多利亚州政府公开为"淘金"时期政府向华人征收"人头税"等不公平待遇道歉。2018 年 4 月 22 日，加拿大温哥华市府就该市歧视华人的历史向华人社区正式道歉。

（四）华侨华人推动了住在国科技教育进步，丰富了多元文化的发展

华侨华人在教育科技、文化艺术等领域的成就日益获得主流社会的肯定。大到诺贝尔奖，小到当地社区的表彰，华侨华人获得的各个领域、各种层面、大大小小的奖励与荣誉数不胜数。美国有 8 位华人科学家获得诺贝尔奖。2020 年，有 6 位华人科学家当选美国国家科学院院士。2014 年至 2019 年，每年都有 30 名左右的华裔学生获得美国"总统学者奖"，占获奖人数的 20% 左右。2019 年，3 位华人学者入选欧洲科学院院士。除了在科技领域的贡献外，华人因对当地社会的贡献也获得多种荣誉。以 2017 年为例，新西兰潮属总会会长张乙坤获得新西兰荣誉国民英雄奖章；巴西上海同乡会会长郑小云获得圣保罗州议会授勋；刘明和刘力伟获得阿根廷国家移民局授予的"阿根廷杰出移民奖"；巴西科学、艺术、历史和文学学院院士、华人针灸医师宋南华获得该学院与巴西利亚联邦区议会联合授予的"荣誉勋章"；阿根廷华人中医师钟清获得阿根廷布宜诺斯艾利斯市议会颁发的"推广中医荣誉奖"。近年来，有多名华侨华人获得以天皇之名、由日本政府颁发的绶章。

图 9-13　美籍华人科学家崔琦，1998 年获得诺贝尔物理奖

海外华侨华人在为住在国经济科技作出突出贡献的同时，也丰富了住在国文化的多元化发展。首先是华人融入当地文化。很多华侨华人参与住在国宗教信仰即是典型表现。其次是传播中华文化。内容包括宗教、语言文字、文学艺术、音乐、戏曲、饮食服饰、中医等，特别是华人带去了中国的"和合"文化，在丰富当地多元文化的同时，也促进了当地的和谐。"和合"文化在为人处事上以中庸为道，不偏不倚，兼顾各方，尚义重情，随和温良；在创业发展方面，讲究"以和为贵""和气生财""天时不如地利，地利不如人和"，相互帮扶，互利共荣。海外华侨华人以各种方式在住在国践行"和合"文化，成为传播"和合"文化的使者。[1] 具体表现为：推动当地公益事业发展、促进族群和谐相处、传播中华优秀文化，并在美国、澳大利亚、加拿大、日本、菲律宾、马来西亚、新加坡等多个国家建有华人博物馆。

（五）侨务工作推动华侨华人融入当地社会，华人社会政治地位不断提升，促进了当地多元化发展

一直以来，中国侨务工作重视为海外华侨华人提供长期生存和发展服务，引导教育侨胞遵守住在国的法律法规，尊重住在国宗教文化习俗，与住在国人民和睦相处，积极融入主流社会；积极维护侨胞的正当合法权益，关心和扶持华侨华人在海外的生存与发展，促进海外华侨华人社会的团结。近年来，国外侨务工作在促进海外和谐侨社的建设，推动侨团的团结与发展，帮助华侨华人提高业务技能，协助华人经济转型发展，开展海外华文教育和弘扬中华文化，支持华人群体积极参政等方面做了大量工作，对于进一步提升华侨华人整体实力，更好地融入当地社会具有积极意义。这从近年来海外华人群体政治地位的不断提升也可见一斑。

移民参政是融入当地社会的一个重要表现。它不仅有助于群体自身权益的维护，更是一种国家公民行使权利、履行责任义务的表现。长期以来，海外华人被视为"经济动物"和"沉默一族"，不关心政治，缺乏参政意识，游离于主流社会之外。但进入21世纪以来，特别是近年来，世界各地尤其是欧美国家华人的参政意识不断提升，参政纪录不断被刷新。据统计，自1990年美国出现华人参政热潮至2016年，有超过100名华人担任各级议员、大使、部门及地方政府行政长官、法官和军界将军等职务，华人政治明星不断涌现，如骆家辉、赵小兰、朱棣文和李孟贤等。加拿大华人从1957年至2011年，通过选举成功担任加拿大联邦国会众议员的华人共有31人次，近年来，华人被提名为联邦国会众议员正式候选人的人数不断增多，2015年有27名，2019年则有41名华人被提名为正式候选人，其中有8人胜出，成功率接近20%。2018年7月，伍凤仪

---

① 陈传仁：《海外华人的力量：移民的历史和现状》，北京：世界知识出版社2007年版，第355—358页。

被加拿大总理特鲁多任命为加拿大小型企业及出口促进部部长。欧洲华人参政也屡有突破。在 2010 年、2015 年和 2019 年的英国下议院议员竞选中，分别有 8 位、11 位、9 位华人参加了竞选。在 2015 年的大选中，麦艾伦（Alan Mak）成功当选下议院议员，成为英国历史上首位华人国会议员，实现了华人在英国参政的新突破。之后，在 2017 年和 2019 年的英国大选中，麦艾伦均成功连任国会议员。2017 年法国立法选举中，陈文雄当选法国首位华人国会议员，开创了华人参政的新纪录。特别是随着华人经济实力的提升与华裔新生代的成长，华人的参政诉求和参政热情日益增强，华人选票将发挥着越来越重要的作用。

纵观战后数十年，各住在国政府的华侨华人政策也发生了深刻变化。大多数国家从歧视华侨华人转为赋予华侨华人较平等的法律地位，从限制、禁止中国人移民入境转为允许中国人像其他国家公民一样拥有入境的权利，从禁止华侨华人与祖（籍）国发生联系转为允许甚至鼓励华侨华人到中国探访、经商，从排挤打压华侨华人经济转为给予华侨华人较平等的经济权利，从限制甚至取缔华文教育转为允许甚至鼓励华文教育，对华人社团、华文媒体或保持传统的华人风俗习惯等，大多数政府也不多加干预。尽管导致各国政府政策调整的因素错综复杂，但有几点是共同的。一是华侨华人对住在国经济发展和社会进步做出的巨大贡献不断得到政府和社会的肯定。因为只有这样，华侨华人才能得到尊重。二是中国的综合国力和国际地位不断提升。祖（籍）国的强大是海外华侨华人发展的坚强后盾，各国与中国关系的发展，推动着华侨华人的地位和境遇不断改善。三是世界进步思潮的推动。战后民主平等、和平发展等思潮的兴起促进了各国对侨民作用的重新认识，进而也促进了华侨华人政策的调整。[①]

三、华侨华人与人类命运共同体的构建

（一）构建人类命运共同体的重大现实意义

党的十九大报告指出："我们生活的世界充满希望，也充满挑战。我们不能因现实复杂而放弃梦想，不能因理想遥远而放弃追求。"建设人类命运共同体是全人类的共同大事业，需要有广泛共识和集体行动。习近平总书记指出："构建人类命运共同体是一个美好的目标，也是一个需要一代又一代人接力跑才能实现的目标。"建设人类命运共同体是全人类的共同大事业，需要有广泛共识和集体行动。"没有哪个国家能够独自应对人类面临的各种挑战，也没有哪个国家能够退回到自我封闭的孤岛。"当前，我们面临前所未有的大变局，而全球蔓延的新冠肺炎疫情使这种变局加速发展，对世界经济、

---

① 陈传仁：《海外华人的力量：移民的历史和现状》，北京：世界知识出版社 2007 年版，第 377-379 页。

政治、国际关系和国际格局等多方面产生深远影响。这些国际环境的复杂性与不确定性，成为中国发展亟须加以重视的一个重要因素。

构建人类命运共同体思想具有重大的现实意义，是解决当今世界错综复杂问题的一把钥匙，是习近平同志在应对世界百年未有之大变局时给世界提供的中国方案和中国智慧，为世界携手应对眼下危机、共创美好未来指明了努力方向。坚持推动构建人类命运共同体是习近平新时代中国特色社会主义外交思想的重要内容，其内涵十分丰富。构建人类命运共同体要继承和弘扬联合国宪章的宗旨和原则，构建以合作共赢为核心的新型国际关系，这关系到 21 世纪世界的和平与发展这一重大课题。[①]2021 年 1 月 25 日，习近平主席在世界经济论坛"达沃斯议程"对话会上发表《让多边主义的火炬照亮人类前行之路》致辞，明确提出了构建人类命运共同体的"四个坚持"倡议。第一，要坚持开放包容，不搞封闭排他。多边主义的要义是国际上的事由大家共同商量着办，世界前途命运由各国共同掌握。在国际上搞"小圈子""新冷战"，排斥、威胁、恐吓他人，动不动就搞脱钩、断供、制裁，人为造成相互隔离甚至隔绝，只能把世界推向分裂甚至对抗。一个分裂的世界无法应对人类面临的共同挑战，对抗将把人类引入死胡同。第二，要坚持以国际法则为基础，不搞唯我独尊。要尊重和包容差异，不干涉别国内政，通过协商对话解决分歧。第三，要坚持协商合作，不搞冲突对抗。无论是搞冷战、热战，还是贸易战、科技战，最终将损害各国利益、牺牲人民福祉。第四，要坚持与时俱进，不搞故步自封。21 世纪的多边主义要守正出新、面向未来，既要坚持多边主义的核心价值和基本原则，也要立足世界格局变化，着眼应对全球性挑战，在广泛协商、凝聚共识基础上改革和完善全球治理体系。

当前，中国正在走向世界舞台的中央，世界正在拉开"重塑的序幕"。我们致力于建设新型大国关系，与 90 多个国家和区域组织建立了不同形式的伙伴关系，遍布全球的"朋友圈"越来越大；"一带一路"倡议，有 100 多个国家和国际组织积极响应；亚投行等新型多边金融机构，为国际社会提供了更多公共产品。我们与世界的关系正处于从"改变自己，适应世界"向"改变自己，塑造世界"转变的十字路口。构建人类命运共同体，就是要实现将中国的发展机遇转变为世界的发展机遇，将世界的机遇转化为中国的机遇，通过睿智运用"中国智慧"、合理提出"中国方案"、正确使用"中国力量"，推动中国与世界的良性互动。

（二）华侨华人是人类命运共同体的重要践行者

近代以来，海外侨胞辛勤劳作，历尽艰辛，积极融入当地，为住在国的经济、社会、文化发展作出了巨大贡献。同时，华侨华人在住在国展现了中华文化的独特魅力，

---

① 习近平：《论坚持推动构建人类命运共同体》，北京：中央文献出版社 2018 年版，第 254-257 页。

> 华侨华人是人类命运共同体的重要践行者，华侨华人的发展史是一部构建人类命运共同体的参与史。

得到当地人民的认可和接纳。数以千万计的华侨华人谱写了一部伟大的生存史、创业史、奋斗史和发展史，这部历史没有战争、屠杀、殖民和掠夺，没有政府的强大后盾，没有所谓的"军国主义"色彩，自始至终都与和平、发展紧密相连，这是他们参与构建人类命运共同体的生动体现。习近平主席指出，构建人类命运共同体，是包括华侨华人在内的全人类的共同美好愿望，需要世界各国人民普遍参与。我们应该凝聚不同民族、不同信仰、不同地域人民的共识，共商构建人类命运共同体的伟业。作为人类命运共同体的一分子，华侨华人的事业发展已深深融入世界各国之中，与当地人民风雨同舟、荣辱与共，更加期盼中国与世界各国加强合作共赢，更加期盼世界远离战争、实现和平安宁。

新冠肺炎疫情发生后，全人类命运与共，世界需要团结合作。疫情对社会带来的负面影响也给海外华侨华人的生存发展带来诸多挑战，他们不仅在生活与生产经营上受到严重影响，而且由于疫情的政治化和污名化，在当地面临着越来越多的种族主义歧视与排斥打压。事实证明，广大华侨华人积极作为，与住在国和中国人民一道共同抗疫，深刻地践行了人类命运共同体这一理念。面对部分人对中国的无端指责和污名化，海外侨胞保持冷静和克制，通过多种方式理智发声，客观讲述中国抗疫故事，赢得了住在国民众的尊重和理解；面对病毒威胁，他们在做好自身防护的同时，积极参与当地的抗疫行动；海外侨胞还大力弘扬互助互济传统，各侨团发挥联络、组织、协调、服务的作用，组织侨胞共同抗疫，取得了良好效果。海外侨胞在疫情中的突出表现，展现了中华民族天下大同、与人为善的优良传统，为全球抗疫发挥了独特、重要的作用。

（三）进一步支持华侨华人参与构建人类命运共同体

历史和实践证明，华侨华人是构建人类命运共同体的重要力量，可以发挥更大作用，应该进一步倡导和支持华侨华人参与这一伟大实践。一是倡导和支持华侨华人更好融入当地，树立良好形象，为当地的建设发展贡献智慧和力量；要积极融入当地主流社会、关爱当地社会，以"当事人"的身份，以自身的行动向当地民众传递中国和平友好的文化基因，消除国际社会对中国发展的猜忌和误解。二是倡导和支持华侨华人在促进中外民间友好交往中发挥作用，把中国构建人类命运共同体的良好愿望、和平发展的理念传递给当地民众，促进中外民间友好交往，增进中国人民与世界人民的友谊；要倡导和支持华侨华人积极参与"一带一路"建设，全世界 6 000 多万华侨华人中，有 4 000多万分布在"一带一路"沿线各国，他们熟悉住在国的文化、法律、风俗等各种情况，能够推动中外政策沟通、设施联通、贸易畅通、资金融通、民心相通，让"一带一路"成为和平友谊之路、合作共赢之路。"一带一路"建设是我们推动构建人类命运共同体的重要实践平台。在"一带一路"建设国际合作框架内，各方秉持共商、共建、共享原则，携手应对世界经济面临的挑战，开创发展新机遇，谋求发展新动力，拓展发展新空间，实现优势互补、互利共赢，不断朝着人类命运共同体方向迈进。这是倡议的初衷，也是希望通过这一倡议实现的最高目标。① 三是倡导和支持华侨华人在后疫情时代的经济复苏中发挥作用，引导、鼓励和支持海外侨胞继续在全球抗疫斗争中发挥作用，为全球经济复苏注入动力，同时引导和支持华侨华人积极参与中国以国内大循环为主体、国内国际双循环相互促进的新发展格局。②

图 9-14　2022 年 9 月 8 日，由国务院侨办主办的 2022 海外华商中国投资峰会在厦门召开，峰会主题为"绿色经济与海外华商企业可持续发展"（中新社吕明 / 视觉中国）

　　进入新时代，中国与世界的关系正发生历史性变化。海外统战工作需要站在更高更广的视野去思考。习近平总书记的"大统战"理念与"人类命运共同体"理念都聚焦于海外统战，特别是海外文化统战，为我们今后工作提供了根本遵循。它是在中国共产党领导下的以海外华侨华人为纽带、以国际友人为对象、以思想文化认同为目的的统战工作，是服务于我们党对外政治、经济、安全、外交、外宣等中心工作的配套战略，是大

---

① 习近平总书记 2017 年 5 月 15 日在北京举行的"一带一路"国际合作高峰论坛圆桌峰会上的开幕辞。
② 张春旺、李斌斌：《华侨华人是构建人类命运共同体的重要力量》，http://www.chinaqw.com/hqhr/2020/10-23/273752.shtml，2020 年 10 月 23 日。

统战同心圆向世界舞台辐射扩大的重要支撑，是构建人类命运共同体的重要法宝。[①] 我们以天下为公的大同理念，奉行互利共赢的开放战略，以"修文偃武"的和平精神坚持走和平发展道路，以"义利相兼"的义利观谋求开放包容共赢的发展前景，以"和而不同"的文明理念促进海纳百川、兼收并蓄的文明交流。为了构建人类命运共同体，中华文明不会缺席，中国共产党有担当，中华民族不称霸，始终做世界和平的建设者、全球发展的贡献者、国际秩序的维护者。[②]

小　结

全球化时代也是一个国际移民时代。制定侨民战略及政策，服务于本国国家利益已经成为世界各国的普遍共识和习惯做法。中国对外移民历史悠久，侨务政策源远流长。一方面，中国侨务政策以人为本，始终重视海外侨胞和国内归侨侨眷的生存与发展，凝聚侨心、汇聚侨智、发挥侨力、维护侨益。广大海外侨胞爱国爱乡，为中国革命事业、建设和改革事业作出了不可替代的重要贡献。另一方面，中国侨务政策始终关心支持侨胞在海外的长期生存和发展，推动构建和谐侨社，引导侨胞遵守住在国法律，尊重当地社会、民族习俗，融入主流社会，为住在国与祖（籍）国的友好合作发挥积极作用。广大侨胞在住在国经济社会、教育科技、文化艺术等领域取得的杰出成就日益获得主流社会的肯定，他们的历史贡献也不断得到住在国越来越多的认可，社会政治地位不断提升。随着华侨华人融入的加深，他们将进一步增进与当地社会的和谐共融，为全球人类命运共同体的构建作出更大贡献。

讨论题

1. 您认为中国侨务政策与您所在国家侨务或移民政策相比，有什么相同和不同之处？

2. 您对海外侨民与祖（籍）国发生联系有何看法？

3. 您对海外侨民处理好祖（籍）国和住在国双边关系有何看法与建议？

---

① 潘岳:《海外文化统战与人类命运共同体》，2018 年，内部文章。
② 潘岳:《海外文化统战与人类命运共同体》，2018 年，内部文章。

推荐阅读

1. 李明欢:《国际移民政策研究》,厦门:厦门大学出版社 2011 年版。

2. ［美］孔飞力著,李明欢译:《他者中的华人:中国近现代移民史》,南京:江苏人民出版社 2018 年版。

3. 中国侨务通论课题组编:《中国侨务通论(试用版)》,广州:暨南大学出版社 2012 年版。

4. 国务院侨务办公室侨务干部学校编著:《侨务政策法规问答》,北京:世界知识出版社 2015 年版。

5.《华侨华人蓝皮书》,北京:社会科学文献出版社 2015—2020 年版。

6. Delphine Ancien, Mark Boyle and Rob Kitchin, Exploring Diaspora Strategies : An International Comparison, NUI Maynooth, 2009.

第十章
世界大变局时代全球治理的中国方案

　　大道之行，天下为公。中国人民和中国共产党始终坚持胸怀天下，以世界眼光关注人类前途命运，从人类发展大潮流、世界变化大格局、中国发展大历史的视角正确认识和处理同外部世界的关系，坚持开放、不搞封闭，坚持互利共赢、不搞零和博弈，坚持主持公道、伸张正义，站在历史正确的一边，站在人类进步的一边。

　　当今世界正处于百年未有之大变局。世界大变局时代，中国积极参与全球治理，成为推动全球化发展的一支重要力量。中国的发展离不开世界，国际社会面临的大量问题也需要中国参与。为解决国际社会共同问题，中国提出了人类命运共同体思想。人类命运共同体被称为全球治理的中国方案。中国国家主席习近平曾在国内外许多场合发出呼吁："各国人民同心协力，构建人类命运共同体，建设持久和平、普遍安全、共同繁荣、开放包容、清洁美丽的世界。"[1] 习近平主席对人类命运共同体"五位一体"内涵的阐释，清晰地表明人类命运共同体涵盖政治、安全、发展、文化、生态等问题，涉及国与国、人与自然、人与社会、人与人等关系。

　　本讲在承接前面章节相关内容的基础上，探究和总结人类命运共同体的思想渊源、主要内涵和中国构建人类命运共同体的相关实践等，指出这一思想既源于中华优秀传统文化，也是世界多元文明互鉴的产物。中国为构建人类命运共同体付诸的大量行动，不仅彰显了中华文明海纳百川、包容开放的特点，更充分说明中国是世界和平的建设者、全球发展的贡献者、国际秩序的维护者。

---

① 习近平：《决胜全面建成小康社会夺取新时代中国特色社会主义伟大胜利》，北京：人民出版社2017年版，第58页。

第一节　中华文明：中国方案之根

从历史进程来看，西方工业文明为把人类带出农耕文明作出了伟大的历史贡献，但它也必将走向历史的尽头。因此，面临百年未有之大变局的世界需在西方工业文明所奠定的生产力基础上，重新反思人与自然、人与社会和人与自我三大关系。[①] 人类命运共同体因对上述三大关系进行了深刻反思，遂成为新时代全球治理的中国方案。人类命运共同体思想给"天人合一""协和万邦""天下大同""民本民生"等注入了时代内涵，激活了中华传统文化中的合理因素。概言之，人类命运共同体根植于"天人合一"的发展观念、协和万邦的世界秩序和民本民生的政治理念等，是中华文明在新时代向国际社会贡献的中国智慧和中国方案。

一、天人关系的当代实践：生态文明

> "天人合一"反映中国古人对人与自然关系的辩证认识。

处理好人与自然的关系，建设一个清洁美丽的世界，是人类命运共同体的重要指向和目标。在处理人与自然关系上，中国古人留下了十分丰富的资源。

（一）儒家的"天人观"

探究"天""人"及二者的关系，是中国人最基本的思维方式。构成中华文明文化根脉的儒释道均形成了各自的"天人观"，以儒家最具代表性。在华夏先民看来，"天"是一位有意志的神灵。据载，伏羲发明八卦，其意图就在于"以通神明之德，以类万物之情"，即进行天人之间的沟通。《周易》指出："夫大人者，与天地合其德，与日月合其明，与四时合其序，与鬼神合其吉凶。先天而天弗违，后天而奉天时。"这告诉我们：天人之间的关系不是主客二元对立的关系，而是和合而生、相互依存的关系。此后，儒家经典《中庸》和《孟子》均对天人关系有较为详细的阐释。在《中庸》看来，"人"不是置于"物"与"天地"之对立面，而是与此二者形成一个紧密的系统，使得人的作为不再是仅就人而言的，而是一个可以影响"物"与"天地"的行动。孟子认为人的行为应该与天地相契合。

儒家天人关系思想的集大成者是西汉时期的董仲舒。董仲舒在早期儒家天人关系的基础上，发展出"天人之际，合二为一"的思想。宋儒，尤其是张载进一步具体化天

[①] 潘岳：《以生态文明推动构建人类命运共同体》，《人民论坛》2018 年第 30 期。

人感应思想。除了明确提出"天人合一"的观点外，还主张民胞物与。所谓民胞物与，在张载看来，众民都是我的同胞，万物都是我的伙伴。如此，人完全融入了万物，且人的作为会影响"物"与"天"；反过来，"物"与"天"时常以预兆显示给"人"看，从而影响"人"的行为。概言之，在儒家看来，"人""天"之间并非对象性的认识与被认识、征服者与被征服者的关系，而是相互影响，在互动中寻求平衡的关系。

儒家传统中还有一支主张"天人交胜"的流派，其代表人物有荀子、王夫子、刘禹锡等，他们主张一方面应当充分发挥人的主观能

图 10-1　董仲舒画像
（宝盖头 /FOTOE/ 视觉中国）

动性，充分运用自然规律"制天命而用之"；另一方面又要"交相胜，还相用"，看到人类的有限性，遵循自然天道的正常规律，实现二者的协调发展。如此看来，儒家的天人关系中"天"与"人"是动态的平衡，即既不会因过度强调"天"而损"人"的主动性，又不会因过度重视"人"而丧失对"天"的敬畏。

（二）道家的"天人观"

道家崇尚"自然"，希望通过"道法自然"实现人道契合、人道合一。老子言"道大、天大、地大、人亦大"，道在第一，天地由道而生，万物与人既是平等的又是相互联系的，反对人为、机心，主张顺道而为，复归于朴。老子还言"道生一，一生二，二生三，三生万物"。在老子看来，道是根本性的，是包括人在内的万物生成的形而上基础。因此，老子之"道"秒平了"人"与"物"的界限，使人意识到"人"与"物"在本质上是同源的，遂而敬畏自然和以自然为友。道家的另一代表思想家庄子，认为"天地与我并生，而万物与我为一"，提倡一种"天地有大美而不言"，"独与天地精神相往来"的生命境界。

（三）佛教的"天人观"

佛教虽为外来文化，但很好地实现了与中国本土文化的融合，成为中华道统的重要组成部分，其中最有中国特色的莫过于禅宗。禅宗所体现出的东土大乘佛教精神完全是中国式的，它对天人合一观念的理解，对中华道德礼义的吸收，对简朴生活方式的认同，无不反映出中国本土文化的影响。佛教提出"佛性"为万物本原，万物之差别仅是佛性的不同表现，其本质乃是佛性的统一，众生平等，"山川草木，悉皆成佛"。在上述思维方式指导下，"人"与"物"在佛性意义上是平等的，其呈现为"人"和"物"

的不同样态，只是佛性的不同表现而已。因而，面对"物"，"人"不可无"度"地利用。这在佛教建筑与周边自然环境的关系上表现得淋漓尽致。那些建置在城市以外的山水风景地带的佛寺、道观，甚至山村聚落都十分重视选址，其目的不仅是满足各自功能的需要，还在于将人工建筑完全融于山水田园之中，即"人"与"物"的和谐统一。

透过上述诠释可以发现：中华文明所主张的天人关系囊括人与自然、人与社会和人与自我三大关系。在人与自然的关系上，二者是相互依存、相互联系、相互渗透的有机整体，自然由人构成，人是自然的一部分，我们不能将人与自然割裂开来。在人与社会的关系上，"天""人"之间的连接点是"性"，即人可以通过提高道德修养的方式，达到与"天"一致的目的。既然"人"只有通过道德实践，才能实现"天人合一"，那么天人关系思想就必然会使人与社会之间的关系变得愈加和谐。在人与自我的关系上，作为主观思维世界的"心"与作为客观物质世界的"身"相统一，即身心的合一。也就是人合于德，与万物合于生，与日月合于明，与天地合于自然。

作为深深扎根中华大地的执政党，中国共产党在第十七次全国代表大会上首次提出建设社会主义生态文明，十八大上又明确将生态文明提升到中国特色社会主义"五位一体"的新高度。习近平主席提出建设人类命运共同体需要建设一个清洁美丽的世界。因此，作为全球治理的中国方案，人类命运共同体蕴含深厚的天人关系思想，故而主张建设全球生态文明。可以说，全球生态文明的建设，既是构建人类命运共同体的必然要求，又是中华传统智慧——天人关系在当代的具体实践。

二、大同思想的当代运用：群体主义

> "大同"是中国古代对理想社会的一种称谓，相当于西方的"乌托邦"。

人类命运共同体是利益共同体、责任共同体和生命共同体，也是荣辱与共的国际大家庭。因此，人类命运共同体呼吁建立一个共同繁荣的美好世界。可见，人类命运共同体思想与"天下为公""和而不同""世界大同"和"协和万邦"具有一致性，是"天下大同"古老理念的现代表述。

（一）天下为公

"天下为公"是数千年来中国人民梦寐以求的政治理想，是对理想社会的描述。《礼记·礼运》说道："大道之行也，天下为公。""大同篇"认为"天下为公"首先在于"大道"行于天地之间，其次在于官僚选拔上选贤用能，最后在于具体的结果，即不同角色的人都有适合其发展的归宿。如此看来，作为儒家最高社会理想的"大同篇"，并不是教导儒生讲求和关注个人权利，而是要求他们服务大众，为天下人的福祉而努力奋斗。《吕氏春秋·贵公》记载："天下非一人之天下也，天下之天下也。"黄宗羲在《明夷待访录》中说道："天下之治乱，不在一姓之兴亡，而在万民之忧乐。"顾炎武喊出："保国者，其君其臣，肉食者谋之；保天下者，匹夫之贱，与有责焉耳矣。"天下为公在孟子思想中发展为王道政治，并与霸道政治相区别。按照现代政治哲学的观念看，王道政治与霸道政治的原则性区别是：王道政治强调天下整体的公共性，霸道政治看重民族国家的私利性。这种天下为公的观念，既是对某些西方霸权主义国家强权政治的有力回击，又是建构人类命运共同体的重要思想资源。

（二）和而不同

孔子说："己所不欲，勿施于人""己欲立而立人，己欲达而达人。"这是孔子规范人与人交往的基本准则：从肯定的方面讲，自己想要的，也要让别人得到，自己想要达到的，也应当让他人实现；从否定的方面讲，若自己不想要的，也不要施予他人，更不要运用强制的手段让他人接受。这一原则若运用到国与国之间，便是在各国间相互尊重的基础上，接受国家之间的文化差异，尽可能地寻求共识，维护世界文明的多样性。受孔子忠恕之道的影响，该精神传统始终历久弥新，绵延至今。《论语》中还说道："君子敬而无失，与人恭而有礼，四海之内，皆兄弟也。"在此，四海是泛指，即全天下。也就是说，无论哪个国家、哪种文明，在中华文明看来，都是兄弟之邦。孟子教导士人应当"穷则独善其身，达则兼济天下"。在孟子看来，只关心眼前的得失不应当成为士人的追求，兼济天下才是最终目的。在处理国与国之间的关系上，中国古人敏锐地发现"合则强，孤则弱"和"国虽大，好战必亡"的现实，因而呼吁"对话而不对抗，结伴而不结盟"的交往原则，以实现"一枝独秀不是春，百花齐放春满园"的共赢目标。由此可见，在处理国与国之间的关系时，中华文化始终秉持群体主义的原则，即不以单方面的利益为标准，而是以全天下的利益为旨归。无论是身处困境时，还是综合国力世界第一时，群体主义的原则都是中华文明强而不霸的基因密码。

（三）协和万邦

《尚书·尧典》记载："克明俊德，以亲九族。九族既睦，平章百姓。百姓昭明，协和万邦，黎民于变时雍。"在此，无论是九族，还是万邦，都不是实指，而是泛指天下百姓和世界各国。可见，《尧典》的着眼点并不在于一国一家的利益得失，而在于使世界各国人民实现团结与和睦，使世界各国享受人类文明的成果。为进一步解释《尧典》的这句话，南宋儒学的集大成者朱熹注道："圣人在上，高出于物，犹乾道之变化也。万国各得其所而咸宁，犹万物之各正性命而保合大和也。"在朱熹看来，协和万邦，即是世界各国实现共同繁荣就如万物保持其原本性情一样。也就是说，朱熹认为世界各国实现繁荣是必然的要求，因而先发国家应当协助后发国家，即协和万邦，实现万国咸宁的目标。

人类命运共同体思想承继了中华优秀传统文化中的"天下为公""和而不同"和"协

和万邦"的思想传统，主要体现在：第一，倡导社会的整体利益重于一己私利，世界各国的整体利益高于一国的利益。无论是在天下为公的理想世界的构想中，还是在协和万邦的世界中，中华文化始终坚持重"公义"轻"私利"，"先义后利"乃至"公而忘私"。第二，主张在国与国的交往过程中，尊重其他国家的文化传统，不把自己不想要的东西强加给其他国家，只把自己想要的东西运用和平的手段给予其他民族。可以说，大同世界、天下为公、万国咸宁和协和万邦，都是中华民族往圣先贤以其对天下观的智慧卓识。

三、民本民生的当代呈现：人民至上

> 民本思想源远流长，肇始于夏商周时期，发展于春秋战国时期，定型于汉代，此后历朝历代虽有所演变，然而其思想主旨始终没有变化。

人类共同发展、共同繁荣是人类命运共同体思想的题中应有之义。因此，人类命运共同体最充分、最广泛、最真实地体现了人民性特质，且这种人民性特质不是西方某些政客所宣称的特定国家优先，而是将世界各国人民的发展置于平等地位。这样一种蕴含人民至上的思想，同样深深植根于中华优秀传统文化。

（一）民本思想

《尚书·五子之歌》言："民惟邦本，本固邦宁。"可见，《尚书》承认"民"不仅是社会和国家物质财富的主要创造者，而且认为若离开"民"，则国计民生将无从谈起。因此，《国语·周语》记载着周宣王为能讨好神和民而与"民"共同进行农业生产的故事。《左传》中记载师旷的一个重要观点：君王不能在"民"头上作威作福，否则就是背弃天地之性。为突出"民"的重要性，师旷将对"民"的重视置于天地之性的高度。

"民本"思想的集大成者乃孟子和荀子。在孟子看来，"民"是社会财富的创造者，是王朝兴衰存亡的决定力量。国家要以民为本，才能康宁而固；王朝要以民为本，才能延祚不绝。因此，相较于"君"，"民"对邦国来说更具根本性。荀子用民水君舟来比喻君民关系，即"君者，舟也；庶人者，水也。水则载舟，水则覆舟"。既然"民"既可以载"君"，又可以覆"君"，那么君王就应当充分认识到"民"的重要性，并正确处理好爱民和使民之间的关系。西汉贾谊在《新书》中说道："闻之于政也，民无不以为本也。"南朝刘勰在《新论》中说道："衣食者民之本也，民者国之本也。"对于孟子的"民本"思想，朱熹总结为"国以民为本，社稷亦为民而立"。由此看来，就如近代爱国思想家谭嗣同的评价，"民本"思想贯穿于中国政治之始终。

（二）民生思想

除在理论上倡导"民本"外，中华优秀传统文化中还有"民生"思想。据考证，

"民生"最早出现在《左传·宣公》中，"民生在勤，勤则不匮"。"民生"即人民的生计。重视"民生"就是满足人民的物质需求，解决人民的生计问题。关于"民生"问题，孔子说："不患寡而患不均，不患贫而患不安。盖均无贫，和无寡，安无倾。"在此，孔子认为解决"民生"问题的关键是，在维系一个普遍安全的外部环境基础上，谋求社会的公平。这与人类命运共同体思想所主张的普遍安全和共同繁荣是一致的。墨子宣扬"兼爱"，主张破除等级界限，人人共享财富。在墨子看来，如果一个社会贫富差距过大，那么这个社会必定会陷入动荡不安中。除在分配上解决"民生"外，孔子还主张"富民"。在此基础上，孟子还讨论了富民的细节问题。孟子建议家家发展种植业和畜牧业，并叮嘱统治者使民时勿夺农时。针对鳏寡孤独废疾者，孟子认为应该充分发挥民间的力量，帮助他们摆脱困境。概言之，中华文明解决"民生"的思想，其核心理念是"公平正义"，基础是"富民"，关心弱势群体是民生建设的应有之义。

民本民生思想在当代中国得到了贯彻落实。在以人民为中心发展思想指引下，以习近平同志为核心的党中央率领全党全国各族人民历时八年完成脱贫攻坚任务，实现现行标准下农村贫困人口全部脱贫，贫困县全部摘帽，消除了绝对贫困和区域性整体贫困，近 1 亿贫困人口实现脱贫，取得了令全世界刮目相看的重大胜利。环顾全球，依然有超过 7.8 亿人生活在国际贫困线以下，超过 11% 的世界人口生活在极端贫困中，医疗、教育、用水和卫生设施等最基本的需求无法得到满足，年龄在 25 岁至 34 岁之间的贫困人口男女比例为 100：122，超过 1.6 亿的儿童可能到 2030 年仍将生活在极端贫困中。为消除一切形式的贫困，人类命运共同体思想主张实现共同繁荣，这是中华文明贡献给世界完成联合国制定的 2030 年可持续发展目标的政治智慧。

第二节　文明互鉴：中国方案之道

人类已经有了几千年的文明史，任何一个国家、一个民族都是在承先启后、继往开来中走到今天的，世界是在人类各种文明交流交融中成为今天这个样子的。因此，新的全球治理方案必须超越特定文明中心论，重塑文明多元性；超越单一现代化，探索多样现代化；超越文明冲突论，促进文明对话；超越文明优越论，促进文明交流互鉴。事实上，中华文明本身就是同其他文明交融互鉴形成的，人类命运共同体这一全球治理的中国方案，既植根于中华优秀传统文化，也汲取了包括西方文明在内的外来文明的精华，如世界主义观念和共同体意识。人类命运共同体思想是世界多元文明互鉴的产物。

一、中华文明同其他文明交融互鉴而生成

习近平主席指出："中华文明是在中国大地上产生的文明，也是同其他文明不断交融互鉴而形成的文明。"[①]中华文明之所以没有随着盛衰兴亡而断流中止，之所以能够遇强则强、与时俱进，始终得益于中华文明是一个海纳百川、包容开放的文化共同体。就中华文明的生成过程来看，其是在不断与其他文明交融互鉴中形成的。可以说，中华文明具有世界性特点。就中华文明与其他文明交融互鉴的历史来看，至少发生过三次重大的思想交融：一是汉代印度佛教传入，中华文明接纳吸收，最后形成儒释道三教合一的中华文明体系；二是明末清初西方基督教、伊斯兰教传入，中华文明也与之相融，最后成为中国化宗教；三是近代以来中国遭受西方重大冲击和挑战，中国人选择马克思主义，将其与本国国情和文化传统结合，探索出一条中国特色社会主义道路，直接推动了中华文明从古代向现代的转型。

> 中华文明包容开放，吸收了大量外来文明的精华。

第一，佛教东传，融入中华文明。佛教在恒河流域产生，至两汉年间传入中国。佛教传入中国后，与中国传统文化不断碰撞、冲击、调和与融合，并在这个过程中不断得到发展。因此，佛教与中国本土文化相互融合的过程实际就是佛教不断中国化的过程。这一过程在佛教发展的三大时期呈现出不同的特征，即"传入期"的佛道融合，形成魏晋玄学，"鼎盛期"的"三教"鼎立，"衰退期"的"三教会同"。在南北朝时期，佛教在中国形成了"南朝四百八十寺，多少楼台烟雨中"的盛况。可见，中华文明以其博大

---

①《习近平在联合国教科文组织总部的演讲（全文）》，http://www.xinhuanet.com//politics/2014-03/28/ c_119982831_2.htm，2014 年 3 月 28 日。

的胸怀，开放包容的精神接纳佛教，并使其不断与中华文明深度融合。最终，在中华大地上，佛教与中国本土文化及民俗不断融合，在民间信仰上拥有广泛的群众基础；佛教的发展越来越靠拢儒学，越来越儒学化，使得历代文人墨客无不以参禅修行为务，以至于形成独具韵味的禅诗和禅乐。

第二，西学东渐，形成中国化宗教。这一时期融入中华文明的域外文化主要包括基督教和伊斯兰教。明末清初，基督教传教士以向朝廷进贡上书以及与士大夫论道的方式，将基督教传入中国，代表人物包括利玛窦、艾儒略和汤若望等。以利玛窦为代表的传教士在对中国传统典籍进行钻研的基础上，通过"汉语著述"和与中国士大夫论辩的方式传播天主教教义，其传教策略可概括为"合儒超儒"，用中国传统文化的义理来阐释基督教教义。为了挽救当时空虚的理学和心学的颓风，以徐光启和李之藻等为代表的中国士大夫主张采取"熔彼方之材质，入大统之型模"的方针。最终，形成了具有中华文明特色的基督教，如古色古香的宣武门内的天主堂（亦称南堂）和极具中国美学特质的圣象画等。另外，伊斯兰教在这一时期亦传入中国，并形成以王岱舆为代表的第一代中国化伊斯兰教思想家。王岱舆将伊斯兰教教义与中国传统文化主要是宋明理学相结合，阐明伊斯兰教的本体论、宇宙论、认识论，建立了中国伊斯兰教哲学和教义学的框架。因此，他又被称作"以中土之汉文，展天方之奥义"的学者。除教义上的中国化外，伊斯兰教在仪式和建筑等方面也不断与中华文明深度融合。在海上丝绸之路的起点城市泉州，每年农历三月初三，当地穆斯林会来到真武庙，把关帝爷作为穆罕默德在中国的化身进行奉祀；伊斯兰教的清净寺内留存的明清古石碑用道家的八卦之说解析寺内礼拜堂"奉天坛"的布局与结构。

第三，马克思主义传播到中国，形成马克思主义中国化理论成果，促进中国变革与发展。十月革命一声炮响，给中国送来了马克思主义。马克思主义甫一传入中国，便开启了马克思主义与中华文化相结合的历史进程，融多样族群于一体，汇多元文化于一炉，走出了一条中国特色社会主义之路。为解决马克思主义与中国革命具体实践的问题，以毛泽东同志为主要代表的中国共产党人创造性地发展了马克思主义，形成了马克思主义中国化的第一个理论成果——毛泽东思想。毛泽东先后发表《中国社会各阶级的分析》《湖南农民运动考察报告》等文章，指出农民问题在中国革命中的重要地位和无产阶级领导农民斗争的极端重要性；在 1938 年 10 月召开的六届六中全会上，提出"马克思主义中国化"的命题。为解决马克思主义与中国社会主义建设问题，以邓小平同志为主要代表的中国共产党人作出改革开放的重大决策，最终形成邓小平理论。此后，马克思主义不断与中华优秀传统文化融合，相继形成了"三个代表"重要思想和科学发展观。进入新时代，以习近平同志为核心的党中央根据新的实践对经济、政治、社会、文化、生态、外交、党的建设等各方面作出理论概括和战略指引，形成习近平新时代中国特色社会主义思想。

中华文明开放而不封闭，包容而不排他，中庸而不极端，和平而不好战。所以，面对文明的差异，中华文明历来主张文明对话，而不是对抗。即使在中华文明被西方文明的强势入侵而处于历史最低谷的时候，中国的思想家都没有放弃文明的对话和融合。正如梁启超所说："拿西洋文明来扩充我的文明，又拿我的文明去补助西洋的文明，叫它化合起来成为一种新文明，正是我们的责任。"在"我们比历史上任何时期都更接近中华民族伟大复兴"的时刻，要如习近平主席所指出的"树立世界眼光，更好地把国内发展与对外开放统一起来，把中国发展和世界发展联系起来，把中国人民利益同世界各国人民共同利益结合起来"①，从而开创新时代中华文明与世界其他文明交流互鉴的新局面，即实现世界各文明"统一起来""联系起来"和"结合起来"的目标，建构人类命运共同体。

二、世界主义与天下观念的通融

> 世界主义来源于西方，为人类命运共同体提供了重要借鉴。

世界主义是人类命运共同体的重要思想来源，它是一种跨越地区、国家、民族和宗教，以人类为本、以世界为本的观念。这同人类命运共同体将全人类视为一个共同体在本质上是一致的。

世界主义纵贯古今。西方的世界主义观念可以追溯到古希腊时期，当时的斯多葛学派曾提倡过"世界主义"的观念，认为每个人天生是"世界公民"。康德提出"永久和平"理念，这是西方近代世界主义观念的典型代表。康德将世界主义与"公共理性"概念联系起来，建立起超越民族和文化的普遍主义标准，构想出一套个人缔结、参与世界联合体的"世界公民权利"，主张国家通过兑现各项世界公平权利、国家权利及其他条款，实现"自由国家联合体"和"永久和平"。马克思对资本主义的批判也包含着世界历史的全球视野，他提出超越民族国家的全人类解放思想——共产主义。当今的西方国家依然流行着形形色色的世界主义观念。

在东方文化中，印度和伊斯兰等文明中都有世界主义观念。如印度教奉行"宗教同真，万流归海"的宗教观。巴哈教作为从伊斯兰教什叶派衍生出来的当代新兴的世界性宗教，积极主张"全球是一国，全人类是其公民"。

在中国，与世界主义密切相关的是天下观念。中国古代的天下观念，萌芽于唐虞，发展于殷周，成熟于先秦，至于秦汉更趋于完备，并有详备的制度化表达。天下观念不只是一种历史或现实的论述，它还是一个规范性体系。天下观念意蕴丰富，它塑造了中

---

① 习近平：《坚持走和平道路　但决不牺牲核心利益》，http://news.cntv.cn/2013/01/29/ARTI1359428783486954.shtml，2013 年 1 月 29 日。

国人的世界观，尤其是国家、文明等观念，支配了中国人对于世界与道德文明秩序的想象。所谓天下，首先是一种道德文明秩序。其中，存乎天地之间的生民，还有王天下者的权位，是两种最基本的要素，二者密不可分，天下一词可以指前者，也可以指后者（如天下为公的天下）。天下观念，其实包含了一组虽不相同但又相互关联和支持的概念，如以四方、四海见天下之方位，以中国和九州为天下之疆域，以天命、君、民定天下之秩序，以大公为天下之根本，以五服与九服视天下之格局，以华夏与夷狄定天下之内外、远近，等等。这些互相关联的概念展现了天下观念的不同层面和面向。从一开始，天下就是作为一个超逾特定部族与地域的概念被提出和想象的。天下集合万邦，天子亲诸侯，抚万民，就是这一超越观念的历史呈现。与此相关，天下也是被作为一个整体来认识的。王的事业即是"一天下"。所谓"天子无外"。秦并六国，固然是"一天下"的著例，但是在此之前的"九州""禹迹"，以及屡见于先秦诸子历史叙述的三代乃至五帝时的天下，已经将一个超逾部分的整体性和统一性观念深深植根于华夏族群的心灵之中。天下所具有的超逾性和整体性，从根源上说，皆来自"天"。"天"是普遍的，至大至广，公正无偏。天下是普遍的，意味着生民有着共同本性（天性），安排其生活的文明价值与秩序，同样放之四海而皆准。在此一普遍价值的观照之下，种族差异的重要性只有相对意义。中国与夷狄以文化分，二者关系为相对的、可变的。中国历史上，大一统的观念根深蒂固，据此观念，天下一统不但统一于政治，更统一于文明、文化和道德。

中国提出的人类命运共同体思想实现了世界主义和天下观念的当代通融，既强调全人类共同价值和利益，也反对忽视与侵害任何单一民族国家的主权和利益；既承认国与国之间存在差异，也呼吁不同国家、民族和文明积极交流对话，共同发展。

三、共同体与家国情怀的融汇

人类命运共同体的另一重要思想来源是共同体。两千多年前，亚里士多德就曾说过"人在本质上是社会性动物"。后来马克思也指出："人的本质不是单个人所固有的抽象物，在其现实性上，它是一切社会关系的总和。"[1] 正是人具有的社会属性，使得人类社会早期就产生了家庭、家族、种族等以血缘为纽带的血缘共同体，而后随着人类社会交往的扩大和生存发展的需

> 来源于西方的共同体理念也是人类命运共同体的重要思想渊源之一。

要，逐渐衍生出诸如民族、国家、公司、社团、政府间与非政府间组织等各种社会结合

---

[1] 中共中央马克思恩格斯列宁斯大林著作编译局编：《马克思恩格斯选集（第一卷）》，北京：人民出版社1995年版，第56页。

形式，形成各自独立的共同体。所以，在人类历史发展进程中，共同体意识成为人类最普遍的意识之一。人类共同体生活也经历了原始共同体、古代共同体、家庭共同体、族群共同体及其近代以来的民族共同体、阶级共同体、生活共同体、国家共同体、区域共同体等多种形态和发展阶段。正因为如此，马克思在创立历史唯物主义的过程中明确提出"人的真正的本质是人的共同体"，人类社会的目标是建立自由人的联合体。在各种共同体内部，其成员与所处的共同体唇齿相依，并且所有成员之间也休戚与共、同舟共济。在当今世界政治中，各国为了寻求合作发展也诉诸共同体模式，由此诞生了各种不同类型的共同体，如欧洲共同体和欧洲联盟、葡语国家共同体、东非共同体、东盟共同体等。美国先后提出构建"大西洋共同体"和"太平洋共同体"，东亚一些国家提出过"东亚共同体"构想，澳大利亚提出过"亚太共同体"构想等等。尽管已经诞生的各共同体发展程度不一，构想中的共同体在内涵和侧重点上各有差异，但共同体意识和实践反映了世界人民寻求合作发展的需要。

在中国，共同体的起点和核心是家国情怀。所谓家国情怀，就是主体对共同体的一种认同，并促使其发展的思想和理念。其基本内涵包括家国同构、共同体意识和仁爱之情；其实现路径强调个人修身、重视亲情、心怀天下。它既与行孝尽忠、民族精神、爱国主义、乡土观念、天下为公等传统文化有重要联系，又是对这些传统文化的超越。在中国人的精神谱系里，国家与家庭、社会与个人，都是密不可分的整体。"国家好，民族好，大家才会好"，"小家"同"大国"同声相应、同气相求、同命相依。正因为感念个人前途与国家命运的同频共振，所以我们主动融家庭情感与爱国情感为一体，从孝亲敬老、兴家乐业的义务走向济世救民、匡扶天下的担当。家国情怀的核心内涵是在家尽孝，为国尽忠；实践途径是修己安人，经邦济世；价值理想是以身报国，建功立业。家国情怀作为个人对家庭和国家共同体的认同与热爱，是爱国主义精神产生的伦理基础和情感状态，在中华文明数千年演进历程中有着深厚的滋生土壤和历史渊源。

中国提出的人类命运共同体思想实现了共同体和家国情怀的当代融汇，把以血缘关系为纽带的天然亲情和关系推己及人，并由家及国，拓展和上升为关心社会与全人类，促进了个人、家庭、社会、国家的良性互动。

综上所述，人类命运共同体思想是文明互鉴的产物，不同国家、文明和人民均对这一思想的产生作出了贡献。

图 10-2　人类命运共同体（漫画）（邱炯／人民视觉）

第三节 人类命运共同体：中国方案之果

一、人类命运共同体的主要内涵

习近平主席提出的"建设持久和平、普遍安全、共同繁荣、开放包容、清洁美丽的世界"目标，实际上就是对人类命运共同体主要内涵的概括，涵盖了当今国际社会面临的政治、安全、发展、文化、生态等问题。

（一）建设持久和平的世界

建设持久和平的世界是中国对历史经验的深刻总结。中华民族从来都是一个爱好和平的民族，既无海外殖民，也无文化霸权。和平、和睦、和谐是中华民族 5 000 多年来一直追求和传承的理念，中华民族的血液中没有侵略他人、称王称霸的基因。历史上，中国与周边国家建立的是礼尚往来的朝贡体系而非掠夺性的殖民体系。近代以来，中国沦为了半殖民地半封建社会，经过长达一百多年的斗争，付出巨大牺牲，最终赢得了民族独立的伟大胜利。中国人民深知和平的重要性，倍加珍惜来之不易的和平的国际环境。中华人民共和国成立七十多年以来，中国发展基本靠的是自身力量，即使在发展最困难时期也从未对外转移矛盾或攫取资源，不仅如此，中国还对很多发展中国家给予了大量无偿援助，极大地推动了人类的和平与发展事业。

建设持久和平的世界，是经济全球化发展的必然要求。经济全球化不仅加深了各国在经济上的联系，更使得各国命运与共，每一个国家都成了国际大家庭的重要成员，都可能对世界产生重要影响。因此，在经济全球化的今天，各国都应该为建立人类命运共同体思想所描述的持久和平的世界而奋斗。中国最近几十年的高速发展，取得的巨大成就得益于经济全球化，

> 中国是经济全球化的受益者，没有任何理由和动机危害全球稳定。

中国是经济全球化的受益者。中国已经加入了几乎所有政府间国际组织和 400 多项国际多边条约，越来越多的中国公民在国际机构中担任要职，中国已成为当今国际秩序和国际体系最重要的参与者和支持者之一。中国的未来发展依然需要稳定与和平的国际环境，中国没有任何理由去挑战现行的国际秩序，也没有任何动机去推翻自己全面参与的国际体系。

（二）建设普遍安全的世界

安全是世界各国生存与发展的基本前提。在中外历史上，很多国家尝试过通过多种

方式追求安全,如中国春秋战国时期合纵连横策略下的各种同盟,古希腊时期种类繁多的城邦同盟,"二战"之后一些国家建立的国际安全组织。这些维护安全的努力,尽管在一定时期对国家安全产生了有利影响,但均很难从根本上解决国家面临的安全问题。

当今世界,安全的内涵和外延更加丰富,时空领域更加宽广,各种因素更加错综复杂。一方面,传统安全依然存在,甚至更加严峻,如领土主权争端、军事武装冲突等。另一方面,各种非传统安全越来越多,如气候变化、金融危机、难民问题、恐怖主义、核扩散、网络安全。国际社会面临着传统安全和非传统安全问题相互交织的复杂态势。在这种态势下,安全是共同的,是综合的;任何一个国家都不可能通过一己之力谋求自身绝对安全;通过牺牲他国安全来谋求自身安全,不仅不道德,也容易祸及自身;我们也很难将政治、军事领域的传统安全与其他领域的非传统安全完全割裂开来。人类命运共同体思想描绘了普遍安全的世界,强调把国家安全与全球安全统筹起来,坚持发展与安全并重,营造公道正义、共建共享的安全格局,通过发展夯实安全的根基。

(三)建设共同繁荣的世界

消除贫困,过上富裕生活,是世界各国人民的朴素愿望。工业革命以来,人类社会的生产力突飞猛进。然而,在人类社会生产力水平持续提高,物质财富极大丰富的同时,全球面临的问题与挑战也在不断增加,如严重的贫富分化与发展失衡、全球性的金融和经济危机、剧烈的自然灾害、致命性的传染疾病等。近些年世界范围内出现的逆全球化、保护主义、民粹主义、民族主义等,表明人类社会正面临着资源枯竭和贫富分化带来的经济增长停滞风险。因此,我们必须致力于提高发展的整体性和共享性,促进全球经济朝着均衡与共同繁荣的方向发展。

人类命运共同体思想描绘了共同繁荣的世界,强调把共同繁荣与共同富裕统筹起来。"世界好,中国才能好;中国好,世界才更好。"一方面,中国将继续深化新发展理念,实现社会的公平正义,推动形成全面开放的新格局;另一方面,中国将与世界各国一道,着眼世界经济与全球发展的新情况新问题,为改善全球经济治理贡献中国智慧,共同打造开放、包容、均衡、普惠的全球经济新结构。

(四)建设开放包容的世界

人类文明多样性是世界的基本特征,也是人类进步的源泉。在经济全球化下,各民族都在努力维系自己的文化根脉,保护自己的文化安全。尊重和保护本民族的文化,并不妨碍承认和尊重别的民族的文化。

一种文明能否具有持续的生命力,关键是能否与其他文明交流互鉴。中华文明具有海纳百川、包容开放的特点。一方面,中华文明以文化认同塑造文化共同体。判定一个民族是否中华民族大家庭一员的标志,不是种族,不是血缘,不是地缘,而主要是文化。正所谓"中国而夷狄也,则夷狄之;夷狄而中国也,则中国之"。自秦汉以降,

"夷"不断通过接受中华文化而变为"夏"；反过来，"夏"也可以放弃自己原来的文化传统而变为"夷"。历史上多个少数民族政权在军事上打败了中原王朝，却在文化上主动尊奉中华文化。另一方面，中华文明兼收并蓄会通外来文明。历史上，先有印度佛教传入，后有西方基督教、伊斯兰教传入，中华文明均对其接纳吸收，形成了儒释道三教合一的中华文化主干，变外来宗教为中国化宗教。人类命运共同体思想描绘了开放包容的世界，强调把中华文明与各国文明的发展统一起来，促进和而不同、兼收并蓄的文明交流格局，为增强世界文明多样性注入强大能量，共同创造一个开放包容、丰富多彩的全球文明体系。这种全新的全球整体文明观，超越了狭隘的文明中心主义，对消解文明冲突、促进文明交流具有重要引领作用。

（五）建设清洁美丽的世界

实现人与自然和谐共生，是人类命运共同体思想的重要内涵。近代以来，资本主义工业文明以资本的无限扩张为手段，以追求利润最大化为根本目标，史无前例地加重了人与自然的紧张关系，出现了全球范围内生态环境的破坏。20 世纪中叶，西方世界出现对传统工业文明发展模式反思的潮流。60 年代，《寂静的春天》在全世界引发了关于发展观念的争论。70 年代，罗马俱乐部明确提出"合理可持续的均衡发展"这一倡议。90 年代，联合国环境发展大会提出了可持续发展战略。2000 年，联合国将"可持续发展"作为全球发展议程的核心理念和原则。当今世界，无论是发达国家还是发展中国家，都在以生态文明修正传统工业文明，绿色发展已经成为时代的要求。

人类命运共同体思想描绘了清洁美丽的世界，强调把经济社会发展与自然生态保护协调起来，构筑尊崇自然、绿色发展的生态格局。这一思想继承了中华文明"天人合一""和谐共生"的优良传统，契合了当今世界对可持续发展、包容性发展的强烈追求。中华民族的伟大复兴离不开和平与稳定的国际环境，中华民族的永续发展离不开良好的生态环境。中国与世界各国都亟待把经济、社会、环境视为不可分割的整体，在经济社会的发展进程中更加注重全球生态建设，不断推动全球生态合作。

二、构建人类命运共同体的基本原则

尽管构建人类命运共同体已经被写入联合国决议，日益成为国际社会的共识，但构建人类命运共同体不可能一帆风顺，世界各国应该从全人类的长远利益考虑，在遵循一些基本原则基础上，积极行动起来。正如习近平主席在联合国日内瓦总部的演讲中指出："纵观近代以来的历史，建立公正合理的国际秩序是人类孜孜以求的目标。从 360多年前《威斯特伐利亚和约》确立的平等和主权原则，到 150 多年前日内瓦公约确立的国际人道主义精神；从 70 多年前联合国宪章明确的四大宗旨和七项原则，到 60 多年前万隆会议倡导的和平共处五项原则，国际关系演变积累了一系列公认的原则。这些原则应该成为构建人类命运共同体的基本遵循。"[1] 结合前面对人类命运共同体"五位一体"内涵的论述和习近平主席的相关讲话，至少可以把构建人类命运共同体的基本原则归纳为五个方面。

（一）主权原则

> 构建人类命运共同体并不是要否定和抛弃主权原则。

国家主权是 17 世纪民族国家形成以来现行国际体系中最根本的国际规范。主权的要义在于国家不分大小、强弱、贫富，都是国际成员中平等的一分子，都应该受到国际社会尊重；各国人民有权选择自己的发展道路，任何外部势力都无权干涉他国内政。在经济全球化背景下，以主权民族国家为核心行为体的威斯特伐利亚体系受到强烈冲击。人类命运共同体强调维护人类共同利益，但构建人类命运共同体并不是要否定和抛弃主权原则。在当今以主权民族国家为核心行为体的国际社会中，否定和抛弃主权的主张是不符合实际的，一旦实施起来，必将影响国际社会的稳定。当前国际社会一些国家间发生的纷争，往往就是因为国家主权没有受到应有尊重，甚至被侵害。事实上，国家主权和共同体权利是一种共生关系，尊重国家主权和保护共同体权利是一致的。首先，人类命运共同体的权利来自主权国家，需要靠主权国家维护，没有国家主权就谈不上共同体权利。此外，人类命运共同体不是一个超国家权力机构，无法对国家发号施令，其对国家行为的影响基本上靠的是国家对共同体意识认同下的自觉行为。其次，国家和人类命运共同体不是相互对立的，而是相互承认、相互包容的关系，国家之间的和谐共存正是共同体存在的前提。最后，人类命运共同体是国家的一种理想生活状态，它的存在可以保障国家主权更好地服务于国内人民，提高人民福祉。

（二）《联合国宪章》的宗旨与原则

联合国自创建以来，在维护世界和平与稳定、促进全球繁荣与发展上发挥了无可替代的作用。《联合国宪章》明确规定了以维护国际和平与安全、发展国际友好关系、进行国际合作、作为中心协调各国行动为主要内容的四大宗旨，强调应遵循以主权平等为核心的七项原则。当今世界的各种对抗和不公，在很大程度上是《联合国宪章》的宗旨和原则未能得到有效履行的结果。坚持《联合国宪章》的宗旨和原则，就是要把国家主权平等、和平解决争端、忠实履行义务等国际关系的重要原则切实落实到全球治理进程中。在新的世界形势下，充分发挥联合国和安理会在止战维和中的核心作用，有助于推动各国摒弃一切形式的冷战思维，共同营造公道正义的安全格局。在国际事务中坚定维

---

[1] 习近平：《共同构建人类命运共同体——在联合国日内瓦总部的演讲》，《人民日报》，2017 年 1 月 20 日。

护以《联合国宪章》宗旨和原则为核心的国际关系原则，是建立公正合理的国际秩序、推动全球治理体系变革的制度保障，有利于巩固人类命运共同体的国际制度基础。

图 10-3　纽约联合国总部大楼外飘扬的联合国旗（联合国网站）

（三）合作共赢

合作共赢，就是在追求本国利益时兼顾他国合理关切，在谋求本国发展中促进各国共同发展，建立更加平等均衡的新型全球发展伙伴关系，同舟共济，权责共担，增进人类共同利益。当今的全球化及其带来的一系列挑战，使得整个世界已经成为一个命运攸关、利益相连的地球村。在这个地球村中，你输我赢的零和博弈思维已经过时，转嫁危机、以邻为壑、损人利己的做法不仅不道德，更无助于问题的解决。因此，合作共赢是解决问题的唯一选择。在构建人类命运共同体的过程中坚持合作共赢的原则，实际上就是把和而不同、平等对话等重要理念贯穿于国际发展合作领域尤其是区域和跨区域合作层面。凝聚合作共识、夯实合作基础、抓牢合作主线、维系合作友谊、共享合作成果，充分展示了互联互通、互利共赢的合作逻辑。

（四）整体文明观

目前，世界上有 70 多亿人口、200 多个国家和地区、2 500 多个民族、6 000 多种语言，不同国家、民族和地区的人民共同创造了丰富多彩的世界文明。当今世界的不同文明早已是"你中有我，我中有你"，日益成为密不可分的整体。世界上每一种文明都蕴含着人类智慧，都值得我们关注、研究，并从中汲取营养。人类命运共同体的发展应该遵循多种文明并存的人类社会发展规律，而不是追求某种"普世文明"的一统天下。人类文明相处需要和而不同的精神。只有在多样文明中相互尊重、彼此借鉴、和谐共存，这个世界才能丰富多彩、欣欣向荣。人类命运共同体着眼于文明的全球和整体性，要求各国在一个更高的层次重新审视不同文明的相处之道和全人类的发展之道，使人类真正生活在一个"和而不同"的世界，真正实现可持续发展。各国应坚持整体文明观，充分尊重世界文明的多样性，推动世界多元文明的交流对话与和谐共处，积极吸收世界各国、各民族的优秀文化。

（五）可持续发展

可持续发展最初主要针对环境和生态问题，但现在其内涵已被拓展为经济、社会、人口、资源和环境各领域协调发展的系统性概念。2000 年联合国千年发展峰会通过了"千年发展目标"，把可持续发展作为推进全球发展议程的核心理念和原则，指导并推动了 21 世纪以来全球发展治理的深化。尽管各国实现可持续发展的模式存在差异，但对可持续发展所包含的公平性、持续性和共同性原则却有着普遍的高度认同。公平性原则强调同代人、代际间、区域间的机会和利益均等。持续性原则侧重于人类社会经济发展的资源、环境承载能力，注重发展与节约的辩证统一。共同性原则突出了人类家园的整体性和相互依存性，从全球角度看待发展问题。因此，坚持可持续发展原则就是强调人类局部利益和整体利益、当前利益和长远利益的有机统一。可持续发展是实现人类文明永续发展的必然选择，内在地包含了人类永续发展的理念，与人类命运共同体整体推进自我发展与共同发展的基本内涵一脉相承。

三、构建人类命运共同体的中国实践

构建人类命运共同体需要付出大量艰辛努力，只有将建设细化实化，才能让其从理想变为现实。近些年，中国从多个方面付诸行动，为构建人类命运共同体作出贡献。

（一）构建新型国际关系

2014 年底，习近平主席首次提出构建以合作共赢为核心的新型国际关系。推动构建新型国际关系，实质上就是要走出一条对话而不对抗、结伴而不结盟的国与国交往新路，为构建人类命运共同体开辟道路、创造条件。新型国际关系有三个关键词：相互尊重、公平正义、合作共赢。相互尊重是前提，应坚持国家不分大小、强弱、贫富一律平等，尊重各国人民自主选择发展道路的权利；公平正义是准则，应摒弃丛林法则，反对干涉别国内政，推动国际秩序朝着更加公正合理的方向发展；合作共赢是目标，各国要同心协力，妥善应对各种问题和挑战，以合作取代对抗，以共赢取代独占，共护和平，共促发展。在和平、发展、合作、共赢作为时代潮流的历史条件下，合作共赢是国家间处理关系的最大公约数。

这些年来，中国以实际行动为构建新型国际关系作出努力：第一，积极发展全球伙伴关系，扩大同各国的利益交汇点，推进大国协调与合作。第二，按照亲诚惠容理念和与邻为善、以邻为伴周边外交方针深化同周边国家关系，秉持正确义利观和真实亲诚理念，加强同发展中国家团结合作。第三，坚持打开国门搞建设，积极促进"一带一路"国际合作，支持多边贸易体制，促进自由贸易区和自由贸易港建设，推动建设开放型世界经济。第四，秉持共商共建共享的全球治理观，倡导国际关系民主化，支持联合国发挥积极作用，支持扩大发展中国家在国际事务中的代表性和发言权。

（二）建设全球普遍安全格局

作为一个负责任大国，中国广泛参与全球热点问题和地区冲突的政治解决。中国在朝核、伊朗核、叙利亚、阿富汗、中东等热点问题解决中发挥建设性作用。在朝鲜半岛问题上，中国坚持半岛无核化、坚持半岛和平稳定、坚持对话协商解决半岛核问题，愿同有关各方一道，继续致力于推进半岛无核化和建立半岛和平机制，为早日实现半岛持久和平做出努力和贡献。在伊朗核问题上，中方主张所有各方从长远和大局出发，坚持伊朗核问题政治外交解决方向，妥善管控分歧，共同维护伊朗核问题全面协议，尽快回到继续执行全面协议的正确轨道上来。在叙利亚问题上，中方主张叙利亚主权独立、领土完整应当得到维护和尊重，叙利亚国家未来应该由叙利亚人民自主决定，政治解决是叙利亚问题的唯一现实出路。在阿富汗问题上，中国积极支持阿富汗和平重建，支持"阿人主导、阿人所有"的包容性政治和解进程。在中东问题上，中方衷心希望中东尽快恢复和平稳定，通过政治途径找到符合地区实际、兼顾各方利益的解决方案，维护当事国的主权和领土完整，坚持联合国主渠道作用，尊重地区国家的正当诉求。中国还积极参与反恐、打击海盗等国际合作，中国军舰连续 10 年在亚丁湾、索马里海域执行护航任务，先后为 6 000 多艘船舶安全护航；深入参与反恐禁毒、网络安全、气候变化等非传统安全领域国际合作；成功举办亚信上海峰会和上海合作组织青岛峰会，为地区安全机制建设作出重要贡献……

作为联合国的创始国之一，中国一直是联合国事业的坚定支持者。在促进共同发展方面，2015 年联合国成立 70 周年系列峰会期间，中国宣布设立南南合作援助基金，并开创性地设立南南合作与发展学院，把维护中国利益同维护广大发展中国家共同利益结合起来。中国还设立规模 5 000 万美元的第三期中国—联合国粮农组织南南合作信托基金。在维护地区稳定方面，自 2015 年联合国维和峰会以来，中国先后派遣 22 批维和工兵和医疗分队共计 6 000 余人，参加在刚果民主共和国、南苏丹、苏丹达尔富尔、马里、黎巴嫩等地的维和行动。中国还在国内举办维和国际培训班、承办联合国各类维和警察培训班，派遣维和教官赴国外授课培训。中国是联合国安理会常任理事国中派出维和人员最多的国家，累计派出维和人员 3.7 万余人次，先后参加 24 项联合国维和行动。中国还加入联合国维和能力待命机制，组建 8 000 人规模的维和待命部队，中国已成为联合国维和待命部队数量最多、分队种类最齐全的国家。联合国评价中国是"维和行动的关键因素和关键力量"。在抗击新冠肺炎疫情方面，习近平主席在第 73 届世界卫生大会上表示，中国新冠疫苗研发完成并投入使用后，将作为全球公共产品，为实现疫苗在发展中国家的可及性和可担负性作出中国

> 中国一直是联合国事业的坚定支持者。

图 10-4　上图是 2020 年 2 月 3 日，武汉雷神山医院施工现场；下图是 2020 年 3 月 18 日，雷神山医院全景（人民视觉）

图 10-5　2020 年 6 月，支援塞尔维亚抗疫任务的广东医疗专家一行在广州白云机场受到热烈欢迎（梁炜培／南方都市报／人民视觉）

贡献；中国积极响应联合国发起的全球人道应对计划，向世界卫生组织提供 5 000 万美元现汇援助，向 150 多个国家和国际组织提供物资援助，向 200 多个国家和地区出口防疫物资，向 80 多个有急需的发展中国家提供疫苗援助，向 43 个国家出口疫苗，为受疫情影响的发展中国家抗疫以及恢复经济社会发展提供了 20 亿美元援助，为全球供应了 2 800 多亿只口罩、34 亿多件防护服、40 多亿份检测试剂盒；中国倡导构建人类卫生健康共同体。习近平主席在 2020 年 9 月第 75 届联合国大会一般性辩论上的讲话中承诺，中国将向联合国新冠肺炎疫情全球人道主义应对计划再提供 5 000 万美元支持。在 2021 年 5 月全球健康峰会上，习近平主席宣布中国将在未来 3 年内再提供 30 亿美元用以国际援助，支持发展中国家抗疫和恢复经济社会发展，支持本国疫苗企业向发展中国家进行技术转让。截至 2021 年 5 月，中国的疫苗生产量与出口量都位于世界领先水平，在主要国家中位居第一。中国的疫苗出口量是欧洲疫苗出口量的 227%，是美国疫苗出口量的 84 倍。同时，中国的疫苗出口占生产比例也远超美国与欧盟。截至 2021 年 7 月，中国已对外捐赠疫苗超 2 600 万剂，向 100 多个国家和国际组织提供了超过 5 亿剂疫苗和原液，相当于全球新冠疫苗总产量的六分之一。中国对外援助和出口疫苗的数量超出其他国家的总和，出口对象主要是发展中国家。从地区上看，中国疫苗出口主要集中于三个地区：东南亚、拉丁美洲和非洲。相比其他疫苗出口国，中国对拉丁美洲和非洲的贡献尤为突出。中国与 18 个拉丁美洲国家有直接疫苗分配与合作关系。中国已向该地区捐赠超过 100 万剂新冠疫苗，出口近 2.8 亿剂新冠疫苗。在非洲，已有 31 个国家接受了从中国购买和捐赠的疫苗，这一数量还在稳步提升。相较于其他地区，中国向非洲提供的疫苗主要以捐赠为主。除了疫苗成品的出口，中国还向发展中国家提供生产可罐装为疫苗成品的原液，帮助这些国家尽快实现独立自主的疫苗生产。

（三）推进全球发展和繁荣

中国实现了世界上规模最大的扶贫、减贫，对全球发展事业作出巨大贡献。中国稳步解决十几亿人口的温饱问题，让现行联合国标准下的 7 亿多贫困人口成功脱贫，占同期全球减贫人口总数 70% 以上，为实现联合国千年发展目标和推进 2030 年可持续发展议程发挥了十分重要的作用。1978 年，按当时中国政府确定的贫困标准即每人每年 100

> 中国实现了世界上规模最大的扶贫和减贫。

元统计，不足温饱的农村贫困人口为 2.5 亿人，占农村总人口的 30.7%。1984 年，扶贫标准提高到每人每年 200 元，贫困人口下降到 1.28 亿人，贫困发生率降低到 15.1%。此后，中国开始实施扶贫开发战略，在贫困标准不断提高的同时，贫困人口持续减少。按照 2010 年的扶贫标准 1 274 元统计，农村贫困人口从 2000 年的 9 422 万人减少到 2010 年的 2 688 万人；相应地，贫困发生率从 10.2% 下降到 2.8%。2011 年中国政府把国家扶贫标准大幅度提高到以 2010 年不变价为基准的 2 300 元，比 2009 年提高了 92%。这一新标准的出台，使得全国贫困人口数量或覆盖面由 2010 年的 2 688 万人扩大到了 1.28 亿人。按照国际可比的购买力平价法，这一新的扶贫标准相当于人均每天 1.8 美元，超过了世界银行 2008 年制定的每天 1.25 美元的国际贫困标准。在这个新标准下，农村贫困人口继续大幅度减少。2012—2017 年，共有 6 800 多万农村贫困人口脱贫，按照新标准计算的贫困率从 10.2% 下降到 3.1%。

中国扶贫开发的巨大成就既直接对全球减贫作出数量贡献，也为发展中国家甚至整个世界提供了一种可资借鉴的模式。今天，成千上万的中国扶贫专家、工程师、企业家和技术人员正奋斗在众多发展中国家广阔的土地上，帮助他们勤劳致富、改变命运。自 2017 年起，中国在柬埔寨、老挝、缅甸各选两个村，派出扶贫专家开展基础设施建设、社区公共服务、专业发展、村民能力建设等活动，为东亚国家减贫提供示范。湄公河畔，一个个村庄，在中国扶贫专家的帮助下，村民们告别雨水河水、喝上洁净的自来水，告别泥路土路、走上宽敞的水泥路，告别茅屋草屋、住上漂亮的新房。截至 2019 年底，中国在非洲援建 24 个农业技术示范中心，惠及 50 余万当地民众，举办了 100 多期减贫培训班，为 116 个发展中国家培养减贫专业人才近 3 000 人。中国还积极推动与拉美国家的减贫务实合作：贯穿巴西南北的"电力高速公路"美丽山特高压直流输电工

图 10-6　2021 年 12 月，中国热带农业科学院的专家为柬埔寨学院进行视频培训后，学员们在当地农业基地实践学习（欧阳开宇／中新社柬埔寨分社）

程，解决了 2 200 万巴西人电力短缺问题；中国企业在厄瓜多尔援建多个水电站，帮助其从电力进口国变为出口国；由中国设计并生产的列车在古巴投入运行，成为古巴自 1975 年首次采购的全新铁路客车……

中国是全球经济增长的主要稳定器和动力源。中国的发展有力拉动了世界经济复苏和增长。作为世界第二大经济体，中国近年来每年对世界经济增长的贡献率都在 30% 以上，超过第一大经济体美国。自 2002 年以来，中国巨大的消费和投资空间为全球创造了更多就业机会。2017 年以来，中国在全球货物贸易进口和出口总额中所占比重保持在 10% 以上，是 120 多个国家和地区的主要贸易伙伴，为世界各国提供源源不断的发展机遇。中国向广大发展中国家特别是欠发达国家提供了大量无私援助。中国通过优惠贷款、技术支持、人员支持、智力支持、建立民生改善项目等形式，帮助发展中国家实现发展致富。中国全面落实二十国集团"暂缓最贫困国家债务偿付倡议"，总额超过 13 亿美元，是二十国集团成员中落实缓债金额最大的国家。中国积极参加各种国际灾难救援和人道主义援助。中国率先驰援非洲埃博拉疫区及周边国家，在关键时刻为非洲国家雪中送炭，帮助他们度过难关。中非建立了 41 个对口医院合作机制，中国援建的非洲疾控中心总部大楼项目已于 2020 年底正式开工。中国成立了国际发展合作署，有利于进一步优化援外工作，更好地为国际发展事业作贡献。未来几年，中国市场将进一步扩大，发展将更加全面，预计将进口 24 万亿美元商品，吸收 2 万亿美元境外直接投资，对外投资总额将达到 2 万亿美元。

中国推动世界发展、实现共同繁荣最典型的国际实践是中非合作与"一带一路"倡议。早在 21 世纪初，中国就通过建立中非合作论坛机制开展与非洲的经济合作，承诺向非洲国家提供发展援助，采取适当机制便于非洲产品出口到中国，鼓励有实力的中国企业到非洲投资，增加对当地人员的培训。在 2016 年中非合作论坛上，中国提出与非洲在 3 年内重点实施"十大合作计划"，包括推进中非产业对接和产能合作、转让农业适用技术、援建基础设施、增加对非减贫援助等。为确保计划顺利实施，中国决定提供 600 亿美元的资金支持，包括：提供 50 亿美元的无偿援助和无息贷款；提供 350 亿美元的优惠性质贷款及出口信贷额度，并提高优惠贷款优惠度；为中非发展基金和非洲中小企业发展专项贷款各增资 50 亿美元；设立首批资金 100 亿美元的"中非产能合作基金"。在 2018 年中非合作论坛北京峰会上，中国提出未来 3 年和今后一段时间重点实施"八大行动"计划，包括产业促进行动、设施联动行动、贸易便利行动、绿色发展行动、能力建设行动、健康卫生行动、人文交流行动、和平安全行动等。为推动行动顺利实施，中国以政府援助、金融机构和企业投融资等方式，向非洲提供 600 亿美元支持，同时，免除与中国有外交关系的非洲最不发达国家、重债穷国、内陆发展中国家、小岛屿发展中国家截至 2018 年底到期未偿还政府间无息贷款债务。20 年来，中非关系完成了"新型伙伴关系""新型战略伙伴关系""全面战略合作伙伴关系"三级跳。中非合作成果遍及非洲各地。在基础设施方面，中国在非洲建设的铁路和公路已分别超过 6 000 公里，还建设了近 20 个港口和 80 多个大型电力设施；在民生领域，中国迄今援建了 130 多个医疗设施、45 个体育馆、170 多所学校，近五年培育非洲各类人才超过 20 万；在贸易和投资领域，中国连续 11 年成为非洲第一大贸易伙伴，3 700 多家中国企业在非洲各地投资兴业。中国对非洲发展的援助，已经远远超过一般意义上的简单的人道主义救济，是全面的促进发展的帮助，绝非某些西方媒体所说的"新殖民主义"。中非关系进入了合作共赢、共同发展的新时代。

> "一带一路"成果丰硕，造福世界。

中国通过"一带一路"倡议开创了与世界合作共赢的广阔前景。2017 年 5 月，习近平主席在北京主持召开了首届"一带一路"国际合作高峰论坛，来自 140 多个国家和 80 多个国际组织的 1 600 多名代表与会。数年间，"一带一路"已经日益从愿景变成现实，100 多个国家和国际组织参与其中，一大批合作项目落地生根，基础设施联通网络初步成型，沿线产业合作形成势头，各国政策协调日益增强，沿线民众不断从合作中得到实惠。多年来，中国与沿线国家贸易总额超过 5 万亿美元，投资累计超过 700 亿美元，为当地创造了 20 多万个就业岗位。世界银行报告认为，到 2030 年，共建"一带一路"有望帮助全球 760 万人摆脱贫困、3 200 万人摆脱中度贫困。"一带一路"倡议的合作内容是"五通"，即政策沟通、设施联通、贸易畅通、资金融通、民心相通，这些方面都取得了重要成就。在政策沟通上，中国已经与包括五大洲 130 多个国家和 30 多个国际组织签署了 180 多份共建"一带一路"合作文件，共建"一带一路"倡议及其核心理念已被写入联合国、二十国集团、亚太经合组织以及其他区域组织等有关文件中。在设施联通上，开通亚欧班列 1 万多列，亚欧班列已经联通亚欧大陆 16 个国家的 108 个城市，运送了大量货物。在贸易畅通上，中国大幅度降低关税，平均关税水平从加入世界贸易组织时的 15.3% 降至目前的 7.5%，极大地促进了与包括"一带一路"沿线国家的贸易；2013—2018 年，中国与沿线国家货物贸易进出口总额超过 6 万亿美元，平均增长率高于同期中国对外贸易增速，占中国货物贸易总额的比重达 27.4%。在资金融通上，中国政府于 2014 年 11 月宣布出资 400 亿美元成立丝路基金，2017 年 5 月中国增资 1 000 亿元人民币。截至 2018 年底，丝路基金协议投资金融约 110 亿美元，实际出资金额约 77 亿美元，并出资 20 亿美元设立中哈产能合作基金等。在民心相通方面，丝路国家加强高等教育学历互认，中国设立"丝绸之路"中国政府奖学金项目；加强签证互免；加强援助，在沿线国家实施 100 个"幸福家园"、100 个"爱心助困"、100 个"康复助医"等项目；创建丝绸之路沿线国家的民间合作网络，

图 10-7　2022 年 4 月 6 日，中菲友谊园在中国援建菲律宾马尼拉 B-I 大桥边落成
（关向东／中新社菲律宾分社）

图 10-8　当地时间 2018 年 8 月 22 日，沙特麦加，参加朝觐的穆斯林乘坐地铁从阿拉法特前往迈纳。麦加地铁自 2010 年开始运营。这个由中企建造的交通项目，把麦加和迈纳、阿拉法特、穆兹达里法等圣地连接了起来（AHMAD AL-RUBAYE / 视觉中国）

沿线民间组织合作网络成员已达 310 家……"一带一路"倡议已从中国倡议变成全球共识，得到越来越多国家、国际机构和企业的认同与支持。随着国际海底管理局在 2020 年 11 月加入，中国已与 138 个国家、31 个国际组织签署了 201 份共建"一带一路"合作文件。中国与柬埔寨签署的自贸协定还首次将"一带一路"倡议合作独立设章。

　　中国还在全球经济发展中以自身的行动践行着合作共赢的精神与原则。一是在全球生产方面。2016 年二十国集团杭州峰会上，在中国的努力下，会议最终通过《G20 全球投资指导原则》，这份文件提出了九项原则。九项原则的核心思想是反对投资保护主义，倡导投资开放，推动生产的全球化。2018 年，中国提出允许更多领域独资经营，在原来的"负面清单"基础上继续缩减"负面清单"。这一年，虽然中美出现贸易冲突，但中国实际使用外资 1 349.7 亿美元，同比增长 3%。特别是制造业，2018 年中国制造业实际使用外资同比增长 20.1%。2019 年，中国通过《外商投资法》并向世界承诺：积极促进外商投资，规定国家实行高水平投资自由化、便利化政策，建立和完善外商投资促进机制，营造稳定、透明、可预期的投资环境。同时，作为一个对外投资大国，中国近些年还按照国际通行的企业社会责任标准对中国跨国经营的企业提出了规范要求。2014 年中国政府颁布新修订的《境外投资管理办法》，其中的第二十条规定，企业应当要求其投资的境外企业遵守投资目的地法律法规、尊重当地风俗习惯，履行社会责任，做好环境、劳工保护、企业文化建设等工作，促进与当地的融合。二是在全球贸易方面。一方面，中国提出关于贸易体制改革的新主张。2018 年 11 月，中国商务部发布《中国关于世贸组织改革的立场文件》，明确表示中国支持对世贸组织进行改革，维护世贸组织的多边机制，希望通过世贸组织的改革促进全世界的发展。另一方面，中国在实践方面采取一系列开放措施：在全国设立十多个自由贸易试验区；与一些国家签订自由贸易协定；大幅度削减关税，仅 2018 年就三次降低关税；大力减少非关税壁垒；大力促进中国的进口，特别是来自发展中国家的进口；等等。2020 年 11 月 15 日，中国与东盟十国、日本、韩国、澳大利亚和新西兰正式签署了《区域全面经济伙伴关系协定》（RCEP），世界上人口最多、经贸规模最大、最具发展潜力的自由贸易区形成。在中国的积极推动下，亚太经合组织确立了 2040 年建成亚太共同体的宏伟目标。三是在国际金融方面。2008 年金融危机以来，中国就维护国际金融体系的稳定与发展、完善现行国际货币体系、促进全球金融市场健康发展，提出了一系列主张。在实践方面，中国通过建立亚洲基础设施开发银行、金砖国家银行、金砖国家应急基金等，在一定程度上弥补了现存的国际金融治理结构上的缺陷；积极参与已有的国际金融风险防范体系的构建，积极推动区域、新兴国家之间和双边国家间建立与完善风险防范机制；通过建立亚投行、"一带一路"基金、金砖国家银行、中非发展基金、中（国）拉（美）合作基金等，积极利用金融促进发展中国家的发展；在促进全球金融治理改革中，强调多边主义，践行"共商共建共享"原则，如亚投行治理结构中，决策机制采用达成一致的方式，而非以投票权来决定，中国甚至承诺，随着更多国家参与，中国将会单方面稀释自己在亚投行中的股份；等等。

（四）促进世界文化交流合作

开放包容是人类命运共同体的内在理念，意味着尊重世界文明的多样性和差异性。历史表明，不同文明之间的交流互鉴是推动人类进步和世界发展的重要动力。文明交流互鉴能够消除歧视、发展文化，为人类命运共同体的生根发芽创造有利条件。

构建人类命运共同体，必须秉持文明多彩、文明平等和文明包容的态度，坚持文明交流、文明互鉴和文明共存的原则。要建设一个真正"和而不同"的世界，必须加强各国、各宗教信仰之间的人文交流，特别是青年之间的国际文化交流。通过文化事业建设不断增强各文明自身的文化自信，进而带动世界各国之间的文化交流。2013 年以来，中国与"一带一路"沿线国家签署了 100 多份双边文化和旅游合作文件，推动建立了中国—东盟、中国—中东欧、中意（大利）、中法（国）、中南（非）等一系列文化旅游合作机制。与此同时，中国文化和旅游部将社会各界的文化和旅游机构推向"一带一路"国际合作前沿，在世界旅游组织框架下成立了世界旅游联盟，发起组建了丝绸之路国际剧院、博物馆、艺术节、图书馆和美术馆五大联盟，为推动沿线国家互联互通和跨区域合作开辟了新渠道。在平台建设方面，中国在"一带一路"沿线设立了十几个中国文化中心，举办了超过 1 600 场文化活动。在品牌建设方面，成功打造了"欢乐春节""丝路之旅""意会中国""青年汉学家研修计划""中华文化讲堂""美丽中国"等近 30 个中国国际文化和旅游品牌，与土耳其、缅甸等国家以及东盟、欧盟等国际组织举办了 10 余个大型文化年和旅游年。在敦煌、西安、泉州等历史名城，文化和旅游部还推动举办了丝绸之路（敦煌）国际文化博览会、丝绸之路国际艺术节、海上丝绸之路国际艺术节等以"一带一路"为主题的综合性文化节会，集中彰显了"一带一路"倡议的文化感召力，扩大了其国际影响力。所有这些努力都将促进世界各国尊重彼此制度模式、发展道路和生活方式，并把世界文明的多样性和差异性转化为人类命运共同体发展的活力和动力。

（五）加强全球生态治理

在国内生态治理方面，中国提出"美丽中国"的奋斗目标；将"生态文明"写入宪法；建立生物多样性保护国家委员会这一部门协调机制，统筹推进全国生物多样性工作，完善法律法规和政策体系，立法革除滥食野生动物陋习；制订实施生物多样性保护战略计划，将生物多样性纳入经济社会发展、生态保护修复和国土空间相关规划，建立生态保护红线制度，形成占国土面积 18% 以上的自然保护地体系……2019 年底，中国单位国内生产总值二氧化碳排放比 2005 年降低 48.1%，非化石能源占比达 15.3%，提前完成 2020 年气候行动目标。中国可再生能源装机已占全球的 30%，在全球增量中占比 44%，新能源汽车保有量已占全球一半以上。

> 中国承诺在 2030 年前实现碳达峰，在 2060 年前实现碳中和。

在国际上，中国以多边合作为旗帜，坚定支持多边治理体系，积极参与全球气候变化和生物多样性等环境治理进程，是《联合国气候变化框架公约》《生物多样性公约》的首批缔约国，为达成《巴黎协定》及其实施细则作出重要贡献，认真履行气候变化、生物多样性等领域国际环境条约义务。中国倡导合作共赢精神，与 100 多个国家开展了生态环境国际合作与交流，与 60 多个国家、国际及地区组织签署了约 150 项生态环境保护合作文件。中国率先发布《中国落实 2030 年可持续发展议程国别方案》，将绿色作为"一带一路"的底色，通过成立"一带一路"绿色发展国际联盟、构建"一带一路"生态环保大数据服务平台、实施绿色丝路使者计划等，积极推动绿色"一带一路"国际合作，助力生态环保举措在沿线国家落地生根。在第七十五届联合国大会上，中国向世界郑重承诺力争在 2030 年前实现碳达峰，努力争取在 2060 年前实现碳中和。中国与世界各国建立广泛双多边合作机制，广拓生态"朋友圈"，不断深化南南合作，积极推广"基于自然的解决方案"，用中国行动和中国智慧让绿色发展理念深入人心，推动全球生态文明建设行稳致远。

近些年，中国的生态文明实践在国际上得到越来越多的认可。"三北"防护林工程被联合国环境规划署确立为全球沙漠"生态经济示范区"，塞罕坝林场建设者、浙江省"千村示范、万村整治"工程和"蚂蚁森林"项目先后荣获联合国环保最高荣誉"地球卫士奖"。美国国家航空航天局2019年2月公布的卫星图片和数据显示，从2000年到2017年，全球新增绿化面积约有四分之一来自中国，贡献比例居全球首位。中国的生态治理技术和经验不断向海外推广：中国菌草技术已传播到斐济、老挝、莱索托等100多个国家和地区；中国科技助力非洲和中亚国家"点荒成绿"；中东多国专家来华研习固沙法……

小　结

"仲尼祖述尧舜，宪章文武，上律天时，下袭水土。辟如天地之无不持载，无不覆帱。辟如四时之错行，如日月之代明，万物并育而不相害，道并行而不相悖。小德川流，大德敦化，此天地之所以为大也。"中华民族是世界上伟大的民族，有着5 000多年源远流长的文明历史，为人类文明进步作出过不可磨灭的贡献。今天，作为一个正在走向世界舞台中央的新兴力量和文明底蕴深厚的古国，中国必然有自己的主张，在全球治理中也有责任发挥应有的作用。中国的全球治理方案就是构建人类命运共同体。人类命运共同体思想既源于中华优秀传统文化，也是世界多元文明互鉴的产物。

理念是行动的向导。世界大变革时代，构建人类命运共同体已经成为引领时代潮流和人类前进方向的鲜明旗帜。人类命运共同体这一方案的核心在于塑造一个"持久和平、普遍安全、共同繁荣、开放包容、清洁美丽"的世界。中国方案没有"中国优先"的成分，也没有维护自己既得传统利益和破坏世界和平的成分，更加不是"另起炉灶"或推倒重来。无论过去、现在，还是将来，中国都始终站在全球繁荣和稳定的高度，承担大国责任，共享发展机遇，贡献智慧力量。中国方案没有停留在口头或文件层面，而是已经转化为一系列扎实的行动和亮眼的成就。中国的发展将给世界带来自信，而当这些自信转化为行动自觉时，将进一步推动人类命运共同体的构建，推动一个更加美好世界的形成。

讨论题

1. 您觉得中国提出的全球治理方案和其他国家，尤其是西方一些国家提出的全球治理方案有哪些区别和联系？

2. 您觉得中国在构建人类命运共同体的现有实践和取得的成果基础上，还有哪些需要进一步完善和注意的？

3. 您觉得作为生活在海外的华侨华人，可以在哪些方面为构建人类命运共同体作出贡献？

推荐阅读

1. 习近平：《论坚持推动构建人类命运共同体》，北京：中央文献出版社 2018 年版。

2. 潘岳：《中华共同体与人类命运共同体》，《中央社会主义学院学报》2019 年第 4 期。

3. 张立文：《中国传统文化与人类命运共同体》，北京：中国人民大学出版社 2018 年版。

4. 中华人民共和国国务院新闻办公室：《新时代的中国与世界》，北京：人民出版社 2019 年版。

5. 中国国际问题研究院：《国际形势和中国外交蓝皮书（2020/2021）》，北京：世界知识出版社 2021 年版。

6. ［英］马丁·阿尔布劳著，严忠志译：《中国在人类命运共同体中的角色：走向全球领导力理论》，北京：商务印书馆 2020 年版。

7. ［英］彼得·弗兰科潘著，邵旭东、孙芳译：《丝绸之路：一部全新的世界史》，杭州：浙江大学出版社 2016 年版。